上海市学生德育发展中心德育专家研究资助计划项目

品牌传播新论

汤 涛 著

A New Probe into
Brand Communications

上海三联书店

序 言

王中明

全国工商业联合会副秘书长
中国民(私)营经济研究会常务副会长兼秘书长

这是一本为企业和相关人士而做的关于品牌传播管理与策划的策划,堪称策划之“策”。

策划业是近年来世界上发展较快的一个行业,其影响渗透到政治经济生活的许多领域。20 世纪 80 年代后期,欧美策划业以每年 20%～30%的速度增长。譬如具有跨国智囊性质的国际应用系统分析研究所,早在 1972 年就已成立,且以研究领域之广泛、研究方法之科学、研究成果之卓越,誉满全球。美国的兰德公司、日本的野村综合研究所、德国的系统工程与技术革新研究所、加拿大的公共政策研究所……也是世界著名的智囊团,在军事、经济、能源、社会发展等方面,除了为本国,还为世界其他国家提供专业的策划和咨询,创造了巨大的价值。

在我国,策划业起步伊始,方兴未艾。加入世贸组织以后,为适应世界经济一体化的要求,策划业也必将长足发展并彰显其巨大作用。

策划是什么? 如何做品牌传播管理与策划? 本书作者以其敏锐与执著,独辟蹊径,有许多视野开阔、不同凡俗的精辟见地。策划是一种程序。它在本质上是一种运用脑力的理性行为。策划以人类的实践活动为发展条件,以人类的智能创造为动力,是随着人类实践活动的逐步深化与智能水平的不断超越而发展起来的,策划水平直接体现着社会的发展水平。生产力的进步推动着社会的发展,社会的发展同时必然要求策划随之发展,而策划的发展又依托于人类智能创造的提高,社会越发展,人类的智能创造力越丰富，策划的水平也就越高。由此可见，社会的发展造就了策划的历史，策划是社会发展文明化的必然产物，必将随着人类文明的高度发展，走入科学策划阶段。策划业被普遍地称为“智业”，也是这个道理。

市场经济，作为一种资源配置，本身就内在地决定了策划的需要特别是策划的整合功能。策划是一种整合，生产力经济学中有一条被公认的原理：生产力系统具有鲜明的总体性。离开总体性，任何生产力元素即质态、量态、空间、时间，都不具有单独创造此种使用价值或劳务的全部功能。没有合理的总体组合，那么即使优秀的“元素”，也不能形成优秀的“总体”。这就是策划的供给空间。

作为市场经济产物的策划，作为社会生产力资源“整合器”的策划，作为整合其他一切因素的策划，是现代社会生产力中最重要、最活跃的因素，是现代社会生产力的“第一生产力”。

策划是一种产业。当今中国，正进入“数千年未遇之变局”：正从传统农业社会向现代工业社会转变，从计划经济社会向市场经济社会转变，从单一计划经济体制向多元化经济体制转变……策划，就是在如此波澜壮阔的广泛而又深刻的变态环境中破土而出，应运而生。因此，对自身来说，也要求有强烈的变革意识，而企业化的规范、系统化的运营、实战化的操作、产业化的扩展，则是至关重要的。策划一旦能形成产业，便肯定气象万千，然而，这本身就需要策划。可喜的是，作为国内首家在香港上市的咨询企业赛迪顾问股份有限公司，佐证了我国策划产业化取得了一定程度的成功。

策划是一门艺术，一门科学。策划是一个系统而复杂的工程，而这个工程的“核心”和“灵魂”就是理念。理念之于商战、市场、竞争，其意义和“指导思想”之于政治、经济、军事、社会等具有同样重要的作用。而理念，尤其是超常规的理念，必须借助于想象力，精妙构思、逻辑推论、科学思维等。因此，策划是典型的艺术与科学的“合谋”。它作为一种“智业”，对从业人员，及策划人员就有特别的素质要求。从本书作者及其他成功策划人发展之路来看，至少以下两个方明的素质是不可或缺的：

一是良好的思维方法。良好的思维方法是策划人的制胜法宝。“运筹帷幄之中，决胜千里之外”，这是思维方法的胜利。“不谋万世者，不足谋一时；不谋全局者，不足谋一域”，这是思维方法的评估。策划，上为境界，中为道，下为方法。境界生道，道生方法。策划人需要与众不同的创新思维方法来支撑自己的行动。

二是丰富的人生阅历。行外里路，读万卷书，与万人道，做万端事……

由此形成深厚的文化素养、智慧的头脑、过人的洞察力和创造力、国际视野以及良好的语言表达能力，是一个成功策划人的基本素养，人生阅历的过于单薄，担当不了策划的重任。

愿本书有助于中国企业的发展，有助于中国品牌策划业的发展！

目　录

第一部分　市场·践行

第二部分　讲堂·洞见

第三部分 形象·风德

第四部分 理念·价值观

第五部分 文化·明道

第一部分

市场・践行

第一章

美源坊:整合品牌营销传播

经过一年半的整合营销传播运作,三九美源坊总裁程光伟先生很开心地告诉我们,去年一年美源坊销售业绩增长80%!美源坊品牌价值得以提升和复兴。回首和美源坊合作携手走过的岁月,我们和程总一样感受到一种前所未有的欣慰。

美源坊"二次创业,跨越发展:新战略　新形象　新飞跃"整合营销传播的成功,期望对中小化妆品企业走品牌营销之路提供现实的借鉴意义。

一　美源坊:三九世界一奇葩

和三九美源坊总裁程光伟相识,并愿意与美源坊年度合作,一是同为校友,有校友深厚之友谊;二是他敦实宽厚不喜张扬的性格,让他周边聚集一批志同道合创业者;三是为他的复合创造型才能所钦佩。程总化学系研究生毕业后,先后从事过纳米材料的研究及开发,在花王投资(中国)有限公司担任产品开发经理。4年后华丽转身,担任正大集团金朝生物科技(上海)有限公司副总经理兼市场部总监。多年的专业研究开发和市场营销实战的锤炼,使他担任美源坊化妆品公司总裁显得得心应手。

美源坊公司具有优良基因,她的母体是三九企业集团。

三九企业集团组建于1991年12月,为国资委直接管理的国有大型中央企业。集团以医药为主营业务,以中药制造为核心,同时还涉及工程、房地产等领域。

集团培育了闻名国内外的三九品牌,全国驰名商标"999"多次被国家权威机构评为"中国最高认知率商标",2005年度被评为中国最有价值品牌,品牌价值为83.06亿元。2006年,中国品牌研究院发布"中国100个最具价值驰名商标"排行榜,三九商标位居药品行业第1位。

三九精细化工有限公司(以下简称“三九精化”)是三九企业集团的核心企业,成立于1993年,主要生产日用化工产品和汽车护理产品。经过7年的悉心经营,发展成为精细化工、包装、机械制造、制药四大产业,年利税过亿元的大型生产企业,成为三九企业集团跨行业发展中最为成功的一个典范。

三九精化前身为九辉商贸,1993年筹建。1995年7月,为统一在三九集团这一著名品牌的原则下,九辉更名为三九精化,实现了统一商标、统一品牌、统一管理的品牌资源系统的整合。经过多方论证,决策层决定在三九精化上马化工新产品——汽车护理系列产品“999车仆”。很快,三九精化就在全国建立起新产品的销售网络。

1997年下半年,在做了充分的前期准备后,三九精化的领导班子毅然决定进军日化市场。

1998年,三九精化第一批日化产品:三九空气清新剂、幻影杀虫水、幻影蚊香片、三九衣领净陆续上市。三九精化的产品首次进入人们的日常生活,日化产品初期销售依靠遍布全国的销售网络,通过艰苦的摸索和积累,当年实现回款1000多万元。

随着日化产品初步打进市场,市场轮廓逐步清晰,三九精化适时适势地对日化销售做了调整,一支专门的日化销售队伍逐渐脱颖而出,且日趋成熟。至此,三九精化已拥有两个完全独立并覆盖全国的销售网络和两支高质量的销售队伍,凭借着健全而又强大的销售网络,将三九日化的产品带进了千家万户,带进了广大消费者的心中。

三九精化永远不会自我满足。1999年,他们着手新的谋划——

一是在香港成立深圳美源坊日用化工有限公司。7月28日,三九集团与香港辉腾国际公司联合注册投资500万元创建美源坊公司。香港辉腾国际是一家拥有雄厚化妆品开发技术的法资公司,技术参股妮维雅、LAFA、卡尼尔等多个国际化妆品品牌。

二是实施多品牌战略。在原有的杀虫系列、卫生系列、家具护理系列产品的基础上,增加家居洗涤系列(洗洁精等)、护肤化妆品系列产品,在品牌上形成美源坊、清芬、幻影等5个品牌系列,初步奠定了在中国日化市场的品牌地位。

成立后的2002年,美源坊公司的营销额超过1亿大关,市场遍布全国。2003年香港三九国际集团有限公司受让三九集团持有美源坊日用化工有限公司87%的股权,7年之后美源坊公司再次扩股注入巨资。2005年,成立深圳市美源坊生物科技有限公司，提升公司研发能力，收购深圳市管家兔日用品有限公司，扩大品牌范畴。

自成立以来，美源坊公司借助母公司的制药核心力、国际影响力和科技实力，进口意、法、日先进的生产技术和实验设备，专注于中药型草本植物在现代医学中的应用，形成了拥有自己知识产权的工艺技术和产品配方，揭开了中药护肤美容的新篇章，成长为国内集研发、生产、销售、设计、OEM/ODM 为一体的实力雄厚的现代化化妆品企业。

美源坊，成长为三九企业集团旗下一朵奇葩。

二　中国日化的市场级差

化妆品市场是朝阳产业，美丽经济，将希望装在瓶子里出售。

随着人们生活水平的提高，人们对化妆品需求越来越旺。中国是全世界最大的新兴市场，目前亚洲第二、世界第八大市场。全世界化妆品 2010 年为 3000 亿美金。据中国商业联合会发布，中国化妆品市场 1980 年 3.5 亿，2007 年 1200 亿，2008 年 1300 亿，2010 年达 1400 亿元(8 亿农村市场占 1/3)，2011 年达 2000 亿市场，2014 年将达到 2500 亿元。仅苏州市 2011 年一年的化妆品消费就达 50 亿元。

从企业数看：中国从改革开放前的几十家，发展到现在的 4316 家(其中广州 1500 多家)，70%在广东，远销 150 多个国家和地区。三资企业占 500 多家，控制着整个中国高端市场。本土品牌 10000 余个，20 几个品牌占据主导地位。全国本土企业 1 亿以上的 50 家，5 亿以上的 10 家；90%以上的年营销额 3000—5000 万；18%难以为继。

从专营店看：目前日化专营店超过 10 万家，30%年增长速度，专营店的二三线城市占额 60%。流通、百货、大卖场、超市等门槛越来越高。屈臣氏提出千店计划，经营 Watsons 自有品牌，占 25—30%，对准洋品牌前 20 名，经营剑指潘婷，功能和价格类似。与 SASA 莎莎、万宁、康是美、丝芙兰成为化妆品五大专营店巨头。经营盈利模式为代理众多国际品牌和国内品牌，同时经营自有品牌。

从市场分级看：日化主要分五级市场。

一级市场：北京、上海、广州、武汉、成都、杭州和南京。

二级市场：主要是省会城市和计划单列城市，宁波、青岛、深圳、东莞、天津和重庆。

三级城市：全国地级城市以及浙江、江苏和广东的县级市城市。

四级城市：全国各地的县级市场。

五级城市：全国的乡镇和广大农村地区。

一、二级市场为洋品牌的主战场，他们的市场一般做到三级市场为止；而广大的四、五级市场为本土品牌长期盘踞，是赖以生存和成长的根据地。他们以中克西，以快克慢，以小搏大。以纳爱斯、奇强和隆力奇为代表，杭州珀莱雅在浙江乡村年销售 5、6 个亿。

从盈利模式看：日化企业盈利模式在于企业规模、营销网点、业态生命力、流通成本和盈利能力。国产品牌的优势包括价格优势、成本优势、资金优势、市场优势(外国品牌一、二线为主，国内品牌二、三线)、渠道优势(以商场和卖场为主，国内品牌渠道多样化)。

三 美源坊竞争品牌研究

品牌是什么？品牌是一个精心设计的商业系统，其范围包括原材料供应、生产制造、包装设计、广告表现、销售渠道、终端表现、售后服务等各个环节构成的商业系统。这个系统给品牌赋予价值，任何一个环节的差错都会对品牌造成损害。

在国内美容化妆品市场上，专业线和日化线是两个重要业态。专业线诸如从业人员素质不高、不成熟的市场管理、消费者和厂家美容院三方都急功近利的心态，导致整个专业线市场长期处于低水平无序竞争。

仅从日化线剖析，化妆品主要被三个梯队的品牌所占据：

雅诗兰黛、香奈尔、资生堂、兰蔻、倩碧等外资品牌雄踞高端市场；

宝洁、联合利华、强生、曼秀雷敦等合资品牌把持着中档市场；

家化旗下系列产品、丁家宜、隆力奇、索夫特、雅倩、柏莱雅等内资品牌在大众市场鏖战多年。

在当今日化线竞争白热化的时期，新品牌要进入，面临着五大门槛：即通路上的争夺、广告中的较量、终端里的竞赛、消费者对产品包装以及内在质量的比照、残酷的价格战。

无论是专业线还是日化线，新品牌的经营者都必须在产品质量、销售通路、运营管理、品牌塑造等一系列营销要素都能成功操作的前提下，才能获得市场成功。进军这个市场，须根据自身资源特点确立品牌定位之后，再结合强大的外力，规避风险，尽快实现盈利和长远生存发展。

化妆品是体验性产品。在人类历史上，经历了农业经济、工业经济、服务经济，接下来的是体验经济。露华浓的奠基人查尔斯·霍尔森说过：在工厂里我们生产的是化妆品，但在商场里我们销售希望。

有欲望就有市场，品牌就是抓住这种欲望，并赋予其体验。比如伊卡璐成功开发新的地位——愉悦的消费体验，开始强调功能，即美丽、健康、光亮的秀发。其次，洗发也是提神、自然的、愉悦的过程。

品牌定位就是使产品或服务符合广大市场中一个或更多的区隔，以建立其有意义的竞争情势艺术及科学。化妆品的地位与策略主要是通过产品类别、产品属性、使用者类别、渠道类别着手，在定位中体现专业化和产业化。

专业定位：美宝莲定位大众彩妆品牌；曼秀雷敦润唇膏定位药品和化妆品，坚持“护理＋药用”

功能定位：小护士主打防晒；舒肤佳主打“美容＋杀菌”；螨婷主打除螨养肤；风影主打去屑不伤发，影射海飞丝去屑伤发；隆力奇主打蛇粉美容，从产品美容改为医用，治理皮肤病。

消费者定位：雕牌坚持“高档产品大众化”；大宝定位大众与工薪阶层为消费目标群；资生堂主张体贴不同岁月的脸，提出不同年龄（10 几岁 Reciente、20Ettusais、4、50Elixir，50 岁以上防止肌肤老化 Rivital 系列）阶段的顾客使用不同品牌的化妆品。

雅倩定位家庭主妇，以系列来推广充实品牌：雅倩 DIY 美发系列，雅倩丹采专业发廊，雅倩清逸洗护系列，雅倩舒润沐浴露系列，雅倩佳净香皂/洗手液/消毒药水。

价格定位：消费者 5000 元/月收入是个分水岭。以上 80％购买外资品牌，20％选择档次较高的合资品牌。欧珀莱形成市场三角形，即最高部分为外资进口；中间梯形为欧珀莱，定位国内最高品牌。

渠道定位：资生堂的品牌店铺策略。即结合各品牌的具体情况，在专卖店（柜）中集中销售一种或集中品牌。如在学校、游乐场、电影院附近年轻人较多地方设计 Reciente 专卖店，老年人较多的地方设立 Rivital 专卖店。薇姿以“拥有健康的肌肤”品牌目标，选择大型药房作为通路。

四　美源坊品牌与营销困境

当前，全国化妆品行业生产企业多达 3700 余家，在如此竞争激烈的市场环境下，美源坊如何能独辟蹊径、突出重围、扩大地盘，迅速建立起企业市场的根据地？

通过我们与美源坊高层访谈、企业内部调查和员工座谈发现，美源坊在品牌经营、市场调研、产品状况、促销情况、市场定位等方面存在的优势及劣势、外面环境的机会和威胁。

在品牌经营上，美源坊出身豪门，在消费者中拥有较好口碑，曾邀请瞿颖等明星代言，曾在央视、广东卫视、江苏卫视投放广告，品牌具有广泛的知名度。但美源坊和很多化妆品企业一样，缺乏创新推广思维，整合传播手段有待提高，陷入一个品牌怪圈，即建设生产线——广告推出——网络建设——资金回笼——再打广告。品牌有增值，但利润稀薄。

在市场开拓上，美源坊拥有一支专业素质较高的销售队伍和一批忠诚度较高的经销商，但产品差异化不明显，对终端、消费者把控能力较弱。美源坊除了护肤品，洗涤用品是美源坊初期的拳头产品，当年一款"幻影"驱虫剂在珠三角就卖了2000多万。我们借广东美博会、深圳美博会之契机，邀请全国经销商来深圳总部参观，征求代理商对美源坊产品的意见和建议。调查发现：二级以下市场竞争相对薄弱，终端品牌国际性产品还未深入，少有厂家在此深耕细作；二三级以下市场一般以流通、精化专营店、商超为主，而品牌化妆品少有深度分销和开发。目前洗化产品基本重在售前、售中服务，少有强化售后服务。产品差异化不明显，尤其是功能性产品缺乏新颖的概念诉求。

在产品状况上，美源坊产品力不强，产品缺乏强有力的概念诉求、缺乏明星产品、缺乏个性的品牌形象。公司旗下拥有7条产品线——经典羊胎素护肤系列、时尚精油护肤系列、男士护肤清洁系列、儿童护肤清洁系列、沐浴洗涤系列、洗发护发系列、家居用品系列，品项达270余种。产品均为常见的大众产品，包装色系比较杂乱。

在促销状况上，美源坊促销手段缺乏新意，活动无规模，无气势。美源坊化妆品的营销策略在最近几年几无影响力的营销策略。最多采用的是终端推广，以终端人力推动为主，促销方面仅仅限于代理店搭台促销。

在市场定位与经营状况上，美源坊市场定位失误，营销系统管理欠缺。老产品系列零售定价一般在50元，其中最高价格产品为精油是368元，最低价格为蛇胆SOD蜜是12元。目前公司主要开发市场为省会城市和地区级城市，市场布局在全国有170余家代理，但经营状况无爆发力，销售费用支出较大，投入产出不合理。

在竞争问题上，美源坊竞争处于劣势，主要表现在品牌力对市场支出不够。化妆品市场本身竞争日趋激烈，而一级省会市场更是竞争白热化。省会城市是外资、合资品牌和内资中的大品牌的首选和重兵把守的市场,美源坊化妆品的营销压力越来越大。尤其在经济低迷的情况下,高端炫耀性化妆品消费适当减低,中低端市场复苏,出现"口红效应"。

综上所述,美源坊必须重新思考、梳理和解决七大问题:

美源坊的企业愿景?
美源坊的品牌规划?
美源坊的营销战略?
美源坊的竞争策略?
美源坊的市场定位?
美源坊的网络规划?
终端形象如何再造?

五 美源坊二次创业、跨越发展实施纲要

通过对美源坊市场和品牌 SWOT 分析,我们认为,美源坊发展壮大最大的阻力和障碍来自于自身。经过半年的诊断,我们为美源坊制定了企业愿景、品牌规划、营销战略、市场策略和重塑主品牌策划方案。

1. 企业目标

企业愿景:

成长为中国日化领域一流民族企业。

品牌理念:

传播美丽方法。

品牌目标:

秉承母公司的制药核心力、国际影响力和科技实力,成长为中国祛黄养白第一品牌和中国抗皱美白第一品牌。

品牌哲学:

传承和发展古老的中医美容文化,为人类传播美丽方法。

心至净,身致美,倾听超自然的细语,感受宇宙的自然博大,彰显人生精彩。

把自然的美丽奥秘带给人间,让我们的身心时刻沐浴在自然芬芳的环境里,让健康心灵怀揣天真的童趣,直到永远。

2. 实施美源坊品牌规划

化妆品是个朝阳产业，导入品牌概念，实行品牌管理，对产品进行功能定位、高对细分和概念抢位。

品牌规划，就是服务于企业销售。研究显示：广告加大一倍，只取得市场份额的3.5%增长，并激起对手更大的广告投入；而好的创意引起的注意力比其他广告提高20%，平均只能带来0.5%增长。而在品牌优势方面加大一倍的力度，可以提高16%的市场份额。

将美源坊市场营销纳入品牌规划体系。品牌规划在产品生产之前就开始设定并融入其中。

将美源坊经销商纳入品牌规划体系。很多品牌在市场上很少广告，但市场份额不小，不为销售发愁，最大的秘诀在于良好的厂商关系，与经销商“双赢”。

将美源坊终端纳入品牌规划体系。消费者30%受广告影响，70%受终端左右。故在终端实现美源坊品牌形象的生动化、达成产品、销售人员、pop，物流、促销策略协同作战。

将增强与消费者和零售商的联系纳入品牌规划体系。为顾客创造价值和提供特殊服务，注重美源坊口碑效应。

3. 实施营销战略和市场策略

企业盈利在于企业规模、营销网点、业态生命力、流通成本、盈利能力。综合研究发现，面对强大的洋品牌，国内品牌还是有其独有的优势，譬如价格优势、成本优势、资金优势、市场优势（外国品牌一、二线为主，国内品牌二、三线）和渠道优势（以商场和卖场为主，国内品牌渠道多样化）。

美源坊营销利器：坚持品质为导向的营销方略，构筑营销三大核心优势——遍布全国的营销网络，集聚高素质营销人员服务市场终端；规范的制度与严格的人员培训，有效地保证经销商的利益；以充分的广告投入提升品牌的美誉度，为经销商创造价值。

美源坊营销战略：

集中资源，布局全国市场，定位二线品牌，以一线城市的二线区域、二三级市场为突破口，建立企业根据地，力争三年成为地区性第一名牌，赢得竞争的主动权。

美源坊市场营销策略：

目标消费群定位：18岁—45岁之间女性为消费主体。

目标市场定位：一线城市的二线区域、二三级市场。

公司市场从省会城市转迁到二三级市场，即具有全省辐射优势和交通便利的地区级城市。市场重心转入三四级市场，主攻三级市场，带动四五级市场。注重目标区域市场，即将二级市场精工细作，做足、做透、做牢、且培养忠诚市场，形成连片区域优势。

渠道拓展策略：

在渠道定位上，在地面市场护肤品选择有实力的经销商走洗化专营店为主要渠道，洗涤品以大流通为主要渠道，开拓商场专柜、超市、专卖店、大卖场、美容院和直销等渠道。

拓展美源坊精品日化连锁店。在原河南省 50 家美源坊精品店的基础上每年按照 40%的速度拓展。

入驻大型商超系统。美源坊进入国内 KA 商超系统（沃尔玛、家乐福、卜蜂莲花等）、大型 B 类商场（上海联华、武汉中百、福建米兰春天、江苏苏果等）、大型化妆品连锁机构（上海歌斯玛、上海奕婷）及大型药店连锁机构（东北哈药、复星药业等）等。

实施复合式营销策略：

美源坊实施空中与地面复合式营销，即网络规划＋传统代理网络。

加入网购和电购。入驻天猫、淘宝、京东、乐蜂、拉手、中国商品城、HITAO 网等，并加大市场开拓宣传力度。进入江苏卫视靓妆频道、北方购物、快乐购、上海东方 CJ 等全国 25 家电视购物平台。

组合销售。利用美源坊产品线长且丰富优势，能满足经销商的多重需求。对现有产品按照功能设计组合大套装，进行产品组合销售，增强产品的竞争力。

整合传播。通过广告引导、大型公关活动等塑造品牌形象。在合理费用的前提下，协助代理商和专卖店树立品牌形象，如结合中国传统节假日策划大型促销公关活动，配置灯箱片、易拉宝、POP、拉网式展架、海报等大型促销道具，请专业策划公司负责传播活动，做出规模和气势，塑造提升品牌形象。在新浪、搜狐、腾讯、网易等网站开设博客和微博，进行空中传播，达到空中网络和地面营销相结合。

参加全国性美博会。参加广州美博会、深圳美博会、上海美博会，通过全国有影响力的美博会平台进行招商促销，和专业杂志合作在全国招商。美源坊和 360 洗涤周报合作，参加其搭建的全国招商直通车活动，在山东、河南等省会进行产品招商和促销活动。

4. 实施跨界合作,重塑核心品牌形象

美源坊为复兴品牌,发动并购行动,一是全资收购深圳管家兔公司,专注于男女内裤洗涤健康产品,丰富了产品线。二是实施跨界合作,大力重塑新潮品牌,缔造美源坊国货新形象,率先占据优势的市场区隔,使品牌功能具有唯一性和排他性。在传播美丽方法的口号下,强调美源坊品牌的"内在力、调和谐、外美颜、养肌肤"理念。

美源坊先后与湖南老爹农业科技公司和澳洲 Aurinda 公司合作,推出全新力作"美源坊·果王素祛痘养颜"系列产品和"美源坊·羊胎素平皱细润"系列产品,开启美源坊化妆品渠道市场新潮流。

为保证化妆品原料产地的天然、绿色、有机、环保,美源坊打造专属栽培基地,利用国际领先技术、提升时尚制造产业链。

湖南老爹农业科技公司地处美丽而神秘的湘西,是中国及世界最大的富硒猕猴桃主产区。湘西地处武陵山区,土壤深厚肥沃,有机质含量高。猕猴桃栽培区地处中高海拔地带(平均海拔 800 米以上),最宜猕猴桃生长发育。湘西猕猴桃栽培面积已达 15 万亩,湘西猕猴桃因独特的地理与气候条件而品质卓越,获得国家地理标志产品保护。

该公司依托湖南省猕猴桃产业化工程技术研究中心,科研势力雄厚,在猕猴桃精深加工技术方面居国际领先水平。猕猴桃果王素获得国家发明专利和国家重点新产品等荣誉称号。

果王素是以天然猕猴桃果籽为原料,采用超临界 CO_2 萃取、超微细处理技术精制而成,富含亚麻酸、亚油酸等人体必需的不饱和脂肪酸、天然维生素 E、微量元素硒等营养成分。

美源坊以国家重点新产品称号的果王素为素材,推出果王素祛痘养颜产品,果王素富含亚麻酸、亚油酸、天然 VE、硒等成分,以追求"内调外养、绿色有机,健康护肤"美丽理念为导向,利用现代科技开发"祛除暗黄、健康美白、淡化色斑、延缓衰老"等果王素两大系列 12 款产品。

澳洲 Aurinda 公司系澳洲生产羊胎素最大的企业之一,公司拥有天然优质牧草和羊群。美源坊采用 Aurinda 公司国际先进的冷冻干燥技术精炼提纯而成的羊胎素为素材,羊胎素富含蛋白质、氨基酸、核酸、胶原、免疫因子及钙、铁、锌矿物质等,利用现代科技开发"祛斑防皱,护肤润颜"等羊胎素两大系列 12 款产品。

美源坊利用 13 年的品牌沉淀与优质产品,力促经销商的跨越发展。量身定做的销售政策，为经销商增添核心竞争力。全新视觉终端柜台形象系统，提升品牌购买的吸纳力。美源坊壮美如画，与经销商携手共创新财富。

5. 实施标准化管理系统

美源坊标准化管理系统分三部分：营销管理系统、供应管理系统和培训管理系统。实施标准化管理系统是美源坊事业发展的基础。

营销管理系统。美源坊的营销理念：美源坊在经营活动中秉承一个方针、一个中心、五大基础的金字塔结构方式。即以品牌为经营方针，以安全为中心（产品品质安全、价格安全、服务安全），规模、时尚、专业、文化和传播五大基础。

美源坊营销组织体系：深圳公司总部、生产总部和上海营销总部。上海营销总部负责公司营销战略战术的制定和实施。为保证营销总部效率，公司对体系中各个部门的工作内容和责权范围进行明确的规定，制定考核标准和严密的工作流程，以保证营销工作的高效有序进行。

供应管理系统。经营的核心是满足消费者对产品、专业服务和对美的深层次的需求为目标。美源坊的供货体系，主要是负责公司市场战略下的产品结构设计、采购管理、代理商的管理和货物配送工作。在供应队伍建设上，实行科学规范的工作标准和绩效管理、以会代培等形式进行统一风格、专业技能、共同价值观的培训与建设，打造一支具备专业技能的专业化队伍。

培训管理系统。企业战略分两种：一种是领跑战略，未来可能成为行业领袖；另一种是追随战略，不能成为领袖，可能成为重要的奔跑者。美源坊以美源坊文化为目标，以美源坊员工的技能提升为主线，建立具有美源坊特色的培训体系。即“三个五”培训体系：五点式培训因子、五段式培训流程和五步式培训教程。

同时，文化引导思维和方法提升技能，是美源坊培养员工的两条主线。

6. 实施美源坊十一项品牌战略支持系统

第一，媒体支持。

江苏卫视靓妆频道全年专题热播，《女友》、《瑞丽》、《佳人》、《江苏卫视》、《中国化妆品洗涤周报》、《360度DM杂志》、《招商直通车》、《中国化妆品招商快讯》、《新浪》、火爆网等媒体广告支持，若地方代理商投入当地平面广告可以100％以货支持。

第二，商场、超市、连锁终端卖场入场费及条码费用支持。

支持条件	1. 跨区域连锁大、中型终端卖场
	2. 当地知名B类及以上终端卖场
	3. 在进终端卖场之前代理商必须向公司区域经理审报商超情况及合作条款，须得到公司审核通过的书面同意书
支持内容	1. 高达100%的费用支持
	2. 前三个月内，按回款额的20%核销总费用的50%
	3. 后续补单按回款额的10%核销人员补贴及终端陈列
	4. 达成年度销售目标，按年度回款额的5%核销剩余的50%
核销资料	1. 进终端卖场的首批送货清单(要有终端收货人签名及收货单位盖章)
	2. 与终端卖场的合作协议或合同及进终端卖场的费用明细及正规发票
	3. 终端卖场上货架后的产品陈列照片及该商超门面的照片

第三，新店特惠加盟支持(5800/6800元)。(略)

第四，包销政策支持(10000元)。(略)

第五，产品配送支持。(略)

第六，终端物料支持(按20%订货金额配送)。(略)

第七，会议推广支持。

目　的	1. 增进公司与代理商之间的了解，让代理商参与制定产品的营销策略 2. 提高代理商公司员工对三九美源坊产品的信心，提升他们的销售技能 3. 协助代理商召开订货会，帮助代理商开拓和维护市场
内容描述	1. 代理商会议：每年1次以上参加公司会议，共同商讨并制定相关的市场操作策略
	2. 品牌经理和主管会议：每年1次以上，公司将聘请知名讲师开设课程进行培训，帮助代理商团队提升
	3. 代理商的订货会： A. 主要增加互动，让零售商了解三九美源坊品牌的最新发展动向，通过会议让客户更坚定信心来做三九集团美源坊品牌，形成店老板对主观意识的重视 B. 招商会总体流程，由代理商提前申请并共同制定标准操作规范
支持措施	1. 招商会支持：代理商每次召开三九集团美源坊专场招商会，并在会后20天回款的，公司按代理商回款的8%配送产品(5折价)作为会议政策及费用的支持 2. 多品牌订货会按照以上内容支持3%

第八，终端培训支持。

目的	1. 提高终端店店员的销售能力，提高店的总体竞争力 2. 体现公司规范化的操作市场能力，展示公司做市场的决心 3. 提高三九集团美源坊品牌在终端的售货量，达到店内主推的地位
内容描述	略
支持措施	全省终端店长培训支持政策（以代理商为单位） 1. 每年集中培训 1—2 次 2. 集中培训期间：食宿标准每人每天为 80 元（含吃住），公司和代理商各自承担 50%，公司以产品形式支持给代理商
说明	培训具体内容，另行详见培训部制定的培训课程安排

第九，人员支持。（略）

第十，样板店、星级样板店支持。

目的	为了推动品牌快速发展，塑造优质终端网点，使品牌尽快渗透到全国各个区域，支持品牌在重点区域的市场发展，三九集团美源坊中国区营运中心决定在全国范围内推出“样板店、星级样板店计划”，申请成为“样板店、星级样板店”的合作者，将享受到三九集团美源坊中国区营销中心的专享贵宾服务	
内容描述	数量	根据公司的品牌推广策略和代理商的回款任务，公司给予各代理商不同额度的样板店数量
	条件	样板店、星级样板店条件： 1. 认可三九集团美源坊的品牌文化，在当地市场有一定实力 2. 店和商场在当地有影响力，愿意主推本品牌 3. 店和商场内具有本品牌形象柜，并能按公司终端形象要求陈列 4. 样板店年度回款必须达到 6 万元以上，星级样板店年度回款 12 万元以上 5. 星级样板店必须使用三九美源坊统一店牌（费用由公司承担）

（续表）

内容描述	支持内容	1. 得到由总部老师亲自下店的培训服务和大型的促销活动支持 2. 可以享受店面装修设计和三九集团美源坊整店输出形象使用权 3. 得到由总部提供的每年至少一次的 EMBA 培训或参观旅游的机会 4. 样板店完成年度回款任务享受每年 8%的店面装修基金，超出部分给予 10%的店面装修基金奖励，星级样板店完成回款任务享受每年 10%的店面装修基金，超出部分给予 12%的店面装修基金奖励，以 5 折货品的形式返还

第十一，会员专享实施计划。

目的	1. 稳定消费人群，提高消费者对品牌的忠诚度 2. 提升品牌在终端的竞争力 3. 吸引消费者人群的首次购买欲，增加尝试人群，扩大试用人群，增加销售机会
内容描述	略

7. 拓展美源坊整店加盟服务

20 个世纪 90 年代中期，美源坊公司授权河南美源坊开拓发展专卖店。目前河南美源坊已经发展到 50 余家实体连锁店，树立全国实体店榜样和样板。为了进一步促进美源坊实体店发展，推出加盟服务，实施整店输出战略。

整店输出特许加盟连锁经营是世界商业模式的主流，独特的经营机制、规模化的经营、标准化的服务、科学系统的管理，使之成为风险最小，效率最高，回报最大的投资模式。

整店输出包括开店投资、店面选址、店面产品、店内形象、装饰风格、人员培训、产品陈列、运营流程、收银系统、财务分析、物流系统、促销模式、新品上市等涉及连锁店经营、管理、人员等各方面，简单地说就是一个成功经营店铺完整的复制。它确保每一家店都是一种风格、一样的产品、一样的服务、统一的价格等。如果有差别，也仅是店的面积大小有别，所在的位置不同而已，从而充分保证了单店的市场竞争和持续盈利能力。

输出连锁经营模式的最大优点是：投资小，收益大，易复制，成功率高，开店简单，开展速度快，特别适合中小型投资创业者。

美源坊整店输出9点优势。

连锁优势：美源坊15年的发展，系统相当完善，其规模化经营和规模化管理可以复制，并将投资成本降为最低，可确保开店成功。

品牌优势：集十余年之成熟经营管理经验培育出的优秀品牌，已获得消费者认可，成为国内知名品牌。

管理优势：所有连锁店均采用标准化的营运作业方式，各个环节总部均有完整的培训、教育、指导，并有专人至各店铺指导经营，确保管理规范和各环节的协调有序，所有经营管理严格复制。

培训优势：所有店内人员都由总部系统培训，全面掌握产品、陈列、销售、理货、物流、服务、讲解、运营、财务等各方面专业知识，并派专业人员给予开业期间三天的现场亲自示范、辅导，确保培训知识的规范运用。

物流优势：所有货品均采用最先进的配送系统，公司可确保48小时内把货品发出。

产品优势：所有产品均采用了国际先进技术和独创配方，所有原料均采自于纯天然植物的根、茎、叶、果等。天然、纯粹、环保、符合现代人们健康时尚的消费观念。

投资优势：不单纯是一个品牌、一个产品、一家店，而是一个包含大量成功元素的专卖连锁系统，一个极好的投资项目，并能轻松赚钱。

形象优势：店内及店头装饰均采用统一的紫罗兰风格，经典时尚，整店显得典雅别致、韵味悠长。

销售优势：开放式的货架，自选式陈列，丰富的货品，时尚、经典的包装，优良的品质，低廉的价格，迎合了大众化的消费，使得任何一位进店的顾客都会在店里选择几款自己心爱的货品。

美源坊加盟条件。

具有致力于推广“传播美丽方法”理念的坚定信心；

强烈认同美源坊品牌文化与企业经营理念；

具有强烈的投资欲望和一定的经济实力；

具有踏实的创业精神及事业进取心；

能在当地商业街或人流多的地方找到适合相关投资店型的店铺；

经营面积15—200平方米；

并能按合约完全配合总部统一培训及营业指导，有统一的作业规范。

美源坊加盟优势。

模式绝对先进，标准决定一切。一个绝对先进的经营模式，让您高端起步省心省力；所有绝对标准的工作程序，让创富成为生产流水线！

美源坊在充分研究和借鉴成熟模式的基础上，结合自身的优势和考虑到地方特性，有针对性地推出整店输出特许加盟连锁经营，最大程度地照顾了经营者的投资安全，并充分地考虑了消费者的消费心理及消费习惯，是专卖连锁领域内一次标志性的革命。

美源坊连锁营运管理的3S原则：

简单化(Simplification)：即作业流程以及作业工作的简单化。

标准化(Standardization)：即系统的统一，操作上按已制定的标准流程办事。

专业化(Standardization)：即在操作程度上的标准细分，员工对产品操作的专业化，商品上则指“差异化”的强调，所以“专业化”其实是“标准化”的彻底实施。

美源坊经营优势对比分析：

	特许连锁	独立创业
商标	授权使用美源坊知名品牌的营业名称、服务标志、服务形式，与众不同的业务和经营网络	必须自行创建自己的品牌，这需要时间与精心的经营，但存在不成功的风险
知名产品/服务	直接获得被公众接受的信誉并从中受益	需要时间和精力建立能被公众接受的产品或服务的声誉
培训	特许人提供广泛的促销与广告活动，本地促销活动可能全由受许人承担。但特许经营商会给予高端指导	企业自己进行促销活动并承担费用，宣传费用较高
材料供应	美源坊指定材料，同时也是重要的供应商，受许人可以获得较低的折扣	企业自行采购材料，只能小批量购买，折扣不低从而增加经营成本
材料供应	美源坊指定材料，同时也是重要的供应商，加盟者可以获得较低的折扣	企业自行采购材料，只能小批量购买，折扣不低从而增加经营成本

（续表）

市场调查	美源坊完成且用以指导加盟商	自己进行,耗费时间和财力
支持服务	美源坊具有丰富的经验并随时解决加盟商遇到的难题	获得的支持较少,并可能采用付费的方式才能获得
成功率	92%	36%

美源坊开店18个支持。

强大的后盾,最强的支持,成功的保障。

开业前8个享有,即享有前期店铺选址专业评估支持;享有前期商场谈判支持;享有免费店铺形象装修设计;享有免费店铺陈列设计;享有免费提供店员开业培训和再培训支持;享有统一装修施工,确保质量、形象统一性;享有专人到店开业指导及日常经营指导支持;享有免费提供品牌的产品宣传资料及开业喷画、全套形象物料、服装支持。

开业后10个享有,即:享有公司定期派人到店指导和再培训;享有免费提供开业促销的名贵礼品;享有全国性促销活动的经费支持;享有产品3大售后服务的强势服务后勤支持;享有货品100%退换保障支持;享有年底达标高达5%—8%返利支持;享有装修、租金经费支持;享有单店专人策划促销活动,提高销售的服务支持;享有特定期内免费装修货架费用支持;享有店铺收货3天质量换货保障支持。

六　附:美源坊品牌简史

1991年

三九企业集团组建,为国资委管理的中央企业。集团“999”品牌价值为83.06亿元。被评为“中国最高认知率商标”。

1993年

三九医学研究院成立。

三九企业集团核心企业之深圳三九精细化工有限公司(前身为九辉公司)成立,主要生产日用化工产品和汽车护理产品。

1994年

三九集团建成了一批中药、合成药理、药剂等实验室。

1995年

在三九集团著名品牌的原则下，三九精细化工全面进军日化市场，实施统一商标、统一品牌、统一管理的品牌资源系统的整合。

1996 年

三九集团提出把制药产业以生产中成药为主转到发展生物工程、以生产高科技产品为主。

1997 年

999 衣领净、“幻影”杀虫水、蚊香片、999 空气清新剂等诞生。美源坊洗涤用品首次在全国上市。

1998 年

美源坊 999 杀虫系列、卫生系列、家具护理系列产品畅销全国市场。

1999 年

深圳美源坊日用化工有限公司(港资)注册成立。由三九集团九辉商贸与香港辉腾国际联合投资 500 万元创立。辉腾国际是一家拥有雄厚化妆品开发技术的法资公司，技术参股妮维雅、LAFA、卡尼尔等多个国际化妆品品牌。

美源坊公司实施多品牌战略，形成美源坊、清芬、幻影等 5 个品牌系列，初步奠定了在中国日化市场的品牌地位。

2000 年

荣获 14 届广州国际美容美发化妆品博览会“产品最佳形象设计奖”。

美源坊借助母公司的制药核心力，三九医学研究院与法国 FRANVAL 公司合作，进口意、法、日先进的生产技术和实验设备，专注于中药型草本植物在现代医学中的应用，形成了拥有自己知识产权的工艺技术和产品配方，揭开了中药护肤美容的新篇章。

美源坊品牌标志：中间是隶书的品牌字，代表古老的中国文化。上方是两片“携手”的树叶组成的像“火焰”，亦是“露珠”图案。寓意公司高举纯自然属性的大旗，并永恒坚持。999 是母公司的标志，FRANVAL 是法国合作公司的名称，MERRYFULL 是三九医学研究院的名称。法国 FRANVAL CAC 获 FFOR 颁发的天然产品许可证标志，法国 FRANVAL. CAC 获国际有机种植协会的认证。

2001 年

美源坊通过了 ISO9001—2000 国际质量认证。

美源坊羊胎素(Ⅰ代)抗皱系列化妆品上市，至今畅销不衰，被誉为“中国抗皱美白第一品牌”。

2002 年

荣获 17 届广州国际美容美发化妆品博览会“美容科技产品领先奖”。

著名影视歌三栖明星瞿颖等先后代言美源坊，开启美源坊明星代言辉煌之路。

2003 年

美源坊洗涤、化妆品广告强势登陆 CCTV1、CCTV8、广东卫视等各大媒体，营销额首超 1 亿元大关，成为国内化妆品领域的领跑者。

美源坊销售网络遍布全国。20%的外销产品成功进入西亚、东南亚和欧洲市场。

2004 年

三九美源坊连锁机构成立，第一家品牌形象连锁店在鹏城面世。

2005 年

成立深圳市美源坊生物科技有限公司，引进法国技术，提升研发能力。

美源坊推出活泉补水系列、本草护肤系列、秀谷洗涤系列产品。

2006 年

荣获深圳市美容化妆品业商会授予的“诚信化妆品企业”称号。

美源坊羊胎素(Ⅰ代)广告继续强势登陆 CCTV8、广东卫视等媒体，产品风行全国市场。

2007 年

美源坊授权河南美源坊代理商开发美源坊精品日化连锁店项目，发展到 50 余家日化连锁专卖店。

2008 年

美源坊美白防晒套装、美白冰霜防晒霜系列震撼上市。

“秀谷”藏红花水面膜系列、焗油膏、洁面乳系列全国上市。

2009 年

美源坊与日本 SOPHINA 化妆品公司合作，共同研发的“伸浪”男士护肤系列、精油护肤品系列、儿童护肤系列全国上市。

2010 年

美源坊推出“管家兔”男女内裤洗涤健康产品。

美源坊完美拥有羊胎素护肤系列、时尚精油护肤系列、男士护肤清洁系列、儿童护肤清洁系列、沐浴洗涤系列、洗发护发系列、家居用品系列等 8 大系列 300 余款产品。旗下拥有美源坊、MERRLFUL、秀谷(Showgood)、伸浪、管家兔、三九美源坊、my1st、幻影、清芬(PHRIS)等 9 大知名品牌。

美源坊成为国内集研发、生产、销售、OEM/ODM 为一体的实力雄厚的现代化的化妆品企业。

2011 年

美源坊荣获中国消费者最信赖的“最具市场潜力”十佳化妆品品牌称号。

美源坊打造“专属栽培基地、国际领先技术、高尚制造产业链”，和澳洲澳琳达公司合作，研发、生产、销售被誉为“中国抗皱美白第 1 品牌”——美源坊羊胎素（Ⅱ代）护肤系列。

美源坊与湖南老爹公司合作，采用国家发明专利的猕猴桃果王素，研发、生产、销售“中国祛黄养白第 1 品牌”——美源坊果王素护肤系列产品。

美源坊与江苏卫视“靓妆”、湖南卫视“快乐购物”、安徽卫视“家家购物”、湖北广电“美嘉购物”、天津卫视“三佳购物”等 20 余家卫视全面携手，跨界合作，实施美源坊新国货、新形象、新时尚工程。

2012 年

美源坊独家协办江苏卫视之天猫 · 凡生靓妆全国美妆大赛。

美源坊冠名赞助的华东师范大学第八届校友招待晚会。

2013 年

美源坊参加第十八届上海国际美容博览会。

美源坊推出自然白和智能水系列护肤产品，投放全国市场。

2014 年

美源坊荣获“全国质量检验稳定合格产品”称号。

美源坊荣获“全国质量和服务诚信优秀企业”称号。

第二章

九龙医院：医教研核心品牌一体化

2013年10月27日，中国民营医院发展年会在武汉举行。

中国医院协会副秘书长庄一强，正在朗声宣读2013“中国民营医院·竞争力100强”排名榜单。

当宣读到“苏州九龙医院综合得分566.40分，位列榜单第五名！”时，大厅掌声雷动！

此榜单由香港艾力彼医院管理研究中心和香港《医院观察》杂志联合主办并发布，苏州九龙医院从众多民营医院中脱颖而出，雄踞第五。与此同时，在原创综合性民营医院竞争力排行中，九龙医院名列第二，仅列东莞东华医院之后。而在江苏省原创性民营医院中，则位居榜首。

这是国内首张民营医院排行榜。

在国家医改新政推动下，民营医院的发展风起云涌。据国家卫计委统计，截至2013年7月底，我国民营医院数量已达10594家，占全国医院总数的44%，民营医院的发展对中国医疗体系具有划时代的意义。

上海交通大学医学院附属苏州九龙医院(以下简称九龙医院)由香港企业家孙福林先生创办，自2006年开业以来，苏州九龙医院业务量年平均增幅达到30%左右，年门急诊量达到100万人次，出院病人近3万人次，年手术量1万余台次。九龙医院被中国医院协会评为“全国百姓放心示范医院”。先后被省市有关部门授予“江苏省明星侨资企业”、“苏州市卫生系统文明单位”等荣誉20余项。

2012年10月21日，国家卫生部部长陈竺视察苏州九龙医院。在座谈会上，陈竺部长评价道：“苏州九龙医院是民营医院的一面旗帜了！”

九龙医院在短短的7年时间，打造成了位列全国民营医院前五位，其坚持以“国际品质，贴心关怀”为内涵、以品牌化建设为核心的发展之路。

一 坚持“医教研”一体化

2011年11月30日，上海交大医学院第十四次校(院)长、书记联席会议正在这里举行。

此次联席会议，有一项重要议程特别受到关注：九龙医院和上海交大医学院签订新一轮合作协议。

随着这份协议的生效，标志着九龙医院正式纳入上海交大医学院管理体系。在新一轮合作协议上涉及医、教、研主要内容包括交大医学院将九龙医院纳入交大医学院教学医院建设规划；将九龙医院纳入直属附属医院工作范畴，在教学、科研、医疗和管理等方面实施统一的规范化建设；每年安排九龙医院选派一定数量的管理和专业人员进入交大医学院各附属医院进修学习等等。

早在八年前，九龙医院就积极谋求与上海交大医学院合作，取得“上海交大医学院九龙医院”的冠名以及各项协作事宜，等等。

孙福林在许多重要的场合都表示，按陈竺部长视察九龙医院时所作的“高校办医要和社会资本结合”的指示精神，九龙医院是高校和社会办医结合的良好平台，所以合作的必要性不言而喻。九龙医院进一步提升人民群众的健康水平，积极响应国家宏观卫生策略，坚持新医改的正确发展方向，支持社会资本发展医疗卫生事业，探索高校与社会资本合作办医的成功模式。

通过第一轮的合作，九龙医院完成了第一个五年规划的发展目标，成果显著，发展健康。医院第二个五年规划是提高医疗质量、增强内涵建设的五年，在医院管理、学科建设、人才培养，乃至医、教、研的结合上，都离不开交大医学院的支持和帮助。

通过双方的共同努力，根据二期工程建设规划，使九龙医院在本合作期内争取成为较大规模(1800张床位)的三级甲等医院，条件成熟时成为交大医学院的教学医院和直属附属医院。通过合作，使医院3至4个学科达到国家或省级重点学科或专科水平。

与上海交大医学院的战略合作，为九龙医院在打造“医教研”一体夯实了坚实、高端的基础和平台。

在与上海交大医学院签订新一轮合作协议前后，九龙医院将临床教学工作列为医院全面、科学、协调发展的必经之路。在这条大道上，医院依托高校力量，为医院实施品牌、技术、服务升级战略，为医院提供教学科研动力……

九龙医院与徐州医学院签约，成为其教学医院，根据协议九龙医院每年接收高校学生百余人，共同致力于医学人才的培养。九龙医院与苏州大学签约，成为其教学医院。苏州大学为苏州本地综合实力最强的高校，经过考察、论证和组织教学评估验收，有意牵手九龙医院，定其为“苏州大学教学医院”。九龙医院与江苏大学合作，成为其教学实习基地。九龙医院与上海东海职业技术学院携手合作，成为其护理教学实训基地。

九龙医院实现了教学工作的规模与层次从量变到质变的飞跃发展，为苏州医疗、科研、教学整体水平的不断提升作出了重要的贡献。

人们看病总有这样一种心理，越是大的城市，医院也就越好，医生也就水平越高。于是，有什么大病或疑难杂症，有能力的都往大城市大医院跑。

然而在九龙医院，时常出现从上海追到苏州看病的例子。这是什么原因呢？

答案是，这里拥有一支科研实力强大的科室和一支技艺一流的医疗团队。

在为高校建立教学基础外，九龙医院又与著名医院联袂合作成立各类专科中心，促进与拓展“医、教、研”的一体化建设。

九龙医院作为一所集医疗、科研、教学为一体的综合性医院，十分重视医学的学科建设工作，本着“互惠互利，共同发展”的原则，与上海交大医学院上海胸科医院密切合作，成立“上海胸科医院—九龙医院房颤联合治疗中心”。与国内心血管疾病诊治的“航母”——北京阜外心血管病医院合作，合力打造“北京阜外—苏州九龙心脏技术中心”。与复旦大学华山医院合作成立了“华山—九龙肾脏病中心”。与上海中山医院、上海胸科医院、上海肺科医院等合作成立“胸部微创腔镜协作中心”，将全国最有实力的胸腔镜微创手术团队引进医院，实现了苏州与上海先进医学技术和优质专家资源的共享。

在与国内诸多大学合作后，九龙医院又实施了“走出去，请进来”的国际合作战略，大力引进国际先进技术和教学方法。与韩国亚洲大学附属医院签订合作协议，成为韩国亚洲大学附属医院的友好医院；与耶鲁大学医学院、英国牛津大学临床试验与流行病学研究中心、英国利物浦大学等建立了医、教、研等方面的合作与交流。

在科学研究上，九龙医院投资 500 万元建立中心实验室，提供给本院和周边医院进行医学的科学研究；高压氧舱正式向临床开放，为医院科研的发展提供了支持；设立九龙医院青年科技基金，资助数十项的科研项目。

在科研成果方面，九龙医院已先后获得国家、省、市和园区科研项目上百项，其中国家自然科学基金数十项，获得科研基金数百万。在各类学术刊物上发表论文200多篇，其中SCI论文十余篇。通过评审，九龙医院成为江苏省全科医师规范化培训基地，并设立博士后科研工作站，吸引和承载高端人才从事医疗科研工作，大大提升了园区医疗技术的创新能力和核心竞争力。九龙医院的国家药物临床试验基地通过专家验收，七个专业接受了国家医药管理局临床药物试验机构的检查评审。

九龙医院坚持"医教研"一体化，不但为人才集聚提供了有力的保障，也在技术提升、新技术利用等方面推动了医院的全面发展。

二 学科建设是立院之本

九龙医院用技术和疗效说话，迅速成长为能满足苏州和周边地区，以及长三角区域多层次的医疗卫生服务需求的民营医院。

随着市场经济的发展和医疗卫生事业的全面改革，医院不断面临着严峻的挑战。九龙医院作为一所集医疗、教学、科研、预防、保健、康复等多功能于一体的综合性教学医院，2006年盛大开诊，取得了不俗的业绩。

学科建设水平的高低是医院整体实力的重要标志。建院初始，创始人孙福林要求九龙医院以重点学科建设为龙头，提高医院整体水平，彰显医院发展特色，突出医院学科优势，增强科学研究能力和社会服务功能是实现医院做大做强的必由之路。

在一次重大的学科建设会议上，创始人孙福林提出：九龙医院坚持把学科建设作为一项基本建设，遵循医学发展规律，坚定不移地把科研兴院、人才强院摆在突出的战略地位，坚持观念创新、体制创新和机制创新；坚持走内涵发展的道路，正确处理改革与发展、质量与效益之间的关系，将医院办成以医学为主，教学、科研水平较高，名副其实的国家重点大学附属医院，使医院的整体水平和综合实力跨入民营医院的先进行列。

学科建设是九龙医院发展与改革的永恒主题，是医院发挥医疗、教学、科研三大功能的基本平台。在医院发展建设中，九龙医院重视学科建设和可持续发展，目前设有28个临床科室、10个医技科室，开设有专门的VIP门诊病区。

医院靠什么赢得了患者良好的口碑？

为何获得全苏州唯一一家被中国医院协会授予“全国百姓放心示范医院”称号？

学科，重视学科建设，九龙医院不断努力，发展新项目，建设重点专科和重点学科医疗技术，努力实现院有重点、科有特色、人有专长的局面，以保证医院的高素质的服务。这是九龙医院确立的头等大事。

九龙医院设有博士后工作站和中心实验室，为专家、学者的临床和教学科研提供良好的平台。九龙医院的心血管内科、神经外科是江苏省临床重点专科和苏州市临床重点专科建设单位。医学影像科是苏州市重点学科，肿瘤科为苏州市重点专科建设单位。

如此强盛的高水平学科团队，在临床医疗中，自然是得心应手、出手不凡。

在建设重点学科的基础上，九龙医院内部加强重点科室建设。目前重点科室包括心血管内科、神经外科、放射科和骨科。

心血管内科归属心胸疾病诊疗中心，拥有一批国内知名、医术精湛的专家教授、医学博士、硕士组成的医师队伍及世界先进的诊断治疗设备，能诊治各种常见的心血管疾病（包括高血压、高血脂）和疑难复杂的心血管病症。

在内科药物治疗的基础上，心导管室拥有德国西门子公司 Axiom Artis FA 数字减影血管造影 X 光机、美国 GE 公司 64 通道电生理记录仪等国际先进的技术设备，能开展项目齐全的心脏介入治疗技术，使各种疑难、复杂的心脏病患者能够得到高水平的诊治。

如冠心病的介入包括冠心病的经皮冠脉球囊扩张术、支架置入术、药物涂层支架的临床应用、冠状动脉内超声检查等；导管消融技术治疗室上性和室性快速性心律失常；各种类型（单腔、双腔、三腔）永久心脏起搏器的植入和 ICD 的植入；肥厚梗阻型心脏病的化学消融治疗；风湿性心瓣膜病的经皮瓣膜球囊成形及先天性心脏病的介入治疗。

医院影像中心的 Somatom Sensation 64 层 CT、Magnetom Avanto MR 和超声中心的 Acuson Sequoia 以及核医学的 ECT 等影像设备，也为心血管疾病的无创性诊断提供了极有利的条件和质量保障。

心内科开放全日的普通心血管专科门诊和定时的主任门诊与夜间门诊，承担 24 小时的全天候心血管病急诊服务，为急性心肌梗死、急性心脏衰竭、急性肺动脉栓塞、致死性心律紊乱等紧急危重疾病，开辟快速绿色通道和提供必要时的上门抢救转运。这支具有务实、团结、奉献精神的医疗队伍,为来自全国各地的心脏疾病患者提供优质的医疗服务。

三 实施"双十双百"计划

医院发展的根本动力是内涵实力的提高,内涵的提升必须有人才的支撑,人才队伍建设是医院内涵建设的关键。人才队伍建设要不惜重金,对外招聘高端人才和适用人才,但更重要的是要使用好、培养好现有的人才。

九龙医院通过与上海交大医学院进一步紧密合作,充分利用园区给予的积极扶持人才引进和培养机制,启动了"双十双百"的人才战略。九龙医院的整体品质要可持续化的发展,必须加快人才队伍建设,促进新一代优秀青年骨干的成长,提高医院的整体水平,逐步将以引进为主的培养方式转变为引进培养相结合、以培养为主的人才队伍建设模式。

此外,员工要把医务当作为事业来做,也必须继续强化学科建设和人才培养。

这是一项长期的战略愿景。

这项战略取名为"双十双百人才战略"。即:医院出资500万,在五年内,实现引进20名相关学科高素质学科带头人。培养100名中青年专科医疗骨干和100名专科护理骨干的目标,做好住院医师的规范化培训和专科医师的培养。另一方面,九龙医院再推出实施科主任的学术休假制度,学科带头人可以三个月到半年,带薪在国内国外做科学研究、学习交流、著书立说。

为保证战略的实施,九龙医院特具体制定《"双百人计划"选拔培养实施办法》。

"双百人计划"入选者在培养期内应达到的总体目标是:为青年医师成为一技之长的临床医疗骨干并有能力竞争入选市级以上人才计划,或者有努力竞争并主持市级及以上科研项目,或在国内外重要学术期刊发表有一定影响力的论著。护理骨干成为具有一定专长的临床护理骨干并具有初步的临床护理研究和带教能力。

"双百人计划"选拔对象具备条件:具有博士学位;原则上不超过40周岁;具有较高的学术水平和业务能力;具有发展潜力,对本学科、专业的研究具有创新性思维,在临床、科研工作中已取得一定的成绩。

双百人才资助力度为青年医师骨干每人6万元,护理骨干每人4万元。2012年九龙医院第一次选拔,93个申请人当中,遴选出23个人作为第一批的"百人计划",医院制定详细的培养计划,用五年的时间重点培养。

为了更上一层楼，九龙医院还实施从上到下的各个层面的改革，推出“KPI全院绩效的改革方案”，实施实质性、量化、精细化考核，激发全院员工的积极性和创造性。

KPI(Key Performance Indicator)，即关键绩效指标，通过对组织内部流程的输入端、输出端的关键参数进行设置、取样、计算、分析，衡量流程绩效的一种目标式量化管理指标，把企业的战略目标分解为可操作的工作目标的工具，是企业绩效管理的基础。

KPI可以使医院明确部门的主要责任，并以此为基础，明确部门人员的业绩衡量指标。建立明确的切实可行的KPI体系，是做好绩效管理的关键。关键绩效指标是用于衡量工作人员工作绩效表现的量化指标，是绩效计划的重要组成部分。

KPI是全院绩效的改革，医院不再用原来一刀切、一条线的管理方法，而是鼓励临床形成不一样的格局，要有重点的发展、个性化的定制，条件成熟的可以向更高端的方向发展。KPI要个性化，每个管理人员都不一样，这样可以增加大家积极性，提高全体员工的待遇。

KPI考评有很多的指标，但最重要的是其中的两个，即科室满意度和员工满意度，希望做到实质性、量化、精细化考核。

九龙医院认为：面对公立医院的不断扩张等内外环境的挤压，医院必须改变粗放式发展模式，争取培育专科特色，发展特色专科，合理利用人力资源，寻找短板，处理好发展和质量的平衡，创三甲和医疗工作的关系，运用KPI指标，激发大家工作热情和活力，进一步发挥民营医院特有的灵活机制，向着实现九龙梦，走出九龙特色的改革道路，创造九龙医院更辉煌的明天，为中国医疗体制改革作出更大的贡献。

四　坚守医疗质量的生命线

如果说学科是医院的基础平台，教学科研是医院可持续发展的动力，那么，医疗质量是所有医疗工作的核心和生命线。

何谓医疗质量？

医疗质量有狭义和广义之分。广义的医疗质量，也被称为医疗服务质量，包括涵盖诊疗质量的内容；医疗服务工作效率；医疗的连续性和系统性；医疗技术经济效果(投入—产出关系)，医疗费用是否合理；强调满意度，病人对医疗服务，社会对医院整体服务功能的需求等。

“病人满意才是医院的最高追求!”

创始人孙福林在接受《华人时刊》记者采访时,对医院的医疗质量下了他心目中的一个定义。这可以看作是医疗质量的狭义理解。

孙福林直率地说:“作为医院,最低的从业要求,就是要风气正、管理好、医疗水平高。医疗质量是医院的生命线,是医院的立院之本,事关群众的身心健康和生命安全,事关医疗机构的声誉和影响。医院的护理服务一定要好! 要让每个病人来看病时,感觉是一种享受。”

根据美国医疗质量管理理论奠基人,医疗质量管理之父多纳比第安提出的医疗质量“统一模型”和医疗质量“结构—过程—结果”三维理论,九龙医院推行了全面的医疗质量管理。

九龙医院狠抓医疗质量这条线不放松,专门成立了以院长和各临床科室为成员的质量控制考核小组,负责全院质量管理工作,全院形成了主要领导亲自抓、分管领导具体抓、临床科室时时抓的局面。经统计,每年的九龙医院医疗安全管理诊断符合率99%。

九龙医院的医疗质量管理,主要是三步曲:第一步,加强医疗质量考核;第二步,疑难病例大讨论;第三步,严格病例管理。

在护理方面,九龙医院赢得病人及家属的赞美,与医院强化护理队伍建设,提升护士专业技术水平,完善护理人才培养体系分不开。

医院参照江苏省专科护士培训管理规定,根据医院护理工作需求,在已有省级、市级专科护士的基础上,进一步制定了九龙医院专科护士培训管理制度和专科护士培训计划,将分批次选派重症监护、心血管护理、产科护理、手术室护理、伤口护理、静脉输液、急诊急救、血液透析护理、肿瘤护理等13个专业领域的护理人员参加省级专科护士的选拔及培训。

符合基本条件者,通过本人积极申请、由所在科室推荐、护理部综合考评的一系列流程进行选拔,最终经院务会同意。

选拔出的人员将经过审核后参加全省统一组织的笔试、面试。被选定的护士都分别确立了五年内的发展目标及方向,医院在资金、人力等方面将给予优先扶持,鼓励她们开拓创新、发展专科护理,以全面提高医院整体护理质量。

“医以治人为心,视人之病,犹己之痛”。随着诊疗技术的发展和医学分科的不断细化,培养高素质的专科化护理人才投身于护理实践,并在专业领域发挥带头人作用,已逐渐成为趋势和需要。

结果医疗质量除取决于基础质量和环节质量外,管理人员对质量工作的管理理念，尤其是专业人员的质量意识也十分重要。建立个人、科室、医院三级质量控制体系和医生医疗质量档案，开展全员教育与全员参与是医疗质量保障。

由于医疗措施的风险性，医疗意外的不可预见性，在医疗质量管理体系内，医疗纠纷是无法避免的节点。面对此种情况，九龙医院主动介入，拓展沟通渠道，认真耐心倾听，进行解释和处理。医患关系顺畅了，医院的吸引力和竞争力也随之增强，医院的发展进入了良性循环的轨道。

医院解决医患关系和矛盾的主要方式是：

建立病人投诉处理机制。医院建立和完善了病人投诉处理机制，由医教部负责，配备专职人员，专门处理纠纷治理工作，做好医疗投诉的受理和处理工作。在收到各项患者投诉后，建立档案，积极核实、处理、整改，使患者投诉能得到及时解决和真诚的回应，同时促进了医德医风建设。

定期开展“医患沟通座谈会”。为了不断提升医院的服务和管理水平，为患者提供更加优质便捷的服务，医院每个季度都要召开一次“医患沟通座谈会”，医院领导、各科室主要负责人等与患者及其家属坐下来共同座谈、交流意见、解决矛盾。

开展满意度调查。满意度调查作为检验医疗服务质量的有效方式，九龙医院派出专职人员向患者发放问卷，问卷涉及医院环境、服务态度、医疗水平等方面，医院人员禁止接触问卷或是以其他形式影响病人的选择，征求患者对医院服务的意见和建议，2010 年患者满意度为 99%。

实行住院病人随访制。九龙医院对出院 10 至 15 日的患者，以电话及上门走访形式对患者进行回访，回访率达到 100%，在回访中对患者出院后的康复情况以及生活起居、饮食规律等给予健康指导，征求他们对医院服务的工作和意见。

九龙医院把香港私家医院的经验活用过来，要求每一位护士必须“一站式服务”到底；每位护士也都能替代家属护理病人，均无需另请护工。无怪乎，病人或家属在医院遇到的每一位护士都是那么彬彬有礼、美丽柔顺和春风满面。

九龙医院要求全体医务人员坚持“重、早、细、实”四字方针，扎实做好质控工作。

在认识上突出“重”字，在行动上突出“早”字，在工作上突出“细”字，在措施上突出“实”字。

医院首要任务是从质量的持续改进做起，并以此为抓手，来带动三甲的创建。医疗质量是所有医疗工作的核心和根本。九龙医院董事长孙曦对全体医务人员提出希望,创“三甲”是责任、是荣誉、是使命、是追求。

五 为病人服务的大后勤

为病人服务,为临床服务,以人为本的后勤保障体系,人性化的服务理念,温暖着每一位九龙的员工,温暖着每一位到过九龙的市民。

孙福林在关于后勤服务管理创新会议上重点指出:为病人提供规范、优质的服务,营造优美、安静、舒适、洁净、安全的就医环境等等,都需要后勤服务。他强调说:“‘以病人为中心’既是医疗模式的需求,又是医院服务模式的方向;既是对临床医生和护士的要求,又是对医院后勤服务系统的要求。九龙医院在创新发展中,做到对病人负责——让百姓放心;对员工负责——让业内认可;对社会负责——让政府放心。”

作为江苏省最大的综合性合资医院,“大后勤”确实庞大而复杂。

其职责包括专用和常用设备的采购、维护,药品、器械以及其他物资的招标采购,车队、保安、卫生保洁、运送、食堂等方方面面,都维系着整个医院这个庞大机器的正常运转。

“全院的后勤工作就是围绕‘服务’两个字。配合医疗,为一线服务。做到临床围着病人转,后勤围绕一线转。既要服务好医院的正常运转,又要为病人服务,为员工服务好,这样才能为医院的和谐发展提供保障。”

九龙医院引进了世界最先进的现代化诊疗设备,如:德国西门子公司的正电子发射型计算机断层扫描仪(PET/CT)、单光子计算机断层扫描仪(ECT)、电子计算机断层扫描装置(CT64 层)、医用磁共振成像设备(MRI 1.5T)、数字减影血管造影机(DSA)、直线加速器、全自动生化分析仪等现代化高端诊疗设备,等等。

医院在卫生标准上坚持要向国际看齐,完全杜绝交叉感染。配有先进的医院信息管理网络系统、中心呼叫、中心供氧、中心吸引系统和完善的疗养、生活环境与设施,诊疗场所充分体现了以病人为中心的先进理念。

医院有实力接受各种多发病及疑难杂症的诊断和治疗,承诺不将任何病人拒之门外。

后勤服务直接关系着医疗护理效率和质量,是提高医院全程化优质服务的关键因素。在拥有先进的设施之后,更重要的周到温馨的人文关怀和让病人在治疗中得到更多的实惠。

九龙医院牵手美国服务业巨头爱玛客(ARAMARK)，为九龙医院的保洁、运送和餐饮等等提供专业服务。

九龙医院是该公司在中国签约的第一家私立医院。

爱玛客中国的服务包括设备运行与维护、医院后勤管理和配餐等，遍布全国30多个城市的250余个项目。拥有超过15000名精心选拔、训练有素的员工。在这些员工背后，有着强有力的供应链、培训和支持系统，以确保他们能够在任何时候，准确地提供优异的服务。

美国爱玛客公司是管理服务领域内的世界级领军公司，该公司通过获得光华服务产业(中国)有限公司百分之九十的股票份额进入了中国市场，为北京、上海、广东和中国大陆的其他地方的一百多个医疗保健和商业客户提供设施服务。

医院所有的大型设备是打包向德国西门子公司集体采购，降低病人的检查成本，让利于患者。

据统计，目前该医院每门诊人次的平均费用为220至256元，仅相当于同级医院平均费用的80%。

有的病人在医院看了专家门诊后，发现接诊的教授只给开了几块钱的药，心里反而觉得奇怪，认为这么大的医院就只卖几块钱的药岂不亏本。但教授们却解释说，有的病情只需要几块钱就行了，多开了药，反而会影响病人的健康，而且还会增加病人的经济负担。

金杯银杯，不如老百姓的口碑。

金奖银奖，不如老百姓的夸奖。

九龙医院荣誉室里一块块闪闪发光的铜牌，一面面饱含真情的锦旗，是对医院最好的肯定和褒奖。

“如人饮水，冷暖自知。”感受到九龙医院真诚和温暖的每一位患者以及他们的家属，心中都充满了对医院的感谢和敬意，蕴涵着人性化理念的“大后勤服务”同样让他们难以忘怀。

六　公益是送给生命的爱

医院的公益性是医院的基本社会属性，救死扶伤、实行人道主义是医疗机构的宗旨。医院的公益性可以归纳为五个方面：一是提供基本医疗服务；二是开展健康教育义诊；三是提供卫生应急保障；四是与基层医疗机构合作；五是承担科教研任务。

九龙医院坚持民营医院的公益特性，它的公益运营之路从五个方面得到了充分的体现。

九龙医院除承担起园区中心医院的职责，为园区居民提供基本医疗服务外，先后开展"暖心行动"、"春风行动"、"微笑行动"和"光明行动"，还开展各色多样的特色义诊送健康活动，接收基层医院、社区卫生服务中心进修医生，定期派专家深入基层医院、社区医疗服务中心帮助指导。

医疗保障的全覆盖，这是九龙医院的又一追求目标。

孙福林说，虽然九龙拥有最先进的设备、最优秀的员工，但绝不是一所贵族医院，医院的目标首先不是赚钱，而是服务苏州的老百姓，这里所有诊疗项目的收费标准将和苏州地区的三级甲等医院基本相同。

九龙医院已经实现了医保全覆盖，苏州市及苏州市下属县级市（包括吴江、太仓、昆山、张家港、常熟）医保、农保可转诊医院，其中苏州市（包括工业园区、吴中区、相城区）、昆山市医保可直接刷卡就医。

免费班车送病人。为了方便患者就医，九龙医院专门开设免费大巴接送病人，为了让病人能够第一时间最早看到医生，除周日以外班车风雨无阻，每天早上六点钟医院的 8 辆大巴准时出发，分别前往吴江、昆山、市区，为患者提供便利。

作为众多活动的医疗保障单位，九龙医院无论在软件还是硬件上都做了极大努力，建立高效的医疗保障指挥和管理体系，组建素质高的业务骨干组成高水平的医疗服务团队，有针对性地制定了工作预案，开展了相关的培训和演练，高标准，高水平地完成了各项准备工作。

自开院来，九龙医院先后为奥运火炬接力、金鸡奖评奖、苏南工作会议、重元寺开光、2008 机器人世界杯赛、2008 中国杯国际男子手球精英赛、世界佛教论坛、园区国际精英创业周、2009 全国现代五项冠军赛（苏州站）、2010 年上海世博会，以及为温家宝、李克强、李岚清、柬埔寨首相洪森等中央和省部级领导以及外国元首等来苏视察提供应急医疗保障 300 余次。

一次，有人问孙福林："企业以盈利为目的，你这样做不会影响生意吗？"

"我一向如此，和别人不一样。"孙福林答曰："父亲去香港时，随身带着一本名单"，父亲每个月都让他按名单给家乡寄钱，对象不光是亲友，只要父亲认为应该帮助的，就会施以援手。于是，他每月都要跨过罗湖口岸寄钱。"因为那时港元值钱，到深圳可以多兑点人民币。"

九龙医院靠的就是多年来在点滴小事上显露的诚与善。孙福林说："九龙医院投身公益的道路上，永远只有起点，没有终点。"

第三章

上海家电:从红海劈出新蓝海

17年前,对于上海红灯电器有限公司的人来说,是一个揪心的日子。龙华殡仪馆大厅里哀乐低回,本来只通知200多人参加的追悼会,却一下子赶来了500多人,他们要为献身红灯事业鞠躬尽瘁的杨茂芳送行。

杨茂芳,上海红灯电器有限公司的"主帅",在带领工人们振兴"红灯"的道路上,他殚精竭虑、呕心沥血,年仅47岁而英年早逝。

"红灯"曾有过辉煌的历史。

1990年之前,作为国家一级企业的上无二厂,曾创下完成税利4亿元的辉煌业绩。但是在市场经济的"惊涛拍岸"中,"红灯"渐渐"暗淡"。

在这关键时刻,仪电控股集团决定把国有老企业的有效部分剥离出来,组建新的红灯公司。曾在红灯鼎盛时期主管生产的副厂长杨茂芳,此时受命于危难之际。

杨茂芳深知,控股集团下这样大的决心,用"壮士断腕"的办法剥离有效部分,我们要是再不做大,怎么对得起领导和已经作出牺牲的老"红灯"的下岗职工?唯有背水一战,豁出去走一条超常发展的新路,"红灯"才能"柳暗花明"。

在杨茂芳领导下,市场又一次惊喜:"红灯"又亮啦!

正当"红灯"企业蒸蒸日上之际,杨茂芳因劳累过度、积劳成疾,9月26日中秋节的前夜,杨茂芳永远闭上了眼睛,离别了他执着追求的红灯事业。

读着《新民晚报》上"红灯魂——杨茂芳事迹追记"的长篇通讯,笔者潸然泪下。作为在上海提倡"爱我中华,创我名牌"活动的始作俑者,笔者对国有企业发展与改革的关注,一刻也没有轻松过。杨茂芳的"红灯魂",其实是国有企业的"探索之魂"、经济体制的转轨、国有企业的改革,是一种前人从未有走过的道路。杨茂芳的"红灯魂",也是一种"忘我之魂",要走出国有企业的改革之路,一定要有"拼命三郎"的精神。

读完杨茂芳先进事迹的报道，笔者耳边回响着一种强大而急迫的声音：

上海的企业，谁能力挽狂澜？

我们的企业家！

上海的名牌，谁能力主沉浮？

我们的企业家！

上海的名牌产品，谁还能出微薄之力？

我们的策划人！

于是我们决定要见到与“红灯”并肩齐名，且拥有“上海”名牌的上海录音器材厂刘厂长。

一　曾经这样辉煌的“中国第一”

见到刘厂长实在不易。第一次电话约见，就被办公室的电话小姐挡驾，她说我们厂长“老忙老忙”，没法接受采访，我说再忙接电话的时间总有吧？她又说刘厂长去外地出差。我问什么时候回沪，她说是一个礼拜之后。

过了一个礼拜，我再次约见刘厂长，这次办公室主任接电话，她说三天后再打电话过来，销售部部长还没回来。三天过后，薛主任来电话说，刘厂长准备与我们面谈，时间定在星期六上午 10:00 点整。

上录厂第一会议室，扁长的椭圆形的办公室，我们相对而坐。

刘厂长给人的感觉是非常豁达而务实。但在访谈其间，端坐正中的刘厂长只对我们锲而不舍的精神作了句肯定之外，就再也没有说话，在将近几个小时的访谈中，刘厂长一手撑着腰，一直面带微笑。倒是他的两员大将：毛总经济师和销售部石部长有问必答，显得特别滔滔不绝。

刘厂长的这种安之若素的态度一直让我们迷惑不解。

从访谈中，我们获知上录厂曾经是这样一家重要而辉煌的企业：

1951 年，钟声电器工业社成立，中国第一台钢丝录音机在此诞生。

1954 年，研制成功中国第一个磁带录音机用环形磁头。

1955 年，钟声录音器材厂成立，并研制出中国第一台磁带录音机和中国第一盘纸基磁带。

1958 年，企业改名为上海录音器材厂，研制成功中国第一台晶体管磁带录音机和自动换片电唱机。

1959 年，研究成功中国第一台磁带记录机(I－50KC)。

1960 年，研制成功中国第一套录音机自动校检系统。

1965年，研制成功中国第一台16通道磁带记录仪。

1969年，研制成功中国第一台四磁头黑白录像机(LX-1)。

1974年，研制成功中国第一套盒式录音机全塑机芯。

1975年，中国第一台广播用四磁头彩色录像机在上录厂研制成功。研制成功中国第一套大型客机用录放音设备。

1979年，研制出中国第一套塔钟自动报时录放音设备，在中国第一次研制成功二磁头彩色录像机(LX-20)。

1984年，研制成功中国第一台四制式U型磁带录像机。

1991年，与日本夏普合作，率先批量生产家用录像机。

1992年，投资入股中国华录电子有限公司，引进松下成套设备和技术，大规模生产录像机。是国家录像机定点生产厂，华录股东厂之一。被上海市科学技术委员会认定为上海市高新技术企业。

1993年，上海广电股份有限公司四个股东厂之一，向社会公开发行股票，并在上海证券交易所成功上市。

1995年，与韩国LG电子株式会社合资，成功开发上海牌VCD，并批量投放市场。

从访谈中，我们也了解到上录厂是存在这样一些问题的企业：

1. 国有大中型企业中的政企不分、责权不明的灵魂仍在厂中游荡；

2. 由于体制的缘故，高、尖、新技术人员大量流失；

3. 以销定产，在计划经济的圈子里自由而快乐；

4. 泛化混淆品牌力，企业形象、品牌形象塑造上无突破性的大手笔；

5. 产品更新缓慢，技术创新弱化，在新品开发上无超群脱俗的进度，功能款式无多大改观；

6. 在市场拓展和占有份额方面没有大面积、纵深之绩效，销售网络的偏僻。由于高架道路的建设，中山西路上的经营部被遮挡，经营部让人联想到旮旯里的饮食店。

二　单点突破，寻找蓝海

在我们全面接触上录厂以后，一个成熟的品牌传播思路慢慢地浮现于我们的面前。

上录厂是以收录机和录像机起家的，但收录机和录像机并不像VCD是消费者争相购买的产品。其时，一种新的视听产品——VCD成为人们热衷购买的家电产品。

李德·哈特说,如要把战争的原则凝缩为一个词——那就是“集中”。上录厂御下重负,暂时把企业体制等一时难以矫治的厚重工作搁下,把企业形象和产品品牌作为打响此战役的主攻方向。计划用5个月的时间,完成对上录厂的新产品“上海”VCD的形象塑造。此举的目的,通过对上海牌VCD的精确的市场定位和准确的市场宣传,在风起云涌的VCD机的沪上市场,斜刺里杀出一条血路,确立“上海”VCD在沪上市场不居第一、第二,也居第三的季霸主地位。

有人赞同“品牌的大起大落取决于广告之强弱”,其实这种说法并不完全。笔者认为,做广告关键在于一个“巧”字,剑走偏锋的成功也不是没有道理。“小雨点”用42万元在1500万人口的北京就打响一个品牌;乔治·路易斯用五毛钱使《自然杂志》声名远播;广客隆用220块路牌使1600万上海人,几乎是无人不知,无人不晓。

联合利华在一份内部文件《联合利华创造杰出广告之计划》中,开宗明义谈论品牌,而非广告:“联合利华从事品牌营销,而非广告之营销。”品牌要比产品来得独特突出。首先,要具有品牌名,一种令人辨识的方法。其次,它代表一连串的附加价值,提供消费功能与心理层面两者兼得的利益点:使用时的功效、价格、包装、色泽、口味、气味、形状和形式、联想以及品牌的广告。

定位就是一种牺牲,只有舍弃若干要点才能使重点突出。中国有句古诗:一将功成万骨枯。这就是定位,尽管很残酷。

北京的观光旅游宣传,首先是集中宣传天安门;上海的象征是东方明珠塔;南昌诉求点最多的是“八一”英雄纪念碑;湘西的是张家界;安徽把黄山定为诉求点;云南推出世博园,让云南火了一把;广州没有象征点,所以人们记住了深圳;拉萨的布达拉宫、四川的峨眉山、北京大学“五四”运动、华东师大的“作家群”、伦敦的泰晤士河、悉尼的歌剧院、巴西的足球、美国的NBA、意大利的古罗马城、埃及的金字塔……都是重点突破、单一诉求的经典例子。

建立品牌资产与销售产品,是广告任务之所在,而创造广告的基础则在于策略。

三 从产品到品牌飞跃

一位著名的思想家曾经评论说,伦敦是英国的钱包,华盛顿是美利坚的国家大道,莫斯科是俄罗斯的教堂之城。

上海是中国的什么?

这座大都市是让一百个思想家撰写一百种神话。

上海曾是我国家电工业的摇篮,国产第一台收录机、黑白电视机、彩电、洗衣机、冰箱、电扇等家电都曾在上海诞生。上个世纪中期,上海家电行业的装备实力和技术水平仍处于国内前列。然而一向笑傲国内同行的上海家电产业,不但在兄弟面前丢城失池、节节败退,而且连家门口的上海市场也频频告急、险象环生。

笔者手头资料显示,其时的上海彩电、冰箱、空调器、洗衣机等大家电在全国销售排行榜上无一夺冠;上海的微波炉、VCD等小家电的销售,在国内也与"名列前茅"无缘。"金星"彩电在几年前就突破年产销100万台大关,夺得全国"五连冠"的殊荣,而后来居上的"长虹"彩电却猛增400多万台,增幅达到50%以上。上海冰箱业去年也后劲不足,总产量95.77万台,而国内产超过100万台的冰箱企业已有"海尔"、"容声"等好几家。

这个不争的事实,常常使一些以"上海家电高人一头"为荣的上海人感到脸上无光,更将上海家电产业推到生死存亡的十字路口。

这绝非危言耸听!

上海历来是商战的必争之地,国际国内精明而有远见的企业都把上海看作中国市场的制高点。他们认为,要想占领中国市场,首先要攻下上海市场;占领了上海市场,再去抢占中国市场,往往能收到事半功倍的效果。而上海又是一个鼓励竞争、不保护落后、对国内外厂商敞开大门的开放城市。这样,就使上海家电产业面临前所未有的激烈挑战。

放眼上海家电市场,广货北上、鲁货南下、川货东进、洋货抢滩。凡是国内外著名的家电品牌,几乎都"杀"进上海。沪产家电已成众矢之的,无一幸免。

为了实现"占领上海、辐射中国"的战略意图,外来家电都不惜血本对上海家电发动猛攻,力度越来越大,使上海家电的"地盘"越来越小。前几年,沪产收录机在"外地兵团"的合围夹击下,已经一蹶不振。"长虹"彩电带头发起降价大战,在上海彩电市场的占有率明显提高,单项超过"金星",名列第一。沪产家电在国内已不占优势,不少产品的销量连年萎缩,有的已出现生存危机,更谈不上与国外家电比高低。

市场经济是你死我活的,不在竞争中战胜对手出人头地,就只有被淘汰出局一条路,上海家电产业是上海的支柱产业,应该为上海的经济发展作出贡献，为了企业的生存、为了上海的发展，上海家电产业必须奋起直追。

市场失落，抢占市场的意识不能低落；市场低潮，雄霸市场的决心不能回头。上录厂的高层负责人非常赞同我们的观点。在刘厂长的允许下，笔者为上录厂撰写了一篇新闻稿，发表在上海的《新闻报》上。

一位刚过不惑之年的上海朋友说，70 年代他结婚的那一年，因为有台“上海”牌收录机作为嫁妆，他们的婚礼显得特别风光。一位北京朋友说，小时候，他家买了台“钟声”牌收录机，父母总放在厅堂最显的地方，以便作为家庭资本的炫耀。

“上海”的“钟声”响遍大江南北

我们让时间退后 20 年，当时国内曾流行这样一种现象：青年结婚，如果有台“上海牌”收录机作嫁妆，婚礼肯定增色不少；谁家买了台“钟声牌”收录机，肯定是摆在厅堂最显眼、最保险的位置。70 年代、80 年代，“上海牌”收录机以其款式新颖超前、品质优良而被广大城乡居民奉为家庭中的“尚品”。

“上海牌”收录机，就是由当时东南亚第一家、全国创办最早的上海录音器材厂研制生产的，上录厂地处漕河泾经济技术开发区，拥有职工 2000 余名，其中高、中级技术人员达 600 多名，厂区面积达 3 万余平方米，并在闵行设有分厂。

上海录音器材厂是我国最早生产录音机、录像机、记录仪的专业工厂。厂长刘万淼回顾厂史时，感慨地说：上录厂在近半个世纪中，经过曲折而艰难的发展过程，自 1951 年研制了我国第一台钢丝录音机后，还接连研制了第一台四制式 U 型磁带录像机等共五个“全国第一”。上录厂的辉煌业绩，已成为我国磁记录工业发展的里程碑。

上录厂十分重视自身技术的“修养”，不断跟踪国际先进技术，开展多层次技术交流合作，先后与 SONY、JVC、SHARP 等公司合作，增进自身的技术素质。上录厂凭着雄厚的技术力量、精良的技术设备、严格的管理和熟练的工人，不仅能研制各种民用电子产品，而且还能开发各种专业用音频、视频装备类产品。

上录厂把求“新”作为产品开发的激活剂，该厂每年都有数量可观的新产品问世，诸如上海 VCD 等适销对路产品。上录厂把求“质”作为企业的生命线，从产品设计一直到售后服务、产品质量一直处于受控状态，同时还建立了质量信息反馈网络，使产品质量不断提高，该厂曾多次代表国家参加磁录、电视、电工等专业的国际性学术会议和技术考察。特别值得一提的是“上海牌”收录机在全国四次质量评比中均获一等奖，两度荣获国家最高奖——银质奖，且多次被选作国礼馈赠外宾。

上录厂以产品经济的“梯度化”为变革，“多元化”、全方位地拓展产品市场，城乡共进、内外并举，改革开放的近 10 年，该厂各项经济指标每年均以 10%的左右速度增长，近 6 年的利税总额相当于可新建四个与现在同等规模的工厂。

文章刊登后，销售部收到许多电话，有问候的、有询问买处的、有询问价钱的，也有怀旧的。在所有的来电中，有件事非常叫人感动，至今令人难忘。文章见报的第二天，销售部收到一位下岗女工的电话，她激动不已地说，她是通过报社找到销售部的电话。她动情地说，20 多年前在北大荒的时候，就是因为有一台“上海牌”收录机，才使她度过了人生最困难、最艰苦的岁月——她当时得了肺炎，将近半年的时间躺在家里休息。她还说，她永远忘不了“上海牌”收录机带给她的温暖岁月。尽管她现在患病在身、下岗在家，如果买得起 VCD，她一定还要买“上海牌”的。

销售部接到这个电话，当即决定派人送台“上海”VCD 给这位躺在床上的下岗女工。并希望上海牌 VCD 能让她战胜病魔，重新树立生活的勇气和信心。

中国家电从产品到品牌的竞争，如同马克思所说的“从货币到资本，是惊险的一跃”。

中国家电行业的品牌意识的日益增强，“品牌价值评估热”在国内部分家电生产企业悄然兴起。随着国外跨国集团公司资本的大量涌入，家电行业新一轮的竞争进入到品牌竞争阶段。申请品牌价值评估的企业最早的上市公司扩大到非上市公司；由国有企业扩大到民营企业；由“大家电”生产企业扩大到“小家电”生产企业。

“格兰仕”品牌价值 28.80 亿元，“科龙”26.78 亿元，“美的”26.54 亿元，“万家乐”10.30 亿元，“科龙”26.54 亿元，“威力”9.07 亿元……品牌价值值得评估的大多数为广东企业，上海却一家都没有。

这种悲剧性的结局，好像不应该属于上海，但确实让上海给兜上了。

痛苦、愤懑、彷徨、忧郁、自卑……都无济于事，只有清醒、反思、勤奋、敬业、自强不息、审时度势，像落后的竞跑者只有不停地追、追、赶、赶，才是唯一的出路。

就是在这种欲说还休、欲罢不能、上海人的心里都拧着一股闷气的瓶颈时期，我们以上录厂为话题，在新闻界抛出一个振聋发聩的质问。这种问法，作为流行语，在申城的媒体流行了近一年时间。

有位广东人，在对上海做了一年之久的市场调查之后，决定把大本营建立在上海，其理由是：在近半个世纪，国家一直在给上海打品牌，仅“上海”两个字的无形资产不可估量，同时“上海”两个字具有巨大的生产潜能，如果把这种生产潜能转化为生产力，那将是一笔巨大的社会财富。

“上海”两个字，到底值多少钱

有人说，要了解中国2000年的历史，看西安；要了解中国500年的历史，看北京；要了解中国的最近100年，只有看上海。上海作为中国近代史上的一块丰碑，有着其独特的历史意义和形象效应。特别是进入九十年代，随着长江三角洲经济区的崛起和改革开放大门的全方位打开，上海作为龙头，在长江三角洲经济区有着其他地方无可替代的作用。那么“上海”两个字，其无形资产到底具有多大价值？通俗地说，“上海”两个字到底值多少钱？这不仅是全上海人值得思考的问题，也是作为与共和国同龄的上海录音器材厂的各级领导久久思索的问题。

上录厂作为国家高新技术企业，近半个世纪以来，除了生产曾风靡一时的收录机外，还生产20多种产品。上录厂依据市场需求，不断调整产品结构，凭借自身雄厚的技术优势开发新产品：广播用四磁头彩色录像机、四制式U型磁带录像、摄像一体机等，不仅形成了规模生产能力，产品质量与国外产品不分伯仲，而且在全国具有独一无二的产品结构。

随着改革开放的不断深入，上录厂也开始面临各种挑战：一是国外同类产品的走私猖獗泛滥；二是国内其他地方生产录像机的企业纷纷上马，录像机的生产进入一种空前激烈的竞争态势。上录厂以我为尊的地位开始受到冲击。自1992年以来，仪表局同行中的另外几家同类企业都举步维艰。面对这种困境，上录厂的各级领导没有畏惧和退缩，为了企业的生存和发展，上录厂的各级领导班子转变观念、开拓思路，于 1992 年岁末当机立断，进行实质性的机制转换，在企业机构设置、用工分配制度、激励机制等方面，进行了有相当力度的探索，使企业踏实地跨出了改革的步伐。

首先，上录厂按照现代企业制度运行机制，实现“自我设计”目标，建立以三大类产品为主的各制造部，并在厂内划小核算单位，进行单独核算，自负盈亏，并把独立核算单位推向市场，让他们学会游泳。其次，上录厂盘活存量资产，调整生产布局，全厂实现全员劳动合同制、上岗聘用制，形成了竞争上岗的氛围，并压缩科室人员，1993 年末减少了 13 个科室。第三，市场经济的发展给上录厂带来了机遇。1992 年，上录厂在积极做好收录机的同时，下决心改变主导产品，他们紧紧抓住组建中国华录公司的机遇，向华录公司投资 1.2 个亿，着力发展高新技术含量高的视频、音频类的产品，形成了生产华录公司 K 型机芯系列 VHS 录像机 30 万台整机的生产能力。

上海市经委主任徐志毅在第二届上海国际质量研讨会上宣布上海将实施“创大名牌”的战略，为上录厂提供了契机，上录厂决定以“创大名牌”作为自己的产业支柱。

上录人知道，凡著名品牌的形成，无不以规模、质量、科技、管理、服务诸方面为后盾，而上录厂这些都基本具备。同时，上录人知道要运用好无形资产，扩大产品门类，调整产品结构，扩大市场空间，上录厂领导班子经过周密的调查分析得出：“上海”品牌，在国内外具有一定的知名度。于是厂领导决定发扬优秀品牌传统，发挥无形资产的优势，组织精兵强将勇闯从未涉足过的 VCD 市场。只用了几个月的时间，就开发出市场前景看好的新门类产品——“上海”VCD。尽管在目前上海市场上 VCD 已趋于白热化的竞争态势，但“上海”VCD 以其半个世纪的品牌魅力、精湛的技术、卓越的品质、完善的功能、以及明显的价格优势，深受消费者的欢迎。自去年投产以来，已产销几十万台，产品供不应求，该产品已成为上录厂新的经济增长点。“上海”两个字，已焕发出了她应有的价值力量。

四　上海家电的“囚徒困境”

20 世纪 90 年代后期，要问哪种家电产品降价幅度最大？马上会有人举起手说：是 VCD。

广东爱多VCD推出了酝酿已久的“阳光行动”，进行降低售价；降幅超过30%以后，江苏的新科、深圳的先科等VCD也迅速作出了反应，相继宣布降价，市民只要花1000多元就可以购到一台名牌VCD。在上海的南京路上，时常可以看到一些民工拎着刚购买的VCD从商店里出来，成为申城的一道风景线。由于爱多、新科、先科等VCD巨头占据了国内大部分市场，因而这场处于寡头垄断市场状态下的价格大战，备受市民关注。

近年来，经济学家使用被称为博弈论的数学方法来研究寡头垄断者之间的联盟，博弈的参加者可以采取由博弈规则所规定的行动。我们知道，寡头垄断市场是由少数几个大的竞争生产者垄断大部分市场份额的市场。寡头垄断市场中的这几个大竞争者相互之间存在着非常密切的关联性，相对于在完全竞争和垄断竞争市场：每家企业的决策都对整个市场具有不可忽视的影响，也在很大程度上受到竞争对手反应的影响和制约。在博弈论中，这一困境被形象地称之为“囚徒的困境”。

譬如，囚犯A和B被认为合谋参与了一桩犯罪活动，他们分别被关在不同的牢房。警官走进每间牢房，对A和B说了一样的话：如果你的同伙坦白而你缄口不言，你将被判5年监禁。但如果你和你的同伙都坦白，你们将只判3年。另一方面，也许你的同伙会保持沉默；如果你也不开口，我们只能关你们1年。但如果你的同伙保持沉默而你坦白，我们3个月后就放你。因此，如果你的同伙坦白，你最好也坦白。如果你的同伙不坦白，坦白对你来说是最好的选择。

显然，这两个囚徒都面临困境，最好的选择当然是两个人都保持沉默，这样每人坐1年牢。但从每个囚犯自身的利益看，无论其同伙坦白与否，坦白是最好的选择。不过，一旦两名囚徒从他们自身利益出发选择坦白，他们俩就会面对更坏的结果——每个人都要坐3年牢。

“囚徒困境”在许多场合都会出现，譬如1997年的中国VCD巨头们就面临着这种困境。

由于广东爱多VCD高举“攘外必先安内”的大旗，率先降价，在VCD制造厂家掀起巨大波澜。于是中国VCD行业的大小诸侯为了自身的利益，汇聚广东番禺，他们从血流成河的价格战中清醒过来，走到一起握手言和，欲结成联盟。然而，在前些时候，他们还各自为政，互相藐视或互相攻击。直到在一场恶性竞争中几败俱伤，他们才发现：除了通过对话达成共识，已无其他生路。

“中国 VCD 企业圆桌会议”在香江畔一家豪华大酒店举行。22 家骨干企业的头头脑脑围坐四周，这些老总们在自己的企业里可以颐指气使，但在这里却只有一席之地、平起平坐。

这是 VCD 行业中坚力量的第一次风云际会，他们的任务是既要围绕价格问题达成共识，又要为 VCD 整个行业寻找一条共同发展之路。他们愿意实现本次会议的主旨——协作与竞争，加强团结和交流，共同开发新产品，联合采购元器件，停止恶性竞争价格战。他们深知，必须建立新的市场秩序，以扭转目前的混乱局面，否则等待他们的是一场危机或一场灾难。

三易其稿的《中国 VCD 企业团结协作联合宣言》确立了两条原则：

1. 团结协作，共同发展；

2. 反对价格大战，反对以降低质量标准欺骗消费者，反对以不合理的售价减少国家税收。

这份经过长时间字斟句酌的宣言，终于成为中国 VCD 行业具有联盟性质的第一份文件。

从《联合宣言》确立的原则，想必读者已经明白，价格战是造成中国 VCD“囚徒困境”的根本原因。价格战其实是柄双刃剑，使用得好，可天下无敌，一举成名；使用得坏，伤及自己都无法控制。

四川长虹彩电降价，长虹赢了；格兰仕微波炉降价，让它成为中国甚至世界品牌的英雄；富康、奥托轿车相继宣布降价，却并没有引起消费者的购买狂潮，消费者对加入 WTO 的期待，抑制了他们的购买欲望。有人说价格战是商战中最低手段的竞争、最原始的一种商战搏杀，这是有一定道理的。

在上海，您随便走进哪家商场，“狂跌”、“猛减”、“大放血”、“跳楼价”……这些标志着降价的字眼，会毫不羞耻地冲击着你的视觉神经。然而，就是商场这种毫无节制采用的降价手段，结果让自己在不盈利的泥淖中无法自拔。我有个在宜川商厦任层面经理的朋友告诉我们，说现在做生意是营业额大，利润却甚微，为何？我的朋友说，都是降价惹的祸。

五　谁敢这样大声说话

大多数产品类别都有一个比较有意义的利益点——即产品的主要卖点，它是人们购置产品的终极目的，也是广告宣传重点所在。对衣服洗涤而言，洁白即是，而在感冒中则为解除病痛。我们推广上海牌 VCD 品牌形象时，放弃了走降价策略道路，而是走高科技的捷径。

自“万燕”推出了中国第一台 VCD 时，笔者就认为，此机在中国大陆的流行，支撑它的是背后的高科技，以及街市上泛滥而又便宜的影碟，而不仅仅是价格。由于中国市场的独特性，消费者买回一台 VCD，它不可能像买回电视机那样，接上有线，可以调节任何频道。它必须需要影碟来支持，才能享受到电影院那种感觉和幸福。

LD 机在消费者心中没有树立起崇高的形象，是由于 LD 影碟昂贵的价格阻碍了消费者前进的步伐，除非是有钱人家，一般的消费者是不会花一百或几百块钱买张只有半个故事片的 LD 影碟。

上海 VCD 市场，绝大部分是 1.0 版，这是初级版本，它能放 CD，也可以放影碟。但遇到街市上出售的影碟，由于制作技术的不成熟(特别是盗版影碟)，往往出现画面模糊、马赛克充斥，影响放影质量，所以高版本的解码技术是赢取消费者购买之心的制胜法宝。

在我们与刘厂长接洽不久，上录厂便推出一种新型版本，即 2.0 版本的 VCD。在我们的抛出“‘上海’两个字，到底值多少钱”的呼唤，引起上海人沉重思考之后，这个时候推出属于上海人自己的高品质的 VCD 就显得至关重要，时机也已成熟。

笔者亲自操刀，写了下面一篇《上海牌 VCD 独领风骚》文章，在上海《新闻报》上发表，为“上海”VCD 在高技术上鸣锣开道。

当上海录音器材厂的“上海”VCD 刚刚问世的时候，江苏的新科、广东的爱多以及国外兵团的三星、Sony 等品牌的 VCD，以各自不同的营销方式抢占着上海市场。作为具有半个世纪历史的上录厂审时度势，以产品经济的“梯度化”为进程，在生产录像机的基础上，投入巨资和挑选高尖新的技术人员，研制开发“上海”VCD。从成功开发到市场销售，仅用不到一年的时间，就以占领上海市场 37%的业绩，在品牌林立的 VCD 市场中独领风骚。

上海录音器材厂是国家电子工业部下属的骨干企业，作为中国最早生产与研制录音机、录像机与磁记录仪的老字号企业，不断向新的技术领域挑战。近年来，上录厂先后与日本著名的 Sony 公司、松下公司等拥有国际先进技术的企业进行多层次的合作与交流，融合世界先进技术与管理经验，使“上海”VCD 赢得消费者的青睐。

质量是“上海”VCD 的生命线。上录厂制订了一套行之有效的全面质量管理体系和考核制度，逐步贯彻 ISO9000 国际标准，从产品设计到售后服务，产品质量一直处于受控状态，同时推出一年维修、终身服务的新举措。面对市场对VCD需求量的迅速递增，上录厂及时改变产品的外型，使之美观而实用，具有流线造型和明快色彩的新产品倍受消费者欢迎。上海牌"VCD"以高质量、高画质、高音质、国际水准(2.0版本)的优质，享誉上海市场。

随着上海实施"创大名牌"的战略，上录厂注意发挥企业优势，以名牌为龙头。"上海"两个字是上录厂在半个世纪的企业发展中创立的品牌，厂领导充分发挥无形资产的优势，组织"快速机动部队"，抢占VCD市场的"制高点"，在市场经济竞争中走出了自己的名牌之路。

国有企业最大的优势在于其几十年形成的信誉以及一个发达的供销网络。上录厂适应市场需求，制定了一套行之有效的营销策略。销售部石部长告诉我们：不少外地产品，都曾投巨资在广告宣传上。但"上海"VCD具有独特的品牌声誉，在资金投入上扬长避短，宁愿少做广告，也要在价格上让利于消费者。上录厂在稳定上海市场后，开发华东市场，利用品牌优势，产品质量稳定、品种齐全、款式新颖、价格适中，打响了第一炮。加上保修一年、终身服务的可靠承诺，使"上海"VCD在目前上海及华东市场上一枝独秀，其经营之道已引起沪上国有企业的广泛注意。

如果把中国的发展历程放在全球范围看，中国成为VCD第一大国，不是实力的较量，而是抓住一次机遇。中国VCD的技术开发完全与世界同时起步，尽管日本公司开发得稍快，但日本人犯了一个战备性错误：他们认为此机是一个介乎录像机和DVD之间的过渡产品，其技术寿命不过四五年，市场潜力有限，何况在日本市场上LD(大光碟)与VCD功能基本相似，而且市场正红火，没有必要大力开发VCD。

日本人的判断失误，给中国VCD的发展留下一个相对纯净的空间，虽然在VCD批量出现在国内市场之前，日本人已将LD打进中国市场。但由于机器本身昂贵，以及大光碟的价格不俗，所以并未形成气候，而中国造的VCD正中中国消费者下怀。

当国际电子巨头发现VCD在中国形成巨大市场后，他们伺机卷土重来，几个国际著名家电品牌正迅速调整反攻中国市场战略。东芝公司正在修改自己的软件，以生产适合中国国情的纠错能力强的VCD；菲利浦公司已研制出1000元左右的VCD，要与国产机一争高低；韩国三星、大宇等公司也准备以新产品、低价格的 VCD 大举进攻中国市场。

世界给中国一个机会,中国还世界一个奇迹。

从表面上,美国在中国 VCD 市场上,没有像日本、韩国、荷兰分得中国市场上的一杯羹,其实不然。中国许多 VCD 制造厂家,其解码 IC 技术,大都进口美国 C-Cube(斯高柏)公司的,该芯片价格昂贵,最高时买到 50 美元一块。美国 C-Cube 公司是生长于美国硅谷的高科技术企业,美国本土的 VCD 大都采用 C-Cube 公司的解码芯片。

在获取这个信息后,笔者为上海牌 VCD 撰写了一则《上海牌 VCD 玩出自己的规矩》通稿。

> 几乎可以说,在目前上海 VCD 市场中,品种几乎不下数十种。面对上海市场国际化竞争的格局,上海录音器材厂近日与当今世界公认的具有工业领导地位的美国 C-Cube(斯高柏)公司联袂合作,共同拓展 VCD 技术。上录厂第一步推出目前市场最新的 2.0 版 VCD;第二步优化 VCD 机,做到功能多、质量可靠、成本降低;第三步年底推出 VCD 3.0 版影碟机,同时加紧开发 DVD 机。上录厂厂长说:"领先于同行、服务好大众是我们的一贯目标,上海版 2.0 版 VCD 影碟机要成为中国最优秀的产品,我们跟美国 C-Cube 公司合作是为发展当今世界的数字视频技术领域的革命共同努力。"

现代企划鼻祖史蒂芬金说过这样一段话:"产品是工厂所生产的东西,品牌是消费者所购买的东西。产品可以被竞争者模仿,品牌却是独一无二的,产品极易过时落伍,但成功的品牌都能持久不坠。"史蒂芬金把产品和品牌的概念为我们分析得一清二楚。然而从产品到品牌,从品牌到著名的持久不坠的品牌,其成长过程就不是那么随便、那么简单,其决定和影响的因素多种多样,而其中广告是最重要的因素之一。可口可乐、索尼、松下等世界级著名品牌的发展成功,广告功不可没。

著名导演张艺谋曾写过一篇文章:文学驮着电影走。他把电影成功的许多功劳都放在文学身上,非常有意思。广告与品牌,笔者说,广告驮着品牌走。

关于广告与品牌可以描述三类品牌概念。

1. 以经验为概括的品牌概念,强调在感觉满足或认识刺激上的品牌影响,并突出以经验为根据的品牌和想象的外貌,譬如电影等产品都倾向有以经验为根据的概念的品牌。

2. 象征性的品牌概念，其强调品牌的关系，像汽车、香水等产品常有象征性的概念。

3. 功能上的品牌概念，其强调在解决相关判断困难上的品牌功能表现，像微波炉、洗衣机等产品有功能上的品牌概念，因为他们强调解决顾客困难或满足顾客的要求的产品特色。

根据这个简单的分类，广告人可以更好地瞄准标志着抽象范围的本质特征。如果消费者以品牌功能上能得到购买满足，那么广告应集中传达产品的功能性特征。例如，计算机的广告常常描绘本身的本质特征或产品特色，传达了使用强力和价值等信息。同样，松下电器广告制作者也设置了这样的特色：单一菜单、两个45000字的汇编、轮值检查，所有这些都是用来传达强力使用信息的。

> 2.0——只有真正的2.0版本的VCD机才敢这样大声说话。
> 上海牌VCD，值得您信赖。

这些系列广告是为上海牌VCD功能上的定位和自我肯定。

通过定位和肯定，表达了张扬上海牌VCD的销售主张，使上海牌和竞争品牌加以区隔。销售主张是消费者对产品欲求的一种具体创意的反应，当方向正确时，就能真正让消费者觉得舒服。

笔者认为，对绝大多数购买VCD的消费者而言，其购买的动机并非来自于价格，而是来自于付出该价格所能得到的好处。销售主张并非仅仅以价格作为销售武器，以价格作为沟通的方式，基本上只能为产品做一个暂时的定位，但这样暂时的定位很容易遭到竞争对手的瓦解。

销售主张植根于消费者的购买诱因，且在具备一套完整传播策略的创意人员的悉心灌溉下茁壮成长。上海牌VCD以高科技术作为诉求核心，在战火风云的市场上，夺得了属于自己应得的市场份额，当读到上面上海牌在上海新闻媒体投放的半版广告时，笔者以旁观的眼光阅读时，顿觉怦然心动。我想，消费者也肯定像我一样，控制不住自己的心率和行动，果断站在购买上海VCD的队伍之列。

六 临门一脚的现场演示

中国VCD生产厂家达300多家，销量为400万台，不到一年，VCD从事生产的正式或非正式企业竟达600多家，国内销量达800万台，无论是生产厂家还是销量，都是上年的两倍。所以，销售竞争进入白热化的“肉博战”。“上海”VCD为了巩固和扩展本土的消费者市场，挟技术之特长，在一百、华联、曲阳、曹杨等几十家家电商场开展现场演示会，让消费者真实感受“上海VCD”技术之优势。

现场演示是最直接最直观最有效的一种店头行销方式。消费者在读到媒体宣传、拿到介绍“上海”VCD的MD后，对MD介绍的技术参数、机型、画面效果往往难以直接认同。现场演示消除消费者与上海牌VCD的陌生感，加强消费者与上海牌VCD的信任感。

笔者亲自参与上录厂在中山西路营销总部的现场演示。

在不到这1个小时内，通过现场讲解，对比，演示，当场有两个消费者掏钱扛走了两部上海牌VCD。临门一脚的店买行销，为销售业绩立下了汗马功劳。

上海牌VCD的店头现场演示，也为敦促有关部门规范上海VCD机市场起到了领头羊作用。

不信？上海发行量超过百万份的《新民晚报》一名记者，在目睹上海牌VCD机在市百一店的现场演示后，当天就发表一篇《正宗2.0版有几家？——沪上VCD机市场呼唤监督机制》的思考性新闻。

> 日前在市百一店的一场演示会上，当主持小姐将一盘美国斯高柏测2.0标准碟片放进一台VCD机里放映时，电视荧屏意外地出现了身首分离的紊乱图像，观众大哗，责问：“这机器不是标明2.0版的吗？”又试了四五个品牌，结果只有上海牌VCD机能清晰地读出图像。
>
> 据悉，目前国内VCD机生产企业超过500家，其产品大多都标明能解读国际通用碟片的2.0版，然而当用户购买真正的2.0版碟放映时，却有一半以上品牌的机器根本放不出。
>
> 为此，记者采访了中国电子产品检测所上海电子产品检测站工程师。他说，至今为止，国内还没有一套完美的技术接应，假2.0版VCD机最终将无奈地退出它们不该占领的“台”，而规范机制也将在呼唤之中出台。

七　向国企老总致敬

广告大师奥格威说,广告不应视为一种艺术形式的表现,广告唯一正当的功能就是“销售”,否则就不是做广告。用哲学来理解奥格威的话,就是实用主义。企业的存在是实实在在的,企业的发展是实实在在的,企业的销售也是实实在在的,这里面来不得半点虚假。距我们进驻上录厂,到我们离开上录厂进驻万家乐上海分公司,整整有4个多月。“上海”VCD在上海市场做得实实在在。一天下午,笔者的手机突然急嘟嘟地响起来,是上录厂销售部长打来的电话,他部长用兴奋的口气说,要我无论如何找到当日的《解放日报》看看。我问有什么新闻,他说你看看就知道。

我马上从报摊买了份《解放日报》,翻到第二版时,一篇加了粗线边框的新闻映入我的眼帘:《上海VCD本月产销三万台——年内力争进入国内同行前三名》

> 本报讯　去年在国内市场挤不进前10名的上海VCD,从本月起以月产销3万台的规模向市场发动“反攻”。据了解,这是上海VCD正式启动“超常规发展工程”的第一步。
>
> 近年来,国内VCD市场异军突起,外地同行起步早,一两年就形成了年产销几十万台的“大气候”。上海VCD起步“慢一拍”,去年市场占有率只有百分之几。上录厂决心改变这种被动局面。经过广泛调查研究,一个以赶超“新科”、“爱多”为目标的“超常规发展工程”脱颖而出。根据规划,上海VCD今年要实现产销50万台,力争挤进国内同行排名前三名。

“耶——”,读完这篇新闻,我情不自禁地做了个胜利者的姿势,惹得报贩莫名其妙瞪了我一眼。

我记得上录厂的刘厂长爽快地接受了我的访谈,可在正式面洽时端坐台前,却几乎一言不发,是总工程师领着我们参观产品陈列室和工厂车间,并审查了我们整个策划方案和作品,是销售部长依着方案具体指挥和实施。在快要结束对“上海”VCD策划时,笔者带着疑问向销售部长征询答案。他满脸崇敬地告诉我说:“其实刘厂长为了与你们见面,刚从医院里出来,他患有糖尿病。为了上录厂的发展,刘厂长几乎倾注了他全部的心血!”

啊？原来是这么回事！

在文章写到这里的时候，笔者对刘厂长，同时也包括所有国企老总们，说一声：国企老总们，你们辛苦了，请接受一个品牌传播人的致敬！

第四章

广客隆：快速崛起之道

一　我与小伙伴们都惊呆了

曾是上海滩最大的经济类报纸——《新闻报》，作了一次“读者心目中的品牌”的大型问卷调查。调查入选品牌共包括 28 个行业、100 项分类共 669 个国内国际品牌。

在超市一列的排名榜内，上海广客隆以微弱劣势，仅次于华联、联华和农工商超市，排名第四。这个问卷调查结果，对于开业不到 10 个月的民营企业广客隆来说，在感到无比欣喜之后，又觉得这是意料之中。

上海广客隆正式营业之初，能凭一个总部、三家连锁超市的地位直逼华联超市，并在上海滩广为传播，其根本在于上海广客隆创新的营销模式和经营理念。

广客隆的营销理念对具有百年工商经验的上海商业营销模式是一次前所未有的冲击，开创了沪上的仓储式营销之先河。据跟踪研究，一二年之后的合资企业麦德龙、浦东莲花、家乐福超市，以及被媒体称为中国人自己创办的最大的仓储式超市——快乐超市，其营销模式和运作方式，与上海广客隆有着极大的相同性与跟从性。

上海广客隆营销理念的创新，焦点在哪里？在接手之后，笔者采取“反弹琵琶”的策划思维，最终提出广客隆对市场所要承担和解决的问题。

广客隆的核心理念是：组建联合舰队，企业编队远航，产品原价集散是中小企业开拓国内（异地）市场的有效途径。为了达到预设目标，唤起中小企业的共鸣，笔者在《新闻报》专门开辟“企业营销新思维”专栏，对广客隆的营销模式进行推介。

开首一篇，对广客隆老板进行长篇访谈，进而提出国内中小企业在产品营销过程中遇到的普遍困境。访谈刊出后，在国内企业是能唤起这样的共鸣：每天有好几拨山东、江苏、上海、浙江等地企业厂长经理拿着报纸与广客隆老板探讨与取经，是我们始料不及的。

广客隆着重探讨和解决四大问题：

1. 中小型生产企业如何开内市场，如何使他们在资金不多的情况下也能参与市场公平竞争，努力改变生产企业开拓国内异地市场时普遍存在“门难进、脸难看、货难销、款难收”的局面。

2. 上海市和广东省政府分别在哈尔滨和西安举办过博览会和展销会，这都是政府搭台企业唱戏的典型举措，但都存在合同额大、成交量小的问题，同时也引出了政府搭台企业是唱“一首歌”还是演“连续剧”的思考。也就是要探讨在市场经济下，如何解决货与款的交割地点、交割方式和交割时间问题，促使商品大流通，进而促进经济发展。

3. 改变生产企业，尤其是中小型企业和新企业聘用大批业务员串街走巷推销商品而引发的销售成本高、管理复杂和安全性差的局面；改变市场经济初期容易引发生产商和销售商不公平竞争的局面；改变生产企业在家门口守株待兔难发展，而开拓异地市场又难操作的局面；改变众多分销商四处采购商品难、成本高的局面。

4. “打假”不仅仅是规范市场行为的经济问题，而且是关系到社会主义的声誉、政府形象和取信于民的政治问题，因此有必要探索如何在流通渠道上铲除滋生假冒伪劣的土壤，有必要探索全国交易批发市场普遍存在“大市场、小摊位、夫妻老婆店”的模式而引发的各种问题。

广客隆在上海，确实让人大吃一惊，无论是商界还是消费者都对它的营销业态刮目相看。广客隆以适合上海人特色的仓储式营销理念独领风骚。

何谓仓储式营销？仓储式营销最早形成于20世纪30年代的美国，目前它所实现的营销额约占全美社会商品零售总额的10%。仓储式商场后来逐渐为世界各国所仿效，当今西方各国和一些后起工业化国家的大中城市中，几乎都可看到它的存在。在美国，以沃尔玛和价格俱乐部为代表的仓储式营销尤为引人注目，如沃尔玛在短短30年间，商店分店从1家发展到目前3000多家，营销额从每年的200万美元扩至目前的600亿美元，利润达到近 20 亿美元。创立于 1976 年的美国价格俱乐部不到 20 年间,营业场所发展到近 100 处,营销额由初期的 1600 万美元增至目前的近 10 亿美元。创建于 1968 年的荷兰 MARCO(万客隆)起家时,营业面积只有 20000 平方米左右,如今逾百家的万客隆已遍布欧洲、美洲、亚洲等地,年营业额在 85 亿美元以上,其受消费者欢迎的程度可见一斑。

仓储式营销这样地受到企业的倾慕和消费者喜爱,肯定有其独特魅力。仓储式营销确实有其与众不同的经营特色。

厅仓合一

仓储式商店,是一种把商店与仓库结合起来的商场。走进商犹如走进一个大仓库,室内排列着一排排高大的货架.上面摆满了各种整箱和拆零的商品,顾客既可整箱购买,也可零售。仓储式商场的营业厅与仓库则合二为一,商品陈列除要求摆入整齐,便于顾客挑选拿取外,并不着意追求陈列样式。

顾客自选

仓储式商场采用顾客自选方式营业,场内不设封闭式柜台,也不设对顾客进行协购服务的营业员,只有少数负责人上货与整理的工作人员。顾客进场后自己动手挑选商品。商场设有电脑收款机,顾客在此结交货款。

实行会员制

仓储式商场一般实行会员制。消费者交纳少量费用后即成为商场会员,配送一张会员卡。会员卡又称购物卡,会员本人可以使用,亦可转借他人使用。采用会员制,除了某种公关促销色彩外,主要是为了对会员购货情况进行统计。购物多的会同有时能收到一份意外的礼物。商场通常还定期向会员寄送有关新到商品的品样、性能、价格等资料,会员不出户即可通过电话购物,约请商场定时送货上门。

低价营销

低价营销是仓储式商场最能吸引顾客之处,这正如“便宜有好货,好货也便宜”。在仓储式商场,同样商品的售价一般可比市价低 20%－30%,有的甚至可低 50%。价格低并不意味着商品质量差,仓储式商场不是处理品商店,和一般折扣店也有所不同,经营上还要赚钱,其低价供应是建立于低成本运行基础上的。

为降低成本,商场往往采用的经营策略是:

从厂家进货

在商业实践中,每经过一道环节一般要加价 8%以上,环节越多加价越高，从厂家直接进货可相应避免这笔开支，商场通常都规定较低的加价率，其商品价格亦不受供求影响，讲究快周转，价格低而稳定。

避开闹市

仓储式商场通常选址于远离闹市的城郊结合部，或闹市中的偏僻处，营业用房则为租金较低的废旧闲置的仓库、厂房和会场。在大中城市，闹市区和偏僻处的租金相差很大，有的可达数倍乃至十几倍，所节约的场租费往往相当可观。

装修从简

仓储式商店设施简单，开办投资大大低于同规模的其他类型商店，不搞豪华的吊顶和灯饰，也没有考究的货柜和墙面地板，由于多为平房或低层楼房，亦无需装自动扶梯。商场一般只对原场地稍加修饰后即用于营业，所费投资很少，而其他商店通常要耗费大量资本去营造购物的环境，昂贵的装修费用一般要直接影响加价 1%—3%。据调查，一个典型的仓储式商店只需投资 50 万美元，经营费用率为 12%，年资产周转率为 10 次，这为实行低价营销提供了必要的条件。

以日用品经营为主

仓储式商场以消费面广，需求量大的中低档日用工业品和食品经营为主，商品营销速度快，资金占用时间短，高价值、高技术含量的商品不易在仓储式商店营销。一些规模大、信誉好的商场还可大量利用厂家搞代销寄销，节约利息更多。

少用人工

仓储式商场采用顾客自选方式营业，可节约大量向顾客提供直接服务的人工，在劳动力费用日益增长的今天，每少用一个人一年即可少开支数千上万元。

批零兼售

仓储式商场既搞批发，也搞零售，这种经营方式有利于加速周转，降低经营成本。此种业态适应批量购买的企业和个人消费者，作价方式灵活多样，有批量优惠，会员优惠，以促进营销。

连锁经营

由总部统一开发产品和广告宣传，使每个分店每件商品所负担的经营费用大大降低。同时，众多的连锁店伸到各居民居住区，实现较大的市场覆盖面，提高市场占有率，达到大量营销规模效益。

欧美国家仓储式连锁商业是在其经济发展状况和消费者的实际生活形

态、收入水平等土壤上自然而然地成长起来的；是在市场经济下，流通领域内相互竞争的必然产物，并同百货商店，超市为主干的多样化商店类型相配合组成完整的商业机构体系，满足多层次需要，活跃社会经济。

上海广客隆在立项之前，就已经发现，如果全搬欧美人的仓储式商业方式，道理肯定行不通的。中国式的仓储式商业同国外相比至少有三大差异：

1. 国外的仓储式商场多建在地处偏远的市郊，这与国外交通网络发达，家庭外出购物都自己驾车往返，而我国缺乏这些便利条件有关。

2. 欧美地区的仓储式商场的商品不拆包，成件批量营销，甚至不设货架，而我国的商场大都开设货架，允许拆包零售，欧美国家的家庭购买力强，居所有较大的贮藏室，这些也造成国内外仓储式商场的差异。

3. 国外的仓储式商场多设有会员制，交纳一定金额的会费即可成为该商场的会员，享有优惠权，而我国的消费者，少有入会习惯。

由于存在诸上差别，这就是决定广客隆必须根据上海市场的实情，创建属于广客隆自己的企业营销模式：上海消费者购买倾向是实惠型。因此广客隆从上海康健商业区移到上海西部的大渡河路。大渡河路地处非繁华地段的次商业区上，这样仓库货场合一，方便进销，便于批量购买，以降低经营成本和管理费用，为低价定位创造条件。

考虑到消费者购买力和市场半径，主要的生活必需品和日用工业品为主，高价值、高技术含量商品不方便在广客隆营销。同时，顾客现有小容量冷藏设备，不可能大量购买食品，因为规模不易太大。

上海交通工具，交通设施相对市民来说还比较稀缺，居民私家车少，所以连锁商店以社区服务为宗旨，建区域连锁店，各区的零售店为分销点，不受地方保护主义和部门所有制限制。

上海广客隆位于普陀区各类交易批发市场的中心区域，汽车商城、物贸大厦、粮油交易市场、电子市场、花卉市场、宝鼎市场，以及华东地区最大的小商品批发市场和家电批发市场，坐落在广客隆的前后左右，沪宁高速公路、内环线高架、金沙江路呈 U 形包环绕广客隆，人流车流与日俱增，是辐射华东各地的黄金要道。

广客隆在确定属于自己的成熟的营销新思维、新理念后，最关键的就在于传播。这就如一个身怀绝技的武师，如果不试身手，哪又会有谁知道你有盖世武功呢?

这还应了一句俗话:是骡子是马,牵出来溜溜。最后,如何推广和弘扬这种理念,告知企业、生产厂家和上海1600万消费者,就成了当务之急。我们把广客隆比喻成一个硬币,它有两个面,一面是朝对全国的中、小生产企业;另一面是朝向批发商和消费者,两面自成一体,缺一不可。所以我们的策略是告知这两具面“所指者”的注意和熟知。

我们决定兵分三路进行突破:

1. 在内环高架线200多个进出口处设置路牌广告。

2. 利用有线电视台滚动播放朗朗上口的广告语:“商品大流通,上海广客隆”,同时播放广客隆总部的实景广告。

3. 在报刊杂志提出理论思考,引起经济界、生产企业厂长、经理等社会各界人士,与我们一起对“广客隆模式”进行共同探讨。

上海内环线每天有上百万次外地和上海的车辆进出路口,我们以保守的每天100万次车辆计算,一年有3.6亿次车辆进出,也就是说,每年有3.6亿人次看到广客隆路牌广告。

在路牌广告树起的一月后,笔者有意作了一次试验,从浦东东方路、五角场和锦江乐园分别打的回广客隆。上车前,笔者不告诉司机路名,只说去上海广客隆,不论是做了5年出租车的司机,还是作了2个月的新车手,都能径自找到广客隆。笔者问司机为什么对广客隆这么熟悉,司机指着路口的广告牌说,上面都写着呢:大渡河路1383号。广客隆的路牌广告在当年的上海,确实创了纪录,当年最多的路牌广告是宝隆宾馆的22块。广客隆以8000元的一杆的价格,一口气树了220块,而且是定在高架路的进出口,上海交警总队对广客隆这样做广告也刮目相看。

作为新鲜理论,报刊作为传播载体是最为理想的选择。当年《中国青年》发表潘晓的《人生的路为什么越走越窄》一文,在“文革”之后的80年代初,掀起了轩然大波,激起青年人对人生的反思和自身发展的内省。一篇《柳眉儿落了》引起了中国父母和社会对中学生早恋现象的关注。车尔尼雪夫斯基以《怎么办》一书,借主人公之口说出“我们的利益是大家的利益,我们的幸福是大多数人的幸福”的观点,撕开了当时俄罗斯当权者的专制主义、穷奢极欲,愚昧无知的面纱。

经过综合分析,我们决定选择上海《新闻报》作为传播广客隆营销理念的阵地，之所以选择《新闻报》，最主要的理由是《新闻报》有极正点的定位："以专业眼光看经济，以经济眼光看世界"。该报为上海地区唯一发行量最大的经济类报纸，除了发行上海外，在上海周边地区如杭州、苏州、无锡等城市有一定的发行量。据了解，中小企业、个体业主和家庭订户各占50%左右。特别的是《新闻报》以传播国内外的新理念而著称，而且该报正处于发展壮大的成长时期，宣传广告费较之于《新民晚报》、《解放日报》要便宜得多。

在适当的时机，选择适当的载体，做适当的宣传，来取得最大的公众注意效应，是品牌策划人的永恒追求。

二　把老总请上前台

上海广客隆老总是位广东人，军人出身，在市场上摸打滚爬几十载，用他的话说，广东的企业家之所以很成熟，那是真正在市场经济的熔炉里锻炼出来的。

广客隆老总果敢、睿智，既有商人的精明，军事家的战略头脑，同时也具备政治家的公关外交能力。笔者现在回忆起来，在笔者所接触的企业家中，广客隆老总的执行能力、活动能力、公关手段都与众不同，许多跟他接触的企业家在不同场合都说，他是个不同凡响的真正能"识做"的人。

在中国商界，某位企业家提出了一种理论，不仅让公众记住了他这个人，还让公众记住他的企业。柳传志的"贸、工、技"的经营理论，让公众注意到了柳传志，同时也记住了中关村的"联想"。李东生的"借船出海"理论，使TCL处处放光彩。张瑞敏的"球体斜坡"理论，让他站到了上海财富论坛的讲台。

在《新闻报》开辟"企业营销新思维"专栏，我们把广客隆老总请上前台，现身说法，把广客隆"给生产者一个公平竞争的舞台，还消费者一个干净繁荣的市场"的营销理念，广而告知天下的经济界、生产企业厂长、经理等社会各界人士，让广客隆走向消费者，让消费者了解广客隆。打破陈旧的传统的商业经营模式，力倡新型的顺应市场经济商业业态，广客隆在上海商界走在最前列。

> 我国步入市场经济以来，生产企业直接参与市场竞争，培育了企业的市场意识、风险意识、竞争意识和危机感，从而树立市场引导生产的

观念,这样不但极大地繁荣了市场,也使生产企业、地区经济和国民经济得到了飞速的发展。但实际证明,由于市场经济仍有不纯性,市场规则还比较混乱,流通领域的立法也不够健全,因此也伴随着出现了许多值得完善和探索的问题:从生产企业这方面来看,全国普遍出现了“产品上市难,货款回收难和营销成本高”的问题。假冒伪劣几乎成为全国性的公害,消费者对商品质量的可靠性,商品价格的真实性和售后服务的可行性几乎失去了信心。

市场经济是以买方市场为主,以竞争为特征的经济,生产企业、地区经济和国民经济的发展都有赖于产品在市场上占有率。但市场经济并不是无政府经济,市场竞争并不是无序的竞争,我国实行市场经济,大家都缺乏系统的成熟的经验,但有一点已经被实践所证明:那就是搞产品生产的企业不能长期像散兵游勇那样单兵作战,工业化本身就决定了它的社会性、组织性和规模性。因此,我们很有必要探索生产企业,尤其是中、小型企业和新企业如何联手培育市场,联合开拓市场,共同谋求发展的新途径。

珠江联合营销公司就是在这样的市场背景下,先从组织广东部分生产企业起步,联合上海及全国各地的生产厂商,组成营销联合舰队,企业编队远航开拓国内市场。公司首先在上海建立上10000平方米的广客隆保真商品批发集散中心,已有近300家企业加盟联合营销。

取得经验后,将视情况在全国特大省会城市建立相应的商品集散中心,从而形成连锁辐射网络,经批准加入联合营销的生产企业,几乎不花什么钱即可在批发集散中心常年展示,发布自己的产品,并由“中心”统一管理,统一交易,共同使用信息网络和分销网络,“中心”对生产企业的商品和货款实施担保,定期结算,确保企业货款回收。“中心”对分销商原则上实行原价批转(不加1分利),以检验是市场不景气还是产品不争气。

“中心”和上海技术监督事务所共同成立了产品质量联检办公室,既为消费者严格把关检验,也为生产企业排忧解难,“中心”还常年开设“假冒伪劣商品展示厅”,鞭挞造假者,告示消费者,保护合法生产者,我们的目的是给生产者一个公平竞争的机会,还消费者一个干净繁荣的市场。

实践是检验真理的唯一标准,在计划经济向市场经济转变的过程,生产企业联合营销,共同拓展市场,不但得到生产企业的热烈呼应,也在社会上产生了强烈的反响，申请加盟联合营销的生产企业每天都在增加，整体牵动分销商的态势已经形成。大家一致认为，组织生产企业联合营销，对减少流通环节，疏通流通渠道，净化繁荣市场，尤其是对促进商品大流通具有很强的可操作性。

三　理论问题：大家实话实说

广客隆老总的《经生产者一个公平竞争的舞台，还消费者一个干净繁荣的市场》在《新闻报》一刊登，让笔者真实地看到"一石激起千层浪"的真正样子。在一个星期内，我们收到数十封来自不层阶层的读者来信，有对广客隆营销模式的好奇，有对广客隆观念的赞同，也有对广客隆营销业态的质疑。

出于版面的考虑和广客隆的宣传的实际需要，我们摘录两篇针对广客隆营销理念和带有普遍性的探讨文章，并在文前附加编者按："市场经济是法制经济，市场竞争是有序竞争。上海广客隆对打假冒伪劣，铲除滋生假冒伪劣的土壤，制定了一套完整的管理机制和行为规则。这样既有利于保护消者的合法权益，又有利于消费者对产品质量的可靠性、商品价格的真实性和售后服务的可行性建立信心。本期署名文章既分析了假冒伪劣产生的原因，又介绍了广客隆杜绝假冒伪劣的做法，颇值一读。"

杜绝假冒伪商品之我见

弄虚作假，人皆恶之。中宣部、内贸部决定"百城万店无假货"活动，实在是得民心之举。芸芸众生，食的是人间烟火，无论是高消费或低消费，心里总有一种尺度：求的是货真价实。然而在现实生活中，花钱买气受，花钱买罪受，已屡见不鲜。那么假冒伪劣商品何以如此泛滥？滋生假冒伪劣商品的土壤又在哪里？

让我们借助经济学的分析方法作一点思考。

首先对生产和营销假冒伪劣商品的厂商进行考察。假冒伪劣欺诈行为是经济活动中的一种机会主义行为，其本质是以盈利为追逐动机的市场主体利用各种可能的机会损人利己。作为假冒伪劣产品的生产、营销者，只要生产、营销假冒伪劣产品比生产、营销正品能获得更多预期利益就会实施欺诈行为。目前，我国正处在计划经济向市场经济转轨的阶段，一方面制度变迁导致人们对自身利益的追求变得强烈，另一方面受制度变迁过程中制度的摩擦和空隙因素的影响,出现制度安排的滞后和短缺,从而引发了机会主义行为倾向及假冒伪劣商品的泛滥。

其次对消费者的考察。消费者一般存在着从众心理和攀比心理,某些高档品并非自己或家人适用,只因为其他人纷纷购买,于是也想加入拥有者的行列,他们购买商品的动机是为了显示自己的身份,只要满足追求商标的偏好,假冒伪劣品也在所不惜。另有一类消费者,因收入水平低下,又要追求名牌,假冒伪劣商品恰恰满足了这类消费者的需求。

再次对正品厂商的考察。除了消费者外,受假冒伪劣商品之害的就要数正品的制造与营销商了。对正品厂商来说,每年需在广告宣传、商标注册及建立专卖店等方面投入大量的财力物力,其目的是为了提高企业形象和商誉价值,但假冒伪劣商品却给正品厂商造成不可估量的损害。在我国,产业组织的一个很大特点是:产业集中度很低,企业的生产呈"小、散、乱"状态。正品厂商的打假要承担高昂的打假成本。但由于产业集中低,企业的生产规模小,这些费用对单个企业来说是难于承担的。所以我国产业集中度过低也是造成假冒伪劣泛滥的一个重要原因。

最后是对地方政府的考察。由于假冒伪劣的制售者往往会采用非常隐匿的方式进行经营,而且他们非常分散,规模又较小,使得政府主动对假冒伪劣商品的检查需付出相当高的搜寻成本。同时打假的间接损失巨大,这一点往往又是许多地方政府最为顾及的一项,因为在许多地区,假冒伪劣商品的生产已成为该地区的"支柱产业"和创税大户,地方政府一旦打假后,势必造成该地区税收下降,就业机会减少,甚至影响到"经济建设"的速度。所以,治理假冒伪劣商品的效益比较低。在当前,由于缺乏一套对地方政府行为的有效法律监督体系,故地方政府非常容易出现助长假冒伪劣的机会主义倾向。

从以上分析可以看出,打击假冒伪劣,是我国在目前市场经济条件下,一项长期而艰巨的任务,需要全社会各个部门的支持和配合。只有这样,才能把假冒伪劣商品消灭在萌芽状态。市场经济是法制经济,市场竞争是有序竞争。上海广客隆对打击假冒伪劣,铲除滋生假冒伪劣的土壤,有一套完整的管理机制和行为规则。

广客隆的管理模式,也许能给我们一些借鉴和启示。广客隆建立了一个大型的联合营销的固定场所，经批准加入联合营销的生产企业，由广客隆统一管理统一交易，共同使用信息网络和分销网络。广客隆为杜绝假冒伪劣和铲除滋生假冒伪劣的土壤，与上海技术监管事务所建立质检机制，产品入市统一申报，现场验货，每种商品都能找到"亲生父母"，从流通领域中铲除滋生假冒伪劣的土壤，这样的话，比较有利于保护消费者的合法权益，有利于消费者对产品质量的可靠性、商品价格的真实性和售后服务的可行性建立信心。同时还有利于保护生产企业的知识产权提高产品的信誉和市场占有率。上海广客隆为了加大杜绝假冒伪劣商品的力度，还常年开设"假冒伪劣商品展示厅"，鞭挞造假者，告示消费者，保护合法生产者，给生产者一个公平竞争的机会，还消费者一个干净繁荣的市场。

上海广客隆提出的"打假"不仅仅是规范市场行为的经济问题，而且是关系到社会主义的声誉、政府形象和取信于民的问题，很有创见。在流通渠道上铲除滋生假冒伪劣商品的土壤，是打击假冒伪劣商品的最直接有效的一种方式。只有这样，才能使合法生产商在消费者心中权立良好的企业形象。

上海广客隆关于企业营销方式的理念和观点，颇有一定的特色和新意。他提出"企业法人的市场行为不能被业务员个人行为所代替"的观点，对现今企业营销活动中出现的问题，可谓切中时弊，他的这种观点曾得到许多同行和经济、法律界专家的赞同。

企业法人的市场行为不能被个人所代替

中小型企业在我国的社会经济和政治生活中有着特殊的历史地位和不可替代的重要作用。我国中小型企业量多面广，在全国国有企业中，数量占九成，职工占六成。据统计，国有中、小型企业产值占全国国有工业总产值的68.5%，全国国有工业总产值增长18%，其中中小企业增长率达30%，由此可见，中小型企业对增加就业及在满足社会分工的发展而出现的多样性的需求方面，有着得天独厚的优势。然而，如何搞活中、小企业，提高中、小企业的经济效益和社会效益，是企业厂长经理们最为直接关注的问题，其中特别是中、小企业的产品营销更是生产企业厂长经理们关注的事情，因为产品营销状况的好坏，直接关系到企业的命运。

任何一个企业都不能忽视产品的营销策略，因为它是决定企业命运的关键一步。产品营销有两种方式：一种是人员营销即直接营销；一种是中间商营销，即间接营销。

企业确定自己的营销方式，必须要考虑五个因素：一、利润。企业在选择营销方式的时候，首先要考虑不同营销渠道所造成的营销量和价格的变化对利润的影响。二、产品特点。一般来说，易于变质或季节性强的产品最好直接营销，减少中间环节可以减少损失；工业加工产品多采用间接营销，因为这类产品市场广阔分散，而售价差异较小。三、市场条件。一般情况下，市场越分散越需要中间商。四、财务状况。如果企业自己直接营销，说明企业财务情况较好；如果企业财务能力有限，最好采用中间商营销的方式，由中间商承担一部分营销费用。五、市场营销的经验和技术。如果企业缺乏市场经验和营销技术，那么选择中间商来代替自己完成营销工作较好。中、小型企业一般遵循以上五个基本因素来选择直接还是间接的营销方式。

但在实际运作过程中会遇到许多难题，比如，企业法人的市场行为变成了业务员的个人行为，造成企业和企业法人给业务员打工的现象屡见不鲜，不少企业在开拓异地市场中，由于对当地市场和社会情况不太了解，营销方式不对路，结果四处碰壁，吃尽苦头。甚至企业的负责人已经把握不住营销人员，把握不住市场，给企业造成了不应有的损失。还有一些企业“饥不择商”，急于成交被人推下楼。社会上出现“跳楼公司”并不奇怪，问题就在于一些企业挡不住“预付款”的诱惑，“饥不择商”贸然发货，结果被人无情推下楼，人为造成经济纠纷，把企业纠缠得死去活来。还有的企业在产品营销上轻易委托代理商，结下“生死链”，甚至坏账。

社会上“皮包公司”为数不少，“空麻袋背米”专做无本生意，要你提供一大批商品铺底，并把你的产品垄而断之，然后以“跳楼价”抛销商品，套取现金……面对以上遭遇和教训，中、小型企业的产品营销路在何方？“上海广客隆模式”，即广客隆提出的：联合营销也许是目前市场经济条件下中、小型企业开拓国内市场较有效的途径，为我们提供一定的借鉴和启示。

由于法律和社会对一个有法定代表人和固定大型展示交易场地的注册机构的约束力远远大于对个人的约束力，因而聘用一个专业营销公司负责异地业务比聘用一批业务员要可靠得多。联合才能显规模、壮声势、降成本、保安全和出效益，成行成市才好做生意。同时，中小型企业联合起来把仓库搬到市场中去，真正减少了流通环节，缩短了货与款的交割距离，可大大提高成交率。现场、现货、现金交割，杜绝三角债。

笔者认为，广客隆模式改变了有些交易批发市场存在的“大市场，小摊位、夫妻老婆店”的通病。广客隆商品批发集散中不以赢利为目的，旨在规范市场行为，搞活商品流通。一天之内能在集散中心原价配齐几百种商品，必然会引起各地商家的兴趣和欢迎，从而促进商品大流通，让真正意义的商品流通来代替人员推销。

四　丽娃夜话

咨询策划人、公关专家张云教授在策划界以内部访谈、企业诊断、发展战略构想而著称，策划风格以严谨而闻名。他的经典主张是“智者居侧”。他认为策划是智者的事业。作为中国公关协会理事，他主持和重磅参与过全国50余家企业的策划。

在读到广客隆所倡导的营销理念后，张云教授应笔者之邀，阐述了自己的意见和方法，他撰写《想法很好，关键在做》，摘录如下：

近年来，生产企业的营销方式大致包括业务员推销、在异地建立市场部、租赁商家柜台、在异地建立营销中心或联锁专卖店、建维修中心或售后服务部这样一些方式，其特点是在生产企业中组建一支营销队伍，作为厂家和商家之间的桥梁，或是以产带销。几年实践下来，“桥梁”出现了很多问题，而以产带销能否全部取代商家也是一个目前还无法破解的谜。

广客隆的出现，实际上是从根本上否定“桥梁”的必要性，这种“彻底”解决问题的思路很大胆，想法很好，但关键是怎么做。凡是新事物，都会遇到新问题，需要一方面防患于未然，一方面在实践中解决新问题。就目前来说，我以为广客隆将会遇到三个棘手的问题：

第一，企业和产品的鉴别及分类问题。广客隆不同于以往的批发中心的重要一点是打破行业和部门的界限，这会对企业和产品的鉴别带来很大的难度。随着广客隆的发展，找送上门的企业和产品会越来越多，其中的仿制品（不说伪劣）也会越来越多，如何鉴别、如何把关、如何处理好两头关系(上下家关系)、同类企业间的竞争关系、以及产品的分类问题等,都会对广客隆带来新的考验。尤其特别值得重视的,广客隆实际上是“以一桥代万桥”,是一个“大窗口”,是绝好的情报搜集目标,因而它也不可避免地会成为一个矛盾焦点。

第二,如何管理企业的POP广告和营销小环境。广客隆不可能为所有的企业和产品做广告,企业和产品的现场广告即POP广告只能由企业自己来作,而这是必然具有攀比性的。而且可以预见,今后将会有越来越多的企业试图在广客隆中营造自己的小环境。广客隆有没有能力包容这些越来越多的小环境,以及有没有能力控制这些小环境,将是广客隆遇到的又一个问题。

第三,谁来对售后问题负责。尽管广客隆在招商书中已明确售后服务由企业提供,然而由于广客隆打破了行业界限,企业如何提供售后服务实际上是很难来规范的。

换言之,有些企业还不得不外派长驻人员或聘用当地人员,这意味着广客隆还没有完全解决生产企业可以撤销自身“桥梁”的问题。同时,广客隆欲以“一桥代万桥”的自身定位也必然不可抵挡地成为售后服务的首要的被追究者。

笔者约请的另一位专家是华东师大商学院副院长、研究英国营销问题的专家倪俊教授。

倪教授在英国留学多年,谙熟英国的营销策略,同时他对其他发达国家的营销理论也深有研究。能约请到倪教授,是由就读于经济系的学生会主席岑慧瑾同学的引介。华东师大商学院以云集一批经济与金融问题的专家而著称沪上,中国金融学的鼻祖陈彪如先生一直在该院执教。

华东师大文科大楼的这场访谈,日后被称之为“丽娃夜话”。在丽娃夜话的几天之后,《新闻报》上发表了《广客隆,前面是坦途——向消费者解答广客隆经营模式》的长篇访谈。

倪教授不愧是营销问题的专家,他不仅看到广客隆营销理念的超前性和先进性,也谈到了广客隆以后将面临的困境和难题。文章发表以后,有读者(也是消费者)来信来电说,他们对广客隆营销模式有“真”的理解。广客隆老总对这篇访谈也深表赞许丰富和发展了广客隆的营销理念。

笔者:倪教授,您怎样理解广客隆提出的组建“联合舰队”、企业编队远航、产品原价集散等等营销新理念?

倪俊:广客隆的做法不仅仅是营销问题,它涉及到产业结构的问题。从发达国家来看,市场经济经历了几百年,他们的中小企业并不像我们现在的企业"小、散、乱",他们自然形成某一产业结构。比如日本的综合商社,韩国的大贸易商,就是用人为的方式来组建的一个产业结构。广客隆的做法在功能上类似于日本的综合商社:为企业提供营销渠道,提供市场信息,每天从各地获取情报信息,在一定程度上组织企业的生产。从产业结构方面来说,广客隆有着不可估量的发展前途。

笔者:那么,广客隆的做法对现今的产业结构会产生哪些影响?

倪俊:我国的大多数企业实质上是生产型企业,在计划经济的体制下,企业单位根本不管营销问题,企业普通都缺乏营销网络,生产和营销是由两个体系来管理,这种情况从世界管理史上都是少见的,这种结构呈现出来的弊端对市场经济的发展起着明显的阻碍作用,在美国的一个大企业,有许多下属公司,在全国有上千家营销网点。打个比方说,企业就像树干,我们都希望它能茁壮成长,但如果根系不发达,树就难于成活,我们绝大部分企业没有根系或根系不发达,当然这是由历史原因造成的。

对生产企业来说,必然要发展自己的营销体系,开拓自己的营销渠道。广客隆目前在这方面的做法,具有一定的时代意义。

笔者:在目前市场经济条件下,广客隆在发展营销体系、开拓营销渠道方面将起什么作用?

倪俊:广客隆实际上是为企业提供营销渠道,为企业提供更多的市场信息,让企业跟消费者靠得更近一些。广客隆在发展过程中,可能会面临某种难题,这其中最大的困难就是中国目前的国内市场实际上带有相当强的地区分配市场,比如上海产品打入其他地区,也会遭到该地区相当强的抵抗。政府搭台,企业唱戏,很难搞成连续剧。企业搭台、企业唱戏,也许更有可操作性。广客隆的做法确实能够保证入会企业的利润。但广客隆还将在深层次上作调整,使功能相对完善化,而不是就事论事,只提供单一性功能。

笔者:广客隆模式与国外的货仓式有哪些区别?

倪俊:很有区别。货仓式实际上是一种营销手段的改变,主要从降低成本着想。广客隆比货仓式要高一个层次,广客隆联系中小企业是跨地区性的,并给这些企业提供系统化的营销渠道,提供不同地区的经济信息，起着一个大流通的作用。

笔者：广客隆与百货商店或超市的关系如何？有没有冲突？

倪俊：据我看，这应当是件好事。它们可谓互为补充、互相促进，各有生存的空间，满足不同的需要。从流通环节的发展方向来看，当然流通环节越少越好。环节越少，耗费的能量就少，这对企业和消费者都有好处。百货商店或超市都是流通方式的一种，随着社会的发展，流通渠道本身需要不断发展。对消费者来说需要更便宜的商品，对生产企业来说需要更大的网络，获得更多的信息以求降低成本。流通渠道应该向这方面发展，而不是固定在百货公司或超市的形式。广客隆的产生是市场经济条件下，流通领域内相互竞争的必然产物。以广客隆为主干的多样化商店类型相配合组成的完整的商业机构体系，将可满足多层次需要，活跃在社会经济。

五　流通领域的一场革命

上海的商业企业，相当长的时期是靠出租柜台来谋求企业的利润和生存，抑或前店后厂获取利润。笔者曾为上海九洲商厦、春天百货、西部百货等商业企业做过形象推广策划。

在调查中，尽管每家商城的定位不同，有的定位中、低档，有的定位中档偏高，有的定位于购物、娱乐、休闲三位一体，但出租柜台场地或者自己经营部分柜台仍是这些企业谋取利润的主要方式。

广客隆就不同。正如营销专家倪俊教授所说，百货商店或超市都是流通方式的一种，随着社会的发展，流通本身需要不断地变革，对消费者来说需要更便宜的商品，对产生企业来说需要更大的网络，获取更大的信息以求降低成本，流通领域应该向这方面发展，而不是固定在百货公司或超市。广客隆的不同在于“公开进价，有偿服务，零利营销”。杭州一家百货公司公开以“10 分利”营销结果告知消费者，曾震动中国商界。

广客隆的真正用意在于：对于生产企业而言是促进“商品大流通”，对于消费者来说是实行“有偿服务、零利营销”。经过一段时间的理论探讨和有线电视台的不断滚动播出的广告，我们调查得知在众多中、小企业主和消费者对广客隆的营销理念已基本熟知之后，推出广客隆针对分销商和个体消费者的杀手锏已势在必行。

我们在《新闻报》和有线台推出广客隆对流通领域一场真正革命的一项

重大举措,即“公开进价;有偿服务;零利营销”。同时。在《新闻报》发布广客隆《铲除假冒伪劣,杜绝虚假价格》广告,对环卫工人、军人、市劳模和人民警察实行减半收取服务管理费的消息。全文刊登如下:

目前我国市场经济中还存在不纯性,市场规则还比较混乱,假冒伪劣商品在市场上肆意泛滥,使消费者对产品质量的可靠性、商品价格的真实性和售后服务的可行性几乎失去了信心。在这样的市场背景下,上海广客隆组织上千家生产企业联合营销。

为了保证产品质量的可靠性和商品价格的真实性,为了真正维护消费者的利益,自6月3日起,广客隆将全部商品的价格公开,对分销商和荣誉顾客实行有偿服务,零利批销。

广客隆价格公开分为三种:

1. 最低进货价;

2. 市场零售价;

3. 荣誉顾客价(即有偿服务价)。

广客隆实行“荣誉顾客”制,每个家庭每月只需交5元服务管理费,即可成为荣誉顾客。荣誉顾客在广客隆及配销网点,购物可享受如下特殊优惠:

一、购买商品按零利润(原价)结算。原价=产地含税出厂价+运达上海的费用(上海产品为0)+库区送到各分销点的运杂费和仓储费(总数不超过2%)。

二、如出厂价中有扣率,原则上全部让给荣誉顾客。

例1,400ML(去头屑)飘柔洗发水,市场价每瓶38.00元,实际进价为30.12元,广客隆对荣誉顾客供应价为30.50元。

例2,特大号(送牙刷)高露洁牙膏,市场价每支22.20元,实际进价为19.00元,扣率5%,广客隆对荣誉顾客供应价为18.30元。

例3,易拉罐雪碧或可乐,市场价每听2.80—3.20元,实际进价为2.05(无扣率),广客隆对荣誉顾客供应价为2.10元。

由此可知,广客隆对荣誉顾客实行有偿服务,商品营销过程中没有获取半点营销利润。

平价?降价?让利?不如公开价格。广客隆直接组织营销,不出租场地、柜台,不允许“干爹干妈”进场,每一种商品都能找到“生身父母”,而且广客隆与上海技术监督部门组成质量联检验货办公室,从机制和模式上铲除了滋生假冒伪劣的土壤,使消费者的权益得到有效的保护。广客隆由于公开了进价,消除了营销商和顾客之间哲学意义上的对立矛盾,消除了牟取暴利和欺客、斩客的不道德行为,而且可以为千千万万消费者提供更低进价的供货渠道和有效防止厂商一品多价和一地多价。

广客隆对以下各类人员减半收取服务管理费:

1. 本市在职环卫工人(凭单位证工作证);

2. 残废军人和军烈属(凭证书和街道证明);

3. 1990年以后当选的上海市(级)劳模和先进工作者(凭证书);

4. 本市在职人民警察(包括交警、巡警、刑警、户籍警,凭单位证明和工作证);

5. 现役军人(包括武警、边防和消防警,凭工作证)。

为体现真正维护消费者利益,为杜绝假商品、假价格、假让利的恶劣行为,广客隆热忱欢迎消费者和社会各界人士对广客隆实行严格监督,消费者若发现广客隆有假货和假价格,广客隆将予以重奖。同时,广客隆欢迎广大消费者和分销商提供同一厂家、同一产地,同一时间更低进价的详尽信息。

实践是检验真理的唯一标准。文章刊登以后,在不到一个月的时间,广客隆每天进场的企业不少于5家,在广客隆总部卖出的荣誉顾客卡达2000余张,据说在上海首次推行荣誉顾客卡的东方商厦都没有这么好的成绩。

六　消费者说是好得很,不是糟得很

有一则关于中国老太婆和美国老太婆的故事,很能说明中西方人的消费观念。故事说美国老太婆在临终的时候,舒心地说了一句话:哈哈哈,我这辈子总算把贷款买房子钱还清了。中国老太婆在快不行的时候,长舒了一口气:唉,我这一辈子总算把买房子的钱攒够了。

会员制是国外仓储式商场普遍实行的一项利人利己的措施。顾客只需交纳一定金额的会费就可成为商场的会员,享有优惠权,同时,购物多的会员有时还能收到一份意外的礼物,商场通常还定期向会员寄送有关新到的商品的品样、性能和价格等资料。尽管会员制有它独特的魅力,但在百年工商的上海,广客隆却遭遇到一场投诉。

广客隆在推行会员制后，有位顾客不满广客隆由20元使用一年的“荣誉顾客”卡，调整为每个家庭每月交5元服务费的措施，便投诉到上海人民广播电台，说广客隆对顾客有欺骗行为。待我们收到上广转来的投诉时，我们大吃一惊。因为按我们的推算，一个家庭60元服务费（家庭的每个成员都可以使用该卡）只要购几次货，基本上服务成本就可以收回，精明的消费者应该可以算得出来，可为什么还有消费者不满呢？

顾客是上帝。上帝满意不仅能为企业带来利润，而且还能为企业带来好的口碑和声誉。广客隆是否存在对顾客有欺骗行为？单纯的一对一的解释没有普遍性，必须让事实说话。

为此，我们做了一次专门调查，听取顾客的意见和建议，要让顾客真正觉得“荣誉顾客”卡是好得很，不是糟得很。经过一个星期的调查，从顾客的口里，让我们长长地舒了一口气，因为调查之后的结果：持有“荣誉顾客”卡的消者都说，60元钱买张卡，值！为了消弭顾客心里的顾虑，我们根据实际调查结果，在报纸上刊登《60块钱买张卡，值！》的调查报告。

上海广客隆为了真正维护消费者的利益，为了杜绝假商品、假价格、假让利的恶劣行为，自6月初，广客隆推行“公开进价，有偿服务，零利营销”的经营策略。广客隆在商业上的这种革命性的行动，曾享誉沪上。然而，近段时期以来，有些人对广客隆由20元使用一年的“荣誉顾客”卡，调整为每个家庭每月交5元服务费的措施提出些异议。

那么对“广客隆是否存在对顾客有欺骗行为”的问题，为此我们做了一次专门调查。调查之后的结果：荣誉顾客都说：“60块钱买张卡，值！”

广客隆两项规定特别引人注目：一是价格公开。价格公开分为三种：1. 最低进货价；2. 市场零售价；3. 荣誉顾客价（有偿服务价）；二是对本市在职环卫工人、残废军人和军烈属，市劳模和先进工作者以及在职人民警察、现役军人实行减半收取服务管理费。我们的调查采取“双轨制”：即对“荣誉顾客中”中三种情况人员（即加40元以旧卡换新卡顾客；60元买新卡顾客及团体卡）和减半收取服务费的消费者进行了综合调查。

家住梅川路的蒋女士，先前买了20元卡，后加40元换了新卡。她对我们“广客隆这样做是不是具有欺骗行为”的提问，表示不理解。她说：“40块钱能欺骗什么？广客隆的价格除了确实便宜外，购物还特别方便（她家住在广客隆对面，就是从图方便上来说，买张卡也是值得的。”

北渔弄的张先生、顾女士也是加40元换新卡的。他们说是通过新闻报上知道广客隆有偿服务,零利营销的措施,他们主要买些广东货,因为路程离广客隆较远,花了60元一张卡,总得要有它的用场。住在桃浦公路×弄×号的潘女士,她每天上下班都要经过广客隆,她认为60元一张卡,一年计算下来,都很合算。

潘女士主要买食品和家用塑料制品,特别是她的孩子快要出生,买奶瓶什么的很方便,她还说,华联超市的商品价格算低,但广客隆比它更低。

单先生是家住华东师大二村的大学教师,他对广客隆“荣誉顾客”制存在着极大的兴趣,他说他有着许多买卡的经验,到目前为止,广客隆是最为优惠的一张卡。比方说单先生曾在十二百货花40块钱买张优惠卡,它不是按照买卡的日期算,而是过去半年要买一张,一张卡只能使用半年,而且价格也不合理。他说在广客隆买了几次东西,质量不错,比如买的衣夹子,特别结实。单先生最后说,他是三家邻居合买一张卡,一家平均20元可用一年,合算得不得了。

家住田林七村的曲先生说:“20元和60元一张卡的优惠价格,不存在合理不合理,主要是看你值不值得买。我在公司是搞项目投资的,对广客隆这种经营策略很感兴趣,做生意讲究一个策略,如果广客隆能做到2%的利,应该说广客隆能做得很好,发展前途也很大,从消费者角度来看,60元一张卡无可非议,对我个人来说,我有收集卡片的喜好,就是60块钱买张这么精致的卡,我也觉得非常值。当然,我不是所有的商品都去广客隆买,俗话说,货走三家嘛!广客隆便宜的我就去广客隆”。陈韩根是铜川商场的,他买的是团体卡,主要进的是食品和广东货。“对我们来说不存在欺骗不欺骗性,只要路途近,价格低,销路好我们就进货。”陈先生说。

张小姐是市某安全局工作人员,是属于广客隆收取服务费减半的范畴。她说:“有天跟母亲去大渡河路,一位朋友说广客隆对我们这类人员实行优惠,开始认为不可能,去超市一看,还真的是这么回事,我是头一遭碰到这种好事,30元一张卡,根本就不贵。”当我们向这是不是体现广客隆对安全局人员的关怀,张小姐自豪地说:“那当然啦!”花衣街107号叶先生(要求不要透露姓名)对我们说:“作为军人我是第一次受到这种优惠,觉得很新鲜。广客隆这样做,肯定也有他的道理,做企业肯定要赚钱,大家应该相互宽容,只有大家为人人,人人为大家,这样许多事情就好办多了。”

上海市普陀区消费者协会秘书长郭国民对广客隆“荣誉顾客”制,谈了自己的看法:第一次卡(20 元)对消费者承诺是使用一年,提价后(加 40 元)广客隆实行零利润营销方式,应当说,我对广客隆这种营销策略没有异议。

那么,作为广客隆自己是如何看待这次调整。广客隆总经理解释说:“我们公司对发生的任何一件小事都非常谨慎对待,对于第一批顾客,我们允许退卡的自由。截止 7 月 30 日,以广客隆总部为例,卖出旧卡 1550 张,退卡只有 400 张,新卡卖出 1300 张,而且新卡量仍在不断增长。广客隆以货真价实为己任,我们相信顾客是最公正的,也是最有鉴别力的。”

此次调查报告的发布,取得了意想不到的效果。不仅消除了消费者购买荣誉顾客卡的误会,而且使消费者对广客隆真诚面对顾客,以及广客隆的营销策略有了更深层次的了解。树立了广客隆富有良好信誉的企业形象。加上广客隆在其他方面的进展顺利,特别是为吸引更多的中、小企业入驻广客隆,广客隆开始实施第二步大战略,那就是在年底,举办全国万种民品联展联销订货会。

广客隆举办“全国万种民品联展联销订货会”会的目的,一是发挥广客隆作为商品集散中心的优势;二是帮助生产企业和分销商直接建立供销关系;三是培育良好的公平竞争的市场环境;四是借此契机扩大广客隆招商引企的机会,弘扬广客隆在华东甚至全国的影响,树立广客隆在华东地区的霸主地位。

所以广客隆专门成立对外联络小组,每天往全国各地邮寄邀请函,邀请企业参与此次联展联销订货会,同时花巨资在南昌、南京、沈阳、珠海,西安等大中城市发布空前绝后的广告宣传,提前一个月在以上海为主的华东地区开展宣传活动。

正式联展期间,为使名牌产品名扬四方,优新产品挑战名牌,中小型企业获得良机,竞争公开有序,正品告示天下,把假货逐出市场,为帮助企业与分销商直接建立供销关系,上海广客隆投巨资与上海技术监督事务所联手,一改传统游戏规则,在《新闻报》、《解放日报》、《新民晚报》、上广、东广、上视、东视、上海有线电视刊登广告,真正企业搭台企业演“连续剧”。

广客隆发布的关于免费举办“企业免费打擂台，客商上海大会师——全国万种民品联展联销订货会”的广告，打响了联展联销订货会的第一炮，取得了预期的效果。

第五章

万家乐:重建用户忠诚度

笔者正式接受市场调研这方面的训练,是在刚读大学的时光,但那时仅局限于书面知识,后师从著名的公关专家邱伟光教授和张云教授,才陆续参与并主持上海市中小学德育状况、方便面、印刷业、家电产品等方面的市场调研,那时真切地感知到市场调研对企业决策或产品推向市场,不仅具有重要性和必要性,而且还真是一门不小的学问。

一个产品要在市场竞争中处于不败,首先就必须对它所处的市场环境有一个清醒明了的认识,孙子兵法云:“用师之本,在知敌情”,否则“军不可举”。市场调研有广义和狭义之分,有宏观和微观之别。

产品调研、消费者调研和市场竞争状况调研,对于每个策划人来说,都该是手背手心、翻覆有数,而且一个都不能少。

一 品牌形象与用户忠诚

笔者为万家乐上海公司撰写《扩大品牌形象力,重建用户忠诚度》的策划报告,就是关于万家乐产品在上海的市场竞争状况的调研。

黄总作为上海分公司市场营销经理,一踏进上海,就被上海市场惊呆了:

在三年间,万家乐在上海唯一的成就就是花了近 300 万买了栋三层 6 间石头结构的楼房。包括郊县,万家乐仅有 7 家商场在经销万家乐的热水器。上海公司每年的销售量只占总部的百分之零点几。市场如战场,为了收复上海市场,广东顺德总部除派遣黄总外,还调遣具有 7 年营销经验的吴主任作为上海办事处主任,吴主任历战山东和武汉市场,曾为万家乐带来过几千万利润的营销高手。但到上海,发现上海市场与众不同:一、它是以零售作为自己的主要销售方式;二、本地和国外的强劲品牌都在以不要命的姿态抢夺上海市场这块肥肉；三、上海消费者是国内最挑剔、最不得短视、最不好对付的消费群落。

由于笔者对顺德的“家宝”电器和“康宝”消毒柜有过成功的媒体传播运作，所以，笔者与黄总是在没有任何障碍的情况下达成协议。

《扩大品牌形象力，重建用户忠诚度》的第一部分“上海热水器市场分析”，是笔者花了近一个月的时间，对上海热水器市场调研后撰写的分析报告。

前　言

用句不好听的话，万家乐目前在上海的品牌形象力似乎只有拍打蚊子的力量了。今年第一季度万家乐产品的市场占有率仅有0.88%。这对中国最大生产热水器的“万家乐”来说，不能不说令人尴尬而且颇具危险的信号。商界流行这样一句话：占领上海市场就占据了华东市场，放弃上海就意味着失去华东市场的主动权。上海市场作为华东地区的桥头堡，具有巨大的销售潜量。近几年由于万家乐在上海品牌形象日益萎缩，用户对万家乐品牌忠诚度的日益削减，以致造成万家乐在上海市场日益疲软的恶性循环。为培养和重建用户对万家乐品牌的忠诚度和认知度，扩大万家乐品牌形象力，根据万家乐目前在上海的实际状况，此次系列活动的目的就是保持和培养万家乐品牌吸引力，防止本品牌消费者发生情变，促使竞争品牌消费者转移，改变其忠诚度；保持万家乐品牌在销售旺季的进攻态势，以便主动而有节奏地向竞争品牌发起进攻，保护和扩大市场，巩固万家乐在上海的品牌地位。

上海热水器市场的分析

为了解热水器目前的产销状况，以及未来发展趋势即目前沪上热水器的竞争消长，我们可以从市场潜量、市场占有情形、市场结构及市场趋势予以分析。

1. 市场潜力

一般来说，热水器销售额消长受居住条件、水电煤气供应状况、消费偏好、所得水准等影响最大。

在居住条件方面。上海每年约有25万户左右的动迁户搬进新居，新居普遍都配有卫浴室，同时市中心区老房正在进行改造，每年约10

万户得到改造,改造的首要条件是配备浴室,35万户动迁户和改造户是明摆着的潜在客户群。从大的方面来说,上海有450万户居民(不包括郊区),但目前只有100万户添置了热水器,仍有350万户是潜在用户,同时,100万户里仍有相当部分的热水器需要以旧换新或一户多机。煤气水电供应状况:据上海城市经济调查队对500户市民家庭抽样调查表明:至1996年底,本市已有490户居民家庭使用了煤气或液化气,占98.4%。同时,作为动迁户或改造户,煤卫间作为配套显得特别重视。由于游泳池只集中在长风公园、江湾、锦江乐园等少数娱乐场所、高等院校或区体育馆,而这些公共游泳池在区域分布上极不合理,所以夏季在家淋浴成为居民的所好。由于布遍沪上街巷的老式洗澡堂因为经营不善及环境差劣几乎濒临灭绝,而桑拿浴又不是一般消费者所能接受,所以冬季居民仍然喜好在家淋浴。

消费偏好。上海人的消费眼光朝外不望内,外国(外地)的月亮就是比上海本地的圆,可以说是上海人的一大消费特点,广东家电在上海有着崇高的声誉,无论是爱多VCD、科龙空调,还是小霸王,上海人对广东家电有着执迷的热情,对"万家乐"品牌同样不会冷淡和鄙视。

所得水准。通俗地说,就是家庭收入高低。从目前中国几大城市收入水平来看,上海居民收入仍然居高不下,据调查,上海家庭收入月人均800—1000元(不包括灰色收入)。而家庭人均生活费月收入为1000元以上的,热水器拥有率占84%,随着市民生活质量的不断提高,热水器仍然是家庭消费的中心之一。

有诸上四点有利因素,申城热水器市场潜量仍然非常深厚。

2. 市场占有情形

据上海市商业信息中心提供,上海80家亿元商场、专业市场1997年一季度热水器零售排行榜:水仙能率8437台,占有率35.61%;上海林内7003台,占有率29.31%;申花3641台,占有率15.24%;阿里斯顿1554台,占有率8.5%;樱花713台,占有率2.98%;其他659台,占2.6%;万家乐只有211台,占有率仅0.88%。自上海本地产品"水仙能率"和"上海林内"上市以来,短短三年就席卷了大半以上的申城市场,就区域而论,浦西与浦西外的(包括浦东新区、嘉定区、金山区、宝山区)的市场占有率约为8:2。浦西市场形成"重镇",为各热水器厂家争夺的据点。

3. 市场结构

目前,全国生产家用燃气热水器的企业近 200 多家,年生产能力超过 500 万台,而通过国家技监局、建设部、中国轻工总会三个部门审核获得许可证的企业只有 105 家。经过上海市产品实物质量的检测、市燃气管理处批准,申城共有 42 个品牌的家用燃气热水器获得在沪销售。主要品牌有万家乐、上海林内、水仙能率、申花、海华、神州、双开、阿里斯顿、樱花、飞人、佳灵、吉帝、五环、蜜雪儿、以及白兔、皇冠、汤申、乐田等进口燃气热水器,其中规模大小参量不齐。上海土著以水仙能率、林内、申花形成三国鼎立之势。申花以赞助足球队来维持自己的名誉,水仙能率和上海林内均为与日合资企业、藏身浦东,这两者以不断的技术革新来培养产品的忠诚度。

由于制造厂商大小规模不同,消费水准高低互异,商品的偏好不同造成不同的市场"区隔"。一般而言,规模大者,市场遍及全市及郊区,如"上海林内"、"万家乐"、"水仙能率"等;规模小者,则市场较小,如"创尔特"、"吉帝"等等。其余品牌(包括进口)都以敲零碎、掺沙子的身份侵蚀上海市场。

4. 产品及市场趋势

随着申城燃气普及率的提高,市政建设、土地批租、危房改造和住宅现代化建设步伐的加快,居民居住条件和生活水平的日益提高引发了"装修热"。同时,对淋浴习惯也随之起了变化,在家里装备热水器淋浴,既省时省事省钱(长远角度)又方便舒适,因而热水器成为现代家庭生活必需品。

燃气热水器因加热快,不需预热,随开随用,需求比重直趋上升,故其销量占热水器总销量 85%之强。上海林内燃气热水器自 1994 年投产至今,主要以 8 升、10 升为主,林内产品加入上海市场就逐渐风行且与申花、水仙能率、万家乐等分庭抗礼,94、95、96 三年渐次超越上述三者,形成后来者居上之势。水仙能率几乎与上海林内一样以新姿态进入上海市场,且抬头坚挺,除推出 8 升、9 升以外,于 1997 年初又推出了"浴星 10 升电控全自动排气式"热水器。该产品是日本能率公司专为中国市场设计,适合春夏秋冬四季,其产品保持适度成长。申花在 1996 年之后开始滑落,几乎已度过黄金时代。

诸上对燃气热水器来说,不论是上海林内、水仙能率,还是申花、万家乐,目前上海热水器以 9 升以上大容量销售为主。燃气热水器中的直排式和平衡式热水器,由于各自的缺陷,直排式已趋淘汰、退出市场,平衡式也仅占热水器总销量的 2%—3%。据预测,强制燃烧和强制排气的烟道热水器,将成为今后上海热水器市场的主导产品。

一度受冷落的电热水器以方便、安全、不易损坏、安装便捷等特点而受到上海市民的普遍青睐。水仙能率、上海林内、申花以及万家乐等都有这方面的产品入市,且容量都在 15—80 升不等。电热水器受青睐的最大原因是对安装要求不高,它可直接装在卫生间,颇受小面积住宅用户的欢迎。

从上海市场调查表明,消费者目前对家用热水器的要求主要为:出水量大、安全性能高,因此大流量水控型热水器成为首选对象。1997 年及以后热水器产品将朝四个方面发展(市场需求):

一、由单一功能向多功能发展,如不仅具备热水淋浴功能,而且可以洗手、洗碗,有的甚至可以供应开水,成为一物多用的新型热水器;

二、由手动向全自动发展。比如采用"模糊技术"的水控全自动燃气热水器,只需将热水器阀门打开就能出热水;

三、由小容量向大容量发展,目前上市的热水器有 6.5 升、8 升、10 升;像万家乐大容量的热水器投放市场,是明智之举;

四、为目前住宅"度身定做"专门设计的燃气热水器将问世,譬如具有高效率和超低水压均可启动的特点,解决某些用户因水压过低热水器无法使用的难题。

消费者调研包括:一是消费者的年龄、职业、收入水平和消费水平等诸方面的情况,根据这些情况的掌握是对消费者研究过程中的首要问题。二是消费者的购买行为及消费心理调查。对消费者的调查我们要研究消费者的购买能力、购买决策情况、购买动机及购买习惯,还有消费者对企业产品的使用状况、态度和印象程度以及影响消费者购买的种种因素,在产品的市场调研这一点下功夫,往往能获得很有价值的资料。

例如,上海的家电要"复兴"家电老大的地位,就可以实施"巧让大道,抢占两厢"的战略战术。据调查,沪上 50%的旧机拥有户中,其中有 80%都是沪产品牌的忠实享用者,沪产家电企业通过"到位走访",争取这部分旧机待换户,无疑是志在必得的市场之一。同时,沪上正在崛起"一户多机消费群"，这个群体目前已达到10%—20%，且每年以10%的速度在扩大，这些数据对"复兴"沪上家电业的企业来说是很有意义的。沪上家电只要占领这些市场，上海的家电企业就可以打一个翻身仗。

产品调研要根据不同的调查目标来进行。对于马上要上市的新产品，我们可能要用假设的品牌、商标、包装去征求消费者的意见，而对于已经在市场上广泛销售的产品则要求消费者对产品各个环节的满意程度，即是说产品的颜色、味道、性能、成分、品名、包装设计、款式条件等等。有一个例子——"川琦"火锅调料就是在进行广泛的市场调查之后，再打广告。广告之后，再根据市场需求，临时研制出来的。"吃火锅没有川琦怎么行"的广告语在上海各大火锅城里快乐地传播。其实，"川琦"调料到底什么味道，笔者相信肯定有许多消费者至今还品味不出来。可这就是调研的好作用呀。

产品通过调研，在掌握消费者买什么、为什么买、向谁买、什么时候买、在什么地方买、用什么方式买的6种状况后，就可以针对不同的消费者采取不同的市场营销策略，使企业避免营销行为的盲目性。

记得有个很通俗的故事：说的是某大鞋业公司派两名调研员去非洲某地调查当地居民穿鞋的状况。一个回来报告说，当地居民不穿鞋子，根本没有市场。另一个回来报告道：那里的居民没有穿鞋的习惯，但蕴涵着巨大的市场潜力。市场调研是从零开始的第一步，主要决策当然还得靠企业主或者公司的决策者。如果你是那个鞋业公司的老板，你该怎样判断？

每个想让产品成为英雄的决策者，都应该有自己的主张。

二　万家乐忠诚度公式：1＋1＝100，100－1＝0

我们通常把品牌看作资产，但实际上真正的资产是品牌忠诚度。

如果没有忠诚的品牌消费者，品牌不过是一个仅用于识别的符号。有研究表明，企业的80%的营业额来自于20%的消费者对该企业品牌的重复购买率。万家乐当年第一季度的上海市场占有率仅有0.08%，至少非常说明，消费者对万家乐的品牌忠诚度下降到不忍卒读的程度。

品牌忠诚度涵盖两方面的内容：情感忠诚度和行为忠诚度。

情感忠诚度是指品牌个性与消费者的生活方式、价值观念相吻合，消费者对品牌产生了感情，甚至引以为傲，进而表现出持续购买的欲望和行为。比如我喜欢喝酸奶，是选“光明”还是选“达能”？光明做过一个“100％好奶牛”的广告，太逗了；而且“光明”是阿拉中国上海的，所以我喝“光明”牌酸奶。

行为忠诚度是指消费者在实际行动上能够续购某一品牌的产品，这种行为的产生可能来自于对这一品牌的好感，也可能是由于与其他无关的因素促成的。

行为忠诚度的购买带有偶然因素。一次，我经过汇金广场，那里扎着一堆人，探头一看是某品牌在搞刮胡刀的促销活动，那时手头刚缺刮胡刀片，就买了一盒。看看，这就是行为购买的偶然因素。

品牌忠诚度是建筑在情感忠诚度和行为忠诚度的两维坐标上，情感忠诚度和行为忠诚度的阴晴圆缺，决定着品牌忠诚度的上下高低。

我们平常所说的“潜在消费者”，就是情感忠诚度高于行为忠诚度的忠诚者，这类消费者对品牌的忠诚主要来自于良好的情感、态度，因而具有持久性，并且容易向真正品牌忠诚者转变。反之，如果是行为忠诚度高于情感忠诚度，消费者对品牌的忠诚就像我在汇金广场购买某品牌的刀片一样，更多的来自外来因素的影响，这样消费者对该品牌的忠诚度就不稳定，很容易改变为其他品牌的忠诚者。

品牌忠诚度我们可以将其分为三类：

高忠诚度——有超过50％的概率重复购买同一品牌。

中忠诚度——有10％—50％的概率重复购买同一品牌。

低忠诚度——有0％—10％的概率重复购买同一品牌。

万家乐的品牌价值是10.30亿元，而在第一季度的市场占有率却极其低微，这就应了一句话：全国性的品牌，不等于是全国性的产品。

这其中的症结，是因为全国性的品牌在区域性的市场中，缺失强有力的营销支持，所以也就不能取得全国性销售业绩，万家乐在上海的市场需要重整河山，而培养消费者对万家乐品牌的忠诚度，是万家乐长征的第一步，也是需要坚持到最后一步的战略战术。

我对万家乐上海区经理建议，培养消费者对万家乐品牌的忠诚度分三步走：

第一步，挺进前线——提供忠实服务。

安全普查，到位走访。组建万家乐专业维修队，挺进万家乐用户前线，免费为万家乐用户安全检查。通常消费者服务专线，只能被动地听到不满意且愿意主动申诉的顾客的声音，对于那些不满意却不主动申诉的顾客，万家乐听不到，但不满意的顾客周围的亲朋好友却都知道了。安全普查，到位走访，杜绝这种不必要的坏影响，唤回消费者对万家乐品牌的情感忠诚。

定额的“以新换旧”。“以新换旧”就是万家乐以新产品——强排式“热水器”调换万家乐用户的老产品。“以旧换新”这个概念过于大众，缺乏新鲜感，商家“以新换旧”能唤起消费者的好奇心（万家乐新产品的具体作价另定）。派出14个小分队在上海虹口、普陀、黄浦、徐汇、杨浦、静安、闸北、南市、长宁、卢湾、闵行、嘉定、宝山、浦东新区14个区驻扎，实行定额的“以新换旧”服务（每个区的定额另定）。

提供公益服务。与上海电视台（该台主要为官方台）合作，发布公益广告，提醒上海人民注意燃器具的使用安全。

第二步，将前线延至后勤——售后追踪。

除万家乐自己的品牌外，设专门热线，对使用6年以上的其他品牌热水器实行“免费上门检修”。热水器的标准使用寿命为5年，尽管消费者对安全使用的标准年限心里都明白，但要消费者立即实施5年更换一次家中使用年限届满的燃气热水器很困难。只要热水器不坏或出事，消费者是不太喜欢更换挂在墙壁上的热水器，在标准年限之外，继续使用2到5年，消费者认为是很正常的行为。

所以，培养这部分享受过热水器好处的消费者的情感忠诚，将是一批巨大的消费群。免费上门检修，具体包括：煤气测漏仪重点部分检测、漏水及水管堵塞类水路检查、线路松动短路接触不良检测、点火及燃烧状况检测、液化气压力测试和水压检查等项目。同时，在检修完毕后，赠送用户一张精美的服务卡，内含服务热线和万家乐产品购买地点。

《客户服务倍增圣经》一书曾说：“竞争优势的定义是：在客户认为非常重要的事情上，你或你们公司能够表现得比别人杰出。”全面的便利、明亮、亲近的服务，能吸引顾客上门，留住顾客的心。

这种服务对万家乐非常重要，因为掌握现有的顾客，即掌握未来增加20％的营业额。

第三步，到新社区咨询去。

营销的核心理念是以消费者为中心，不为消费者着想，不以消费者为导向，就难以在市场营销中获得消费者的货币选票。

从社区性来说，新建住宅小区是热水器销售质量较高定位较准的区域。我们调查得出，新建住宅小区分几种情况：

一种是以动迁居民居住为主的小区。由于长期得不到热水器带来的好处，一旦有了新房装修可以不要（主要是缺钱），但一台热水器不能不要，故为热水器销售（零售）的重点区域。

一种是以商品房销售为主的小区（该区业主多为自行购买），这种小区又分高档区和中、低档区。高档区包括热水器等部分家用电器发展商在售房前，基本上都已设置完备，这种小区不是热水器销售（零售）的地方。中、低档商品房住宅是热水器销售（零售）的区域。尽管这个区域较动迁居住区在装修上承包给装修公司比率较高，但通过小区设摊咨询，仍可影响新居民购买万家乐热水器的意向。

一种是动迁房和商品房混合区。这种小区是发展商在安置动迁户以外，抽出部分商品房对外销售。这种小区现场咨询特别有效。

在时间安排上，通过观察，居住已满的小区不去，因为这种小区大多已装修完毕，选择的小区为刚刚搬迁和开始售房（现房）的小区。在时间选择上，咨询主要安排在 8 月至 12 月份这个时间段。8 月份之前在上海为高温和梅雨季节，上海居民非常讲究，因为这个时间段装修影响装修质量，木材在高温和梅雨时节容易伸缩、弯曲和变形。即使这个时间拿到房子，居民也要等到 8 月份以后装修。而且在夏季，热水器基本上不起作用。

三　到有鱼的地方钓鱼

整合营销与传统营销最大的不同，在于整合营销具备下列四项特点：

1. 将重点从争取顾客转为保有并增强顾客群。

2. 与顾客及其他关系利益人进行双向沟通，而非只进行单向传播。

3. 整合营销过程本身就是一种传播。

4. 赋予营销更大的使命，将营销视为经营生意的哲学，而非只是一项功能。

万家乐上海市场在广告与铺市上孰先孰后，确费一番周折。

是广告先行，铺市后上？

是铺市先行，广告后上？

还是铺市和广告同时展开。

在我们着手万家乐策划之前，只有 7 家商场在经销万家乐的产品。所以我们计划决定先铺市，后上广告。

但我们在着手铺市时，就碰到一个难题，我们所到的几家商城老板第一句话就是，万家乐做广告了没有？我们说万家乐是名牌，这么好的产品你们还要拒绝？商城经理说，这类产品基本上是同质化，不做广告商城没法让你们进驻。这个难题倒是给我们一个提醒，尽管万家乐是全国性的知名品牌，但对于新产品进老市场，就像老革命碰到新问题，必须重新面对新问题和解决新问题。

广告与铺市是一种互动关系，彼此互为影响、互为补充。广告先行，可以大大地降低万家乐铺市的难度，对万家乐铺市具有支援作用；铺市跟上，在消费者接收万家乐广告发出的“气功”时，可以随时随地购买到自己所要的万家乐产品。

在确定“广告先行，铺市跟上”的方针后，我们的重点是整合销售网络。整合销售网络的目的：一是提高万家乐产品的渗透率，将现有的7家商场专柜扩充为28家；二是开辟万家乐新的销售渠道，万家乐开发的新产品——10升强排热水器，必须寻找新的市场机会和新的销售道路。三是确定万家乐物流成本及服务质量的目标；四是提高万家乐经销专柜的周转率；五是确定万家乐与经销商保有存货的目标。

本文的标题是1＋1＝100，寓意是当万家乐与商家精诚合作，目标与利益一致时，才能产生100分的好成绩。商家不凭独有的场地优势恃才傲物，在结款方式、市场投入、独家经销等方面与厂家斤斤计较；厂家不以物稀为贵、孩子是自己的好的心态，与商家争夺资源和利益，处处设防商家。只要商家和厂家以服务消费者为己任，以开拓市场为目的，在各个销售终端上不断地给对方以反馈和支持，这样的话，商家的1＋厂家的1，才能裂变出100分的效果。

本文的下半标题100—1＝0，它的意思是当商家和厂家表面上尽管是在合作，但实际上互为猜忌，在铺货量、付款方式、信息反馈、广告投放、柜台位置、营业员等方面争来吵去，本来可以得100分的，由于一方的原因，致使原本建立在信任基础上的协作关系变得脆弱。

第六章

维克瑞报告:85%脚,15%脑

可行性研究报告是指项目或工程在正式投放之前,对投资的有关全部条件和因素,进行深入细致的调查、论证。

这正所谓凡事皆预则成,不预测废。

所谓的“85脚,15脑”,是指策划85%靠脚,15%用脑。真正的好的策划方案只有潜身市场才能寻觅到黑珍珠般的光亮。《电脑全彩喷画可行性研究报告》就是维克瑞公司老总找到珍珠的利器。

在写作本书过程中,笔者多次询问深圳“维克瑞”公司马老总,发表电脑全新喷画可行性研究报告是否涉及公司机密。马总豪放地说:好哇!著作出版,我买100本拜读。马总的口头禅是100,因为他是个追求十全十美的人。

一　总论

1. 项目背景

(1) 项目名称:电脑全彩(户外、户内)喷画。

(2) 项目地点:深圳市国际商业大厦。

(3) 项目概况:运用电脑彩喷,制作大型(户外、户内)广告及装饰,工程既是新兴产业,又是高科技产业。这一业务,1994年进入中国市场。目前,北京、上海、深圳地区处于萌芽期早中期,两三年内将快速发展步入成长期。

(4) 项目目标:占领南方大型广告和大型户内装饰工程的部分份额,为广告装潢事业革新融进一滴水。

(5) 项目可行性依据:政治上,国家安定,市场经济正在发展之中;深圳是国家改革开放前沿,微观环境良好。经济上,国家宏观经济调控逐步到位,深港经济是国家经济活动最活跃的地区之一。

2. 项目要点

项目的历史发展情况。20世纪70年代，电脑喷墨打印技术逐步完善，产生了一系列中型打印机（幅宽90cm—150cm不等），称之为喷绘仪，均使用水性墨水，主要用于中、小型图形图像输出，如工程平面图、效果图、装饰彩图、展板、灯箱、海报及艺术人像等。

1986年，美国桑太克公司看好户外广告市场，开始研究使用油性墨水的大型喷图机，1988年产品进入市场大受欢迎。1990年，桑太克公司一股东退出，创立威特公司，亦得到迅速发展，形成了两大公司技术性垄断大型喷图机制造业的态势。

亚太地区及国内发展现状。香港是亚太地区户外电脑彩色喷画中心，拥有大型机20余部，最高分辨率为72dpi。

目前，电脑全彩喷画主要集中在北京、上海、广州、深圳等几个主要城市。深圳制作厂有两家：新锐进制作公司及佳胜图像公司。

项目基本结论。本项目拟采用美国桑太克公司生产的"莎莎"牌8英尺规格电脑全彩喷画机，该产品是目前世界上最先进的电脑全彩喷画机。我公司安装投产后将成为中国第一家最先进的电脑全彩喷画制作公司。其先进性主要是"三高"：

高清晰度。电脑全彩喷画的清晰度由分辨率（dpi）决定（分辨率是清晰度的参数，指每英寸的点数，例如72dpi即每英寸有72个点，每平方英寸的点数为72×72）。本公司采用的设备分辨率为200dpi，是目前国内已有最好设备（分辨率为72dpi）的7.7倍。

高耐用性。本电脑彩喷图画使用的墨水为油性抗紫外线配方，具有防水、防紫外线、不褪色功能；底材使用PVC布或尼龙纤维布，经过专门化学处理，具有抗高温、抗低温、不龟裂、不变形特性，户外保鲜期为三年。

高生产率。"莎莎"机每小时可生产51.75cm²，其他同类机型最高只有23m²/小时。

二　市场研究

1. 项目产品概况

桑太克公司生产的"莎莎"牌电脑全彩喷画机可生产多种户外户内

产品：

一类：户外广告类

大型墙体、路牌广告；

车身广告；

灯箱（内、外打光）广告；

公共场所广告。

二类：装饰类

装饰屋顶、地面、墙面、其他物件。

三类：政治、经济、文化活动类

各级政府大型户外宣传画；

各种经济活动，如招商会、交易会、洽谈会的大型宣传、广告画面制作；

各种展览的展板、吊旗、大横额、大画面；

博物馆、艺术馆、运动会等特殊艺术品、宣传品的复制、印制以及数量少、幅面大的印刷品的制作；

电影、电视、摄影的背景制作。

以上产品的主要消费对象：广告公司、展览商、装饰公司、商场、公共场所、影视制片公司、各级政府部门。

2. 产品需求预测

据有关部门统计，1996 年全国广告费用总值为 270 亿元，其中大型静态图像广告占 13.6％，为 36.72 亿元，而其中电脑彩色喷画产品占 0.7％，为 1.89 亿元。

静态分析，未来 10 年，电脑彩色喷画产品的年产值将由现在的 1.89 亿元直升到 36 亿元左右，年增长率为 33.2％，是一项十分有前途的新兴产业。

1996 年深圳地区彩喷总值为 2000 万元，40％在香港制作，深圳本地产值为 1200 万元。1997 年达 1598 万元，预测 1998 年为 2128 万元左右。

3. 产品价格研究

本项目产品成本：1m^2产品成本＝油性墨水费 50 元＋底材费 80 元＋机器折旧费 50 元（7 年期）＋房租、水电费 12 元＋工资、福利费 80 元＋税费 33 元＋办公费 5 元＋设备维护费 6 元＋银行利息 30 元＋广告费用 20 元＋不可预见费 20 元＝386 元。

现行市场价：目前，电脑彩喷市场价格不够规范，最高、最低价差距很大。现以 PVC 布为底材的各类分辨率市场价格为例：

分辨率等级	最低价	最高价	平均价
9dpi	300 元	500 元	400 元
12dpi	330 元	550 元	440 元
18dpi	420 元	600 元	510 元
36dpi	380 元	680 元	530 元
72dpi	500 元	750 元	625 元

成交情况一般是：外地及本地直接客户基本上按最高价成交，一次制作 150m^2 以上或累计制作 1000m^2 以上者，可折 15%—20%；本地、外地广告公司年制作量 2000m^2 以上者，基本可按最低价成交。

本公司"莎莎"机投产后，因墨水和底材均为专用品，计划最低价为 500 元，最高价为 700 元。

如实现上述计划，1m^2 利润为 114—314 元，利润率为 27%—45%。

价格趋势。导致价格稳定的因素：需求量增长、经济复苏、新技术应用，均有助于价格稳定。

导致价格下跌的因素：供给量增长迅速、技术老化、竞争对手增多，均会导致价格下跌。

本公司采用桑太克公司"莎莎"牌 200dpi 电脑全彩喷画机，属最先进技术；在国内第一家采用，占领先位置；近年内不会过快增长，竞争对手不致急剧增多；市场经济正在发育中，广告业方兴未艾；国内市场广阔，且电脑全彩喷画多数城市空白。因此，本公司采用"莎莎"机兴办电脑全彩喷画，价格是可以稳住的。

竞争对手情况。目前，大型电脑全彩喷画制作业仅分布在北京、上海、广州、深圳四个点上，其余地区均无这一行业。

长江以南（除上海外）的地区，目前竞争对手共三家：广州画龙公司、深圳新锐进公司、佳胜图像公司。其中，新锐进和画龙公司均为 1995 年与香港合资引入国内，虽然机型陈旧，分辨率低（9dpi、12dpi、18dpi 三档），但开业早、客户多，市场占有率高，如果更新设备将是强大的竞争对手；佳胜公司设备较为先进（分辨率为 18dpi、36dpi、72dpi 三档），1997 年 9 月购进，近期内不会更新设备，近几年不会成为主要竞争对手；这一行业尚未引起人们注意，没有形成投资热点，我公司引进后将处于竞争的优势地位。

三　技术研究分析

1. 产品工艺流程

将正片或负片等优质图像原稿,由扫描仪输入电脑。

使用流行的电脑设计软件(Photoshop、Freehand 或 Coreldarw 等)进行美术设计、特技处理及图文编辑排版。

利用美国 Visual Edge 软件的 Error Diffusion 技术,将电脑图像进行光栅处理。

将处理后的电脑档案送至喷绘机,色彩逼真的图像即可制作出来。

在生产流程中,消耗的物质资源主要有三种:电力、底材、专用油性墨水。没有噪音、废水、废气等污染,没有物质浪费,符合现代工业要求。而且,流程简易、技术先进、产品品质稳定,具有 100%的可重复性。

2. 厂址选择

深圳市工业区厂房,附近有公共汽车停靠点,租金约 40—50 元/米^2·月,共需 180—200m^2。

厂房温度要求:18℃—27℃

厂房湿度要求:不限。

机房要求无尘操作。

四　财务研究

1. 项目投资总额 362.6 万元

(1) 设备投资总额 329.2 万元。

桑太克公司 salsa 8 英尺规格机型一台,价 24.3 万美元,合人民币 201.7 万元,加关税及海运费,共 38.3 万元,以上共计为 240 万元。

高性能专业图像处理电脑 2 台,1.6 万元/台,共计 3.2 万元。

高周波拼接机一台,60 万元。

HOWTEK4500 型扫描仪一台,26 万元。

(2) 流动资金 33.4 万元。

原材料采购费用周转金 13 万元/月。

人员工资福利 8 万元/月。

厂房租金 1.2 万元/月。

办公费用 0.5 万元/月。

税费 3.3 万元/月。

设备维护费 0.6 万元/月。

广告费用 2 万元/月。

资金利息 3 万元/月

其他费用 2 万元/月。

2. 资金筹措计划

（1）所需资金总额为 362.6 万元。

（2）资金来源：

企业自有自筹资金 270 万元。

需银行贷款 90 万元。

（3）贷款期限及还款计划：

贷款期为 12 个月。

从第 7 个月开始，每月还贷 15 万元，6 个月内全部还清。

（4）还贷能力：

本项目实施程序为：先期派员赴港培训技术人员；初步组织市场，与客户草签生产协议。从资金全部到位起，用一个月时间购买、安装、调试设备，并进行试生产，生产出样品。再用两个月时间组织试生产、积极开拓市场，组织签单，生产成品，进行试运行，获取当月流动资金，为扩大生产，积累资金、业务、技术、管理条件。从第四个月开始，进入正常运行。

进入正常运行后，考虑到开拓市场有一个较长过程，预计第 4 个月生产 500m^2，利润为 5.7—15.7 万元。第 5 个月生产 700m^2，利润为 7.98—21.98万元。第 6 个月生产 900m^2，利润为 10.26—28.26 万元。从第 7 个月开始，每月稳定生产 1000m^2左右，利润可在 11.4—31.4 万元之间；到那时，每月还款能力可保证在 15 万元左右。

（5）投资风险分析：

"莎莎"机生产能力为 51.71m^2/小时，按每月 1000m^2计，每月生产 20 天，每天生产量仅为 50m^2，生产能力没有问题。

"莎莎"机为桑太克公司最新机型，其分辨率为 200dpi，技术能力没有问题。

关键风险是业务量不足，不能保证按计划足量生产，影响利润。但运用电脑全彩喷画制作大型广告属新兴的高科技产业，走势看好；竞争对手不多，业务压力不会太大，只要加强业务工作，风险便可克服。因此，本项目安排专职业务人员 8 名左右。

万一市场开拓不够成功，利润达不到计划目标，处理设备亦可望以较高价格成交。

(6) 经济效益：

最低目标：从第 7 个月起，月产量 1000m^2，月平均利润为 21.4 万。至第 18 个月，利润总额可达 256.8 万。在负债 260 万(自有资金 100 万，自筹 170 万，贷款 90 万)的条件下，一年半之内可偿还全部债务，企业资产将达 360 万元左右。

一般目标：从第 7 个月起，月产量 1500m^2，月平均利润为 32.1 万，至第 18 个月，利润总额可达 385.2 万，在负债 260 万的条件下，一年半之内除偿还全部债务外，还可获利 125.2 万元，企业总资产将达 480 万元以上。

理想目标：从第 7 个月起，月产量 2000m^2，月平均利润为 42.8 万元。至第 18 个月，利润总额可达 513.6 万。在负债 260 万元条件下，一年半之内除偿还全部债务外，还可获利 250 万，企业总资产将达到 600 万元左右。

五　社会效益研究

本项目实施后，将使大型户外广告和大型、户外宣传设施产生重大变革。其原材料将由现在的铁架、铁皮等变为布料物品；其制作方式将由现在的人工绘画变成电脑彩色喷画；其广告、宣传设施的质量将更高，色彩更鲜艳。这一变革性产品推广于全国，将节约大量人力、物力、财力、减少大量的废弃物，带来重大的社会效益。

六　维克瑞公司投资本项目的优势

深圳“维克瑞”公司，目前的业务分为三部分：

计算机国际互联网技术服务、新一代快译通系统的研制和电脑图像处理制作业务(平面、三维)。

在半年多的经营中，发现大型图像制作方面的市场潜力巨大，公司是一个以计算机技术为核心的技术性公司，所以投资大型图像制作行业具有明显的优势。

1. 信息优势

通过国际互联网获取、处理及发布信息已成为各先进企业的重要途径。本公司在为各企业服务的同时，亦获得了许多重要信息。本项目中，我公司及时获取了大型图像制作业中的最新成果信息，在投资决策上先人一步。在市场考察中，亦通过互联网与各有关部门联系，取得了最新的客户资料，并通过实地考察，电话及信件与客户取得联络，已得到了全国100余家公司的明确答复，市场前景一目了然。在技术信息跟踪上，及时与美国桑太克公司交流，随时了解到其公司技术进展程度，以决定本公司在此项目的实施步骤。

2. 技术优势

本公司拥有计算机系统工程硕士4名，计算机应用专业本科3名，计算机硬件设计与维护专业3名，具有进行包括单片机开发至软件设计的整体计算机系统研制及维护能力。

以上11名人员均具有2—3年的实际开发经验，均各自独立开发过计算机系统工程。其中的5名精通图像处理软件，在本公司现在90cm喷绘仪上成功嵌入色彩均衡软件模块，使现有设备在色彩过渡方面表现出明显优势。

另外，本公司拥有艺术总监1名，其设计曾获法国1996年广告设计大奖，并能熟练运用Photoshop、Coreldarw等图像设计、处理软件，进行各种特技处理，具有较高的创意能力。

3. 市场优势

本公司开展图像设计与制作业务虽仅半年，但继承了公司各组成员原来数年的成果及客户基础，业务发展很快。为珠海市政府设计制作“世纪伟人”邓小平巨幅宣传画像，为青岛——海尔设计系列宣传图片并制作灯箱片，为鹏博士教育软件进行全套CI方案设计及大量广告品的制作，还为全国十大花卉先进企业——深圳深平花木公司设计园林绿化工程效果图、假山工程效果图，为东莞市工商银行、南头海关大楼等单位设计制作装饰工程效果图。在业务经营中，我们发现大型图像需求量很大，而现在的设备又无法制作令人满意的作品，投资“Salsa”(莎莎)机则占据了很大的市场优势。

4. 项目优势

当前国内大型彩喷机最高分辨率为72dpi,本项目所采用的“Salsa”(莎莎)机具有200dpi的分辨率,图像清晰度有了很大的突破。另外,“Salsa”机所用墨水为最新专用墨水,色彩异常鲜艳,使图像在色彩表现上不仅达到了32亿种色彩的能力,而且能长期保持鲜艳。由于以上两种突破性改进,本项目实施后,本公司将在深圳此行业中居领先地位,并能与另外两家公司共同形成全国性有影响的行业优势,发挥地域性集团性市场吸引力。

七　附:桑太克最近机型简介

Salsa 16英尺规格机型

单面喷绘;

价格:49.4万美元;

这个价格包括带有莎莎专业图像输出软件的机器及在北美地区的安装费用。世界其他地区的安装费用请另外询价。

Salsa 8英尺规格机型

单面喷绘;

价格:24.3万美元;

这个价格包括带有莎莎专业图像输出软件的机器及在北美地区的安装费用。世界其他地区的安装费用请另外询价。

Salsa分辨率:200DPI;

Salsa 16英尺规格机型喷绘速度:56.3平方米/小时;

Salsa 8英尺规格机型喷绘速度:51.75平方米/小时;

承诺:使用桑太克品牌的墨水及耗材,不须做任何保护膜处理,保证户外使用三年。Salsa机器整机及其零部件质量保证一年(不包括正常消耗和磨损)。

允许的文件格式:TIFF(CMYK)格式;

POSTSCPRIPT LEVEL 2格式;

SCITEX CT格式。

墨水使用量:2000平方英尺/加仑(185.8平方米/4.5升)

安装/培训:在桑太克的安装及培训费用包括在机器价格之中。

关税、海运费及其他税:不包括在机器价格之中。

值得注意的对电脑的要求：

MAC 机：9600 型/233MHZ　CPU

256MB　内存

8GB　硬盘

PC 机：奔腾 233MHZ　CPU

256MB　内存

8GB　硬盘

12 倍速光盘驱动器；

图形、图像加速卡；

电源要求：230—240V 电压；

60 安培(40 安培 PJ5 型)单面驱动；

操作环境要求：温度 18℃—27℃；

湿度没有要求。

Salsa 16 英尺规格备件及耗材：

每一种颜色墨水备 2 公升墨盒一个及 8 个喷头

1 卷 16 英尺×84 英尺帆布；

2 卷 7 英尺×150 英尺帆布；

Salsa 8 英尺备件及耗材：

每一种颜色墨水备 2 公升墨盒一个及 4 个喷头；

2 卷 7 英尺×150 英尺帆布。

第七章

方便面：谋霸竞争优势

在吃方便面之前，我一直以为老家的爆米糖是最有味道的，干着吃，爽口！泡着吃，糯口！饿时可以填胃！饱时用来甜心！后来市场上出现了方便面，试着吃了第一次，觉得这个“劳什子”还真是个好东西，要辣有辣，要蒜有蒜，要肉有肉。干吃有赤膊面，泡吃有炸酱面、牛肉面，或脆或糯或鲜或香，任你可以挑选。方便面吃多了，老家的爆米糖就逐渐被我淡忘了。以至每次母亲托人带来的家乡爆米糖，常常被打入冷宫。每到这时，我总是向母亲解释，不是我不爱家乡，也不是我忘本，而是我实在喜欢和不得不吃方便面。

喜欢吃外乡的方便面，让我和昆山的一家方便面企业有过一次短暂的缘聚。

该方便面企业是一家新办不到半年的中小型企业，企业经理只要求我们做第三季度的方便面行业市场分析。一个月之后，我们给了该企业24个字的标题分析报告：

康师傅设计连环套　力主江山
华龙誓走农村路线　稳登季座

方便面已经成为全世界仅次于面包的第二大方便食品，中国已经成为全球最大的方便面生产国。中国的方便面行业在市场需求拉动下，其产值已经连续近20年实现稳定增长，同时这个行业也正面临着包括消费市场空间开始收窄等问题。

一　竞争品牌

1. 康师傅。“康师傅”品牌作为顶新国际集团发展壮大的祖师爷，该品牌的光荣与顶新集团80年代末创建之初的地毯式广告宣传密不可分。康师傅发展到今天，已经从方便面食品扩展到饮品、糕饼、粮油、物业管理、贸易等相关配套产业集团企业。由于企业的迅速发展，人才相对短缺，所以康师傅在第三季度分别在本部天津和西安等地招兵买马、广纳贤才。康师傅在产品经销上，实行“减少流通环节，精耕区域市场”的策略，实行厂商、经销商共同受益的“双赢局面”。

在人才培训上，康师傅的“顶新国际”提出“天人合一”教育培训人才的新理念。借用明星扩张和巩固品牌的知名度是康师傅的一记法宝。请本土歌星周华健为康师傅作宣传，效果“一冲即开”。“入乡随俗”，康师傅深谙广告宣传的道理，周华健在南方广东的影响比在北部影响大。所以广州的硬广告以周华健占据近2/5的版面招人注意，在北部的杭州却以碗里藏宝的游戏吸引消费者；但不管南方北方，康师傅都以有奖方式培养消费者对自己的忠诚度。

由于康师傅在大陆实力大增，康师傅近日入主“味全”，获台湾第二大食品经营权。

2. 华龙。华龙作为仅有4年历史的年轻企业，基本上还属于打品牌的历史时期，所以华龙宣传别于康师傅。它不是从功底上加强诉求，而是以整体形象出现。

华龙的经营理念是“固定华北市场，面向全国全球，树立大市场的观念”。华龙的市场策略：立足河北，咬定山西，扩大北京天津，突破华东，开辟东北，收复华中，进军西北。概括地说，就是“打三大战役”——辽沈、平津、淮海，开辟东北，占领京津，挺进两湖三江，覆盖全中国。不管华龙占领全国多大范围，其中心战略定位是占领中小城市及农村市场，为农民服务。

目前，该集团已在全国600个县市设立了固定的经销总代理。“华龙面，天天见”，当人们从电视、广告、街头、壁画等各种媒体上看到这一醒目口号时，无不感到华龙集团有着强烈的品牌意识。据统计，“华龙”用于广告宣传额自建厂以来，投入已达8000万元。华龙注重管理确保市场，“模拟市场核算，实行成本否决”，是华龙强化管理的核心。

3. 华丰。华丰是1984年在广东创办的企业，华丰跟广东一样，起到开风之气的表率作用，在整个80年代，几乎成为中国方便面的代名词。华丰三鲜伊面，更是随处可闻。

华丰在80年代确实是风光一时，华丰的资本积累、品牌的知名度在这个年代打下坚实基础。但到了 90 年代,由于外资品牌以及本土品牌崛起,一时间国内的食品、饮料等工业狼烟四起,标志着市场进入残酷的品牌竞争,这就意味着一个品牌如果不被消费者认可,就会被消费者所遗弃。正因为面临如此险境,华丰不相信从前的“罗马光荣”,华丰相信自己的企业策略,华丰与世界著名的华人企业——金光集团合作,使自己成为一个国际性公司。

华丰的营销策略:建立广泛的区域性公司(8 个),建成 11 个生产基地,并在广州、上海、北京等地设立办事处;同时,向俄罗斯等国进军,除方便面外,华丰同时涉及房地产、棕榈油、BOPP 薄腊、彩印等工业生产,向多元化大企业集团发展迈进。

“取之于社会,用之于社会”是华丰扩张企业形象的另一方式。在抗洪赈灾上,华丰捐赠价值 1000 万元的方便面 58 万箱。

4. “统一”。“统一”方便面品牌在第三季度基本无战事,看来“统一”在发展多种经营,建立企业集团上默默奋斗。

“统一”方便面在位居老二的位置,稳打稳扎,从《昆山小麦与“统一”结缘》的报道上,可以了解到“统一”正在加强后院建设、夯实基础,“统一”与昆山小麦联姻,除了解决昆山 50%地产小麦的加工销售问题,同时利他也利己,在加工食品上“统一”也不必舍近求远,降低了生产成本。

5. “幸运”。“幸运牌”方便面作为中原古地的一匹黑马,已获“第五届亚太国际贸易博览金奖”、“中国名牌产品”以及河南省“著名商标”,在第三季度的报刊上颇为醒目。

幸运品牌在今年的 7 月份获国家 ISO9002 质量体系认证,所以重视产品质量,健全质量体系,是幸运牌的立身之本。“幸运”注重产品质量,视质量如生命,在企业内实行“重质量,不重关系”的质量工作原则,建立了较完善的质量管理体系及质保机构。“走自己的路,树立名牌意识”,幸运牌方便面及其系列产品的生产厂家是河南泰新食品公司,它是新加坡的食品公司在新乡投资创办的合资企业。该公司董事长蔡锡河说:“创一流品牌,建一流企业”是本公司的理念。企业可有盈有亏,但产品的品牌任何时候都不能倒。

“幸运”同时还树立“一起步就跑”的思想,在短时间内打出自己的品牌。“重人才,不重人情”是该公司的用人之道。

6. 公子炒面王。作为珠海金海岸公司的方便面,在广告上以“告白式”的面目出现了几次,并标以“新上市”的小标记,唤起消费者的注意力。

二　方便面行业有病症

据国家轻工业局食品部提供的数据：世界方便面的总销量达 317 亿包，以后每年以 10％—15％的速度增长着，基本与面包的销量持平，将成为人类的第二大食品，预计我国到本世纪末，人均消费方便面可达 15 包，年销量将突破 150 万吨。

中国方便面产销量已占据世界半壁江山。据统计，2011 年中国方便面行业总产量为 483.83 亿包，销售额达到 557.76 亿元，中国已成为世界上方便面行业最大生产国和消费国。

自 1970 年，上海益民四厂“诞生”了中国第一袋方便面后；到 80 年代，从日本等国家和地区引进的 100 余条生产线在全国迅速开花；到 1989 年，全国方便面生产线已达 280 条，年生产能达 70 万吨；时隔 6 年之后，生产能力猛增长 700 万吨，生产线也跃居 3000 条；所以，国家轻工业局一份报告指出：我国方便面是市场供大于求，产品积压已成定局，产销不景气的厂家已占到 40％。

关于方便面行业的危机主要病症表现在：

1. 品质问题。这是中国方便面行业(包括合资企业)长期普遍存在的问题，业内人士认为，在一定意义上，方便面的竞争主要是调味料的竞争。世界著名的方便面研究专家早川忠孝先生，近日在中国方便面行业的一个研讨会上说：“你们的方便面加上我们的调味料和包装，就会身价倍增。”方便面品质差一些原因是厂家为了降低成本，用非专用粉生产方便面，油不加氧化剂每次重复使用等等。

2. 价格问题。由于品质的原因，在方便面市场竞争中，价格因素便显得尤为重要，因为大家的产品都差不多，谁的价格便宜，谁就拥有更多的市场。

3. 方便面生产线重复建设。这是方便面行业面临危机的重要原因之一。目前，我国方便面生产线已超过 3000 条，其中 2500 条左右被闲置在一旁，仅剩的 500 条虽在正常运转，产量却仍大于销量。

三　化解方便面行业危机的对策

中国方便面的创新已经历了三个阶段：一是面饼创新阶段；二是料包创

新阶段；三是产品附加值阶段。方便面产品逐步走向差异化，弹面、拌面、干吃面、非油炸面等新品种方便面相继出现，树立起整个行业创新发展的大旗，让方便面种类得到极大丰富。

上文中，我们对方便面行业几大品牌在第三季度活动进行了归纳。我们现在再分析方便面市场各大竞争品牌和市场的情况。第三季度之后的第四季度，是方便面的产销旺季，在方便面的品牌大战中，最投入的要数“华龙”、“龙丰”、“科迪”等颇具实力的内资企业，而“康师傅”、“美厨”等合资企业也毫不退让，“日清”等国际名牌在大战前也紧急备战，使局势进一步紧张起来。

山东龙丰集团是一家规模较大的内资企业，产值超过6亿元。“龙丰”推出与“康师傅”一样的价格，在与“康师傅”竞争之际，其自身也成为同档次企业赶超的目标。

与“龙丰”相比，“华龙”面每包要便宜几分钱。在针对性的价格策略实施后，今年“华龙”两次脱销。“华龙”最近把“小康家庭双料包”推进北京城区，这是一种高档面，市场价格1元左右。华龙集团总经理范现国表示：“力争用3年时间成为全国同行业第一。”

就在“二龙”各不相让、力争上游的同时，“科迪”也采取了针对性的行动。“科迪”除了与竞争对手拼财力、拼价格、拼管理之外，还主动与竞争对手联合，远交近攻，各个击破。创立之初。“科迪”即跟上海冠生园合作，推出“冠生园”方便面。“科迪”近又扩大规模，准备在更大范围和程度上，向竞争对手发起冲击，方便面行业“国产新生一代”激战正酣之时，曾居行业领先地位的先行者们并非坐山观虎斗。

“康师傅”目前有88条方便面生产线，年产方便面近30亿包，市场占有率为47.84%，在方便面取得成功之后，“康师傅”并未固步自封，而是开发系列产品，强化品牌根基。“统一”共有方便面生产线40条，且全部开工，“统一”现在每年推出2—3个品牌，靠自我完善来应对竞争，扩大规模也是“统一”的竞争手段，今年又有两个工厂上马。

对策之一：品牌整合。

我国国情是人口众多、普遍生活水平不高，而方便面是大众化食品，适合于大部分中国人的消费水平和消费需要，价格优势和消费水平低下决定了方便面在中国销售势好。据分析，现在争上规模已成为方便面行业的风气，未来几年将是中国方便面行业发展和淘汰的关键时期，那么品牌竞争和品牌整合将是企业立身之本的必经之路，只有撑过这段时间，将别人挤垮，才能迎接21世纪400亿包方便面的美好销售前景，谁要成为胜利者，首先要成为幸存者。

对策之二：细分市场。

方便面除方便外，可走“休闲乐”的道路，比如像山东龙丰集团推出“休闲乐”干吃方便面，一投放市场便受欢迎。同时方便面应加强“营养型”、生鲜方便面等品种。

对策之三：拒绝短期行为

方便面行业的竞争者们虽然满怀期望，但面临着重复建设和日后发展的压力，我国目前规模与产量之比已达2∶1。企业都在拼命扩大规模，希望靠规模效应幸存下来，并挤垮对手。在激烈的竞争中，许多企业出奇招、怪招，虽一时侥幸得利，却为后期发展埋下了隐患。

对策之四：走“城乡一体化道路”。

方便面市场我们可以简单地分成两块：大城市和农村市场。“康师傅”、“美厨”、“统一”、“出步一丁”等价位在1.5—2元一包的产品占据大城市，“龙丰”、“华丰”、“科迪”等1元左右的方便面占中小城市和广大农村市场。“城乡一体化”道路是各大品牌壮大自己的必经之路。

第四季度快要结束的时候，笔者打电话给昆山经理，问依据市场分析报告，他们企业执行后的结果怎样？昆山经理在电话里很是高兴地说：“别人总是说纸上得来终觉浅，我认为这个得改一改了，应该是纸上得来不觉浅！”

谋霸市场竞争优势，关键在于决策；决策的关键在于对宏观、中观和微观态势的把握；宏观、中观和微观的把握在于对市场的望、闻、问、切。通体检查之后，才能做到有病对症下药，无病防身强体。

第八章

家宝:另类思维的五扇窗

什么叫品牌策划?有人干脆把品牌策划叫做思维的策划。

条条道路通罗马,但通向罗马的路肯定有一条最近的,创新思维就要寻找这条最近的捷径。

品牌策划人的本质在于创新思维。无论是公关活动、CI设计、广告创意,还是企业组织、产品市场、产品技术的创新,保持旺盛的创新思维,坚持不懈的思维创造,才能使策划人在主持策划过程中势如破竹,到达胜利的彼岸。

创办国际创造论坛,写过41部关于创造思维著作的美国人爱德华·德博诺对创造有过精彩的论述:如果我们不能运用创造,我们就不能运用我们的知识、经验和资源中可以获得的许多潜能。事实上创造是从现有资源中获得增值的最佳的、最廉价的途径。

我们在谈历史的时候,书本活生生地告诉我们,一部人类文明史就是一部创造史:燧石取火,蒸汽机的发明,石油的使用,人类飞上火星……一切都在创造之中,人类生活的本质就是创造,人类文明的源泉就是创造。笔者母校华东师大,其校训第二条就是“创造”。

一　唯实思维

笔者在研究邓小平思维方式时,对民间百姓把邓小平唯实的思维结果概括成“一块石、两只猫、三条鱼、四只鸡”的顺口溜非常感兴趣(顺口溜具体解释,是“摸着石头过河”,“不管白猫黑猫捉到老鼠就是好猫”,及“三个有利于”和“四项基本原则”。)对于邓小平的唯实思维,百姓是“一抓就灵”。

广东“家宝”是顺德一家中小型电器企业,1992年由几个年轻人创办。产品打进上海已有2年多,无论是产品销量还是驻沪公司,都不见壮大。广东和上海两地的业务经理阿彪对上海市场有一种莫名的困扰:论产品质量,顶呱呱;论广告,《新民晚报》没少投,可市场就是不火。

笔者与阿彪有过一次谋面。阿彪说,只要有能力把产品买出,其余的都好说。我知道,阿彪急的另一个原因是,快近年底,希望有个销售上的突破。在全面调查家宝市场与品牌后,我发现"家宝"有两大致命的现象:一是"一家多仔"。"家宝"在经销三种品牌:"浴皇"暖霸、"家宝"电饭锅,以及"恒宝牌"不粘锅。二是"泛广告"。"家宝"在《新民晚报》打的广告几无创意,很大路,只是把三种产品一字排开就了事,在《新民晚报》12 版的纯广告栏里平凡得像个小星星。

我对阿彪经理说,从品牌力来说:"浴皇"暖霸敌不过杭州"奥普","恒宝"不粘锅赛不过"爱德",家宝电饭锅比不过"灿坤","一家多仔"在品牌上不仅不同名,而且连姓都不同。《百年孤独》里奥雷良诺家族的 12 个孩子,虽然性格各异,但至少有一种"忧郁"的共同特性,外人一看就明白就里。

多品牌营销虽然具有较高的风险抵抗力,一个品牌出问题,其他品牌不会受到影响,但运作成本高,每个品牌都需要独立的投入,该策略适合已进入发展成熟期的企业。比如 P&G 公司,P&G 公司旗下的洗发水品牌有海飞丝、潘婷、飘柔、沙宣,洗衣粉品牌有汰渍、碧浪等,各品牌自立门户、分别管理、独立核算、相互竞争。显然,"家宝"不具备这些成立的因素。

品牌上比不过别人,"家宝"可以在功能、产品荣誉和借势上扩大自己的影响,唤起消费者的注意力。

首先功能诉求。功能诉求对名牌企业产品,作用可能不太大,但对小企业的产品效果独特。比如"恒宝牌"不粘锅,当时上海市场对不粘锅概念不是很清楚,把不粘锅的功能特点诉求于消费者,让家庭主妇免遭糊菜之忧患,电饭锅是普遍家庭用器,"家宝"从式样和款式进行诉求,唤起消费者的爱美之心,

其次,借顺德的名誉之势。顺德作为广东甚至中国"家用电器之都",顺德的"万家乐"、"万和"等中国名牌,无论是技术、实力还是知名度,深受上海人民的欣赏,广告直接从"顺德的家宝"发布出去。

最后,"家宝"自 1992 年创建,已获得"11 亿人民喜爱奖、全国畅销国产商品金榜奖"等五大荣誉。上海消费者经受百年工商的熏陶,相信组织、相信政府,对政府、组织颁布的荣誉深信不疑。

阿彪具有广东人和军人的爽气,他没有践约。为了替阿彪节省开支,我又走了个捷径,没有完全用硬广告形式,而是打擦边球,通过当时媒体《新闻

报》等几家报纸的软广告形式进行发布。在报纸刊出的半个月内，据电话小姐统计，每日要货电话达 60 多个，经理阿彪下半月回广东的空都没有（阿彪一般是上半月在上海，下半月在广东），只是催广东方面速速配货。

“唯实”就是从实际出发，就是离不开调查研究，特别是产品调查和市场研究，这是策划之基础，也是商战之尖兵。无论项目大小，都必须尽可能详尽而全面的调查和研究，没有调查策划人就不能有发言权；如果硬要决策，除非这个策划人是天才，否则就是“赵括”先生，像赵先生的“策划”不过是为对方战胜自己铺平道路。

腰佩唯实思维之剑的策划家，取胜的几率会比其他策划家高得多、成功得多。

二　助动车行销年

最近几年，是上海助动车销售年，在 1800 万人口的上海，助动车销售达到 47 万余辆，销售将近 18 个亿。助动车之所以在上海街道走旺，笔者对上海钮仕达公司苏董事长分析道，其中有五大因素。

其一，助动车上牌方便优惠。在上海摩托车上个牌照至少是 7000 元，要是上拍买市场，上万都有可能，小车牌照高达四五万。而助动车上牌手续费与自行车牌照差不多。

第二，助动车时速快、安全，可走人行道。上海地盘大，上班骑自行车慢且累，搭剩公交车少则一个小时，高峰期遇堵，二、三个小时很正常。

第三，助动车有“派”而且价格适中。国产品牌价格 2000—5000 元不等，进口品牌 5000—10000 元不等，这个价格对圆摩托车梦的消费者不算高，而且可以满足踩摩托的心理渴望。

第四，上海交通设施增长快和市政动迁量大，仅在 1995 年上海道路长度为 5423 余公里，道路面积为 7399 余万平方米，1996 年上海道路长度达 5599 余公里，道路面积达 8058 余万平方米。

第五，助动车燃油使用方便，街道修理的店铺多于米店，燃油（汽油）随完随用。所以在上海市场，嘉陵、克雷特、新大洲等国内品牌，比亚乔、汤姆斯、霸伏等国际产品蜂拥而入，美国汤姆斯公司还把销售中心从欧洲移师上海。一时销售助动车成为销售商获取高额利益的最佳途径之一。然而由于利益的驱动，销售助动车的商场如雨后春笋般从上海各大商业街道迅速生长，竞争带来挤压，上海钮士达公司苏董事长就遇到了这种火拼式的挤压。

苏董事长在中山西路开了间捷利达车行，头几个月销售顺利，到四月份消费者突然锐减，近50万元的国内外品牌助动车压在仓库里。苏老板非常着急，同时也难明白其中缘故。笔者在作上述分析后，对苏老板说，助动车的最大顽症在于屁股后面的黑烟囱。上海这么爱护自己的环境，市政府对助动车的无序销售必然会有管制。所以，笔者用逆向思维为苏董事长设计了广告词。

标题：捷利达车行的助动车为什么这么畅销？

中心内容有三点：

捷利达车行出售的助动车，排污指标达到国家规定标准；

捷利达车行以薄利和近成本让利消费者；

捷利达车行与交警部门联手运作，实行销售、挂牌、维修一条龙服务。

苏董事长是个操作性很强的老板，不久排污证书及与上牌部门联系妥当，广告也发了出去。到六月底，近50万元助动车几乎全部脱手。当时，苏老板的一个朋友对他这么贱买助动车，问他是不是"疯塌了"。1996年7月，《文汇报》一篇对助动车环境污染的忧思文章，引起市政府有关部门的高度重视；经过调查之后，市政府下达紧急文件，严格控制助动车的任意销售和上牌服务。苏老板没有"疯塌了"，据说"新大洲"和"汤姆斯"当时有点"急煞了"。

三 用鼻子创意

"侧向"一词取意于从侧面绕过那些模式向目标前进。侧向思维是把两种没有任何关联的事件，经过创造性的构想、碰撞，最终产生一种合乎常理的新、奇、特的事物来。俗话说，依着一定事物规律的"异想天开"，应该说就是一种侧向思维，一种有科学价值的、区别于"胡思乱想"的思维。

美国创造性思维鼻祖爱德华·博诺在与施乐集团讨论怎样方便使用复印机总领区的话题时，他时常采用随机选取文字技巧的侧向思维。他在手表秒针指向0时，然后在一张有60个字词长条卡片表上选字，当秒针指向17秒时，他选上第十七个字，这个字是"鼻子"。

虽然，这个随机选取的字"鼻子"同复印机怎么也没关系，但经过激发、启发后，我们知道"鼻子"可以暗示气味，但气味与复印机还是不相干；接着再想，气味是一种指标。这样想法出来了：如果复印机不能用了，你不是检查各种灯和按键，你只要闻一下气味就行了。譬如，如果你闻到薰衣草的气味,那么复印机就是没纸了,如果你闻到樟脑的气味,那就是没有色粉了。从技术上说这都容易做到,盒子里可以有各种气味的小容器,如果某一线路接通,那么因加热就会挥发出某种气味。气味作为诊断的另一优点就是,你不必老是站在复印机前,如果你在工作时闻到薰衣草味,那么你知道应该添加纸了。这想法对传真机可能更有用,因为传真机经常会缺纸。总的创意,用气味作参照,也许我们在汽车中也能加以运用,如果汽车开不动,你可以闻一下知道毛病出在什么地方。

这个思维很“侧向”,侧向思维是产生“梦幻组合”的前提和基础。

例如,我们总的目标领域是根香烟,随机选择的文字是“交通灯”。“交通灯”有一种信号,具有危险或停止的意义,这样一一“侧向”我们就有在距烟火一段印上一条红杠的想法。提醒吸烟者只吸到红杠处,这样吸烟的危害就少些。

侧向思维,从逻辑上说,好像是荒唐的。其实,侧向思维在信息系统中是胡思乱语,可在自组织系统模式中则完全符合逻辑。侧向思维对于解决疑难问题,是一种行之有效的思维方法。当然,侧向思维是在一定的气压下才能挥发,这个气压就是:所思考的问题必须成为策划人坚定不移的思考目标,以致成为梦寐以求的悬念,也即为心理上所说的“优势灶”。

四 策划系统论

系统论是20世纪40年代发展起来的一种科学理论。凡是由相互联系和相互作用的诸多因素所组成并且有特定功能的总体都是一个系统,任何系统都不是它的组成因素的简易加总,而是这些因素在特定联系方式和数量配比下形成的有机总体。

总体具有不同于因素(或子系统)的新功能,总体“大于”各组成部分的孤立属性之简易总和。

广东“TCL”总裁李东生是电器行业系统思维的高手。TCL靠5000元财政借款起家,为求寻壮大,李东生巧用“借船出海”的经营策略,利用香港的技术、资金、内地的劳动力,同时借用他人的工厂生产“TCL王牌”电视机。

由于实行合理的分工和协作,李东生的“TCL品牌”电视机一跃成为中国著名品牌,无形资产达32.50亿元,在全国百家电子企业排名第11位,在全国500家最大工业企业中排名第156位。

“1+1>2”，就是用来说明这种由总体性产生的质和量的变化。美国历时8年多完成了人类历史上第一次登上月球的创举，这个创举就是“阿波罗登月计划”。美国人为了实现这个伟大的创意，动用了几十万家公司，上百万人共同合作，使用了德国、日本、英国等国家的现成设备和技术。

“阿波罗登月计划”的创意实施就是系统思维法。然而，并不是所有的1+1都会大于2，其中有一定的条件。这个条件就是在系统实施时，必须按照客观经济规律去规划自己的行动。

中国有句俗语：“一个人是一条龙，一群人是一条虫”，同时再比如民间流行已久的一句俗语：“一个和尚挑水喝，两个和尚抬水喝，三个和尚没有水喝。”这就是违背一定的规律性，其中有和尚破坏了系统的总体性。

品牌策划和传播是一种系统工程，光靠某个点子或某种招式，不能称之为策划的，就如“TCL”品牌。

品牌策划是一种科学的系统工程，美国兰德公司、斯坦福国际咨询研究所、日本野村综合研究所，作为世界级的“策划智囊团”，他们有个共同的特点是其人员组成都有相当大比例的系统工程师，甚至所有人员都要受过系统方法论的培训，策划如果离开了“系统工程”，仅凭“拍脑袋”、“拍胸脯”，这几乎是不可想的事情。

人的思维需要激活，如果长期处于一种渐变的环境中，就会逐渐失去主动力和创造力，滋生惰性，直至平庸地“死去”。我们许多的企业和某些国家机关人员，由于相当长的时期习惯于听从、跟从，和缺少激活的因素，所以机制阻滞和机构臃肿也就在情理之中，最后落得如作家张贤良所写的一篇小说标题那样——“习惯死亡”。

美国心理学会会长基福特，首创以心理学为出发点对创意思维进行研究的J·P法。他的J·P法是将创意分解成六种因子，并认为唯有提高此六因子的能力，才能使整个创意提高。笔者借花献佛，以飨诸位。

1. 接受问题的能力

判断问题的本质是什么的辨别能力。

2. 圆滑的思考能力

即顺利产生联想或表现等的能力。在固定时间内测量新产生的构想数量。所谓的IDEAL-MAN，即得到课题后，能立即提出构想的人。

3. 有弹性的思考力

即不被观念或习惯限制，而能从各种角度思考问题的能力。

4. 独创性

即构想不同于大多数人的共同想法,其特征在于非凡巧妙和丰富的联想。

5. 重新组织的能力

即考虑对方的特性,以思考其进行步骤或表现方式的能力。

6. 下功夫完成的能力

即作业细致化的能力。

五 “跳出来”思维

现在这个故事在策划界几乎成了众所皆知的故事。

20 世纪 50 年代初,朝鲜战争爆发前夕,以问题分析的权威性和决策分析的准确性续写着阿波罗式神话故事的美国兰德公司,曾组织大批专家对朝鲜战争进行评估,同时并对“中国是否出兵”进行预测。

预测的结论只有七个字:“中国将出兵朝鲜”。

当时兰德公司欲将这个锦囊妙计以 200 万美元转让给五角大楼。但军界的高级官员对兰德的报告不感兴趣,把这个研究报告撇在一边。因为在他们看来,新中国刚刚经历了 8 年抗日战争和 3 年解放战争,早已元气大伤、积重难返,所以无论人力财力军力都不具备出兵朝鲜的可能。然而,几年之后战争的发展和结局却不幸被兰德言中,美国军界一片哗然。

战争失败后,五角大楼为了全面检讨在朝鲜战争中的决策失误,还是花了 200 万美元重金买下兰德公司那份已经过时的预测报告。然而,比这代价更为昂贵的,却是成千上万美国军人在朝鲜半岛丧生和侵略他国的坏名声。

超越思维,顾名思义,就是超出了事物原有的范围去思考事物、对待事物、处置事物或改变事物的一种思维方式。

市场经济是一种竞争经济,只要比他人看得远走在前头,才能避免失败、失利、失足和失望。超越思维的一个重要派别是“超前”思维,兰德公司的“中国将出兵朝鲜”七个字,不仅价值万贯,而且价值几十万条人命。可见,超前思维的威力该有多大,该有多生猛。

超越思维的另一个派别是“跳出去”思维。即跳出事物原有的空间范围回头看待原来的事物。笔者读大学时,有位导师他是研究毛著的专家。他给我们讲,他之所以成为毛著专家,与他有将近 20 年右派的经历密切相关。在赣南山乡下放的 20 年,每天面对的除了崇山峻岭就是各种版本的毛泽东著作。他把所有的毛著前后精读了无数遍。回沪后，他说自己没有和有些人一样意志消沉、虚度年华，他说他要感谢那段艰苦岁月。导师用“跳出去”的思维观照自己，从而获得一种学问上的成功和内心的慰藉。

“跳出去”思维是种空间的超越，“超前”思维也是种时间的超越，策划人具备在时间和空间的超越思维，对于策划人来说是如虎添翼。但“跳出去”思维不是“跳下井”思维，“超前”思维也不是“飞越”思维，现实世界瞬息万变，真理迈出半步就成谬误，过度“超越思维”的策划将是废纸一张。

六　上海名牌抢滩运动

20 世纪 90 年代，上海的三大名牌——“永久牌”自行车、“钻石牌”手表、“蝴蝶牌”缝纫机的日渐式微，引起上海人的极大震惊、痛苦和反思。

捷安特、斯普瑞克、斯塔特等合资或外资品牌，以材料新、样式新、功能新的“三新”特点，横扫上海自行车市场。上海可以说是中国自行车王国之王国，可“永久”连自己的龙王庙都没有守住。

记得小时候，家里购买过一台“蝴蝶”牌缝纫机，我母亲足足当作贡品来向周围的人们去炫耀，随着家用缝纫机市场的萎缩，“蝴蝶”没能再飞腾起来。据笔者了解，20 世纪 80 年代中期至 90 年代初，我们的服装企业特别是民营服装企业如雨后春笋般地长出来，“蝴蝶”没有大规模地向工业缝纫机方向转变，以致失去了一次巨大的发展商机。后来，上海“快乐”集团兼并了“钻石”牌手表的一处厂房，标志着沪上手表业的全线告退。

除上述三大品牌外，上海的“红灯”、“大地”、“华生”以及纺织诸多品牌也出现大面积的没落。这些名牌殒落的现象，也曾引起了一些有识之士的内心忧患。然而，他们的忧患与呐喊声音没有唤起人们多大的响应，在笔名策划“爱我中华，创我名牌”活动之前，上海的新闻界也保持着一种奇特的沉默。

上海作为中国“集团名牌”的衍生地和主战场，应该发出自己的声音，应该拥有自己的主张。

由团市委主持和倡导的 18 岁成年人仪式给了笔者灵感和启发。

一天，笔者路过外滩，在人民英雄纪念塔前，上百名刚满 18 岁的少男少女身穿制服、整齐划一面对英雄塔，庄严宣誓每个人自己进入成人之列。这项由团市委主持和倡导的 18 岁成人仪式，曾引起国内外媒体的广泛报道。这应该是团市委在团的工作上最大创意之一。

梁启超说："青年强则国家强，青年盛则国家盛。"望着少男少女们洋溢着青春的脸庞，读着各大媒体对18岁成人仪式的全程报道。一则引爆沪上"爱我中华，创我名牌"的创意在我的脑海产生。

笔者设想：由媒体和团市委联合发出保护名牌宣言，以"爱我中华，创我名牌"为主题，举行18岁成人仪式。团市委以团区委为单位，在各大名牌企业举行系列的18岁成人仪式。除邀请各大媒体跟踪报道外，还在上海电视台《科技博览》对企业的应用科学、设备工艺和产品科技化进行深度报道。

在得到报社领导的推崇和肯定后，当晚我就草拟了下面一份《爱我中华，创我名牌》的名牌宣言书。

严峻的现实——
举步维艰的企业，危机四伏的名牌。
有力的挑战——
上海的企业，谁能力挽狂澜？
上海的名牌，谁能力主沉浮？
新时代呼唤——
我们的名牌企业！我们的名牌企业家！我们的名牌产品！

爱我中华，创我名牌宣言书

目前，一场声势浩大的名牌战略工程正在全国各地全方位展开，作为经济重镇的上海，如何造就一代名牌已成为上海人民关注的事情。一个国家、一个城市、一个企业，没有在国际、国内市场打得响的名品名牌，在当今日趋激烈的市场竞争中，只能处于被动的地位，永远是落在人家后面。落后就要挨打，这是历史给我们的教训。正是基于这种对民族品牌的忧患意识，《××报》、团市委决定联合倡导举办"爱我中华，创我名牌"的活动。

曾几何时，上海的名牌产品，诸如"钻石"牌手表、"蝴蝶"牌缝纫机、"永久"牌自行车等曾辉煌一时，然而时至今日，这些上海人引为骄傲的名牌已成明日黄花、风光不再。国外的名牌产品，无论是吃穿还是住行，几乎无孔不入地充斥着上海市场，左右着上海民众的生活，挤压着上海工业和上海企业的发展，给上海的企业带来无穷的困顿。那么，在这严峻的现实状态中，我们要问：上海需不需要自己的名牌企业？上海需不需要自己的名牌企业家？上海需不需要自己的名牌产品？

上海的老名牌需不需要再现辉煌？答案无疑是肯定的。倘若上海市场到处充斥着外国的品牌，我们又怎么称为一个优秀的民族？又怎能立于世界强国之林？上海的经济又怎么能腾飞？上海又怎能称为远东大都市？我们不是排外，但我们必需自己救自己。所以，塑造上海名牌，既是上海经济发展的一个战略目标，又是上海名牌和国际经济接轨的必由之路。

名牌是企业发展的最大资产，名牌等于高效益、高附加值。名牌不仅代表着良好质量，也反映着良好的经济效益和社会效益，名牌是企业的无形资产，它是科技、管理、人才、体制、企业文化的高度综合体现，它在一定程度上代表一个国家的经济实力。《××报》、团市委倡导“爱我中华，创我名牌”的活动，主要是宣传和弘扬名牌企业的创建史。严格地讲，只有名牌企业家才能塑造出真正的名牌的人。

一个名牌的后面往往屹立着一个著名的企业家，名牌企业家是名牌企业的灵魂和主导，一个好的经济实体它在客体上有许多好的产品，在主体上就有一批优秀的企业家。因此，我们要创造名牌，就必须给企业家创造一个塑造名牌的优良的舆论环境，创造有利于企业家成长的体制和政策环境，并给他们以更多的关怀、支持和帮助。

要塑造卓越优秀的组织形象，必须创造卓越的名牌产品，宣传名牌产品是“爱我中华，创我名牌”活动的又一目的。名牌产品是企业形象的主要载体，物美誉高、适销对路的优质产品是联络企业和社会的桥梁，企业通过产品服务社会，社会公众通过名牌产品认知企业。一个名牌产品常常是几代人心血的结晶，它可使公众产生经久不息的信任感。同时，也是企业一笔巨大的无形资产。当然，塑造名牌不是少数人能够完成的，它是依靠全体员工高度齐心协力而完成的良好的职工素质，优秀的职工队伍对名牌的塑造具有强有力的发酵作用。因此，宣传介绍企业员工在现代企业中塑造名牌的贡献，是我们的目的之三。发展上海名牌事业，企业家全面实施名牌战略是一项全方位的多层次的系统工程，它既需要企业自身的努力和奋斗，又需要广大消费者和整个社会乃至国家的共同维护。我们坚信，经过我们这次“爱我中华，创我名牌”的宣传活动，经过我们企业家们的奋斗，以及我们对名牌企业家的精心策划，上海名牌产品一定能从上海走向全国、走向世界名牌之林。

不久，上海市经委向参加第二届上海国际质量研讨会的中国来宾宣布，上海要实施“创大名牌”战略，将用三年时间使1140家国有大中型企业建立现代企业制度。当我们看到企业界和新闻界对于“名牌”的关注，几成燎原之势的时候，我们也就释怀了。

我们策划“爱我中华，创我名牌”的活动的初衷，不也就是为了唤起上海民众对国产名牌的关怀意识吗？

第九章

象头酒:憧憬涅槃重生

一　象头酒的尴尬

笔者在写作此书期间,《新闻晨报》记者采写的一篇题为《昔日"天鹅"今折翅,80 年历史绝唱——"上海啤酒"将被拍卖》的新闻,引起了我的联想。

该报道说,受上海啤酒有限公司特别清算委员会委托,上海产权交易所的执业会员上海国际商品拍卖有限公司将于近期公开拍卖上海啤酒有限公司全部清算资产。

上海啤酒有限公司前身为上海啤酒厂,创建于 1912 年,已有 80 年历史,其生产的天鹅牌啤酒曾获国家金质奖。1993 年,由属于菲律宾商家所有的香港亚洲啤酒国际有限公司和上海啤酒厂合资组建上海啤酒有限公司,注册资本 2000 万美元,其中中方占 40%、外方占 60%。1997 年,由于中方投资人破产,股权发生变化,通过市场收购外方持股比例上升到 90%,其余 10%股权为江苏吴江啤酒厂拥有。

上海啤酒有限公司自合资公司成立后,虽然引进了世界驰名啤酒公司的先进技术,进行设备更新、技术改造,然而由于各种主、客观原因,企业效益每况愈下,终于在 1998 年 10 月全面停产。经上海市外商投资工作委员会批准进入特别清算程序,经过各方共同努力,上海啤酒有限公司的资产清理和评估工作已经完成。

据悉,拍卖主要资产包括位于上海市普陀区宜昌路的房地产和成套啤酒生产流水线等生产设备以及原、辅材料、生产资料等。

此篇报道至少传出两个信息:一、"天鹅"品牌是没法再飞起来了;二、"上海啤酒"的失误是由于主观原因。记者没有透露出失误背后的原因。是营销失利还是品牌宣传之争?是决策失误还是企业扩张碰到障碍?是管理失衡还是人才大量流失?抑或是财务出现漏洞?……由于笔者不是当事人,只能凭规律猜测。

但对于"象头"牌青梅酒曾经显现的尴尬,笔者就显得理直气壮得多了。创始于1920年的中国酿酒厂,是上海规模最大的专门从事配制、发酵、蒸馏等多种工艺生产的综合性酿酒企业之一。该厂主要产品有白曲酒、葡萄酒、梅酒、补酒、西洋酒和饮料六大系列100多个品种,年总产量20000多吨,年营销额超过亿元,为上海同行的佼佼者。其中的"中国梅酒"是上海区域唯一获得中国名酒称号的品牌。

尽管在数值上中国酿酒厂令人羡慕,但调入酒厂两年的高厂长像所有的国有企业老板一样,遇到三大问题:

1. 品牌价值像小拇指。计划经济时代深信"酒好不怕巷子深",认为"中国名酒"的金袍加身,就拥有了畅通市场的特别许可证。笔者1997年进入酒厂调查访问时发现,截至策划前该酒厂居然没有分厘的广告投入,依凭产品自然流浪、自我张扬。

2. 犯了产品商标注册上的低级错误。"象头"牌青梅酒10年前上市时,只注册了品牌,没有对图案商标进行注册,以致市场上打着同样图案商标的其他青梅酒肆意走行,不仅减弱了"象头牌"青梅酒的出口影响和声誉,且使"象头牌"青梅酒的市场份额遭到侵蚀。高老板向我们透露,中国酿酒厂因为这个原因,出口量至少减少了300吨。

3. 重生产轻营销。酒厂的营销渠道仍然是走老套的批发路线,在孔府家酒、三得利、孔府宴酒、人头马、湘泉酒等品牌以准确的市场定位、先进的营销策略、极尽其能的广告发布、科学的策划运作导入上海市场后,对中国酿酒厂的系列产品产生巨大的冲击和遮蔽。

4. 产品定位失当。酒厂曾投资2000万元进口设备生产果酒。上海人五方杂居,由于收入相对一致,对酒类的选择也惊人的相似;北方籍大都选送中、高度的酒,南方的江、浙籍大都选择黄酒;青年人的群体中大都嗜饮啤酒,此类酒均为粮食酒,价格相对低廉。资料显示,上海果酒销量的市场份额占酒类的2%左右。在此种既成现状下,中国青梅酒作为果酒系列要分得一杯羹谈何容易?

"象头酒"的尴尬是沪上酒业品牌的最大尴尬。

笔者曾参观鄱阳湖平原的一个板鸭厂。该厂老板是个典型的水乡农民。他始于养鸭,发于养鸭。他在积累一些资金后,利用当地资源,独资创办板鸭厂,资金稍有盈余,又部分贷款,联动开发,创建羽绒服厂。据介绍,该厂“富湾牌”板鸭和羽绒服装在鄱阳湖平原颇有些名气。80年代末，该厂曾以一批羽绒服从前苏联换回十几部伏尔加轿车，然后转手另卖他人，大赚了一笔超额利润。老板对笔者说，开始办企业靠的是胆子，谁的胆子大，谁就能发财；然后靠的是质量，谁的质量好，谁就能占领市场；再最后靠的只能是“牌子”，谁的牌子响，谁在市场上就有说话的权力。

水乡泽国的鄱阳湖平原，生产板鸭和羽绒服的乡镇企业不计其数，但真正能走出江西的只是少数，“富湾”企业能发展到现在拥有资产达亿的规模，没有创建“品牌”的意识和行动，恐怕也逃脱不了办家庭工厂只求生存活命的生命圈。

在内地最底层的农民企业家都具备了强烈的“品牌”意识，笔者认为在一定意义上说明国人对名牌有了真正的觉醒。

觉醒源于危机，觉醒是对现实困顿的反抗。

二 唯冠科技抗诉苹果“iPad”侵权

2012年3月，唯冠科技（深圳）有限公司的“iPad”与美国苹果公司（Apple Inc）爆发了商标权争夺案，尽管苹果公司提起上诉，深圳唯冠胜诉苹果iPad商标权案，但是中国企业品牌和知识产权意识还未真正觉醒。

抢注商标在国际上是残酷的商业游戏，据有关部门统计，目前在国内市场上流通的商品大约70%还没有注册商标。只有注册商标，才能得到法律上认可和保护。然而，就是这个基本常识，都是无数企业花了巨大的代价换来的。

广东强力集团生产的强力饮料因没有及时注册，其商标被一家小厂抢注，转眼之间使自己创的牌子成侵犯他人商标专有权，强力公司为了保住已有的市场，只得忍痛拿出35万元将强力商标卖了回来。

云南玉溪卷烟厂生产的“红梅”牌香烟因没有及时进行商标注册而被另家抢注，玉溪卷烟厂为了保住自己的牌子，不得不拿出180万元将这一商标买回来。

哈尔滨市的百年老厂正阳楼肉制品厂的产品商标“正阳楼”向国家商标局申请注册时，被国家商标局以北京某企业已抢注的理由予以驳回。一个多世纪苦心铸就蕴藏着巨大无形资产的“金字招牌”，就这样被人家抢先报了“户口”，真乃令人痛心疾首。

以上三起是国内商标被抢注事件，下文说的是商标被国外抢注的事件。

在国际市场上,国际注册的竞争十分激烈。近些年,我国在国际贸易中平均每年都有数十起商标被抢注的悲剧发生。据笔者手头的资料显示,中国的出口商品在国外被抢断商标的逾 500 家。1978 年之前,国内企业的大量商标被日本抢注。在 1982 年短短一年时间内,澳大利亚商人抢先注册 150 多个中国商标。

比如:

"蝴蝶"牌缝纫机、"凤凰"牌自行车、杭州"龙井"、北京"同仁堂"、天津"狗不理"……被日本抢注。

"青岛啤酒"、"读者文摘"……被美国抢注。

"阿诗玛"、"红塔山"、"云烟"……被菲律宾抢注。

"天坛"牌蚊香、"上海"牌收录机……被马来西亚抢注。

"竹叶青"……在韩国被抢注。

这一起起商标被抢注事件的背后,无不包含着一段段无法言说的悲哀。自己的商标被抢注之后,只有两种无法避免的痛苦选择:要么退出外国市场;要么花重金购买本来属于自己而被他人抢注的商标。法律不相信眼泪,市场不相信眼泪。"存在就是合理",这句话听起来无辩驳的道理,却给企业经营者踏踏实实地上了一堂教训深刻的课,为企业经营者敲响了一记痛达心灵的警钟。

1998 年初,以保健品出名,同样也以保健品落名的沈阳飞龙总裁羌伟在香港率先注册"伟哥"事件,在国内外引起一片沸沸扬扬。褒者说其扬国人豪气,树民族志气;贬者说其明知故犯,断美国人的财路。其实,在商言商,在商标法"注册在先"的游戏规则上,谁占尽先机,谁就是英雄。

品牌策划人李光斗很懂得做这种英雄,也善于做这种英雄。香港回归前,他花 2000 元钱注册了"紫荆花"这个商标,后来无锡的一个乡镇企业老板愿意出 90000 元钱买他这个商标。2000 元换来 90000 元,其实仅仅是一个小商标而已。而在这个小商标上,我们的企业家却常常马失前蹄,

"淘品牌"也被抢注。"淘品牌"是天猫推出的基于互联网电子商务的全新品牌概念,是天猫和消费者共同推荐的网络原创品牌。经过连续培育,目前淘品牌共有 100 多个。2004 年 4 月,"我的百分之一"网店创建,2010 年 3 月成为淘宝第一个双金冠女装店,不过其创始人周钦年却被告知,自己花了八年心血积累起来的店铺流量,却在天猫商城出现了已开始营业"我的百分之一"旗舰店,其所有者已注册有关商标。

据天猫人士介绍,一位杭州律师在中国商标网上搜索淘品牌的商标注

册情况，却发现一家名为“杭州麦尚品牌管理有限公司”的实体频繁出现在各个商标周边类目的注册者一栏中，发现该公司注册了大量阿卡、斯波帝卡、兰缪等天猫著名品牌的商标。数据显示，这家公司共注册了97家淘品牌和知名商家、旗舰店的商标，且其注册品类与原商标的品类较为接近。

这是一个多么沉重的话题啊！

随着网络时代的来临，网络“域名”作为一种知识产权越来越为人们所重视，Amazon. com最近市场价值24亿美金。网易公司总裁丁磊曾用40万元买下美国“网易”这个域名；微软公司花了3.5亿美元才把hotmail收购。

1998年11月，被称为中国首例域名抢注诉讼案在北京开庭。广东花都市的吴永安打电话给科龙集团，要求把“Kelon”域名转让给科龙集团，转让费用是100万元，尽管最后北京海淀区法院裁定“Kelon”域名吴永安注册无效。但域名作为一种资源，能够给注册人带来利益的无形资产，是应该引起人们加以保护和关注的。

在美国有件耸人听闻的案例，美国白宫的域名 www. whitehouse. gov 被一家色情网站“借用”一部分，成为 www. whitehouse. com，这使白宫困扰不已。

据新华社报道，内地180多个国内知名品牌在香港被抢注：松本电工、美思内衣、乐百氏饮料、丽珠医药、罗西尼钟表、黑妹牙膏……这些都是国内赫赫有名的优质畅销产品，然而，目前这些产品正遭遇商标被抢注的危机。据悉，本次事件涉及的“厦华”商标，厦华公司已经无偿追回，但代价是给予该产品在香港的独家代理权。目前这些抢注专业公司利用法律漏洞抢注商标，大多都是逼迫商标使用人高价收购其注册商标或要求赔偿，从而坐收渔利。一旦注册成功，抢注者则可两头得利。

企业家应该是社会最敏感、最具有战略思维、最具有国际视野的群体之一，企业为什么还会犯这种低级错误？企业品牌保护意识为什么仍这么迟钝？

这是多么沉重的教训！

面对商标恶意抢注呈现恶化的态势，中国企业在保护商标问题上必须再次清醒，一是必须建立快速的信息反馈机制和监测机构。国内企业商标为什么会遭遇抢注？主要是信息渠道少、手段低。在国外，大企业都设立有专门的监测机构，但目前国内绝大多数企业根本没有做到。二是企业必须提高商标国际化意识。国内企业只顾埋头做品牌，但商标意识普遍薄弱，处于信息孤岛。企业必须有为商标建防火墙的意识，做到“营销未动、注册先行”，有实力的企业更应根据自身的发展战略，在世界主要国家提前注册。三是必须研究并综合利用各种法律，树立知识产权保护意识；必须重视品牌研究，综合利用国内外相关法律条款、缔结公约等为商标保护服务。

亡羊补牢，为时不晚。中国企业如果再不构筑自己的商标围墙，难免再会犯这种低级的、致命的错误。

三　“飞虎”漆，一飞冲天

沪上漆市处处放光彩。纵观上海漆市，从一般层面上看，好像只有”飞虎”和“立邦”在上海市场龙争虎斗，江山各半。其实不然，倘若让我们跳入漆市，作深层次的探求，会有一种叫做“心惊肉跳”的感觉搏击在你的眼前。据不完全统计，目前全国涂料生产企业上规模的就达 180 余家，上海建筑涂料年产量总计六、七万吨，其中乳胶漆年产量约二、三万吨。这二、三万吨乳胶漆目前由上海 90 多家企业来生产，在上海漆市场中，除了”飞虎”和“立邦”两品牌外，还有古象、中南、汇丽、申真等沪上本土品牌，以及境外德国的“迪努瓦”、美国的“大师”、英国的“卜内门”等 10 余家“诸侯”分割市场。上海的油漆市场形成国内市场国际品牌竞争的态势。尤其是国外油漆生产厂家，为了争吃上海市场这块“肥肉”，无论是资金技术、市场策略，还是服务与广告投入，都正在以“大吨位”的姿态挺进上海。

继“立邦”之后，英国的“卜内门”在广东建厂投产获得经验后，今年又在郊县的松江投资设厂，该厂生产能力可达 3.5 万吨，几乎超过时下上海各家生产厂年产量的总和。从投资态势来看，英国的“卜内门”一只眼固然瞄着“立邦”，但另一只眼肯定瞄准上海的涂料企业，特别是闻名上海的中坚分子——”飞虎”漆。我们可以推断，在以后的油漆市场里，肯定会有一场全方位、大纵深、高频率的中外“油漆大战”。市场不相信眼泪，市场不同情弱者，市场是另一种自然法则——优胜劣汰，适者生存。作为上海的”飞虎”，面临洋品牌的疯狂压境，是“图强自立”，还是“联夷制夷”，这将是摆在“飞虎”大本营面前的全新课题。因为在上海涂料市场中，中外品牌的油漆在处处放着自己的光彩。

生产“飞虎”漆的上海振华造漆厂是华谊集团上海涂料有限公司的一家骨干企业。自 1916 年诞生至今，经过几代人的艰苦努力，已从一家小厂发展成为我国最大的涂料生产基地。“飞虎牌”酚醛漆具有 90 余年的辉煌历史。早在20世纪30年代民族工业抵制日货时期,正是"飞虎牌"酚醛漆以其价位低、实用性强的特色一举击败日本的"鸡牌",为我国民族工业振兴作出了贡献,同时荣获"巴拿马金奖"而享誉海内外。其总产量、销售额、工业总产值不仅连年排名上海同行前茅,而且在全国行业中占有前沿位置。

"上海振华"为我国化学工业的发展谱写一篇篇新章——该厂研制生产的特殊涂料曾用于太平洋海域发射运载火箭,受到过中共中央、国务院、中央军委的表彰;从美国引进的聚酯彩板涂料生产技术为宝钢彩钢板生产线配套,涂料生产技术居国内领先水平。"飞虎"漆在我国工业、建筑业、国家重点工程项目中也是"虎威"大振,如大亚湾核电站、三门峡水电站、南极长城站、沪宁高速公路、上海大剧院、八万人体育馆、新锦江等著名建筑物……都刷上了"历久如新"的"飞虎"乳胶漆。

作为国内最早开发生产民用乳胶漆的振华厂,早在53年前的1962年就投产了"飞虎"乳胶漆,列为国家建设部小康住宅建设推荐使用产品。"飞虎"漆为我国经济建设的发展和人民生活的多姿多彩,可谓劳苦功高。

在人们的印象中,似乎只有"立邦"漆在独放异彩,其实"立邦"漆的广告传播在里面起了不可小觑的作用。报纸、广播、电台、流动车厢……"立邦"漆以地毯式无所不在的轰炸方式,撞击着上海人的视觉和听觉。"立邦"漆每年巨大的广告投入,是上海任何一个油漆品牌的广告费都难以望其项背。

尽管与洋漆相比,"飞虎"仍坐头把交椅,但国外品牌以殊死的姿态兵临城下,也给振华人带来了不少冲击。针对波诡云谲的沪上漆市激烈的竞争态势,振华厂作出了一系列快速反应对策。在品牌形象上,企业增大广告宣传力度,"精确制导"、精心策划创意、精密选择媒体、以少胜多,既能提高用户对飞虎品牌的忠诚度,又可降低成本和售价,让利于商家和用户,做到"鱼与熊掌"兼能得之。

四　乐凯生死劫

据《北京青年报》对"全国胶卷市场品牌竞争力调查"显示,乐凯不敌柯达和富士,屈居第三。柯达市场占有率为42.54%,富士市场占有率为28.05%,乐凯为25.45%。除此三种品牌外,还有爱克发、福达、上海等品牌参与市场份额。乐凯公司的彩色胶卷产量占全国总产量的80.2%,但市场份额只有25.45%。在民用产品的市场上,不仅乐凯有它的危机,服装行业亦同样存在。

不论是“皮尔·卡丹”,还是“花花公子”,不论是“梦得娇”还是“飘马”,世界上十大服装品牌已有七种在中国制造。具有60余年的老字号国货精品——“大地”牌风衣,由于诸多原因,日显困顿。“飞马”牌内衣系列,因为市场和债务纠缠,差一点被断送前程。上海某衬衫厂外商定牌生产的每件衬衫以6美元出口,在国际市场上,外商加上自己的商标可以卖出200美金。

在洗涤、护肤市场上,无论是男人还是女人,一使用起来就想到美国宝洁的海飞丝、舒肤佳、潘婷等等。中国的四大洗衣粉,著名的“活力28”,最后不得不转入矿泉水行业。

上海的“白猫”,后来被“奥妙”叮咬得不行,以致有人戏说,“奥妙”的品牌就是冲着“白猫”而来的,以致“白猫”于死地而后快。一声“奥妙”,釜底抽薪,巧取“白猫”多年的品牌累积效应为我所用,“白猫”还能开口吗?策划人叶茂中在忙完P&G市场调研后,曾感叹说:我唯一遗憾的是,忙来忙去都是帮老外赚咱中国人的钱。

手机市场基本上是摩托罗拉、诺基亚、西门子三分天下。美国一家公司最近的调查显示,去年全世界手机营销量上升了51%,全球将有10亿人拥有手机。在我国,1999年底全国手机用户达3600万户。而在市场占有率方面,摩托罗拉、诺基亚、爱立信分别为29%、27%和23%,几乎瓜分了中国市场的8成,其他进口品牌或国内组装的外国产品又占去剩余2成中的大部分。真正属于民族品牌的份额所剩无几。

尽管浙江“东信”、北京“科健”、广东“康佳”在手机市场上发出自己的声音,但这个声音正如海尔总裁张瑞敏所说的那样:“我们用人家的设备、人家的技术以只占人家营销额一个零头的实力,去和这些跨国公司竞争,强弱对比是显然的。”家电业的切肤之痛是走在手机前列的。说起电器,我们特别是年轻一代的我们,首先想到的日本电器。

电视屏幕上,活泼可掬的形象小姐频频出台;街道两旁日本驰名电器企业标志比比皆是;随便打开一本杂志,一不小心就是日本电器广告。笔者曾站在外滩,粗略地数了一下各大楼宇头上的广告,外商广告占80%以上,而日本品牌的广告又占外商广告的80%。

五　正广和的生存权利

1994年1月18日,当重庆天府可乐集团总经理李培全怀着异常复杂的心情与百事可乐集团总裁詹姆·罗伦斯在“联姻”仪式上举杯祝词时，标志着中国软饮料业的半壁河山都已改姓“洋名”了。

在此之前，可口可乐、百事可乐先后把广州的“亚洲”、北京的“北冰洋”、沈阳的“八王寺”、武汉的“大桥”、天津的“山海关”等中国著名的软饮料企业收编于旗下。

只有上海的“正广和”和海南的“椰子汁”在寻求自己的生存权利。

茶在几千年前就是世界上的主要饮品之一，中国的茶文化在日本、南非以及东南亚国家备受青睐，但今天的饮品市场却被可口可乐、百事可乐大面积覆盖。早在1981年，可口可乐在北京合办第一家罐装厂开始，到目前已在中国设立了20多家罐装厂，占领了中国饮料业15%以上的地盘。

面对可口可乐公司强大的攻势，百事可乐集团也不甘示弱。因为百事知道，12亿“中国人的钱太容易赚了”。美国的摩根—斯坦利市场分析小组曾向世界宣布：“今后10年世界上最有利可图的地方是中国。”百事于1982年正式进军中国市场，先后在深圳、广州、上海、福州、北京、桂林、成都、南昌建立了八家装瓶厂和两家浓缩液厂。

天府可乐在与“百事可乐”合资前，面对国产可乐型饮料即将面临全军覆没的现状，曾宣布拒绝与“两乐”合作，天府可乐老板李培全在全国人大会上慷慨陈词、振臂高呼“保护民族饮料”，引发新闻界轰轰烈烈地辩论该如何保护民族工业。

天府集团是全国饮料行业最大的饮料生产联合体，拥有成员单位189家，在全国饮料工业中占有重要的地位。天府可乐作为集团公司的龙头产品，是国内可乐型饮料的代表，获得过27届世界优质品评选金奖，在80年代末风靡全国。

天府可乐最终没有改变自己的命运，正广和却在坚守自己的生存权利。“两乐”公司曾找到正广和的掌门人吕永杰，但最终还是遭到吕永杰的拒绝。诞生于1864年的正广和，得到过时任上海市委书记江泽民的直接关怀。在这个时期，正广和高扬民族饮料工业旗帜的姿态，显得悲壮而坚强。

可口可乐、百事可乐杀得中国饮料业无还手之力只是台面上的事，而幕后还交织着两大集团的激烈暗斗。可口可乐不需要其他可乐的存在，百事可乐与可口可乐竞争的区别之一是，百事可以让中国民族品牌暂时生存，但在品牌宣传上给予少奶或断奶。

事实上，这种“阵地战”策略是“两乐”对第三世界市场处心积虑的一式损招。在印度，也同样发生着与中国相似的一幕。

六　荣华鸡困斗肯德基

笔者在为上海扬子木材厂策划时，巧碰西班牙兰美佳雷富印刷装饰公司的出口部经理雷蒙·阿尔方斯达到该厂洽谈生意。

在一同进餐时，扬子厂老板极力向来自远方的雷蒙推荐上海的本帮特色菜——麻婆豆腐，说这一道菜在中国是 No. 1。雷蒙不停地竖起大拇指，指着满桌的佳肴说："中国每道菜都是 No. 1，我到中国不到 4 天，就不好意思地长了 5 磅，回西班牙，我得好好地减肥。"

中国的饮食文化有 5000 年历史，在世界上享有盛誉。民间上曾流行一句戏谑之言：世界上最幸福的人，应该是"住美国人的房子，娶日本女人做太太，找法国女人做情人，吃中国厨师烧的菜"。这顺口溜听起来有些小资情调，但"吃在中国"副至实归，中国的"八大菜系"、"满汉全席"占尽饮食风流。

然而，当社会生活节奏加快时，人们再也无法安顿心情在餐桌边饱度时光，人们开始渴望一种叫"快餐"的东西满足他们的食欲。就是在这种时候，外国的快餐乘虚而入了。

首先是美国的肯德基在 1987 年登上大陆。憨厚、笑容可掬的山姆大叔，先后在北京、上海、南京、杭州、广州等城市，南北纵向安营扎寨。山姆大叔手拿两片面包、夹一块牛肉、外加一包薯条招徕着怀着稀奇心情的中国消费者。

麦当劳在国际上每平均 17 小时树起一家连锁店。目前，在国际上连锁店已超过 12000 家，麦当劳几乎是与肯德基形影相随地进驻大陆，先安顿在北京的王府井，尔后在上海等各大城市横空落户。

麦当劳是以少女的微笑赢得顾客的消费之心。

上海素来以兼容包含的胸怀，海纳各方来宾，这时意大利的必胜客也不甘示弱，扎根上海。肯德基和麦当劳这种洋东西，95％的原料在本地就地取材，而必胜客的比萨饼，发源地就在中国。

当年的马可·波罗在中国学得一手烙大饼的本事，可回到比萨，中国博大精深的文化和沿途的奔波，却使马可·波罗忘记了烙大饼前后次序。于是，就是这次遗忘却造成了一项饮食界的发明，马可·波罗随手将馅撒在饼外，物以稀为贵，比萨饼就这样莫名奇妙声名远播起来。几百年之后，这种馅在饼皮之外的比萨，随带着美利坚的文化反哺于中国百姓，必胜客就开始大把大把地进账。

肯德基、麦当劳、比萨饼在大陆的横空出世，便打遍天下无敌手。先前沪上百姓在石库门里嗜食的荣华鸡、小绍兴鸡，逐渐遭到消费者致命的遗忘。倒是松江的“大江烤鸭”、“鼎鑫鸡”以外卖和堂吃的形式，拉回了部分消费者的眼光。但当肯德基、麦当劳定位为儿童和青少年的时候，许多孩子的父母又变得没有谱了，孩子毕竟是自己的好嘛！

我们有没有属于自己的快餐，更确切地说是曾经有。如天津的狗不理包子、北京的小吃、四川的担担面、江西的炒粉、沈阳的熏肉、广西的沙河粉、上海的油条泡饭。然而这些味美价廉的食品没有成为名牌快餐，缺少规模也没有效应，他们就像游击队，游荡在各大城市的大街小巷中。

由于没有导入CI战略，所以尽管分号林立，但整体形象在“统一”的分栏里只能打上30分，离及格差得太远了。肯德基、麦当劳们靠的是国际形象、科学的管理和让人馋得半死的广告，去赢得顾客勇敢的心。

第二部分

讲堂·洞见

第十章

蒂芙尼与斯沃琪:品牌联盟的馅饼变陷阱

一　强强联合的败例

先看一则奢侈品企业斯沃琪与蒂芙尼战略合作联盟的失败案例。

2007 年 12 月 2 日,瑞士斯沃琪集团和美国蒂芙尼公司举行新闻发布会,高调宣布双方强强联合结成战略联盟,合作期限为 20 年。

然而,不到 4 年时间,斯沃琪集团意兴阑珊向公众宣布:终止双方战略合作伙伴关系。

至此,两家公司由和气生财到相互指责和诟病。

斯沃琪集团指责蒂芙尼公司“一直阻碍和延迟双方商业的发展”。

而蒂芙尼公司则发表声明称,斯沃琪集团一直没有为它提供适销对路的手表,造成现在的销售业绩一落千丈、糟糕透顶。

两大公司的战略联盟缔结之时,根据合约双方联手成立新公司——蒂芙尼手表公司。此公司以“蒂芙尼”品牌命名,蒂芙尼授予商标使用权,但实际由斯沃琪集团完全拥有和掌控。

蒂芙尼手表公司的产品均在瑞士设计和制造,销售渠道是通过斯沃琪集团(斯沃琪集团子公司、斯沃琪集团零售商店和第三方经销商)和蒂芙尼公司的零售分销网络和美国以外的专卖店零售。此外,斯沃琪集团子公司有权在美国以外的国际市场开设蒂芙尼手表专卖店。

按照协议,蒂芙尼分享新公司的税前利润,参与公司治理。但实际上,5 名董事会董事里只有 1 名蒂芙尼的人。在产品设计和市场营销委员会中虽有席位,但控制权和话语权明显处于从属地位。

斯沃琪为蒂芙尼制作手表,并向蒂芙尼支付品牌特许使用费。两家公司最初的战略构想是强强联合,将蒂芙尼的品牌影响力与斯沃琪集团的制表经验整合成一个强大的平台，以期新公司跻身为世界一线奢侈表的制作大师。

然而，这种合作事与愿违，并没有给双方带来效益。

美国蒂芙尼公司系经营珠宝产品和连锁专卖店，旗下最主要的子公司为 Tiffany & Company。蒂芙尼早在 1846 年开始制作生产手表，在 180 多家自营商店和精品店、100 家独立经营的店铺和网站销售，但实际上手表在整个公司的营业额只占很小部分。

蒂芙尼在全球钟表业，更是个小角色。它与斯沃琪合作，就是希望借助斯沃琪集团在手表制造和分销方面的专业能力，发展其手表产品线。

蒂芙尼作为奢侈品，其核心资产就是它的品牌价值。其在海外市场的品牌影响力是重要的卖点，市场和销售额的大部分不在美国，而是在欧洲和中国的新开门店。

在品牌管理上，蒂芙尼品牌的整体识别始终保持着个性鲜明、经典永恒的形象。一部由奥黛丽·赫本主演的《蒂芙尼的早餐》，足以让蒂芙尼成为天下女人们最美妙的梦想。

而对斯沃琪而言，其旗下的 18 个品牌的定位却各不相同，各具千秋。在具体运作中，消费者所熟知的斯沃琪品牌形象与蒂芙尼品牌形象并非在同一个层级上，以致出现品牌错位和识别的混乱现象。

按照两家公司当初商定，原则上新公司由斯沃琪控制，但在整体设计上体现并代表蒂芙尼的品牌特色。

但斯沃琪在产品设计和分销方面，其决策难以认同其他品牌，多数仍是沿袭自身风格。这种结果，却在无意中干扰和背离蒂芙尼的品牌定位，这样的结果造成两家公司貌合神离、暗中扯皮。

由于蒂芙尼在新公司中缺乏控制力和话语权，它唯一应对的方式就只能采取消极拖延，最终是导致双方的战略合作宣告失败和破产。

在两家奢侈品公司高调结成战略联盟时，就有金融人士提出异议。蒂芙尼与斯沃琪的合作，会削弱蒂芙尼的品牌吸引力。

两家公司反目的消息，在奢侈品零售业产生了广泛的影响。

“分手”后的蒂芙尼被看作是最具吸引力的奢侈品品牌收购目标。作为全球第二大珠宝零售商，蒂芙尼的市值增至 86 亿美元。

蒂芙尼吸引奢侈品巨头法国酩悦轩尼诗、路易威登集团和瑞士历峰集团的收购兴趣。若肯出售，其完全可要求 40%的溢价。

对于双方的战略合作，当初两家公司显然过于乐观。通常情况下，战略联盟需经过必要的磨合与试水阶段，再步入正式的长期合作。

蒂芙尼当初以为通过双方优势互补、强强联合后，公司业绩会远远优于自身运营。公司 CEO 迈克尔·科瓦尔斯基曾寄望于斯沃琪集团实现其手表销量的显著增长，称“这种伙伴关系的基本经济学无疑是非常具有吸引力的，垂直整合最终会保证利润增长”。

蒂芙尼公司的手表销量在合作前约占公司总收入的 3%，这与其他较大的奢侈品牌公司的手表销售比例的 30%相比较，存在巨大的成长空间和潜力。

斯沃琪集团同样认为，双方合作意义重大。斯沃琪的年销售额约为 50 亿美元，他们计划将蒂芙尼组合到其 18 大品牌队伍中，期望通过合作带来数以亿计的销售额，比肩其竞争对手宝格丽、卡地亚的手表市场规模。

事实证明，两家公司战略联手的这种合作模式未能有效运作，新公司处于危险之中，公司不能拥有 100%的决策权，在合作中遭遇的诸多建议难以实现。据蒂芙尼的年报显示，与斯沃琪的生意在 2008、2009、2010 三年间，年均占不到其销售额的 1%。

由于双方对之期望过大，同时漠视诸多的市场风险与潜在危机。

尤其是突如其来、席卷全球的金融危机，打破了当初缔结联盟的美好愿望。

全球金融危机以来，世界各地的珠宝商都在赔钱。但出乎意料的是，蒂芙尼珠宝生意却出乎意料地一枝独秀、产销两旺，销售额攀至历史高位。

蒂芙尼在中档价位的银制珠宝销售放缓的状况下，高档珠宝销售飙升。在这种经济形势下，为了保全自身，蒂芙尼重点是聚焦公司的珠宝生意，而对于合作公司难免分身乏术。据预测，2013 年 1 月之前，蒂凡尼将首超 40 亿美元，在未来两年内销售额增长将逾 30%。

蒂芙尼品牌的奇妙之处，在于它既成功地保持了其奢侈品的诱惑力，同时又让大众有所企及。他们可以成吨地售卖掉 50 美金一只的纯银钥匙扣，也能卖得掉 10 万美金一只的订婚戒指。

此时斯沃琪集团发现，手表不再是蒂芙尼公司首要关心的业务。但在诸多决策时，并未快速应对。一位蒂芙尼公司的高管也明确告知斯沃琪集团，手表不再是其公司的优先考量业务。

斯沃琪留给消费者最早的记忆是，透明的表带和看得到齿轮的表盘，在 20 多年前曾风靡一时。正如海耶克所说的，斯沃琪不仅是一种新型的优质手表，同时还将带给人们一种全新的观念。手表不再只是一件昂贵的奢侈品和单纯的计时工具，而是一件“戴在手腕上的时装”。

作为世界上最大的手表生产商，斯沃琪集团是20世纪80年代、在对传统的瑞士制表业强大的对抗下崛起的，各种电子随身产品、便宜而时尚的钟表风靡远东市场。公司推出了重新定义的新式腕表，强调"愉悦、现代、常人可以负担、且能经常更换"的理念。斯沃琪(Swatch)名字中的S代表着瑞典Switzerland，代表着秒Second，彰显该品牌愉悦感和现代感。

斯沃琪集团旗下的手表品牌定位多元，一般消费者很难把旗下的Breguet(宝玑)、Blancpain(宝珀)、Omega(欧米茄)、Longines(浪琴)与斯沃琪集团联系起来，倒是受众面较广的Swatch(斯沃琪)和Flik Flak(飞菲)成为斯沃琪集团品牌的大众代表。斯沃琪集团在瑞士拥有160个生产中心，负责生产手表的所有零部件，供应整个瑞士手表业。

斯沃琪和蒂凡尼两家企业除了都经营奢侈品牌之外，无论是在主业，还是产品，几无任何相似之处。

斯沃琪或许能为蒂芙尼制造技术精湛的表芯，但在如何讲究奢华与经典的外观设计上，难以让蒂芙尼点头，这是斯沃琪如何在奢侈表业内凸显个性的长期课题。与江诗丹顿、宇舶这类动辄几十万元的奢侈手表相比，斯沃琪旗下的18个品牌无一与之相媲美。

斯沃琪集团的强劲对手历峰集团是瑞士的一家奢侈品公司，旗下共有卡地亚、梵克雅宝、伯爵、江诗丹顿、朗格、积家、沛纳海7个手表品牌。这些品牌的普及率远远低于斯沃琪，但要造就同样的奢侈感，绝非斯沃琪的一日之工。斯沃琪的目标顾客是从8到80岁、收入或低或高的所有人群。一旦与面向精英的奢侈品合作，要么被后来者品牌光芒所掩盖，要么造成后来者品牌的识别模糊。

除了品牌定位的固有差错埋下了后来合作破裂的种子，两家公司的企业文化也难以兼容。

斯沃琪的企业文化以现代著称，而蒂芙尼的企业文化以传统为基。在斯沃琪集团上班的人，穿着可以比较随便，但是蒂芙尼要求员工上班必须穿正装。

由于企业文化等理念的差距，两家高管必然在合作过程中出现决策模式不匹配、工作节奏不合拍、经营理念不尽相同的悲惨结局。

二　模式创新：企业品牌升级的必经之路

世界著名的奢侈品企业斯沃琪和蒂凡尼战略合作伙伴关系，最终以失败告终,打破了企业界对强强联合、优势互补必然强大的神话。就这个话题,笔者与长江商学院副院长滕斌圣博士就相关话题进行探讨。

笔　者:早在2007年4月,美国第二大次级房贷公司——新世纪金融公司的破产就暴露了次级抵押债券的风险。第二年的8月,美国房利美和房地美两大房贷巨头股价暴跌,成为金融危机的导火线。之后,雷曼兄弟申请破产保护、美林“委身”美银、AIG告急等一系列突如其来的“变故”,世界各国都为美国金融危机而震惊。受全球经济低迷和金融危机的影响,目前大牌企业的主要应对战略会有哪些?

滕斌圣:大牌企业应对战略不尽相同。有一类的确在紧缩。比如像诺基亚等高科技类公司,原来比较领先的公司看到它们的销售受到影响,裁员比较明显,等于采取降低能耗的方法来过冬,等到冬天一过,再进入下个扩张期。还有一类在扩张。企业实力比较雄厚,通过并购的方式在整合行业。比如惠普在收缩,要把它的PC业务卖掉。但是联想反其道而行之,上半年还收购了德国最大的PC厂商,现在已经在全球PC出口量排名第二。所以有的企业采取冬眠的方式,有的采取运动强体健身的方式,要根据不同的行业和企业的具体情况来看。

笔　者:企业都在过冬,最近连柯达都申请破产,对于中国大型企业来说,是不是进行海外并购的时机已经到来了?

滕斌圣:总体来说还是不错的,但有第二轮见底的可能性。现在欧债危机、美国经济一蹶不振,在这种情况下,的确有原来第一轮没有倒下的企业正在摇摇欲坠。在这种情况下,具有一定经济实力的、一定战略动力的企业,可以考虑低价格的海外并购。

笔　者:大牌企业在以核心竞争力为基点的品牌扩张中,应当树立多种子品牌,并建立各子品牌的市场影响力。在当前全球经济危机下,一品多牌的构建对各大公司处理出售、重组时具有重要意义。

滕斌圣:这要看行业,若是工业品的话,并无必要做多个子品牌。当然了,当风险出现危机的时候,业务会有连带影响,对于资产的处理会带来比较大的麻烦。但像通用电气,旗下10多个业务都是挂通用GE这个名字,不会单独再用子品牌。而在消费品领域,比较多的做法是一个主品牌下面带多个子品牌,这种做法在此次金融危机里面,具有一定的灵活性。如果你把一个子品牌剥离出去或者卖掉,对母体影响比较小。

笔　者:大牌企业旗下有的是单一品牌,有的拥有多个子品牌,单品牌有的当初是单唯一品牌,后来自创一个副品牌,做成跟自己争夺市场的竞争品牌。在品牌管理方面,如何掌控子品牌不会影响企业的整体品牌形象呢?

滕斌圣:很难有定论。像宝洁旗下一个洗发水至少有海飞丝、沙宣、潘婷、飘柔4个品牌,针对不同的细分市场,有直发的、卷发的、去屑的,每一个的体量都相当大。总的来说,像宝洁这样的公司,一个基本的出发点是一个子品牌至少做到1亿美元以上,如果细分到一个市场失去了一定的规模效应和影响力的话,就不合理了。

企业做品牌有的时候是用一个拳头来打,有的时候伸开五指来打。像雀巢相对用一个统一的品牌在做;而有的食品公司每一个产品都有细分品牌,比如达能的水是依云,酸奶就叫碧悠。

每个产品能做到多大规模,对消费者的认知度来说,一个子品牌对应一个品类,接纳度会比较高。他若觉得你所有的产品都是一个牌子,有的时候未必是最佳的。当然,像中粮有一个大的中粮牌子在那里,然后每一个细分产品用不同的牌子,譬如食用油用"福临门",葡萄酒用"长城",方便面叫"五谷道场",每一类食品子品牌都不一样。这就需要平衡,既要让消费者对整个品牌有拉动作用,因为它强调从田间到餐桌,又要在单独品类里,让人感觉比较专业。

斯沃琪旗下有18个品牌,这跟历史有关。有些手表品牌是收购过来的,它的集团名字没有必要改变。现在跨国公司的一个战略是做多品牌、多层次的定位。做高端的,同时也做中端的、低端的产品。

例如欧莱雅就收购了小护士和羽西,强生收购了大宝,最多是中端的;收购来以后,品牌都不会变,用这些产品打中国市场,这样的话它的产品就有一个产品线的组合。很多消费者不知道大宝被哪家公司买下,大宝的消费者他会去管到底是谁的吗?而且他知道了对他也没什么影响。保时捷属于意大利的菲亚特集团,菲亚特是一个比较中端的牌子,车也卖得不贵,保时捷算是奢侈品,但它也不会过多地宣传保时捷属于菲亚特,这样一来消费者可以直接体会到的不多,影响也不大。

笔　者:受到全球经济危机的影响,美元贬值,人民币升值,中国中小企业尤其是"三来一补"企业出口锐减。同时由于纯粹的代加工,中小企业之前没有打造出自己的品牌,国内市场无法拓展,面对中国中小企业生存危机之忧,如何转型?您对他们生存有什么药方和战略性建议。

滕斌圣:没有一个药方能够解决所有中小企业的问题。其中一部分企业是要坚持。因为对他们来说,这个行业的特点决定在未来的全球格局里还是占有一席之地,他们有比较充分、比较明显的成本优势,而这个成本优势在未来的10到20年还不至于衰落。只要在可以预见的将来可以做的，那就继续做。

但是,还有一些中小企业生存空间越来越小,没有品牌,又打不起品牌;有的是因为原材料涨价、劳动力成本和人民币升值等因素。如果生存空间的确是在大幅度萎缩当中的话,就要考虑转型的问题。

我认为如果要转型,还是以行业内为首选。首先还是要看在自己的领域内,通过商业模式或者技术转型,实现产业升级。这个当然需要相当的投入,有的需要投入新的技术、有的需要购买品牌,在国外购入一些历史比较悠久的但是比较低价的品牌。今天我接触到的一个企业是做户外家具的，就在欧洲买了一个当地品牌,虽然也是中国做的,当地还是会认同。这算一种品牌的升级。

但最差的一种情况呢,整个行业都不行了。有的因为污染,有的因为环保问题难以为继,这样的行业还是要趁早转,但要平稳地过渡,慢慢地往新的领域去转。

笔　者:通过供应链管理的商业模式创新是中小企业解决生存发展的重要路径之一,可以创造出新的市场价值,获得长期的竞争优势。

滕斌圣:供应链是商业模式创新的一个方面,通过上下游的整合,供应链的重新组合,能够创造新的价值,这个显然在任何情况下,都是要考虑的。这就像打麻将一样,商业模式的创新就是一种打破以后把资源和要素进行重新整合的一个过程,如果有一个更好的搭配,比如“清一色”,这个牌的质量就上升了,就算“和”,也有不同的“和”法,供应链就是这个道理。

有的行业适合于上下游适当的延伸,比如做大豆进口,大宗农产品按照期货价格去买,到岸价格或许跌了,但可以往下游延伸一下;同时做榨油的业务,因为豆油的价格比大豆价格更加稳定。如果现货价格跌得比较厉害，其中一部分豆就进行榨油,还可以保证一小块利润,这种上下游的整合,能够提高抗风险和抗波动的能力。

有些企业纯粹是做供应链,把上游的事情一起来做,譬如有些电子商务也做物流,认为物流掌握在自己手里比较好,而物流公司也有做电子商务的;所以大家互相融合,看各自优势能够发挥到什么程度,一旦把牌理顺了，又有一定先发优势的话,就像京东商城可以取得长期的竞争优势。一个行业的发展到了一定程度有个振荡期,有些中小企业会活不下去,活不下去集中度就会上升,还有一些行业里的中小企业会长期存在,他们扮演着拾遗补缺的角色。中小企业的确会面临一个被洗牌、被淘汰的过程。

笔　者:中小企业要取得生存发展权，抱团合作、错位竞争、减少竞争摩擦，应该也是不错的选择。

滕斌圣:如果是弱小的企业，应当抱团取暖，双方把产业整合在一起可以达到优化；如果需求都降到50%，那么是不是可以协同，或者关了包给对方。我有个同学做四轮驱动的沙滩车，前几年订单降到原来的10%，他们索性把自己的工厂关掉，找到别人的工厂代工。因为如果工厂保持10%的产能的话，其实成本更高，用OEM外包的方式，效率可以维持在一个比较高的水平。温州中小企业在头寸之间互帮互助值得借鉴。

在金融危机的情况下，中小企业寻求合作的动力会比较大，包括房地产企业，互相之间进行土地的买卖和项目的转让，也是一种合作。但是也有企业在这个冬天加大竞争力度的，因为在这个时候如果采取合适的竞争战略，把原来比较强大的竞争对手给挤死，这也是一个千载难逢的机会。像苹果、谷歌都是在加大竞争的力度，三星和苹果打了很多的官司，互相控告侵犯知识产权，都在加速占领移动互联网和移动终端的制高点。

笔　者:一些在金融危机之前缔结联盟的大牌企业受到经济危机的冲击而中止合作，例如蒂凡尼和斯沃琪，他们分道扬镳的结局给我们习惯认为强强联合、优势互补未必能成大业的感慨和启示。

滕斌圣:这是个比较典型的案例，金融危机比较考验企业的合作精神。但面临金融危机的时候，各自企业出现了一些问题，在困难情况下，意见分歧往往容易激化，一直互为指责和推诿。如果打胜仗，大家都欢乐，不同意见都会被掩盖和控制。环境比较恶劣的时候，大家还能不能维持一个平常心就变得很关键。

笔　者:W·钱·金和勒妮·莫博涅曾著书提出蓝海战略。认为企业要启动和保持获利性增长，就必须超越产业竞争，开创全新市场，这其中包括突破性增长业务和战略性新业务开发。在目前的经济形势下，中小企业特别需要开拓自己的蓝海。

滕斌圣:蓝海战略并非一个特别具有实效性的战略，它的整体思路没问题，就是企业都要避免同质化的竞争，要寻找同行还没有覆盖的领域，以商业模式创新的方法进入这些领域。

就是在金融危机的情况下，企业还能不能创造这样的蓝海，或者说有没有这样的精力，或者投入这样的资源进行创新。有种观点认为在过冬的时候勒紧裤腰带，先熬过去就已经很不错了，就不要想创新了，因为创新是需要成本的，是要试错的，而这种做法未必是一个在过冬时的企业所能够承受的。

但我的看法是，有些企业如果财务状况还能够支撑的话，还是应该继续进行产品创新或者寻找自己的下一个蓝海。有研究表明，很多一流的公司倒是在经济危机的时候诞生或发展的，例如美国的杜邦公司在29年大萧条的时候还持续投入，尼龙等这些革命性的产品反倒是在那个阶段研发出来的。另一种观点认为，因为是寒冬，大家就不会过于心浮气躁，反而可以关起门来做些研究、做些创新，当然前提条件是，现金流或财务状况还相对健康。我们不应该搞一刀切，要看企业和行业的具体情况而定。

笔　者：华为、中兴通讯、联想、吉利在国际化方面都收获了一张好的成绩单；还有湖南的三一重工国际化做得相当不错，在美国、德国、印度都有工厂投产，最近还并购了世界知名品牌德国大象，绝对是中国工程机械的一次意义非凡的大手笔。对中国的大牌企业、中小型企业发展趋势有什么战略性建议？

滕斌圣：大型国企尤其是央企在可预见的将来，他们还是会在整个经济生活中扮演寡头垄断的角色。在一些战略性的行业，国企不要滥用自己的行政资源和垄断优势，还是要更多地让利于民，这个让利于民有两个概念。让利于民营企业，在大家能够公平竞争的领域，要逐渐放开；另一个是有些利润应该慷慨地还给股民，或者用税收的方式让国家用间接的方式，让全民得益。例如中石油、中石化，一方面赚很多钱，有很大的利润；一方面叫炼油要亏，这种矛盾现象比较明显，也让老百姓非常地郁闷。如果真的是有那么大的赢利，完全可以把油价降下来，如果不把油价降下来，可以把利润上交给国家，由国家补贴给老百姓。

大型国有企业的竞争利益暂时不会被削弱，而且仍有增强趋势，但是希望不要成为一个阻力。因为一旦成为巨无霸，一方面自身价值效率偏低，另一方面对于创新缺乏特别大的动力，潜力远远没有发挥出来，或者说整个经济的资源配置就不是最合理的。

中小型企业大部分是民营企业，民营企业是最有创造力、也是最具活力的一个部分。只要我们的政策没有大的变化，哪怕是维持目前的政策，他们的发展速度也是比较可观的。到底是国进民退，还是国退民进，这个问题暂时很难定论，但是只要政策不再缩紧，或者维持现状，民营企业还是和国企一样有发展。

笔　者：有一种观点认为，做得久比做得大好，企业应维持在一定的规模内发展，而不是市场好的时候扩张，危机来的时候裁减。

滕斌圣：做得久是个自然而然的事情，不是一个企业能够想得太多的。比如有的企业定位“百年老店”，我曾经写过一篇文章《企业一定要做久吗?》。我基本的观点是，企业就像一个人一样，人是否会活得长寿，并不是整天想着活到一百岁，而是你采取一种健康的生活方式，然后他就自然而然能够达到。企业也一样，如果能把核心竞争力打造出来。

若是一个健康企业，自然而然你就做得久了。怎样把核心竞争力打造出来呢？是通过把规模做大还是把品牌做强？十年前的想法是，想办法做大，因为大了就死不掉了，保证了一定的安全性，这个观点在这次金融危机里面得到了反证。大的银行都倒了一大批了，大家觉得这个大并不增加你的保险度，庞然大物有的时候反而更脆弱，就像恐龙一样，不比鳄鱼更适应外部环境的剧烈变化。哪怕是从做得久的角度来看，也未必是越大越好，而是一种健康的大、有核心竞争力的大。企业要维持在什么样的规模，一定要看核心竞争力能够支撑到什么规模，怎么样的模式和规模能使自己的效率最大化。在这个市场上，到底是扩张还是裁员，都要遵循一个准则，是扩张能加强我的市场竞争力，还是裁员能加强我的竞争力，而不是过多地去想到底能不能成为百年老店这个问题。

第十一章

苹果与安卓:操作系统品牌的攻坚战

目前,全球手机用户达到40亿部,具备互联网连接功能的电脑达14亿台,12亿台汽车和8亿部电视机具备互联网接入功能。经过上个世纪80、90年代的电脑操作系统之大浪淘沙,仅存微软Windows、苹果OS X和Linux三种系统呈三足鼎立之态势。

移动设备正迅速侵占电脑在我们生活中所发挥的作用。当前,智能手机的销量超过了电脑。在智能移动终端的世界里,出现了7种操作系统:苹果的iOS、谷歌的Android(安卓)、RIM的BlackBerry OS、微软的Windows Phone 7、惠普的webOS,以及诺基亚Symbian和MeeGo。

不同的移动终端操作系统拥有各自的拥趸。

苹果的iOS与谷歌的Android竞争日趋白热化,黑莓稍逊风骚。

移动终端操作系统的这种对立竞争的最终结果将塑造智能移动系统的未来。

据尼尔森最新发表的数据显示,在美国谷歌Android占43%,且应用率一直在加快增长,而定向装载苹果iOS系统的iPhone占28%,RIM的黑莓占18%。手机的新用户有56%购买了Android设备。

苹果iOS与谷歌Android品牌采用了哪种市场战略,后者能否持续胜出?

我们从产品渊源、用户体验、软件开发商、软件管理、价格、运营商战略等,全方位地比较两个主打品牌的竞争状况。

从产品渊源而言,美国最大移动运营商Verizon曾在2007年投资6500万美元推广LG Voyager手机,第二年投资7500万美元推广黑莓Storm。但是,两种手机都无法与iPhone的功能、口碑和盈利抗衡。

Verizon经过潜心研究发现:Android系统是可与之抗衡的设计,其在设计之初就确定未来消费者都会把智能手机当作最主要的互联网设备,而其他操作系统设计时都是把手机当作桌面电脑的附庸。

从用户体验来看，苹果 iOS 比谷歌 Android 更显得统一简洁。其系统直观，消费者觉得 iPhone 方便好用。苹果手机的设计时尚、界面迷人、使用便捷，大大地吸引了注重美感的消费者。在中国市场，使用 iPhone 手机很多时候成为一种身份标识。苹果充分利用了先发优势，在细节上可谓匠心独运，在手机操作系统用户体验和交互界面方面独树一帜、简单易用，远远超过谷歌的 Android。

谷歌 Android 系统给人的感觉是支离破碎，版本不统一，用户界面可随意修改，应用程序不兼容，而且缺乏能挑大梁的应用程序。作为移动终端操作系统，尚需大量高端的应用程序、3D 游戏和丰富的媒体软件。

从软件开发商而言，苹果 App Store 应用软件超过了 25 万份，而 Android Market 仅有 8 万份。此外，苹果 iOS 的应用制作更显精美、下载量更大，能给应用开发商带来巨大的利润空间。但是，也有开发商对苹果严密控制 App Store 的做法感到不满。认为苹果的应用生态圈受到严密控制，短期而言这带来了巨大优势，从长期而言是苹果的一大软肋。

随着 Android 手机的用户不断增长，日益受到应用开发商的青睐。谷歌 Android 的代码对所有人开放，对进入销售系统的所有应用软件无事先审查，制造商可根据自己的需要在不同的手机中修改界面和用户体验。据最新统计，苹果 iTunes 应用软件销售额达 30 亿美元，而谷歌 Android 仅超 1 亿美元，这充分表明了用户对苹果模式的赞同。

从价格定位来看，苹果专注于高端市场，采用高价高质获得高利润的策略，还开发和控制了一切设备的软硬件生产。苹果电脑的市场份额从未超过 10%，却为苹果带来极高利润。而 Android 把门槛设得较低，用户基于同一个系统，不同的手机品牌在价格上可能会出现 1000 美元到 5000 美元差别。

从渠道而言，谷歌 Android 采取的战略与苹果完全不同，谷歌 Android 广泛应用于厂商的设备之中。目前，全球主要的移动设备制造商都加入了谷歌 Android 阵营，并推出基于其操作系统的设备。如果你想买一部装载谷歌 Android 的智能手机，可选择摩托罗拉的 Droid 系列手机、三星的 Galaxy 手机等。目前，在美国市场上发售的就有 20 多款 Android 智能手机，全球范围内则有 90 多款。谷歌的战略是通过提供免费的操作系统，将谷歌搜索、Google Voice、Gmail、Contacts、地图、Places 及其他服务与 Android 无缝整合，迅速强占市场份额，希望在未来占据移动互联网和搜索广告业务。广告收入虽然比不上售硬收入,但利润率相当可观。

苹果 iOS 则仅锁定在其自家产品如 iPhone 和 iPad 设备上。如果用户想购买苹果系统的智能手机,只能选择 iPhone。与免费赠送软件、开放的谷歌不同,苹果 iOS 是一个封闭的收费系统,不给其他厂商半毛钱机会,以致 AT&T 等运营商怨声载道。苹果希望用户能全面享受 iPhone 功能,而运营商不得不忍受重负追加数十亿计的投资来满足这个需求。

相比之下,谷歌在新手机上销售应用程序和移动广告。作为采用 Android 的交换,Verizon 将从以上两种收入中提成,这比 AT&T 从苹果那得到的条件大方多了。此协议已经成为 Android 与所有主要运营商合作关系的样板,从根本上改变了无线产业。假如谷歌的移动广告业务能够接近其在线广告的成功,有朝一日即使其中的很小一部分也可能意味着十数亿美元的收入。由于运营商能在应用程序的销售和广告收入中分一杯羹,用户上网浏览或下载应用程序时,运营商就在挣钱,其软件开发商、制造商、运营商和用户各得其利。这种情况下,他们的积极性充分被调动起来。

谷歌通过让所有制造商都免费使用其操作系统,希望催生出数以万计装载 Android 的设备。也许单一产品未必能像 iPhone 这么成功,但能增加用户数量。2007 年以来,苹果 iOS 已安装 1.6 亿台设备,Android 仅在 2010 年的安装量就有这个数字的 42%。现有 27 个制造商为 169 个运营商提供 Android 设备,应用程序超过 15 万个。

iPhone 与 Android 手机在 2011 年均将取得成功,前者将创造更多利润,后者将占据更高市场份额。但谷歌 Android 正在悄悄搭建的生态系统,在未来 3 到 5 年内成为苹果最致命的竞争者。

苹果此次在移动终端操作系统上的竞争,比上世纪在个人电脑市场上的遭遇更加激烈。苹果的竞争对手除了谷歌 Android,还有黑莓制造商 RIM。苹果的老对手微软刚刚推出 Windows Phone 7 操作系统,有 9 款智能手机将陆续上市。如此局势使得苹果几乎没有犯错的余地,还必须加强核心竞争力,不断推出热卖产品。任何一个错误都可能给 Android 或其他竞争者提供迎头赶上的时间和机会,最终挤占苹果市场份额。

面临危机,苹果不得不见招拆招、各个击破。

利用规模经济优势加强研发。苹果股价 2011 年以来累计上涨了将近 50%,市值达 4000 亿美元。若按照市值计算,苹果已是全球最大规模的科技公司,全球仅埃克森美孚石油公司以 4200 亿美元市值“略高”苹果。

凭借 458 亿美元的现金,苹果有实力大举投资产品研发。苹果除在产品性能和应用开发方面已经建立巨大的优势，还是闪存芯片最大的采购商之一，拥有巨大的规模经济优势。

发展多家运营商拓展渠道。为了遏制谷歌 Android 的崛起势头，苹果与 Verizon 达成协议，后者开始提供 iPhone，苹果得以获得数百万的新用户。

知识产权诉讼案围魏救赵。利用诉讼遏制竞争对手是比较常见的竞争战略之一，即使诉讼失败，也能让对方付出时间和成本，分散对方注意力。苹果分别起诉 HTC 和谷歌 Android，HTC 在美国禁售，助推谷歌 Android 价格高涨。

加强产品线的更新换代与市场拓展。应用苹果 iOS 操作系统除 iPhone 外，还有 iPad 和 iPod Touch 两款重量级产品。iOS 产品累计销量超过 1.2 亿部。

2012 年 iPad 商用调查报告称，12％的 iPad 企业用户表示，iPad 已经完全取代传统的笔记本电脑，54％的企业用户称 iPad 部分取代笔记本电脑。报告指出，虽然大多数企业用户还在使用笔记本电脑，但 iPad 令他们降低了对笔记本电脑的使用率。将近四分之三的企业用户表示减少随身携带笔记本电脑出行，现在他们外出时改带 iPad。iPad 能在企业用户市场占得一席之地，与它在消费者市场取得的成功有很大关系。调查发现，四分之三的 iPad 企业用户已经私人购买了 iPad，四分之一的 iPad 企业用户表示公司为他们配备了 iPad。通过对企业用户调查发现，iPad 最常用的用途依次为：上网（79％）、阅读（76％）、看新闻（73％）和工作联络（54％）。总的来说，91％的企业用户声称会在工作中使用 iPad，其中有 51％的用户经常使用，40％的用户偶尔使用。而且 iPad 已经迅速成为 IT 专业人士的必备设备，调查显示 79％的 iPad 企业用户外出时总是带着 iPad。在财富 500 强企业中，91％的企业正在部署或测试 iPad。

2011 年第四季度智能电话的销售量比上年翻倍，达到 1.01 亿部，平板电脑 2011 年的销售增长量预计超过 3 倍。目前，iPhone 和 Android 得以共存是因为市场需求旺盛。但当市场一旦饱和，谁家将拥有最多、最忠实的用户呢？在美国市场，Android 智能手机销量已经超过了 iPhone。按照这种趋势，iPhone 在智能手机高端市场建立起来的巨大优势地位就岌岌可危。

不过，凭借着雄厚实力和先发优势，苹果仍将坚韧不拔地维持市场地位，会与所有操作系统共同主宰市场。移动终端操作系统市场不会出现当初微软主宰 PC 那样的场景。市场不会只有一种操作系统，移动终端操作系统市场会比 PC 市场更加分化。

哈佛商学院教授约菲指出：苹果会失去在移动终端操作系统市场的巨大优势，但会维持 25%—30%左右的市场份额。这已经足以维持一个巨大而又非常盈利的业务了。

谷歌 Android 目前是领跑者，发布了 Google Nexus Prime 智能手机，同时正准备发布代号为“冰淇淋三明治”的 Android 4.0 操作系统。系统将把用于平板电脑和智能手机的平台统一起来。

苹果 iOS 亦如火如荼，在发布新的 iPhone 4S 时发布了 iOS 5。关键的功能包括通知中心和 iMessage 服务。前者是个新的应用程序，让用户在一个地方管理其所有的通知并且不会出现中断现象；后者能够向同样的 iOS 5 用户发送短信、图片和视频。苹果的移动终端操作系统现在还支持 iCloud 在线数据存储和同步服务。

RIM 开发新的 QNX 操作系统且在黑莓 PlayBook 平板电脑上试用。消费者认为 PlayBook 平板电脑上市有些匆忙，缺乏不依赖于黑莓智能手机访问企业电子邮件等一些基本功能。

微软已推出代号为“芒果”的 Windows Phone 7.5 平台，此平台拥有新的多任务功能、必应本地搜索功能及集成短信、Facebook 聊天和 Windows Live Messenger 的新的消息平台。在可以预见的未来，微软的移动终端操作系统将一直排在 iOS、Android 和黑莓之后。

在移动互联网终端称霸的后个人电脑时代，智能手机的数量将远远超过电脑的数量，这就意味着谁掌握了智能手机操作系统，谁就控制了市场规模 10 倍于传统互联网的移动互联网的入口。

目前，国外公司基本上主导了智能终端操作系统的发展，谷歌、苹果以及微软三家美国公司已占据了先发优势和规模优势。在国内，目前仅有的两大自主操作系统中国移动 OPhone 和中国联通沃 Phone 表现平平，在市场上发展并不如意。

谁拥有自主操作系统就可以将用户锁定在你的服务上。在中国市场，智能手机操作系统市场可谓你方唱罢我登场。除百度之外，还有中国移动的 OPhone OS，中国联通推出的沃 Phone 操作系统，李开复领导创新工场开发的基于 Andriod 的点心操作系统，阿里巴巴集团旗下阿里云计算公司推出的阿里云 OS 操作系统。联想乐 Phone 手机比起 iPhone 数十万的应用程序，乐 Phone 手机只有几千个应用程序还是显得微小。

巨头们要么如中移动、电信和联通等处于机制的禁锢之中，要么如 Nokia和摩托罗拉等处于下滑的通道之中，要么如苹果、Google等属于在中国市场自废武功，要么如微软和英特尔等属于一下子还没有适应从中心跌到边缘，要么如腾讯、百度、阿里巴巴等属于还非常年轻的产业、号召力非常有限的。

中国如何创造自己的移动终端操作系统品牌？

用国产的操作系统取代苹果iOS和谷歌Android成为中国本土品牌创新的一大命题，以抵御国外核心技术的商业垄断。但是，中国研发移动终端操作系统必须对本土的真实市场需求进行因地制宜的考察与权衡，而不仅仅是企业锁定用户或者赶出国外竞争者的权宜之计。

中国用户平均每15个月换一次移动终端，目前只有不到7%的中国移动终端用户在用带有操作系统的智能移动终端。在剩余93%的用户使用国外的操作系统之前，如中国移动、中国联通、创新工场、百度等抓住机遇，因地制宜研发出更适合本土用户的操作系统，同时借鉴苹果iOS和谷歌Android的商业经验，市场潜力将不可限量。

移动终端操作系统品牌，谁能生存下来，取决于产品是否具有普遍性，是想符合所有人还是特定人群使用。我们看到Android，iOS、Windows Phone和BlackBerry通过不同的设计哲学，创造了差异化用户体验。

手机操作系统并非一个单独存在的产品，需要各大手机企业、运营商、程序开发者、芯片制造商所组成的产业链的配合。智能手机与操作系统难以单点突破，寻求产业链上的整体突破是不二法则。

移动互联网是一个庞大的生态系统，只做好操作系统不能代表成功，需要链接的上下游资源。未来手机操作系统的核心竞争主要有三个方面，一是开发出广受用户喜欢的应用，二是在于如何获得渠道优势，三是如何规避知识产权的风险。国内手机操作系统要获得主流手机品牌的广泛接受，几年之内也许没有机会，但建立自己的生态系统更显得任重道远和至关重要。

第十二章

7-Eleven 连锁:品牌人心增值理论

我和 7-Eleven 连锁店的相识,完全是一种偶然。

日本物价在全世界来说,可以说是最高的国家之一。若和国内相比,物价一般是我们的 5 至 10 倍。譬如 10 公斤大米,在九州地区,最便宜的再加 5%的消费税一般也需要 3000 日元。所以对留学生来说,能买到便宜的东西是一门学问,同时也是一门生活的必修课。据校友马先生介绍,以我所居住的宿舍为中心方圆 2 公里的地方,有这么几家超市可以值得买东西:SUNLIVE 每月 20 日的面包最便宜,新鲜馆每周二的肉和香蕉最便宜,丸共超市周末的鸡蛋最便宜,大荣的北海道啤酒最便宜……在马先生的口里,根本没有涉及 7-Eleven 连锁店两个字,所以对这家连锁店没有概念。

等我知道在离我宿舍不到 200 米的十字路口有 7-Eleven 便利店的时候,才大吃一惊,原来 7-Eleven 在日本这么有名,在世界上也这么有名。

我还是简单地叙述一下我和 7-Eleven 便利店第一次打交道的故事。

那是我收到第一份手机电话账单,按照在国内的习惯,总是首先想到邮电局去交费,当我拿着账单跑到附近的浅川邮局去付单的时候,邮局工作人员礼貌地告诉我,他们不能收我的单子,因为他们没有契约关系,“不过,你可以去附近的 7-11 便利店去交。”一个年轻的工作人员告诉我说。

便利店能收费吗?我怀着惴惴不安的心情返回到离我宿舍不远的只有一层楼面的 7-Eleven,我刚推门进去,就听到一位年轻的服务小姐、鞠着躬热情地朝我说了一句:“欢迎您的光临!”当我把电话账单交给这位服务员时,这样一个镜头直到现在,在我的脑海依然历历在目:她满脸微笑,用双手恭敬地接过我的账单和钱,然后用了不到几秒钟的时间,啪地敲了一个章,唰地把收据和存单一撕为二,她的双手就像一个魔术师一样,轻盈、柔和而快活。做完这之后,她把收据和找的零钱放在一个托盘里,然后用双手托着托盘递送到我的面前,满脸春风、面带微笑朝着我说:“谢谢,欢迎您的光临!”这时,我有些受宠若惊的感觉,连忙用双手接过托盘,拿出零钱和收据,也学着她微微地鞠了一躬,说:“谢谢!”

当我快要走出店门的时候,便利店的几位服务小姐,几乎是异口同声,朝我鞠躬说:“您辛苦了,谢谢! 非常谢谢!”

这个场面,像一部动人的电影,浮现在我的脑海里,叫我一直不能忘怀。同时也叫我认识了7-Eleven便利店,认识了什么叫真正的服务,和一个顾客作为上帝的真正感觉。

7-Eleven便利店,它最早的出身地不是在日本,而是在美国。它的前名叫南大陆制冰公司,专门销售冰块的、因为周围的居民对该公司的要求越来越多,比如能否买洗衣粉呀,可否能买到面包呀,还有鸡蛋、香烟或酸奶什么的,公司觉得这也不错,干脆就顺着消费者的要求做下去、这一做不打紧,这条路线还真的选择对了,一不小心竟成了美国便利店的原创,成了美国或者是世界便利店的最初萌芽,就是这棵小小的萌芽,后来茁壮成长为美国甚至是世界最大的便利店。

从1937年萌芽到1946年1月24日正式将南大陆制冰公司图腾店更名为7-Eleven便利店,看起来只有几年时间,意义可绝对不一样,7-11的正式命名,真正拉开了世界便利店时代的序幕。到1977年,7-Eleven便利店发展到5000家、1985年,7-Eleven在美国加利福尼亚设立了5个流通中心,除了在加拿大、墨西哥、和意大利通过直接经营或合资形式外,还在日本、我国的香港、台湾、马来西亚、澳大利亚、泰国、韩国等地区导入特许经营,7-Eleven这时俨然成为世界便利店的王者。

7-Eleven为什么能成就霸业? 有四个因素缺一不可:一是拥有独特的选址战略;二是它能培养出利润意识极强的经营者;三是能及时增加新的经营品种;四是喜欢和善于购并。

为什么叫“7-Eleven”呢? 这跟美国人的生活习惯有关系,7就是早上7点开门,11就是晚上11点关门。“7-Eleven”的店名就是这样诞生的,有点像美国人的性格,直来直去。简单好记,不花哨,而且时间观念极强。

上面提到日本是7-Eleven店特许经营的地区,主动承接这项业务的是一家叫伊藤洋华堂的著名超市公司,这家超市有个叫铃木敏文的业务员,就是这个铃木,后来成为日本7-11便利店的灵魂人物。60、70年代,在美国7-Eleven大举进攻加拿大和美国的时候,日本迎来了它的大众消费时代。生产所对应的消费开始变得异常活跃,商品的销售和流通都需要做出重大的调整。铃木敏文这个时候眼睛盯上了美国的、名字有点儿怪怪的

7-Eleven。

在铃木的眼里，7-Eleven 的最大特点就是不像超市，以低价竞争来获取消费者好感，而是凭商品销售管理来寻求发展的零售形式。“这个真是太有魅力了！”铃木一到夏威夷，就被 7-Eleven 的连锁管理、效率化的店铺、丰富的零售经验等独特的经营体系和诀窍所陶醉。

1973 年 11 月，铃木决定付出销售额的 1% 来获取 7-Eleven 的地域特许经营权。1974 年，第一号 7-Eleven 丰洲店在东京建立。不得了，从丰洲店开始，日本 7-Eleven 就像三月的樱花，随着季节的推移，逐渐地开满日本大地：1980 年开出了 1000 家；1984 年 2000 家；1990 年 4000 家；1995 年 6000 家；1999 年 8000 家；2001 年 9125 家。我们可以想一想，在日本那么小的地方，一下子开出这么多的店面，这就有点像前几年三株遍布城乡的墙体广告，连上厕所都能碰到，它的势力范围简直无孔不入、无所不在。

到 2001 年，日本 7-Eleven 在全世界开出的店铺达 22648 家。也许风水轮流转的缘故，就在日本 7-Eleven 飞黄腾达的时候，1989 年美国的 7-Eleven 却江河日下、经营不济，反过来要求自己的“儿子”给它托盘和托管。这也许又应了中国一句俗语：长江后浪推前浪，前浪死在沙滩上。

几乎全世界的人都在藐视日本人，说他们只会仿冒不会创造，没有创造力。关于这个指责，松下先生曾这样作过解析：创造力有三种：一种是拿来主义的创造力；一种是市场开拓的创造力；一种是产品制造的创造力。这三点，日本在世界上都做得很好，你能说我们没有创造力吗？是的，在这三方面的创造力上，7-Eleven 就竭其所能，力求做得尽善尽美。

差异化的服务是 7-Eleven 便利店的立身法宝。它认为，与传统的经营理念所不同的是，并非服务项目的多样化和价格的低廉化才能真正做到优质服务和便民性，还有其他的差异化服务，这个服务就是要充分界定、分析自己的顾客群，通过向特定消费者出售自己的日常生活必需品、食品和服务，来适时地达到差异化的高质服务和便民性。

对特定消费群体，坚持“三个中心”的理念：以顾客为中心组织经营，以信息为中心管理商品，以效率为中心提供服务。7-Eleven 分析了自己的顾客来源——40% 为未婚男性，26% 为已婚男性，18% 为未婚女性，16% 为已婚女性。很显然，男性和未婚者是它的顾客目标，针对他们如何开展销售和服务，是 7-Eleven 的主要功课。

7-Eleven 又做了反常规的经营手法，它没有像酒类、书店那样，从生产商的角度来组织店铺，而是以顾客为中心来设立店铺和组织商品，按顾客的特定要求以零售商的名义来组织生产。在 7-Eleven 商品的构成中，点心、饮料等加工食品占 31.6%，米饭、调味面包、生菜等快餐食品占 30.5%，牛奶、酸奶等当日食品占 12.7%，杂志、日用品等非食品占 25.2%。从这个列举的商品分类来看，我们看不到 7-Eleven 有什么特别的地方，而且价格并不便宜。

那么它的奥妙到底在哪里呢？当我们以北九州市折尾的一家 7-Eleven 便利店为调查对象时，调查结果令我们大吃一惊：在这家 100 平米左右的店铺中，却经营着 3000 多个品种的商品，其中 70%的商品每年都要更换，日平均销售额达到 68 万日元，单位销售面积的效率达到 235 万日元，资金周转率每年达到 43 次。

革新物流管理系统是 7-Eleven 创造利润的第三源泉。我们可以想象这样一幅画面：一部电话、一间办公室、几部货车就是一家物流公司。对的，不错，这就是简单的物流公司的样子。不过，这样简单的模式不能适应综合和大型商业公司的需要。在中国大地，物流公司像雨后春笋般地生长起来，这也不是跟风，而是因为物流管理被企业认为是继生产和销售管理以后能创造利润的第三源泉。

1976 年，当 7-Eleven 已经发展到 100 家的时候，它明显地感觉到商品的供应和配送难以适应店铺发展的需要。于是，7-Eleven 花了几年时间，摸索出了一条物流路径集约化的模式。这条模式的具体方法就是改变以往由多家特约批发商分别向店铺配送的物流经营方式，转变为由各地区某一特定的批发商来统一收集该地区各生产厂家生产的同类产品，并向所辖地区的店铺实行集中配送，这样的效果就是减轻了 7-Eleven 的管理批发商物流的工作量，缩短了距离和配送时间，大大降低了物流管理费用。

随着 7-Eleven 在日本全国的不断开发和拓展，物流路径集约化的模式也相对滞后，它又创造出来物流共同配送模式。这个模式的管理目标主要是通过大单位化物流、共同化物流、程序化物流、及时化物流、省略化物流来分别实现规模经济、范围经济、综合经济和速度经济。物流共同配送模式运作方式就是按照不同地区和商品划分，组成共同配送中心，由该中心统一发货，再向各店铺配送。地区划分的标准是在东京首都圈附近为方圆 35 公里，其他地方市场为方圆 60 公里，各地区设立一个共同配送中心，这样真正实行了高频度、多品种、小单位配送。

由于学业紧张，笔者曾多次在 7-Eleven 便利店买便当，就让我们去追随一下，一盒便当是怎样从工厂到我手中的历程吧。像 7-Eleven 便利店供应便当、米饭、调味面包、寿司的企业，与供应杂货的企业不同，米饭、调味面包等食品的合作企业集生产和物流机能为一体，而且配送形式上为一日 3 次配送体制，并实现温度管理。

说起温度管理，它分 4 种，一种是零下 20°的冷冻型，主要包括冰块、冷冻食品等；二是 5°的微冷型，主要包括生菜、乳制品等；三是恒温型，主要包括罐头、饮料、方便面等；四是 20°的温暖型，我买的便当就是属于这个范围的。便当由专业工厂生产出来后，必须要保持 20°的保温车运送，由于夏天和冬天的气温反差大，所以 7-Eleven 车内必须配有加温和冷却的装置。同时，还根据早、中、晚不同时段采取一日三次的配送体制，以便使配送服务能最大程度地符合顾客的需求。

如果不保温，对日本来说还好，因为日本人好吃或者说能吃冷饭，要是碰到像我这种非吃热饭热菜不可的中国人就没法下咽，生意更没法做。

导入卫星通讯系统，7-Eleven 纵横天下。1997 年，对于 7-Eleven 来说，让世界刮目相看。为了追上第四次浪潮，7－11 推出了举世瞩目的便利店综合信息系统。它在总部、加盟店、地区管理部和合作企业共计设置了 53000 台终端，从而构筑了更加先进和发达的信息网络。这个信息系统的最大特点是导入卫星通讯系统。

从企业总部到便利店或地区管理部的信息传递通过卫星线路进行，而从便利店或地区管理部到企业总部的信息传递则通过 ISDN 线路进行，这种信息传输方式比以前的综合信息系统快了 4、5 倍，通讯费降低了 20%。

7-Eleven 总部还将各地区的天气预测图、降水量、云层图等图片也都传输给各店铺的经营者。导入卫星系统，对于 7-Eleven 作为便利店来说，是在全世界是能获取霸主地位的核心竞争力。

就像笔者第一次到 7-Eleven 便利店交付电话费享受到的待遇一样，7-Eleven 有着一套几近完美体系的企业文化。7-Eleven 的掌舵人铃木敏文关于企业文化说过这样一句话："千万不要忘记零售业是一种本土化的经营业态，完全按照美国的思维方式来构造日本流通，是十分错误和毫无意义的。"

7-Eleven 有一份工作要求表，现在我们一起来对照一下，看看我们的服务员做到了几点，我们的顾客能享受到哪些。

> 在柜台时看见顾客进店要大声喊："欢迎光临！"
> 与顾客擦肩而过时要说："欢迎您！"

清扫时要经常面对门口，即顾客。

其他队员喊“欢迎光临，非常感谢”时，自己也要随声高喊。

面对顾客时，同事之间不能窃窃私语。

包装商品手提袋的扎口，要转移到顾客的手边。

加热后的商品必须手持交给对方，以保证商品是温的。

……

在 7-Eleven 有一种人心增值论的理论。

该理论认为，世上的东西大多用的时间越长，其价值就越小；但唯有一种东西的价值不会因为时间流逝而减值，反而会增值，这就是“人心”。

据说 7-Eleven 有个管理者熟读中国的《三国演义》，深谙诸葛亮的锦囊妙计之策略。譬如当有顾客咨询而店员无法回答是，他可能会说“对不起，请稍后”，然后请教其他同事；假如 3、4 个同事都不知道怎样回答时，这时就得打开这个锦囊了，锦囊里写有应答顾客的所有办法。面对顾客的第一个问题，锦囊的第一个妙计是：当回答不了顾客的提问时，不许说“我不知道”，而应该回答说“您稍后，我去查一查”；如果顾客急着要走，你应当说：“能留下您的联系方法吗？”如果是男性顾客，还必须是年轻女性服务员去接待。

读者了解后，是不是觉得 7-Eleven 品牌在抓住和培养顾客的人心方面，堪成一绝。

第十三章

SK-II 化妆品：强势品牌，弱势公关

七年前，国际著名化妆品品牌 SK-Ⅱ被告一事中的焦点——“烧碱”成分，引发了人们对“高档化妆品”的信任危机。

缘由是广东出入境检验检疫机构从来自日本宝洁株式会社蜜丝佛陀公司制造的 SK-Ⅱ品牌系列化妆品中检出禁用物质铬和钕。按照我国化妆品卫生标准（GB7916）的有关规定，化妆品中不能含有铬、钕等禁用物质。铬为皮肤变态反应原，可引起过敏性皮炎或湿疹，病程长久而不愈。钕对眼睛和黏膜有很强的刺激性，对皮肤有中度刺激性，吸入还可导致肺栓塞和肝损害。

于是，SK-Ⅱ遭遇退货风潮，从而引爆了一场 SK-Ⅱ品牌危机。

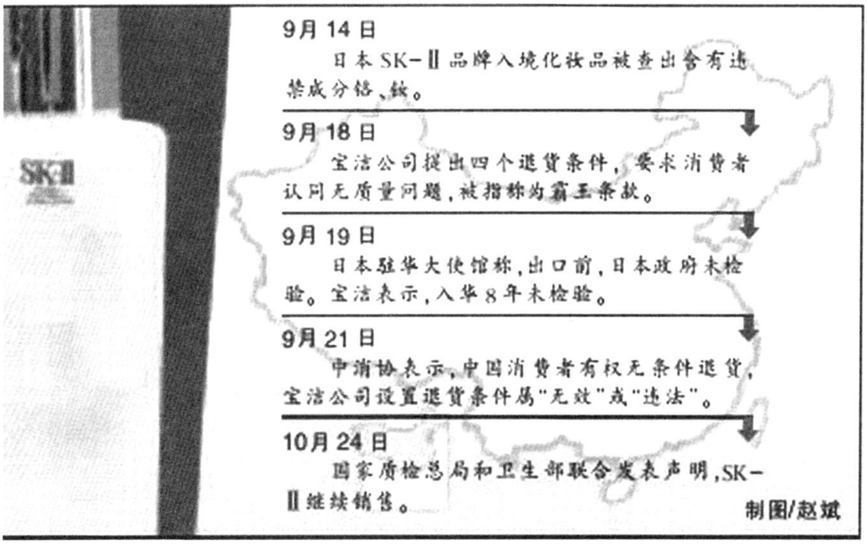

（SK-Ⅱ化妆品事件经过，图片来源 2005 年《新京报》）

曾承诺继续为消费者退货的 SK-Ⅱ宝洁公司突然改变初衷，决定拒绝消费者要求，不再退货了。

宝洁公司公关部门声称，基于国家质检总局与卫生部发联合声明，就 SK-Ⅱ产品安全性的澄清，SK-Ⅱ从即日起停止相关产品在中国内地的退货。

和此前的数次声明一样，宝洁公司强调说，虽然当初有关部门从未要求 SK-Ⅱ向消费者提供退货，但考虑到消费者对其产品可能存在疑虑，秉着善意的原则主动向消费者提供了退货的选择，让消费者放心使用 SK-Ⅱ、提供退货选择的唯一原因。

从 SK-Ⅱ化妆品整个事件来看，宝洁公司对消费者翻手为云、覆手为雨的声明和解释，充分暴露了宝洁公司的强品牌、弱公关，以及对消费者的傲慢与偏见。

同样是世界大公司，索尼公司高层的全球道歉，为宝洁公司提供了好的榜样。

就在 SK-Ⅱ出事前几天，索尼公司高层就笔记本电池自燃事件，在东京就全球召回笔记本一事进行正式道歉，并承认电池故障引发了消费者担忧。

在记者招待会上，索尼全球执行总裁、数字影象业务集团总裁中川裕、高级副总裁、电视影像事业本部副部长木暮诚，以及全球对外事物及公共关系高级副总裁原直史一起鞠躬弯腰道歉。

虽然电池事件导致索尼公司利润锐减，但高层坦诚公开的道歉，不仅赢得了人心，在股票市场上索尼公司股票价格当日收于 4830 日圆，上涨了 1.3%。

据初步统计，40 多天的质量问题风波，SK-Ⅱ产品一项损失数千万。对宝洁公司来说，数千万可能是个不小的数目，但更大的损失是失去消费者对产品的信任度、忠诚度和依赖度。中国有句古话：得人心者得天下。17 年前，三株公司因为一件小事怠慢了消费者，对消费者和媒体傲慢和不屑，最终落下了几乎全军覆没的悲惨命运。

宝洁公司无论是对于政府还是对于消费者，对危机公关缺乏应有的意识和热情，对消费者缺乏应有的透明和坦诚，对公众缺乏应有的果断和关怀责任，暴露出了国际强品牌难以置信的轻公关、弱公关。

索尼和三株的不同结局，作为前车之鉴，SK-Ⅱ化妆品管理高层到了该醒醒的时候了。

一　SK-Ⅱ：该拜碧绿液矿泉水为师

自从 SK-Ⅱ化妆品在混乱喧嚣中退市以后，就一直在谋求返市路径：

第一步：政府公关。通过国家质检总局与卫生部之口发布联合声明，说明 SK-Ⅱ产品是安全的，对用户不会造成危害。

第二步：专家公关。召开“微量元素与化妆品安全性”研讨会。通过中国香料香精化妆品工业协会、全国工商联美容化妆品业商会、中华医学会皮肤科北京专业委员会三家协会请来行业专家，借专家之口高调论证微量元素在化妆品中的残留对人体无害。

第三步：给 SK-Ⅱ会员免费寄送发放“申明产品安全”的公开信，打消消费者对产品的顾虑。

除此之外，SK-Ⅱ化妆品还通过其他方式路径，积极营造舆论氛围，极力想挽回 SK-Ⅱ化妆品在消费者心里受伤的信誉。

笔者认为，SK-Ⅱ化妆品如果真想洗心革面、向用户鞠躬、赢得消费者那颗忠诚的心，挽回消费者对自己品牌的信任，出路有两条：

第一，通过技术改造和革新，把原材料含有腐蚀皮肤的微量元素剔除，无论付出多大的代价，对一个高端品牌来说都值得去做，然后把这个技术革新广播天下，获取老客户的回心转意，赢得新用户的拥戴。

第二，向法国碧绿液矿泉水学习。这是最重要的一条归路。如何学习呢？读完下面的故事，SK-Ⅱ化妆品就会举一反三，寻找到命运流转的真谛了。

在法国有一种矿泉水，瓶子小小、鹤肚细颈、翠绿色晶莹剔透，这便是世界享誉盛名的“碧绿液”矿泉水，素有“水中香槟”之美誉。年产 10 亿瓶，其中有 60％销往国外，在美国、日本和西欧其他国家，这绿色小瓶已经成为法国矿泉水的象征。

1990 年 2 月，在美国食品及药物管理署每年例行的检查中发现，在一些“碧绿液”矿泉水中含有超过规定 2 至 3 倍的化学成分苯，这是一种长期饮用会致癌的物质。

这一消息无疑对碧绿液是致命的。

面对这突如其来的威胁，碧绿液没有像 SK-Ⅱ化妆品那样期期艾艾、暧昧模糊，推诿说是原材料出问题，而是遵循危机公关速度第一、态度第一原则，马上召开了记者招待会，宣布收回 2 月 9 日以前出厂行销全世界各地的全部“碧绿液”矿泉水，并当众销毁。

此次发现的不合格矿泉水充其量只有10瓶，所谓含苯高比不上吸烟危害。但公司认为，必须要让公众感受到的是超一流的服务，绝对纯清的绿液绝不能允许顾客对产品的质量和形象抱着丝毫的怀疑，否则公司将信誉扫地。

公司的这一敬业精神赢得了全美甚至全世界的关注。第二天，股票交易所内公司的牌价在猛跌16.5%以后又反弹了2.5%。

接着，公司向公众公布危机真相。根据调查的结果向公众宣布，这是一项人为的技术事故。是由于净水处理器滤水装置没有定期更换，造成滤水能力下降造成的，同时向公众公布了详细数据，并当场宣布了对滤水系统做的新的技术处理的重要措施。

经过这一场风波以后，碧绿液重新上市。为了巩固市场、赢得消费者对碧绿液的信心、恢复其信誉，当天，巴黎的所有大大小小的报刊杂志都登了整整一个版面篇幅的广告：画面上静静地立着一只巨大的绿色玻璃瓶，在瓶口下端的商标上印着“新产品”的鲜明字样。在广告的左边是几行清晰的小字：“出于对产品质量的追求和对消费者的尊重，我们加强了其技术管理以保证其纯度，‘新产品’这个标记就是这种纯洁度的象征。今天起，顾客就可以买到它。”

同一天，运往世界各地的“碧绿液”也上了货架，由于几天的消失，霎时造成了一场抢购风。

与此同时，碧绿液展开新的广告攻势。事实证明，碧绿液公司采取的这一系列公关活动效果超好。在美国，大约有84%以上的消费者仍热衷于“碧绿液”。

碧绿液上的这堂危机公关课，不知SK-Ⅱ听懂了没有？

二　大象无道，SK-Ⅱ复出仍有阴影

SK-Ⅱ化妆品经过一段令人窒息的沉寂之后，又要复出了。

复出的理由很简单：国家质检总局、卫生部就SK-Ⅱ化妆品问题发表了联合声明。联合声明称：出入境检验检疫机构从9种SK-Ⅱ化妆品中检验出了铬和钕，检验依据明确，检测结果准确。但同时，根据宝洁公司对SK-Ⅱ产品认真的检查和分析，确认在生产过程中未添加铬和钕，被检出的铬和钕系原料带入所致。

意思很堂皇：就是说 SK-Ⅱ化妆品含有铬和钕成分，但跟宝洁公司的生产没有任何关系，是原料本来就含有的。故 SK-Ⅱ是健康的环保的没有质量问题的产品。

这个结论其实很荒唐。

宝洁公司的这种解释很危险！

就像一个卖西瓜的商贩，卖了的西瓜是烂西瓜。这个商贩说，西瓜是好瓜，只是从瓜农那里批发来的时候是烂的，但我卖给消费者的西瓜绝对是没问题的西瓜。

谁又相信呢？

这个理由站得住脚吗？

估计就连一个小学生都会觉得这个理由很滑稽，而且相当的荒唐。

从 SK-Ⅱ复出事件，我们必须认识到，企业不仅仅是个赢利的组织，企业首先是“企业公民”，必须承担社会责任，要有普适价值，需要认识到自己的责任和义务。

“企业公民”是指一个公司将社会基本价值与企业日常经营实践、运作相整合的行为。

一个企业公民认为公司的成功与社会的健康和福利密切相关，因此它会全面考虑公司对所有利益相关人的影响，包括雇员、客户、社区、供应商和自然环境。其基本要素除了股东、客户和员工外，还必须包括坚持可持续性发展，不破坏环境，为社区和更广泛区域内的人服务，重视企业在非商业层面的社会贡献。

企业公民包含 4 个层面：

首先，有一个好的公司治理和道德价值。包括遵守法律、现存规则以及国际标准，防范腐败贿赂，以及道德行为准则和商业原则问题。

其次，对人的责任。包括员工安全计划，就业机会均等、反对歧视和薪酬公平等。

再次，对环境的责任。包括维护环境质量、使用清洁能源、共同应对气候变化和保护生物多样性等。

第四，对社会发展的贡献。主要指广义的对社会和经济福利的贡献，比如传播国际标准、向贫困社区提供要素产品和服务，如水、能源、医药、教育和信息技术等，这些贡献在某些行业可能成为企业的核心战略的一部分，成为企业社会投资、慈善或者社区服务行动的一部分。

当下，任何一个成熟的企业，特别像宝洁这样的国际大象级企业，都在不断谋求自己的竞争优势。但现在消费者对成功的企业的期望已不仅仅是解决就业、赚取利润和缴纳税收，人们开始希望企业能有效地承担推动社会进步、关心环保和生态、维护市场、扶助社会弱势群体、参与社会发展、保障消费者权益等一系列社会问题的责任和义务。

企业是社会的细胞，社会是企业的本源。企业在享受社会赋予的条件和机遇时，也应该用符合社会伦理、社会道德的行动来回报社会、奉献社会，而不是损害社会，损害消费者的利益、违背消费者的根本权益。

企业公民这个概念，蕴涵着社会对企业提出的要求，意味着企业是社会的公民，应承担起对社会各方面的责任和义务，而不是与此相背离。

对企业而言，传统的成本、质量、服务已经成为最基本的标准，而道德标准正成为保持企业竞争优势的关键因素。宝洁公司在国内的营销一直是以"赢"的霸道式的推土机式策略攻占市场：强大的品牌推广营销，巨大的市场占有率，赢者通吃的品牌兼并。"赢"的策略无可厚非，但宝洁应该明白中国的两句古语：天时不如地利，地利不如人和。还有一句：得道多助，失道寡助。

再强大的大象，如果失去基本的"道"，总有一天会被蚂蚁掀翻；再美丽的事业，如果放弃基本的"德"，总有一天会变成一个没有灵魂的木乃伊；再"赢"的企业，如果没有基本的"和"，总有一天会被消费者抛弃。

三 SK-Ⅱ为国产化妆品撕开了一条天缝

SK-Ⅱ作为国际大品牌，以这种令人不解的方式宣布引退，一方面显示了SK-Ⅱ化妆品大佬的傲慢姿态、对发展中国家消费者的漫不经心；另一方面彰显了国际大品牌在危机公关上的短板；第三，暴露SK-Ⅱ在本土营销上，尤其是对待政府权威部门和消费者，缺乏应有的正视、社会责任感以及足够的人文关怀。

SK-Ⅱ的品牌危机，对国产品牌来说，是一种契机，也是一种天机。

SK-Ⅱ无意中为国产品牌成长发展撕开了一条天缝。

中国化妆品市场年约2500亿，化妆品市场的销售额将以年平均10%左右的速度增长。在这种高额利润和庞大市场的吸引下，每年都有数百个化妆品新品牌问世。其中，外资洋品牌占据主导地位，占总体市场的份额已接近80%，并且占据着高端市场。

目前，全国化妆品生产企业约有5000余家，年销售额在5000万元以下的中小型化妆品企业占总数的90%左右,市场份额却只有不到20%。这个数据显示,随着像SK-Ⅱ这样的洋品牌在质量上的致命藐视,狼已经疲软,国产化妆品最好的崛起、反攻和腾飞时机已经到来。

国产化妆品崛起的路径在哪里?笔者认为:

1. 夯实渠道。在中国化妆品市场上,中高端市场基本上被欧莱雅、宝洁、资生堂、雅芳等占据,国际巨头形成了寡头竞争态势。本土企业虽然没有入围,但拥有的最大优势是销售渠道,占据着中低档产品线,尤其是二三级市场。本土除了牢固低端市场,巩固二、三线渠道外,开始细分中高端,蚕食中高端市场,并反攻一线市场。

2. 整合品牌。全国有约1万多个化妆品品牌。在全国十大护肤品品牌中,大宝、丁家宜、可伶可俐、东洋之花等本土品牌拥有36%市场份额。建议这些本土大企业凭借品牌优势,对3000家具有生产能力的化妆品企业进行品牌OEM,团结一切可以团结的力量,联合对抗洋品牌。

3. 以量取胜。中高端市场虽然被洋品牌把持,国产化妆品凭借渠道、品牌情感、本土文化扩大销售体量,以销量取胜,然后从量变过渡到质变。

4. 创新营销。除了通过中间商、代理商或零售商的形式把产品卖出去,还可以通过直销、药店连锁销售、网络销售等新的渠道。

5. 把店面当脸面。对化妆品来说,店面就是一个品牌的脸面,在店址选择、店内装修、灯光的设置、色彩搭配等方面,像照顾脸面一样去打扮,提升品牌价值。

面对国际化妆品的挑战,国产品牌要稳扎稳打、出奇制胜。在竞争中,虽然本土品牌与洋品牌相比还有很长的路要走,还要经历一段优胜劣汰的决斗。但要坚信,与狼共舞必须这样残酷。在中国历史上,以弱胜强从来就是我们的归宿,从来就是我们的必然。

第十四章

阿波罗：教育品牌的赢利新模式

美国阿波罗集团是全球市值最大的教育上市公司，市值约 70.2 亿美元。阿波罗集团下属 6 个分公司：凤凰大学（包括大学网络部）、凤凰大学阿克西亚（Axia）学院、西部国际大学、职业发展学院、金融理财学院和最新成立的阿波罗全球公司。其中凤凰大学是最早的在线课程供应者之一，是全美最大的私立大学。

阿波罗集团 2011 年实现营收 45.7 亿美元。凤凰大学创始人约翰·斯伯林在 2009 年的福布斯全球富豪榜中名列第 397 位，身价 18 亿美元。

一　富有远见并抢占先发优势

1976 年，美国的婴儿潮一代时届三十，知识资本开始显示其取代工业能力，成为主导性的经济力量。未来的工作岗位将需要更高的知识和技能，大量的在职成年人将需要先进的教育，以适应这些变化。

约翰·斯伯林博士抓住了这一历史契机，创办了凤凰大学。

斯伯林富有远见地预见到技术、经济和人口的交汇，将会在很短时间里召唤越来越多的在职成人返校接受高等教育。上世纪 70 年代凤凰大学创立时，当时接受高等教育的人口结构正在逐渐转变，从以青年为主的学生队伍向 50%成年人、80%全职工作人员过渡。斯伯林预见终身受雇于一家雇主将被终身学习和受雇于多家雇主所取代，这促使他创建一家专门致力于在职成年教育的机构。

20 世纪 70 年代初，斯伯林和几位同伴在加利福尼亚州圣何塞州立大学进行的成人教育调查研究表明，在职成人学生希望以兼顾经验和职业责任的方式完成再教育。

那时，高校主要是以满足 18—22 岁大学生的需求来组织教学的。那时除了开设夜校,没有其他途径满足这些在职成人的需求,成人学生不得不在白天离开工作办理入学登记、注册课程、购买书籍或向导师咨询。每周两个或三个晚上开课,停车场在大型校园的周边。斯伯林博士认为,大多数在职成人学生在 8 年以内无法完成四年制课程,或者不到四年无法完成两年制课程。他发现对满足在职成人的学习特点和生活情况所设计的机构的需求将与日俱增。

二　针对目标客户,设计实用课程

凤凰大学的独一无二之处在于专心致力于满足在职成人教育的需求。

这种聚焦传达了该大学在教学模式、设计方法、学生服务、学术和行政架构等方面的独特特点。在过去将近 40 年的时间里,凤凰大学已被公认为高等教育的领导者和变革者。观察家们常常把它归功于该大学为在职成人创建应用性专业教育、专为促进成人学习而设计的学业模式,以及鼓励创新的组织文化等方面的贡献。

许多竞争者们都试图吸引市场中的高端消费者,而阿波罗集团却以市场中间段的大部分学生作为其主要目标市场。为满足这部分成年人的教育需求,凤凰大学早在互联网还未普及的 80 年代末就开始致力于研究和推行网络教育,到目前已经具有了符合自身特色的一整套招生、教学、管理流程。

阿波罗教育的业务领域主要是职业和再就业培训,按照机构划分为三部分:学位教育的凤凰大学、非学位教育的阿波罗全球机构和其他学院。阿波罗的营收按照构成划分为学费、教材、服务和其他四部分,其中又主要以学费为主。

阿波罗最为人们所知的资产是美国最大的私立大学——凤凰大学,其营收占 2011 财年公司营收的 91%。大学全称是凤凰城在线大学,1976 年创立,1989 年凤凰成为美国第一批被认可的提供网络学位教育的学校,学生注册、缴学费、买数据、用图书馆、教学研讨、完成作业、考试与评估、毕业典礼都可以在网上完成,毕业生人数已经超过几十万人。

凤凰大学可以授予从大学预科直至博士的多个专业学位。截至 2011 年 8 月 31 日,学校校园与学习中心遍布美国 40 个州、波多黎各及哥伦比亚,拥有 38.08 万名学生,其中预科 13.63 万人、本科 18.31 万人、硕士研究生 5.4 万人、博士研究生 7400 人。凤凰大学学生主要是 23 岁以上的在职成年人,其中 23—29 岁学员占总学员比例的 64.8%。一般学生两个月左右的时间可修完一个学期的课程，普通学位课程每个学分 200 美元左右，一个学士学位约需要 2 万美元；MBA 学位每学分的学费约为 390—500 美元，一般需要一两年时间修完。

斯伯林认为，应按照成人的职业状况，灵活地设计教育机构、课程、教学方法和招生与上课时间，避免在职成人的学习与工作和家庭产生冲突。在学制上，打破传统大学固定的招生时间，可以全年招生，取消寒暑假，以便学生用更少时间完成学业。课程每周滚动开班，可随时报名，还可任意更换校区。在教学方法上，将“校园实地教育”和“网络在线教育”相结合。有 30% 的学生选择“在线学习”，人数将近 10 万。

凤凰大学“课程设计团队”赶赴各大公司调查走访，开发实用课程，力求将学术理论与专业技能相结合，使学生学以致用，在未来的工作中赚到更多钱。除了自主研发“适销对路”的课程，阿波罗集团还斥资购买实用课程。例如，2011 年阿波罗集团支付 7500 万美元收购“卡内基学习”，它提供基于计算机的数学教学，通过认知指导软件在学生解答问题的时候分析学生的弱点，并提供新问题，直到进级。阿波罗计划把卡内基学习软件应用到其他学科的课堂教学和网络学习。

1997 年阿波罗集团支付了 1750 万美元的现金和价值 1750 万美元的 A 类股票从“全国金融教育基金会”收购了“财务规划学院”，增强其在不断增长的财务教育项目市场的产品系列。当时，财务规划学院拥有 2 万多名注册学生。

三 打造“轻资产”公司，保持高利润率

理解阿波罗要先了解其经营教育的宗旨是盈利，它依靠学生学费作为主要营收，所以满足学生需求是其核心价值观。与传统大学招生目标为占高中毕业生总数 25% 的优等生不同，其招生目标定在占高中毕业生总数一半的中等学生身上。招收的在职成年人一般以低收入阶层为主，上学目标多为求职或获得提升。与传统院校教师和学校设计课程不同，是根据对雇主的调查结果来设置课程，即使学术专家也要研究课程在企业内的应用。学校为学生做客户定制，并设计与其工作环境和个性需求一致的教学计划。

通过削减与教学无关项目开支降低成本，其效益远远优于传统学校。凤凰大学没有聘请终身教授，全职和兼职教师数量共计 35093 人，其中 95% 的讲师都是在职的专业人员，他们仅在业余时间授课，顾问和老师靠电

话和电子邮件协助学生学习。它充分地利用别家雇主员工的“边角料”时间，使用“合同工”大大降低了劳动力成本。

凤凰大学虽在美国42个州设立了200多个校区，但这些校区没有体育馆或学生活动中心，没有固定学期。校园内不设立图书馆，所谓教学中心往往是一栋办公楼而已，学生们都是通过电脑网络来浏览学校的藏书、资料；学校也没有校园生活和学术活动，而教学楼不是租借的，就是学生雇主免费提供的。这种租借教学楼的方式使凤凰大学固定资产占总资产的比例仅为19%，使其营业利润率保持在25%以上，比同样在全美设点的沃尔玛超市高出20%。

四　带刺的玫瑰：利用政府转移支付

即使在金融危机的2008年，阿波罗集团的收入也达31亿美元、净利润4.8亿美元，分别比上一年增长15%和17%。

那么，阿波罗集团稳健的收入来源于哪里呢？

2010年10月30日《纽约时报》称，阿波罗的收入大部分来自于联邦助学金。凤凰大学占2010年阿波罗净收入的91%，大笔款项来自于Title IV项目，凤凰大学只有1%的现金收入来自于学生的民间贷款。

作为盈利性教育机构，凤凰大学严重依赖容易获得“快钱”的学生，鉴于目标客户大多为养家糊口的成年人，凤凰大学利用联邦助学金政策解决了客户的支付能力。它有一支专业的财务代表队伍，帮助在职成人申请联邦政府助学贷款和助学金。其中申请最多的贷款是“联邦斯塔福德贷款”，在2008年占凤凰大学总收入的67%。只要是美国永久居民、没有教育贷款违约记录，就可以获得联邦贷款。“联邦斯塔福德贷款”一年申请一次，额度5500美元到2万美元。贷款通过银行等金融机构支付给学校，用于缴纳学费、住宿费和书本费等。学生在读期间无需还贷，贷款利率最高为6.8%，还款期通常10年或更长。凤凰大学另一个重要的收入来源是帮学生申请无需偿还的“联邦佩尔助学金”，这一项占了其2008年总收入的9%。

凤凰大学赚得盆满钵满，也招来不少指责。

《纽约时报》2007年2月刊文批评凤凰大学获得的联邦学生财政支持超过其他任何一所大学，因此获得高额利润。但按联邦标准，其学生的毕业率只有16%，这在全美却是最低的。政府审计人员还发现，该校没有给学生提供足够的教学时间，以符合学生获得那么多联邦贷款和助学金的资格。

该大学还在为注册函授课程的学生决定财务需要时,不恰当地包含了生活成本费用。教育部还认定凤凰大学延误退还因学生辍学而保留的联邦补助资金。

美国通过新规削减联邦政府对营利性教育机构补助金的规定,虽然教育部表示包括凤凰大学在内的学员在2015年以前不会面临失去补助金的风险,但这笔收益在未来降低和减少已成定局。

数据显示,在美国营利性学院每年的入学人数约为300万人,2010年美国政府向营利性学院提供的补助金总额为300亿美元。

不少分析机构均预计,美国大学在未来几年的报名人数和收入会大幅降低,阿波罗或将面临被迫转变商业模式的境况。

阿波罗最近三年营收、利润较为稳定,2011年营收出现了下滑,主要是由于旗下凤凰大学入学率持续下降。公司于2011年7月收购湾流资产管理公司以便扩大现有业务战略。阿波罗集团还瞄准了中国市场,尝试在中国投资教育。

第十五章

破解海尔品牌攻防战略

假冒伪劣商品一直为我国政府和消费者所痛恨，在打击假冒伪劣商品上，我们花了大力气，曾取得过辉煌的战绩。

然而，尽管如此，假冒伪劣商品的制造和销售依然屡禁不止，被侵权企业除了国内的，外资企业也一样遭殃。

应该说，假冒伪劣商品无论是在发达国家还是不发达国家，都有不同程度地存在。面对这种状况，这就要求我们的企业睁大眼睛，构筑坚固的防范壁垒，保护自身利益不受侵犯。青岛“海尔”自创建至今，极少遭受假冒伪劣等方面的侵权，那么这又是为什么呢？

细细研究，原来“海尔”练就了它自身的一门绝技。这个独门绝技就是——

一　周到的知识产权保护对策

海尔 1984 年创立于青岛，是全球大型家电第一品牌，目前海尔在全球建立了 21 个工业园、5 大研发中心、19 个海外贸易公司，全球员工超过 7 万人。2011 年，海尔集团全球营业额实现 1509 亿元，品牌价值 962.8 亿元，连续 11 年蝉联中国最有价值品牌榜首。

作为中国超大型的家电制造企业，海尔的家电产品在国内市场的占有率达 30%，其中冰箱占 31.2%、空调占 25.8%、洗衣机占 30.5%。目前，海尔在国内外的生产点有 50 家，营销网点达 58000 个，据美国家电杂志《Appliance Manufacturer》评价，海尔的综合竞争力在世界上排名第 9，仅次于第 8 位的东芝，在家电业界位居第一，在全国仅次于红塔山。像海尔拥有如此高的品牌力，不法仿造者和商人其实早就盯着它，然而海尔的策略却让这帮坏家伙无从下手。

海尔是我国最早专门设置知识保护产权机构的企业之一。1985 年就登记注册了商标，1991 年被国家商标局确定为 13 个商标之一。从此以后，海尔把商标作为重要财产来加于保护，具体的措施包括：

1. 新产品、新技术一旦开发出来，马上到工商局登记注册；同时，新产品在投入市场的时候，一边是以最大量的方式推向市场，一边加紧研制开发新产品，在前一代产品逐渐缩小投放量的时候，次代产品又紧随着推向市场，叫仿冒者来不及仿造。

2. 海尔的所有产品包括商品名称、服务名称均以“haier”、“海尔”等 3 个企业的全体图像作为商标登记注册。

3. 防止遭遇侵权，海尔扩大了自己在知识产权的保护范围，比如在商标的发音、意思、字形的扩大变化等方面共计登记注册了 623 件，同时还在 128 个国家和地区，登记注册了与海尔相关联的 576 件商标。

4. 在企业内部设置商标防范体系，一旦发现有侵权行为，马上诉诸法律。

正因为海尔为保护自己的知识产权成功地制定了一套行之有效的对应策略，所以它能把由于遭到侵权而带来的损失，控制在最小的范围内。

二 不断地提升附加值

就像一场战争，仅仅靠防守是永远打不了胜仗的，永远不能取得最终的胜利。海尔也深知这个道理，同样明白“仅仅靠防守是不能完全保护知识产权的”。海尔从创建到现在，销售额每年以 78%的速度增长，这种勃发的原动力，是来自于独特的“进攻”意识、新技术新产品的推出，以及最大化地满足顾客需求为目的的速度理念。换句话说，海尔保护知识产权的关键点就是不给不法侵权者以侵权的机会。

海尔近年来倾力于产品的研究开发，并投入了巨大的资金来研制新产品和开发新技术，研究开发的经费占销售总额的 4.6%，海尔的研发经费在全国的企业中是投入最多的一家。在研发经费上，海尔的目标是向发达国家的 8%—10%看齐。

在组织结构层面上，海尔全面整合研究开发体制。海尔与美国、德国、日本等国家的 28 个拥有尖端技术的企业组建海尔中央研究院，同时在国内外设立了 48 个研究开发据点。该年，海尔中央研究院就开发研制出了 91 个新产品和新技术。

海尔加速缩短了产品研制到产品销售的过程。产品从研制到销售，一般来说，国内企业需要8—12个月，外国企业也需要6—8个月，而海尔仅需要3—4个月。海尔的研发力，为企业的发展作出了极大的贡献。近年来，海尔的销售利润中70%以上都是来源于新产品、新技术的开发和研制。

“海尔急速成长的秘密是最大限度地满足客户对新产品的需求速度。”这句话是欧洲和中东地区的客户对海尔的评价。

欧洲有个客户跑到海尔，要求订购5种不同类型的产品，按照这个客户的要求，这5种类型的商品需要从56种产品设计中抽取改制才能完成，并且这个客户还要求在2个月之内交货。其实按照这个客户的要求，就是在其他的欧洲国家都难以完成，但是海尔硬是达到了客户的要求。这个欧洲人深为海尔真诚为客户着想的精神所感动，伸出大拇指由衷地说了上面一句心里话。

三 在美国买海尔大楼

海尔在“攻”字上可以大写特写的，是海尔进军美国的市场。

张瑞敏和他的CEO在美国纽约曼哈顿举行了“海尔大厦”开业典礼仪式。海尔大厦是一栋6层高的具有古罗马风格的古建筑，该栋大楼原属于一家储蓄银行，今年年初海尔把它买下作为自己在美国的办公室。“海尔大厦”的开业，对中国企业进军美国并开拓美国市场，具有特别重要的象征意义。

海尔实行的世界战略是“3个1/3”，即产品国内占1/3、输出占1/3、海外生产和销售占1/3。海尔的目标首先指向的就是美国。海尔投资3000万美金，在美国的南卡罗来纳州设立生产基地。当时海尔的这个投资决策，叫许多人不可思议，因为这个生产线离中国本土天高皇帝远，海尔怎能管理得了？

其实，张瑞敏在心里有自己的理由。第一，从产品出口美国改为直接在美国本土生产，这样可以大幅度削减运输费用。在此之前，海尔家电产品出口的主要就是美国，而海尔一部分的零部件又是从美国进口，这样来回无形中增加了运输成本，海尔改为现地生产，可以削减这部分的费用，况且美国的劳动力极其昂贵，自动生产水平非常高。上上下下一对比，海尔的决策还是英明的。第二，在美国现地生产，可以规避美国对中国的出口壁垒和非关税壁垒。第三，为使海尔成为一个更具国际化的企业积累经验。第四，可以促使研发能力的提高。现在，海尔在美国有南卡罗来纳州生产基地、洛杉矶研发中心、纽约本部和贸易公司，海尔在产品的设计、生产、销售全部实行本土化外，人才也全面推行本土化，在生产基地由最初的20人减少至2人，最近2人也计划回国。

现在，在美国排名前10位的超级市场里，有8家在经销海尔的家电产品，海尔的小型冰箱占据美国市场的26%。海尔在美国的销售额达1.4亿美元，在3年之内，海尔在美国的营销额计划突破10亿美元。

用“攻”与“守”的两招来保护知识产权，捍卫品牌价值，是海尔企业在实践中得出的独门绝技。

在保护知识产权的意识还没有完全深入民心的时候，海尔的经验我们每个企业应把它当成葵花宝典来阅读。

第十六章

家族企业经营模式与品牌困境

在日本，无论大型跨国企业还是小型企业，几乎都是由家族统治。

在某种意义上，它又被赋予新的理念，它不仅包括婚姻和血缘关系为基础所形成的经济组织，同时也以同一经营思想为主线，把被承认为家族的非血缘关系经济组织也包含进来。

任何一种品牌、模式和制度，都是在迷失中创新，在发展中老化和崩坏，日本的家族企业品牌也同样遭遇新的困境。

说到家族企业，主流经济学把它认为是一种业已被现代管理制度所淘汰的前古典企业的组织形态，民间往往联想到落伍、保守的作坊公司。

家族企业分为两类：家族所有和家族控股。据调查，目前家族企业在世界各国经济活动中占有举足轻重的地位，世界范围内 80%以上的公司属于家族公司，美国《FORTUNE》杂志发布的世界 500 强企业，40%是家族企业，在日本和美国有 90%是家族企业，英国有 70%为家族企业。

从上观之，家族企业的力量不可小视，我们研究家族企业，特别是研究日本的家族企业发展、现状和困境，对我国当下的家族企业发展很有必要和现实意义。

那么，何谓家族企业？家族企业是指以血缘关系为纽带，以追求家族利益为首要目标，以实际控制权为基本手段，以亲情第一为首要原则，以企业为组织的经济组织。

家族企业的特点表现以下几个方面：

所有权的结构。企业就是家，家就是企业。家族企业的所有权集中于创业家族，企业资产和家族成员的共有财产没有严格的界限，企业的利润和亏损完全由家族成员按非市场原则共同负担。

控制权。家族企业都倾向于通过控制所有权实现其他权力。由于经营权和所有权的归一，企业的决策权、执行权和监督权都是由家族内部所掌控。

组织基础。家族企业的组织结构以男性血缘世系为核心，随着规模的扩大，组织沿着血缘、姻缘、地缘、学缘、关系缘的方向，由亲及疏地组成一个同心圆际线缘网结构。

经营管理制度。家族企业基本都是实行家长制的管理模式。管理和领导者作为领袖的地位和人格魅力，是由其在经历、才干、权威和实绩所形成的。

一 家族企业体制样态

家族企业是指婚姻和血缘关系为基础形成的经济组织，日本家族企业对上述定义又增加了新的内涵。它不仅包括婚姻和血缘关系为基础所形成的经济组织，同时也以同一经营思想为主线，把被承认为家族的非血缘关系经济组织也包含进来。

在日本，家族企业发展有着几百年历史，特别是明治维新以后，家族企业发展达到了高峰期。第二次世界大战后，日本进行了全面改革，虽然废除了家族制度，但是这一制度却广泛传留在日本各种经济组织中。如松下电器、丰田汽车、本田摩托等企业，都是以家族姓氏作为企业名称。在日本，无论大型跨国企业还是小型企业，几乎都是由家族统治，尽管是有限公司的体制，但本质上还是类似中国企业的无限公司。

日本家族企业可以分为四种类型：

标准企业型。该类企业占34.1%。这类企业大多是按照现代公司制来建立的企业，家族成员是企业经营主体。企业经营核算比较清晰，企业财务和家庭财务、利润和工资等都处于分离状态，财务账目清晰，积蓄一定的经营资源，并雇用一定量的从业人员。而且，大部分企业正在向现代企业型转化。

副业型。该类企业占32.5%。这类企业主要以补充家庭收入为目的所创办的家族企业。这类企业往往并不强调企业的经营组织形态，也不要求具有更多的经营资源，在不影响家族成员主业的情况下，利用业余时间及闲置人员创办的家族企业。

现代企业型。该类企业占21.4%。这类企业领导人是由家庭成员所构成，从业人员和管理人员主要是由家庭人员以外的人员所构成，技术力量、设备水平都达到了一个相当的高度，企业管理体系和运行机制都比较完善，并有相当程度的积累。

维持生计型。该类企业占12.0%。这类企业是以维系家庭生存发展为目的，家庭成员既是企业管理者，也是企业劳动者，而且管理水平处于比较低的阶段，往往企业财务和家庭财务混为一体，利润和工资等也不分离。

二　家族企业组织形态

“家族情结”是家族企业发展的核心。

美国弗朗西斯·福山在《信任：社会道德与繁荣的创造》中说过：“经济无法脱离文化的背景。”日本家族企业的组织结构、管理体制和运作方式同起源于中国的源远流长的宗法式的“家族情结”不可分离。

选择不同企业组织形态。日本公司制企业主要有四种类型，合伙公司、合营公司、有限公司和股份公司。一般来说，股份公司主要是大型企业采用的组织形态，一些向大企业过渡的中型企业（或称中坚企业）也采用这种形态，通过市场筹措资本，以寻求企业的发展。但是大部分家族企业主要选择另外三种企业组织形态。

建立了纵横交错体系。从纵向角度看，往往以某一企业为龙头，按照系列化方式，层层进行转包，形成“金字塔”结构，从而减少市场风险。从横向角度看，一种情况是各企业通过产业关联进行“流水线”式的配套，诸如工序的连续性。例如，某纸制品加工，每一个工序就是一个独立的家族企业。有综合协调的企业专门接受订单，然后对相关的企业进行任务分配。另一种情况是生产同类产品的企业通过“协同组合”，制定统一价格、统一销售方式，共同维护市场秩序。

与现代企业制度融为一体。日本企业与美国等西方国家企业的明显区别是，西方现代企业制度中的“委托—代理”理论在日本企业中是失灵的。之所以出现这种现象，究其根源是由于日本企业是家族企业，董事长和社长都是家族成员，从而导致目标的一致性。为了学习西方先进管理经验，明治维新后，日本政府对企业进行了公司制改造，至今已有100多年的历史。采用这种企业组织形态后，使家族企业这种“业主制”与现代企业“股份制”有机融合。最为明显的特点是，通过现代企业制度约束企业行为，建立严格的财务制度，使“公”与“私”具有明显的分界线。例如，企业社长能够自觉地将“公”与“私”区别开来，当其从事个人行为时，只用个人财务进行消费。所谓“亲兄弟、明算账”在日本企业可以得到充分验证。

三　家族企业经营模式

终身雇佣制。这个制度起源于20世纪的50年代，该制度并非是我们所说的“铁饭碗”，只是劳资双方的一种不成文的默契。在日本法律条文中，并没有关于顾主必须承担雇工终身雇佣的义务的规定。

终身雇佣制的主要依托是股票分布：相互持股是劳资双方相互保险的机制；职工持有本公司的股票，日本企业中有一种“持股会”组织，职工持股比例虽然很小，根本参加不了企业的重要决策，但也不失为加强职工对企业的向心力，形成“命运共同体”意识的有效方法；领薪者担任要职也是个重要因素。

年功序列制。这是指职工的工资每隔一定的期间提高一次，职位也每隔一定的期间晋升一次的惯例。年功序列制是以终身雇佣制为前提的，也是终身雇佣制的配套工程。年功序列制的工资体系有两个特点：体现一种企业和职工的借贷关系；岗位工资比重大，各种补助名目繁多。

企业内工会。日本企业内工会可能是世界上最独特的工会。它是一个矛盾的复合体：一方面它某种程度地代表职工同资方的交涉，争取自己的权利；另一方面，它又跟资方合作，保证企业生产。如果说终身雇佣制和年功序列制是资方对职工长期投资的话，那么职工自愿选择“企业内工会”，则是自觉不自觉地对这种投资的回报。

职业培训。“出产品之前出人才”的思想几乎是所有日本公司的基本信条，丰田汽车公司的第三任总经理石田退三说：“谋事在人，任何事要想求得大发展，最重要的必须以造人为根本。”在日本，笔者发现日本的大学生大都不好学习，很大程度上与日本公司职业培训有关系。学生加入新公司，要接受公司几乎是脱胎换骨的职业培训，彻底改变以前的生活习惯和思维习惯，所以在学校学与不学，他们认为无关紧要。松下公司设有“教育培训中心”，下属8个研修所和1个高等职业学校，而每家大公司都有自己的培训基地。企业通过教育和职业培训，把新职员培养成高素质和高水平的“企业战士”，帮助他们称职地从事本企业的各项业务。

以和为贵的人际关系。和是对人的主体性的高扬，企业的主体是人，关键在于“企”去“人”就是“止”，一切都维系在人身上，由于“和”的概念对人的主体性的强调，这就产生了日本企业的共同理念、集体主义和团体精神的根源。

日本人反对内耗内争，并非排斥竞争，而是提倡“内和外争”。劳资关系也是“和”的典范，日本的劳资关系是一种统一的服从于企业的关系，这一点被国际社会称为日本高效管理的一大支柱。日本没有全国统一的工会组织，但有企业工会，企业工会不像西方的工会那样，与企业主是对立关系。工会在处理工人与企业的纠纷中，从维护企业的整体利益出发，发挥积极协调和调停的作用。

四 家族企业的困境

*终身雇佣制的崩坏。*公司裁员本是司空见惯的事，但在日本却是非同小可的事。然而，不管日本如何迷醉于“终身雇佣”，一个铁的事实摆在了日本企业的面前，这就是日本几家世界著名的大公司鼓励职工“提前退休”。松下公司制定并执行让6%的员工“提前退休”，松下集团8万名员工中所有58岁以下，在公司满10年的员工都可以申请“提前退休”。松下长期以来被认为是日本式企业的标志，其创始人松下幸之助建立了一套包括终身雇佣在内的日本式经营制度，被尊为经营之父。50年来松下从未因经营不善解雇过一名员工，因为他们相信“公司是个大家庭，每个员工都是大家庭的一分子”。即使在公司最困难的时候，松下也只让半天搞生产、半天搞促销，共同努力推动公司的发展。无独有偶，日本铃木公司也宣布募集“提前退休人员”。据报道，铃木公司的经营重建计划是到2003年总计划削减人员9700人。

日本发生了一件引起世界反响的企业事件，就是雪印公司生产的牛奶中毒事件。雪印公司生产牛奶的设备是宇航食品生产系统生产线，应该说是世界上最为先进的生产设备，那为什么会出现中毒事件呢？

原来，雪印公司为了公司生存，实行大量的裁员。然而，令公司没想到的是，它的职工竟然将市场上销售不出去的牛奶重新回收，将其放入一个大罐中进行搅拌、提炼、再制作，根本就没用这套系统。而那个大罐中存在着大量的细菌，工人一再被裁减以后，只好雇一些小时工，他们往往既没经验、又没责任心，根本没注意到这样生产出的乳制品，人喝了之后是极其危险的。也正因为这样，遭致产生很大事故。

“赢利下降”和“提前退休”两者有着必然的联系，已是不争的事实，不管日本企业承认与否，日本企业引为傲世的终身雇佣制被打破。2001年年底，日本劳动省进行了一项调查，在接受调查的591家企业中，只有91%的企业表示坚持“终身雇佣”，38.3%的企业表示已经没有必要；在雇佣政策方面，有65.2%的企业表示正在削减终身雇佣的数量，59.2%的企业表示将更多地聘用临时工或兼职人员。

年功序列制的迷失。日本企业的年功序列制的工资体系有两个特点：40岁以前，企业借职工的，员工工资的增长幅度低于劳动生产率的增长。50岁以后，企业还职工的，因为过了劳动盛年期，工资增长幅度高于劳动生产率的增长幅度，40到50岁之间，是工资增长幅度最大的时期。该是有长远考虑的，如果员工干几年跳槽了，到了新公司后，一切就从头开始。

笔者曾在日本做过统计，日本企业的补贴种类有地区补贴、住房补贴、职务补贴、通勤补贴、年终补贴、两地分居补贴、取暖补贴等20余种补贴。岗位工资只有25%。

从上面的数据来看，日本的企业简直就像我们以前的人民公社，吃喝拉撒公司全包。其实任何一种制度和模式都会有老化的过程，论资排辈往往会压制年轻员工和新员工积极奋斗的精神，并产生一种惰性。年功序列制带来了员工和管理层的“熬年头”和“熬资历”心理倾向，由于过于重视平等，就会忽视员工的创造能力和拼搏能力。

在日本，要做到部长级（相当于处级），不到40岁以后，想起来都困难。而在次之前，每个人的工资没有多大的区别。其实，一过50岁的员工，过了劳动黄金期，工资却很高，喜欢摆老资格，下面年轻的员工敢怒不敢言。“年功序列，年年在序列，只有年，没有功。”这是流行在日本企业的针砭时弊的一句顺口溜。

家族企业经济体系的瓦解。二次大战后的数十年，日本家族企业一直认为，让海外注资就等于承认日本软弱无能，甚至是出卖国家，所以日本一直拒绝海外投资。戴姆勒-克莱斯勒公司宣布出资购买三菱汽车工业公司34%的股权。据日本央行公布的消息，外资去年的直接投资上升3倍，达到破纪录的140亿美元，虽然其中有些走投无路、濒临破产的日本家族公司是被迫向外资求助，这正反映出日本家族经济正在发生转变。

日本家族企业吸纳外资胃口之大，是前所未见的。从金融、电讯到零售业，海外注资日本的领域很广。其中最瞩目的，是外资汽车业进军日本市场。戴姆勒-克莱斯勒公司计划出资21亿欧元收购三菱34%的股权后，日本大车厂除了丰田和本田两家之外都与欧、美公司的资本挂钩。这反映出日本战后家族企业经济体系的主要模式和家族企业这个品牌正在瓦解和消融。

第十七章

佛手味精:花开三度

我们在为企业导入品牌时,并不是所有的企业都需要 VI、BI 和 MI,这其中特别包括老字号企业。

上海天厨味精的徐总曾对笔者说,我们的天厨有著名的“佛手”商标,有著名的“天厨味精,佛手为鲜”的广告语,还有 75 年的历史掌故和文化底蕴,在中国味精工业的发展史上赫赫有名,企业理念和视觉标识我们都不缺,天厨缺的是先进的产品营销和品牌宣传。

用策划人的话说,天厨味精需要导入 BI(行为识别)的部分,即广告宣传。BI 是企业在明确完善的经营理念指导下所确立的一切生产、经营活动规范,具体地展示在企业内容的制度以及组织、管理、公关、营销推广等方面,通过这些具体的富有人格化的活动来塑造企业的形象。徐总的话自然有他一番道理。在我们的进一步接触中,发现天厨的 MI 和 VI 有自己严谨的一套。BI 的大部分,比如管理问题,70 多年的企业管理非常精细,不让我们插手,最后只剩下广告;而在广告里老板又扬手说,我本人不要宣传,要宣传只宣传企业。

宣传企业就宣传企业吧。钱毕竟在别人的口袋里,“客户永远是对的!”和“真理可能掌握在客户手里”的两句话,常常是我们的行为准则。企业形象宣传讲究定位准确,阅读点到位。读者、企业甚至企业的主管部门都能取悦。

我们知道,对于国营企业,在媒体上的报道或广告宣传,客户会好好珍藏。因为这些资料既可以作为档案保存,又可以向上级汇报,在了解企业状况后,笔者决定从挖掘“佛手”掌故、走可持续发展之路、注重技术革新、创大名牌等 8 个方面张扬企业形象,徐总对笔者的切入点比较满意。下面《“花开三度”的上海“佛手”味精》,读者在遍尝“佛手”味精调出鲜味的余暇,也看看生蛋的鸡有什么可爱的地方。

"佛手"牌味精自1923年诞生之日起，就跟中国味精工业的发展息息相关。20年代初，日本的"味の素"源源涌入中国市场。当时，胸怀实业救国大志，以保护民族工业为己任的吴蕴初与民族企业家张逸云决定联袂创办具有中国特色的味精厂，并取厂名为"天厨"，商标定名为"佛手"。其意为凡夫俗子决然调配不出如此鲜美的味精，只有出自天上佛之手。为了迅速把"佛手"牌味精打入市场，他们便以"天厨味精，鲜美绝伦"、"国货救国"等宣传口号向日本的"味の素"发起挑战，"佛手"牌味精的投产应市标志着中国味精工业迈出第一步。

"佛手"味精一应市，便深受国人的欢迎。非但如此，"佛手"并不囿于国内称雄。1926年进军美国费城，在纪念美国独立150周年产品博览会上，一举获得褒奖证书，从而敲开欧美等国市场的大门，逐步成为中国传统出口国。"佛手"在抗战时期，筹建了重庆、香港天厨味精厂，从此奠定了中国民族化学工业的基础。

斗转星移，天厨味精厂历经几代人的艰苦经营，如今已是"老树开新花，花香飘四海"。早在60年代，"天厨"曾受我国政府之命先后出国帮助越南、缅甸等国建立味精厂。在市场经济过渡时期，上海"天厨"于近年投资3300万，实施以清洁工艺及综合利用为核心的"浓缩等综合利用项目"，率先在国内味精行业中走出资源综合利用的新路子。近年来，"佛手"味精实施名牌战略、扩大名牌效应、大打中华牌，连续四年被评为上海名牌产品。目前，"佛手"味精年产量已达2万吨，成为浙、江、沪地区消费者首选名牌味精产品。

在笔者接触的企业中，像天厨味精这样只做形象广告的并非鲜见。所以，在导入CI时，我们是区别对待。有时为了说服客户，如果是饮料行业做VI，我们就拿美国的Coca-Cola作比方；如果是制造企业，我们就拿IBM作比方。有些企业标志已有半个多世纪的历史，根本不需要VI设计。在为企业导入MI时，如果是电子行业，我们就拿日本的NEC作例子。说来奇怪，我们的有些老板就是需要能得到例证，才肯答应你的设想，才肯从口袋里掏钱让你帮助产品打市场或做策划。

美国企业为什么偏嗜视觉标识，而日本注重理念？只有回答清楚了这个答案，我们才可能汲取精华、弃其偏颇，拿来消化，最后有的放矢。毛泽东在研究中国民主革命问题时说过这样一段精彩的话：

“战争的规律——这是任何指导战争的人不能不研究和不能不解决的问题。

革命战争的规律——这是任何指导革命战争的人不能不研究和不能不解决的问题。

中国革命战争的规律——这是任何指导中国革命战争的人不能不研究和不能不解决的问题。”

毛泽东的话，正是对我们策划人的谆谆教导。我们不妨类比地写道：

CI 的规律——这是任何 CI 策划人不能不研究和不能不解决的问题。

东方 CI 的规律——这是任何东方 CI 策划人不能不研究和不能不解决的问题。

中国 CI 的规律——这是任何中国 CI 策划人不能不研究和不能不解决的问题。”

美国人重视 VI 识别，有其本身的深层背景。为了说明美国人对 VI 设计的极度青睐，笔者把手头上一份美国 CI 早期发展的简表，兹录以下，从表中我们可见端倪。

1941 年，朗涛设计公司在旧金山成立。

1945 年，里宾浩特·马格利斯设计所在纽约成立。

1947 年，好利获得公司将企业名称的标准字交由乔瓦尼·平托利(Giovanni Pointer)设计。

1950 年，美国设计专业杂志“Graphis”第 30 期上首次使用术语“Corporate Identity”。

1951 年，哥伦比亚广播公司(CBS)电视网的新标志由威廉·戈登(William Golden)设计并成功发布。

1953 年，希巴制药公司(CIBA)决定系统实施 CI 计划，在公司为此召开的大会设计家詹姆斯·弗格尔曼(James K. Fogleman)正式使用“Corporate Identity”一词；该计划直至 1960 年才完成。

1953 年，杰罗米·戈德创办德设计公司。

1954 年，纽约、纽黑文、哈特福德铁路公司开始了企业形象设计计划，由赫伯特·迈特(Herbert Matter)对其企业名称进行设计。

1956 年，保罗·兰德主持设计的 IBM 公司新标志问世，在以后的两年后中，兰德继续设计了该公司为广告、公关所用的印刷品。

1957 年，切梅叶夫·盖斯莫设计公司在纽约成立。

1957 年，美国集装箱公司聘请拉尔夫·埃克斯特洛姆(Ralph Eckerstrom)为其设计新的商标。

1959 年,西屋公司(Westinghouse)聘请保罗·兰德为其设计新的商标,并开始了"公共脸面"(Public Faces)的研究。

1960 年,国际纸业公司聘请莱斯特·比尔(Lester Beall)为其设计新企业名称的标准字。

1960 年,大通曼哈顿银行实施企业认别系统,切梅叶夫·盖斯莫公司主持策划。

1960 年,S&O 设计与咨询公司在纽约成立。

1964 年,美孚石油公司聘请切梅叶夫·盖斯莫为其设计企业名称的标准字。

1965 年,美国广播公司(ABC)聘请保罗·兰德为其设计新商标。

1966 年,设计研究中心宣告成立。

业际无区别

二战后的 50—70 年代,美国经济企业发展呈现多样化,出现跨行业经营与多业经营状态,各企业之间的竞争十分激烈。企业竞争产生两方面的结果:一是有创新,开发能力的大企业不断开拓新领域、新技术、新产品,以异质化的产品与服务在市场竞争中取胜;二是相当多的企业采取什么产品畅销就模仿什么,只在该产品的细枝末节上稍有改动的经营策略。例如现在电器市场上的电视机、录像机、照相机、电冰箱等均是大同小异,计算机市场也是如此,实际上各厂商生产的产品并没有明显的区别,这种业际无区别的时候,造成产品与生产产品的企业均质化,消费者很难对其个性有清楚的辨识。

效率第一原则

有人把美国比作一个安放在汽车轮子上的国家,整个社会都在高速运转。"快节奏,高速度"要求视觉识别简易、明快,让人一目了然。例如,美国的交通标志十分发达,充分体现了美国 CI 系统模式的特色。在美国开车,如果看到黄色 M 字形的标志,就会使人联想到麦当劳的风味;只要看到方形的红色招牌上有一条白色的波浪曲线,就会感觉到"可口可乐"的诱惑。因此,处于这种文化背景下的美国社会,企业和产品的标识设计要求在标准字、标准色、标准形状与样式等方面达到统一性和标准化。以便提高标识的可读性和可记性,增强在消费者心目中的形象冲击力。美国通用电气公司公关广告部经理 K·普朗希说:"人们并不希望知道每一细节,他们只想知道该标志对他意味着什么,希望能获得简洁的信息。"

产品同质化

广告是产品营销的尖刀兵，为了促进本企业产品的营销，各种挖空心思的广告和促销宣传手段层出不穷。加之现代科学技术发展使用各种传播媒体异常发达，电视、报纸、广播、杂志、路牌、直邮广告，网上广告等铺天盖地，广告信息如同洪水泛滥。企业在这种状况下，其形象的个性就像被水稀释了一样，变得极其淡薄。面对眼花缭乱的广告，特别是广告上同质的企业和产品，消费者往往感到篮里挑花无所适从。

理性的管理与操作

美国是一个法制的社会，企业非常注重制度与行为规范的建设，理性色彩浓厚，在企业得到制度化、规范化、系统化管理和操作之后，它就需要一个外在标志去传播企业或产品的形象，需要一个标志去代表和说明自己。如IBM公司，其标志就深含公司的理念和文化的意蕴，在公众心目中树立起高科技的企业形象。随着工业设计学的兴起，美国企业提出了“以设计促营销”的口号，工业设计几乎成了美国企业提高产品竞争力和推销企业形象的强力手段。

兼并、重组与剥离

“鲨鱼吃大鱼，大鱼吃小鱼，小鱼吃米虾，米虾吃小鱼。”这是企业发展路上的必然趋势。有的企业从单一经营走向多元化经营；有的企业兼并与被兼并，购买与被购买；有的企业向国际跨国公司发展，原有的视觉系统已经老化，不能再用。另外，确实也有些企业组织老化，形象陈旧或者社会声誉下降，组织形象出现危机。

例如：1904年创建的美国银行，曾被公众评价为“民众的银行”。但是到了60年代就陷入危机中，从1967年开始的为期一年的调查表明，该银行在“效率、服务态度和创造性”三方面都存在严重问题。于是，银行进行了全面的整顿革新，并对使用了64年之久的银行标志进行了重新设计，以“幸福的青鸟”作为他们设计的新标志。

第十八章

熊猫快餐:征服肯德基老巢秘诀

中国人对肯德基、麦当劳可谓是毁誉参半、又爱又恨,其中掺杂着复杂的民族感情和阶级情绪。

对肯、麦的爱,是垂涎其色、香、味,啃着方便,快速解决肚皮问题;恨的是跟着舆论讽其为垃圾食品。每当孩子们闹着要吃肯德基的时候,父母们马上正色道:垃圾食品,不能吃得太多啦!

尚不知父母们是真的受舆论的影响,还是觉得美国人胖子太多,总是认为肯、麦食品少吃为宜。但孩子和小白们终究经不住肯、麦推陈出新的产品的诱惑,屁颠屁颠进出色彩鲜艳的肯、麦店。

在美国,一位当地朋友说,麦当劳在美国本土快餐食品是三强之一,除了提供食品,麦当劳还是世界和平的使者耶。

吾惊问其故。

他说,哪个国家引进麦当劳,哪个国家就和平,无兵戎相见,跟美国就没有战争。君不见,麦当劳微笑的尼日利亚、以色列很平和;而伊朗、伊拉克、古巴等见不到黄色标识的麦当劳。

我说,你很独特,也很扯淡,是典型的山姆大叔式的国家主义者。其一,经济全球化,根本上就是美国经济全球化,东方的西方化,其实就是美国化;其二,在西班牙我就没见过麦当劳,难道西班牙连绵战争?再说,伊朗等诸国本来和平得很,是山姆大叔意在石油插足搅局吧?

美国朋友哈哈大笑,狡黠地转换话题说,今天不谈麦当劳,也不谈肯德基,我还是跟你谈中餐馆吧。告诉你呀,咱美国人比中国好多了,那么多的中餐馆,可喜欢吃了,不过我们从不教育孩子说中餐是垃圾食品哦。

这位美国朋友带我去檀香山 ALA MOANA 购物中心底层的大食堂,他直接把我拉到一家叫“熊猫快餐”((Panda Express)店前。

走进这家感觉类似于上海徐家汇美罗城大食代的大食堂,让我醍醐灌顶,从来以为美国佬以黄油、面包、热狗、生蔬菜、咖啡过日子,想不到老美的食堂做得如此丰富,如此具有中国式的人民公社化。在偌大的食堂里,有环绕着上百家来自全球各地的饮食店铺:日本的 SOBA 屋、泰国菜、韩国餐、墨西哥饼……几乎囊括全世界的美食,尤其包括我眼前的熊猫快餐。

在美国人办的食堂,我首次了解到熊猫快餐的历史和传奇。

一直以为国外在中餐馆就是蛋炒饭,或者买买饺子什么的,如笔者在日本、欧洲见到的都是小饭馆、小排档之类的中餐馆。

据行家统计,在美国目前有 4 万多家中餐馆,年销售额达到 1750 亿美元。熊猫快餐集团作为其中的佼佼者,是美国最大的中餐企业,名列全美餐饮企业的前 80 名,年营业额 90 多亿美元。

熊猫快餐总部坐落于洛杉矶。

1973 年,一位叫程正昌的江苏人远渡重洋来到美国,在加州洛杉矶附近的帕沙迪纳市安家落户;出于生计,跟着父亲开办了一家叫聚丰园的小餐馆。经过十年的积聚,在掏到第一桶金之后,他决定另找途径谋财致富,于是以中国熊猫为名,在洛杉机的一家购物中心开设了第一家熊猫快餐馆。熊猫快餐馆比 1987 年肯德基在中国开张可早了 4 年,比 1990 年的麦当劳在中国开张早 7 年。

熊猫快餐在选址上规避美国人住在乡下的习惯,也不是按照中国人“金角银边草肚皮”的传统选址方法,而是人流汇聚在哪里,店面就选在哪里。在选址上专挑购物中心,专心为购物疲乏而到食街小憩的消费者提供高品质的服务。5 年之后,熊猫快餐进军超级市场;9 年之后,进军百货公司;10 年之后进军大学校园。之后,分店开设的地点进入到机场、商业大楼、赌场以至图书馆等各类场所。

像肯德基一样,熊猫也是讲究“堂吃加外卖”。每道菜现传承了中国人“现炒现卖”的优美传统,同时以快餐店的效率提供比快餐品质更全面的日常外卖服务;在套餐价格上,比肯德基、麦当劳在中国优惠得多。熊猫的家庭套餐价格主要有三种等级:15 美元、20 美元与 25 美元套餐。三种套餐都配有白饭、炒面、汤及饼,分量大小视套餐价格而定。这种只设定价格的方法,适应了老百姓经济实惠的饮食消费之需求。

在广告理念上,熊猫快餐以一句“在中古时代,欧洲混战,美国还以石器为主,中国人就在研究炒好吃的菜了!”的广告词震撼全场。

在营销上,熊猫快餐有两大法宝:一是像比尔·盖茨似的,以捐赠公益作为营销利器。每家新店开业时,把当日营业额的 20%捐赠给所在社区的非盈利机构，以支持社区建设，体现企业的社会责任感。二是把菜单当成推销函。熊猫快餐店有两种模式，一种是专业快餐店，一般 200 平米左右；还有一种是开在购物中心内的快餐店，一般是 80—100 平米。熊猫快餐通过定期邮寄请柬、时令菜单、促销广告等方式，密切联系群众，推广外卖服务。

在品牌形象上，熊猫快餐别具一格，以国宝“熊猫”为标识主角——在圆形标识里，白底中间有一个大红色圆圈，圆圈中间是一个憨态可掬的大熊猫，大熊猫顶部位环绕着一行黑色英文字母——Panda Express。在店铺设计上，以中国本土的红色和黄色作为主打色，淡黄色墙壁、鲜红色边框的尖顶小房子。红色象征热烈活泼，表达中国人的热情大方，黄色象征高贵庄重，凸显熊猫快餐视每一位食客为上帝。

经过 30 多年的孜孜经营，熊猫快餐连锁打破了中国人只会散兵游勇、不会集团经营企业的传统痼疾，开创了中国人建立现代的、集团的、连锁经营的餐饮企业之先河。目前，熊猫快餐在美国的 35 个州开设有 820 家连锁店，成功地在麦当劳和肯德基的老巢安营扎寨，并打出了自己的一片天地。

一花独开不是春，百花齐放春烂漫。

像有肯德基，就有麦当劳一样，在美国中餐连锁还有许多，譬如华馆、LL 夏威夷烧烤、起筷、满洲锅、LOK YAUN 餐厅、龙凤大酒家、北京饭店、亚洲松狮酒店、龙涛阁、香港牛肉、唯一中国、凯姆花园、黄上皇海鲜酒家、亚洲风味、香港中国餐厅、亚洲松狮酒店、老四川、樱桃花、翡翠城中国餐厅等等。其中，作为上市公司的“老张中餐馆”连锁店(P. F. Chang's China Bistro)，同样深深掳获美国佬的胃，在全美 29 州开设近 90 家分店。据说，现在老美到中餐馆吃饭，不像以前含含糊糊，现在进店就问是湖南香辣口味，还是四川麻辣口味，或是江浙菜口味。

在美国大食堂吃完熊猫快餐后，觉得美国朋友关于麦当劳是世界和平的使者的话也不完全是扯淡。

《管子·牧民》曰：“国多财则远者来，地辟举则民留处，仓禀实而知礼节，衣食足而知荣辱。”诚然，有饭吃，有肉吃，就连习惯提刀杀人的李逵不也乖乖地归顺了。

第十九章

莱蒙汽水:被冰箱设计打败

我们把镜头对准两个不同时空的上海街头。

在上海街头,几乎任何一条上海的街头巷尾都扯着一条红布黄字的广告横幅,上书“百事可乐新包装:2 升瓶装,(嗵)!”这是百事公司继 1.25 升饮料之后,又推出的一种 2 升装大瓶可乐,由于经济实惠,产品甫一上市即受到消费者的争购。

凡乘坐中山公园到九江路的 20 路公交车的市民,均可免费乘坐,并且免费品尝一瓶“莱蒙”汽水。这是上海正广和为推出 2 升装大瓶饮料的一种公关活动。当人们仰着脖子把“莱蒙”灌进肚子的时候,都在盛谈着正广和真有创意,为百姓做了一件大好事。然而,当时间过了半年之后,在市场上人们再也难以寻找到有创意能美谈的“莱蒙”汽水了。

读者也许要问,同样是 2 升装的大瓶饮料,为什么百事可乐可以畅销市场,而“莱蒙”汽水销匿市场、败走麦城?

排除百事可乐有较高的品牌声誉和市场份额,其实这跟产品导入市场之前,是否进行过市场调查有着极大的关系。

在上个世纪 90 年代中期,上海居民的家用冰箱大都在 180 升以下,这种规格冰箱的饮料架无论是高度还是直径,都容纳不下 2 升装的大瓶。上海人的生活精致而细算,不会把一次喝不完的 2 升装的饮料丢进垃圾桶,而厂家对此事事先显然没有做过周全的调查,所以“莱蒙”这种饮料一上市就给市民一种尴尬的感觉。不久,这一品牌饮料由于得不到消费者的青睐,就不好意思地被迫退出市场。

之后的上海,市场发生了根本性的变化,随着城建动迁和旧房改造,市民的住房条件逐步改善,以及冰箱的更新换代,220 升以及更大容量的冰箱开始大量涌进市民家庭并成为消费主流。于是,2 升装大瓶饮料忽然之间找到了它的藏身之所,天时、地利、再加上人和,百事可乐推出 2 升装饮料,不成功才怪。

广告大师大卫·奥格威说，产品忽视市场调研就如将军忽视敌方讯号一样危险。有时话说出来可能打击面太广。目前，国有大、中、小型企业一上马就面临边缘、濒临绝境，跟没有周全的市场调查，从而失去战役性、战略性、战术性、综合性打算有相当的关系。

企业面临的问题，不仅是如何挖空心思推销已经生产的产品，而是要如何事先了解消费者的需求这口“井”，然后再根据这口“需求的井”，从事生产和推介活动。一个品牌在导入市场与竞争之前，先进行一番市场调研，只有充分把握不断变化的环境和信息，把握市场消费趋向、新产品市场潜力、产品市场占有份额、产品竞争结构，才能采取有效的策略，一颗子弹打一只鸟，有的放矢方是求得胜利最终成为英雄之本。商场如看不见硝烟的棋，没有眼观六路、耳听八方、韬略满腹的本事，你最好还是在一旁歇着，或者当个观棋不语的君子。

美国人个性散漫而且有些吊儿郎当，但办企业绝不像巴尔扎克年轻的时候办印刷厂那么意气用事。美国雪佛隆公司是家专门生产饮料的企业，该公司为了使产品讨得众多消费者的眯眯眼，在正式投产运作之前，就把亚利桑那大学人类学系的威廉·雷兹教授请到公司的上座，委托雷兹教授对亚利桑那州土珊市的垃圾进行分析研究。

雷兹教授在雪佛隆公司巨资的推动下，跟他的助手不怕苦、不怕累、不怕异味，与垃圾为友。过了一年之后，威廉·雷兹教授指着一大堆垃圾，按照垃圾原产品的分类、名称、重量、数量、包装，对雪佛隆老板说：“垃圾袋绝不会说谎和弄虚作假，什么样的人丢什么样的垃圾，查看人们所丢弃的垃圾，是一种最有效的行销研究方法。”

威廉·雷兹教授通过对土珊市的垃圾研究，获得了有关当地食品消费情况的信息，对雪佛隆公司做了这样的分析。

1. 劳动者阶层所喝的进口啤酒比收入高的阶层多，并知道所喝啤酒中各牌子的比率；

2. 中等阶层人士比其他阶层消费的食物更多，因为双职工都要上班，而且太匆忙了，以致没有时间处理剩余的食物，依照垃圾的分类重量计算，所消费的食物中有15%还可以吃的好食品；

3. 通过垃圾内容的分析，了解到人们消费各种食物的情况，得知减肥清凉饮料与压榨的橘子汁属高层收入人士的良好消费品。

雪佛隆公司老板当然不会随意对待威廉·雪兹教授的良好建议，而是把这份第一手报告当作教科书，并马上组织投入生产和推销，最后的结果：威廉·雪兹教授成为雪佛隆公司的英雄，老板成了利润的英雄。

像笔者这个年龄，说起饼干马上会想到沙琪玛。然而，要是你在上海的商品店或者杂货店，要买到沙琪玛圆一回童年的梦，还真不容易。商品店货架上满眼的都是包装惹眼的“甜趣”或“闲趣”，这些来自法国达能公司的饼干们，以各自不同的姿态招你喜欢，让你心甘情愿地掏腰包。

法国达能集团在其酸奶成功地占据上海市场后，准备将其饼干打入申城。本来，法国达能集团在欧陆食品市场的声誉，挟其强势品牌攻势进入上海市民的家庭，也不太难。然而不，达能集团没有盲目乐观，而是专门委托上海一家市场顾问公司，对上海饼干市场进行为期半年的市场调研。

他们从上海市场的现状，譬如主要品牌、生产商、供应商状况、市场容量、消费者状况等进行地毯式调查，然后从遥远的法国运来畅销欧陆的100种口味的饼干进行10000个样本口味测试，然后再通过消费者座谈会的方式，对即将推出的达能饼干从包装、价格等方面评头品足，以期获得最佳方案。

调查公司经过调查发现，儿童和青、中年女性是主要消费者，家庭和旅游为重要消费场所。达能集团重视市场调研，不仅使“甜趣”和“闲趣”取得不俗的销售业绩，也把上海市场饼干消费一次一次推向了高潮。

当现在的儿童长到我们这个年龄的时候，当她们回忆起她们儿童时代所吃的饼干的时候，肯定不是国产的沙琪玛，而是异国他乡的“甜趣”和“闲趣”。从故乡人情角度来看，不知道他们长大成人后会不会感到失落或者有种耻辱感，反正寻不到童年吃过的沙琪玛，笔者从内心深处长出一种怅然和隐隐的悲伤。

“甜趣”和“闲趣”成为现在儿童的英雄，我们童年的沙琪玛却成了狗熊，甚至什么也不是，国内企业的老板们，你说这不叫人忧伤吗？

第三部分

形象·风德

第二十章

国家品牌:塑造国际信誉度的利器

两年前,中国政府首次在美国有线新闻网(CNN)等国际主流媒体,推出一系列全球广告,宣传"中国制造"的国际形象,传播"中国"品牌。

2012 年 3 月,在纽约时报广场最大的屏幕"美国之鹰"上滚动播放中国文化宣传片《文化中国》。这部宣传片由《敦煌》、《太极拳》、《汉字》、《京剧》和《书法》等多个部分构成。片子用水墨画、三维动画和实拍相融合,将汉字、京剧、太极这些极具中国特色的文化符号搬上荧幕,完美地阐释了"传承绽放绘中国"的主题。

CNN 播出一则 30 秒的商业广告,内容为宣传在全球化大背景下,"中国制造"产品是世界上各个贸易体共同分工协作、盈利共享的事实,广告着力打造与巩固"中国制造"在全球市场上的声誉。

广告画面集中展现了"中国制造,世界合作"的理念——

一天之计在于晨,清晨跑步的运动员所穿的运动鞋是"中国制造",但"综合了美国的运动科技";日常家庭中的冰箱印着"中国制造"标签,但融合了欧洲风尚;一个类似 iPod 的 MP3 播放器上用英文标注"在中国制造,但我们使用来自硅谷的软件",体现了爱音乐也爱中国制造的理念;法国顶级模特儿所穿的知名品牌衣裳由"中国制造",而广告最后出现的飞机画面,是融合全球各地工程师的结晶。

主打"中国"品牌广告是商务部在世界范围里首个品牌宣传活动,在亚洲、北美、欧洲等中国的主要贸易对象地区播出。

广告攻势的主要诉求是着力在海外宣传中国品牌,提升外国人对中国制造产品的认知度,提升中国制造在全球的知名度、美誉度和忠诚度,进而提升中国制造的国际形象。

此广告以中国制造作为切入口,登陆世界著名媒体,宣告了一个时代的开始,宣告中国政府除政治公关(譬如支援非洲)、文化品牌(譬如孔子学院)

打造外，开始通过商业制造品牌推广中国多维形象。

中国制造是国家形象传播的具象。

中国制造世界崛起，中国品牌全球传播。

品牌广告即以树立产品品牌形象，提高品牌的市场占有率为直接目的，突出传播品牌在消费者心目中确定的位置的一种方法。

而国家品牌，是指在一定时期内一个国家在其他国家公民心目中的总体形象。

国家品牌实际上就是赢取国家名声、取得外界信任的计划，塑造国家品牌就是提取本国的优良特性，把这种特性转化为一种为世人认可的固化形象，从而成为国家形象宣传的一张名片。

国家品牌既包括实物形态的“硬产品”，也包括非实物形态的服务、旅游、投资环境、文化传统、政府管理、居民等“软产品”。

国家作为广告主登上各大媒体，掀起了国家作为品牌传播的浪潮。

在世界性媒体做国家形象片，不仅中国做，像美国、英国、乌克兰、希腊、印度、韩国、日本等其他国家同样趋之若鹜。

媒体在刊登国家广告的时候，一般撇清与政治立场的关系。企业在媒体上投放形象广告，产品在媒体上做营销宣传，我们均已司空见惯。而拿“国家”当品牌来宣传，并作为一项主要广告业务，在世界级媒体界也开始日益频现。

像《华盛顿邮报》推出的“国家广告”一样，国家广告纯粹是一种商业行为，与政治立场毫无关系。只要你烧得起钱，我便腾出版面帮你登，内容完全由国家客户来定。

于是，经常看到在同一份报纸上，在新闻版面上登载有记者对某国的负面报道，而在广告版面中却刊登着宣传该国“社会和谐”、“人民幸福”的整版广告。

国家广告同样坚持技巧。

中国国家形象宣传片曾在纽约曼哈顿的时报广场户外大屏幕不断播放。

从技巧上来分析，值得竖起大拇指。

该形象宣传片以中国红为主色调，在短短60秒钟时间内，展示了包括邰丽华、吴宇森、宋祖英、刘欢、郎平、姚明、丁俊晖、袁隆平、吴敬琏、杨利伟在内的，涵盖文艺、体育、商界、智库、模特、航天等各行各业的数十位杰出华人，以“智慧、美丽、勇敢、才能、财富”诠释中国人形象。

美国有位艺人，曾自编自导自演了一部喜剧影片《波拉特》，其中以“黑色幽默”的方式，讲述了一名哈萨克斯坦电视主持人访问美国的经历，以十分夸张的表现手法对该国及其国民极尽讽刺挖苦之能事，可以说是一部“辱哈”影片。由于充满笑料，影片在美国一时很卖座。

哈萨克斯坦政府并没有提出正式抗议，而是在《华盛顿邮报》上刊登了一则占据半个版面的广告予以回应——

广告标题：谁需要波拉特？哈萨克斯坦总统有话要说。

广告文案：在这篇独家文章中，纳扎尔巴耶夫(哈萨克斯坦总统)将向您展现一个与科恩的漫画式电影截然不同的国家。这是一个繁荣昌盛、乐观向上的国家。我们爱她！

这则广告在美国的网络论坛上引发了激烈的争论。

众多网友认为，尽管哈萨克斯坦在许多方面确实有待改进，但科恩的电影确实显得离谱，伤害了别国的民族感情。

在地球是平的当下，许多国家在处理国际关系时，摒弃了过往以意识形态划界的传统做法，而纷纷采取企业化柔性策略，在推广国家形象的时候，越来越多地采取企业推广产品的方法，随风潜入夜，润物细无声。

国家广告的根本目的是推广国家品牌。

一个较好的国际形象能够产生长期的国际效益。

“国家品牌”作为一种公共外交战略，西方美英等老牌发达国家早年都运用过类似的策略提升国际形象。

英国品牌专家西蒙·安霍尔特，擅长推广“国家品牌”，曾为可口可乐和雀巢公司开展全球商业宣传工作，帮助其树立国家品牌形象。他率先提出国家品牌指数理论，该指数分别从贸易、政治、文化、人口、旅游、投资、移民等6个领域进行打分并计算出综合分数。

西蒙·安霍尔特认为，帮助一个国家树立并传播鲜明的品牌形象能够吸引外国投资者和旅游者，从而加速经济发展。反过来，经济的发展又能帮助增强一个国家的政治影响力并且促进该国企业的发展。

克罗地亚就是一个明显的例子。

西欧人常把克罗地亚与“二战”中纳粹的同谋或者20世纪90年代塞尔维亚人和克罗地亚人之间的冲突这样的形象或事件联系在一起。而克罗地亚希望能在2007年前就加入欧盟，就不得不为形象问题考量。

安霍尔特为克罗地亚开出的药方是，要让世人了解它便宜的劳动力、适合居住的城市、提供英语教学的学校、芭蕾舞、剧院和当代艺术。

通过推广优质产品塑造“国家品牌”也是一种行之有效的方法。

美国农业部下属的美国禽蛋进出口协会曾在苏州的出租车上为美国鸡肉做广告。

广告文案为——

中国每年从国外进口近50万吨鸡肉产品，其中50%以上是从美国进口的，其中70%是鸡翅和鸡腿。每一个标准装箱运到中国的鸡翅，相当于宰杀40万只鸡。美国的鸡是用天然大豆和玉米饲养的。

经过美国农业部的严格检验，出口到中国的美国鸡翅等产品是对中国鸡肉市场和中国人营养的最好补充。

广告的最后还用三点提示中国人如何健康消费鸡肉产品，提醒中国人手接触生鸡肉后必须用肥皂好好洗手！

美国《时代》周刊在去年曾公布一项调查，周刊以56个国家的12万人为调查对象，进行了问卷式调查，并对其中的20个世界主要国家的国家形象打分。第一日本，得分77分，其下按得分顺序分别是德国(72分)，新加坡(71分)，美国(64分)，中国得62分排在第五位。

日本从2007年开始已连续4年蝉联第一位的宝座。

尽管这是一次未必科学和完美的调查，但至少反映出一个事实：日本除经济实力外，在积极的进行文化输出，展现自我、创建自己的国际形象方面功不可没。

“二战”之后，日本的名字曾与质量低劣的产品联系在一起，但在上世纪80年代，随着诸多成功的日本企业如丰田、索尼和本田的出现，日本的名字成了质量和技术的同义词。

日本的“国家品牌”逐渐树立了起来。

一个国家的国家品牌除优质产品外，还可从旅游、出口、政府管理、人民、文化传统、投资移民等领域生发开来。其中，以宣传“旅游文化”的国家广告最为普遍，效果较为显著，日本在这方面尝到了甜头。

为创建国家形象，吸引更多外国游客到日本旅游，日本经常在中国、韩国等地展开广告攻势。几年前，时任首相的小泉纯一郎亲自“披挂上阵”，在一个30秒的电视广告中亮相。这组广告陆续在中国、韩国等亚洲国家和地区的电视上播出，同时在日本的多个国际航线的班机上播放。

美国国际关系理论专家彼得·凡·海姆提倡构建“国家品牌”的做法，并列举几种导致该倾向的背景原因：(1)理想与现实模糊不清的后现代主义特征；(2)鼓励商业多样化的新自由主义意识形态；(3)迫使国家进行自我再定义的全球化进程。

上个世纪90年代中期，英国的疯牛病问题一时成为世界性话题。即使在问题解决之后，人们仍然认为英国出产的牛肉不安全，对英国的畜牧业造成重大打击。无论英国政府如何解释牛肉是安全的，但依然难以改变英国科学本身是落后的国际舆论。在英国首相托尼·布莱尔的领导下，英国政府大规模地开展"酷不列颠(Cool Britannia)"国家形象工程，宣扬英国的现代性、多样性和创造性。此项目成为人们热议的话题，引发全球"酷"潮。

国家品牌的塑造与企业品牌打造有相似性，但国家品牌要比企业形象塑造复杂和艰难得多，企业有着自上而下较一致的结构，企业的领导人通常任期较长，且动员职员支持新项目容易得多。

相比之下，国家品牌不是做几个"国家广告"就能够解决问题的，树立一个国家品牌，通常需要长达10到20年的时间才可见效。尤其是国家有着不同的政治派系和庞大的官僚机构，领导层有时会发生突变，品牌在推行过程中极有可能半途夭折、前功尽弃。

更为重要的是，形象毕竟只是表象，终究还是需要以实力为后盾。只有实力提升了，国家品牌才能真正彰显出来。

第二十一章

区域品牌:鄱阳湖如何不野?

一　鄱阳湖是条野湖

“鄱阳湖作为区域品牌,她的区域特性是什么?”

一位随我一起到江西鄱阳湖康山围堤观鸟的朋友探究性地问我。

“你有什么新的总结?”我反问道。

为了不伤害我的自尊心,他用一个中性词作了总结:“鄱阳湖是条很野的湖。”

我问为什么?

因为我知道,在一般人的眼里,野就是无知、没有文化、没有驯化、没有修行,缺乏必要涵养。野湖,就是荒凉的湖、寥落的湖、无知的湖、没有内涵的湖。

朋友论证说:“鄱阳湖既没有太湖的柔美滋润,也没有瓦尔登湖的哲学抒情,同样没有洞庭湖先天下之忧而忧的政治胸怀。”

朋友接着说:“鄱阳湖为什么叫人感觉很野呢?千百年来,缺乏文人骚客的足迹和抒情,可能是太旷漫、太荒野,文人跑不到河边,便停下了脚步,有时甚至连瞭望勇气都没有,便打道回府。譬如929年前的苏东坡,他写过一篇名为《李思训画长江绝岛图》的诗:“山苍苍、水茫茫,大孤小孤江中央。”虽然描写的是鄱阳湖,但他并未游览鄱阳湖的景观,仅仅是看到一幅画,触景生情罢了。

鄱阳湖的区域文化是什么?为什么没有在中国的文学艺术界占一席之地?尽管她有朱元璋强悍的军事演义,尽管她有数代彪悍渔民的生活演绎,尽管在古代她是北方进入江西的唯一水道,尽管发生过无数文人轶事和民间传说,尽管她滋养了平原里的千百万子民,那她为什么没有太湖吴越文学的柔媚？没有白洋淀文学流派的坚挺？没有密西西比河文学的浓稠？

面对朋友的诘问，我把赣文化的历史翻给他看：林士弘、刘恕、洪适是鄱阳湖的，唐宋八大家有三个是鄱阳湖的，白鹿书院是鄱阳湖的，汤显祖是鄱阳湖的，八大山人是鄱阳湖的，陶渊明是鄱阳湖的；对了，还有《滕王阁序》是鄱阳湖的。

朋友眨巴眼睛，微笑地端坐着，好像对我的辩解很是不屑：你说的都是古代的光荣。鄱阳湖的现代呢？当代呢？鄱阳湖的文学大家在哪里，文化大家在哪里？

我知道，朋友的诘难不是寒碜我，也不是奚落我，更不是讽刺我。朋友仅仅是作为一个文化人在为我思考，替我着急。

二　鄱阳湖为什么很野？

鄱阳湖确实很野，她的出生是因为地质升降而成大湖。她具备一种天生的野性，这种无疆的野性使她成为中国最大的脸面。对个体说，这种野性还常常窜进我的梦里，传递并膨胀着我的野心。

> 福克纳把只有一张邮票大小的奥克斯福小镇写成世界级名片，马尔克斯把马贡多小镇描绘成了纷扬不拘的幻宫，还有贾平凹的商州，莫言的高密东北乡，苏童的杨树枫故乡……十余年前，文坛大师的榜样曾巨大地鞭策着自己，我曾构想着自己的一系列关于鄱阳湖风情的《和爱镇》小说。
>
> 后因蹒于世物，才力不逮，当年的愿望遥可难企。但在我稍稍整理个人的从前的作品，发现一个奇妙的现象，不管是何种题材的作品，鄱阳湖的一切像幽魂似地潜伏在我的作品中。
>
> 试举几例：
>
> 我一直认为一座城市、一个乡村如果只有街道而缺少河流，就像一座山只有光秃秃的山石没有潺潺流水一样缺乏灵动和灵性。当然这完全与个人的文化滋养有关，我从小就生活在水系纵横的平原，生活中每一个细节都与河流湖泊相生相息、休戚与共。所以见到河湖、见到水流，就有一种自我的任性肆意之感。
>
> ——文化散文《一条温暖梦境的河流》

我的脑海里长期存在着这样一幅情景：三条人影行走在夏天的早晨，在绿色的曙光下，地虫的嘤鸣像夜空的星星一样闪耀，泥土如同潮湿的空气一样芳香。时不时的一大水滴，从树叶上或枝丫上，落在溪面发出轻轻的脆响。贵川走在前头，在细长的田垄道上，一步一蹭，肩头的鱼罟笼头，一蹦一跳。丰收的喜悦，如曙光一样富有意义。

——中篇小说《和爱镇》

暮春的阳光很慵倦，阿东体会到如躺在母亲怀里的一种舒适。树上有两只羽毛绚烂的鸟，在枝丫上相互追啄，并发出好听的咕咕声，阿东眯着眼，旋着身子跟踪着。卟，一只水鸟飞走了。另只鸟振了振翅膀，也追随着飞走了。

——短篇小说《生如夏花》

一只永远的白鸟/啼鸣一致的语言方式/如云朵在动人城市的上空/筑窠的歌流遍长空。呵，绿树环抱的丘陵/水系密布的家园/白鸟将穷尽一生的翅翼/逼还远离

——诗歌《恋园的白鸟》

在我父辈的故里——鄱阳湖平原。这个区域境内阡陌纵横，历史上既得益于水，又常遭水患。但对于一个没有高山峻岭，只有湖泊河流的子民来说，几千年日落日出，几千年春耕秋收，再好的景色也有看厌的时候。这个时候，无论是学富五车的文人还是凡夫百姓，都渴望需要一种想象来给水墨样凡庸的生活描上一道彩虹，都需要一种人文的景致来增添梦中的憧憬，都需要一种浓缩的典故来添加茶余饭后谈资，都需要一种景观来培养教育后代热爱故土的素材。

——长篇文化散文《好把沧桑问夕阳》

作为一个从少年时代便生活在前沿都市的现代人，我知道我一直在摆脱故乡给我的诸多影响，但一种水性的影响力无形地淹没着我。同我一样，还有许多生于斯、长于斯的文化人，可以说是鄱阳湖文学的一个文化精灵。他们靠水，而批判性地、扬弃地吃水，个个成为中国水乡文化的翘楚。

三　鄱阳湖如何不野？

根据国务院2009年底批复《鄱阳湖生态经济区规划》，鄱阳湖区域定位是建设全国大湖流域综合开发示范区，建设长江中下游水生态安全保障区，加快中部地区崛起的重要带动区，国际生态经济合作重要平台，连接长三角和珠三角的重要经济增长极，世界级生态经济协调发展示范区。

规划已经描绘，蓝图就在眼前。作为形而上的区域文化，鄱阳湖应该有自己的定位和地位。

鄱阳湖面积占江西国土面积的30%，人口占50%，经济总量占60%。从这段数据看出，鄱阳湖的确很大很野，是一种大野。鄱阳湖不是没有美，是种大美。

鄱阳湖不是没有文学，是种大文学没有被发掘；鄱阳湖不是没有文化，是旷古的区域品牌没有被创建。

区域品牌是指一个地区区域特征和整体形象。其包括一系列子品牌：产业与企业品牌集群品牌、区域文化品牌、名胜品牌和景观品牌等。

英国区域品牌创始人西蒙·安霍特提出核心观点：区域品牌＝正确的战略＋实质内容＋象征性行动。因此，他认为区域品牌不是靠宣传创造的，而是通过自身的努力赢来的。

要把鄱阳湖进一步打造成文学之湖、文化之湖，打造"文乡泽国"的区域品牌，打造富含乡土特色和现代元素之湖。笔者提出五条策论：

其一，打造"环鄱阳湖作家群"，把以鄱阳湖平原为大背景的作家归并和串联起来。譬如，40年代作家陈世旭，50年代作家胡平、雷达、胡辛，60年代作家史俊、王一民、毕必成，70年代作家周美兰、范晓波、涂国文等，挖掘作家群的历史渊源和传承，让社会关注"鄱阳湖作家群"文化现象。创建"环鄱阳湖作家群"文学品牌，使"鄱阳湖作家群"成为社会了解鄱阳湖的一个重要的文化符号。

其二，扩张鄱阳湖的文学外延。把滕王阁、庐山文化以及部分长江文学与文化纳入其中。滕王阁是鄱阳湖文化的密聚之阁，但素来给人感觉是江的文化代表。在鄱阳湖文学的外延上，要湖纳百川，结成江湖一家。

其三，弘扬战场文学和红色文学。战场和战争文学是鄱阳湖的老传统。战场文学不仅仅是残杀，是死亡，是胜败。战场和战争文学是忠诚、人性和大义大德的代名字。赤壁大战，如果没有苏东坡《赤壁怀古》，也就不会有赤壁的千古绝唱。朱元璋和陈友谅大战，一样可以千古留名。红色革命，同样万古流芳，关键是要发现鄱阳湖的大美，碧浪滔天地充满人性大美，要有大思路和灌注现代理念的大构想。

其四，发展鄱阳湖的水文学和鸟文化。鄱阳湖的水文学是什么？乌篷船、毡冒是吴越文学的标识，鄱阳湖的文学标识是什么？虽然有无数的文学作品来描述，但缺乏统一的文学意象。譬如稻子、渔船、麦杆帽、水草、阡陌田畴、美丽的天鹅、袅娜的水鸟等，应该是鄱阳湖的水文学和鸟文化经典代表。

其五，邀请顶尖名家畅想鄱阳湖。中国名胜之品牌多是文人打起来的，无论是扬州还是黄鹤楼，无论是花城还是滕王阁，地以人传，人以文传，文人和知识分子是鄱阳湖品牌的制造者和传播者。

鄱阳湖是中国第一大淡水湖，鄱阳湖区域文化品牌理应成为中国最大的文化湖。只要我们经过 5 年、10 年，甚至 20 年的用心培育和打造，一定会像毛主席老人家描述的那样：喜看稻菽千重浪，遍地英雄下夕烟。

四　文化建设是区域品牌的归宿

笔者曾考察过两个地方，一个是日本福冈县宗像市的水稻种植体验园，另一个是美国弗吉尼亚州的威廉斯堡。它们各自以独特的文化品牌，声名远播，独放异彩。

宗像市是福冈县北部的一个小城市，因临近朝鲜半岛，曾是日本与朝鲜和中国的通商据点。其除了拥有宗像大社、镇国寺、织幡神社等文化旅游资源外，给我印象最深的是水稻种植体验园。这个体验园由当地村民组织经营，主要提供稻田供都市里的人（以中小学生为主）插秧和收割，并收取不菲的劳动体验费。我为这家农民算了一笔账：一亩稻田一年的纯收入为 60 余万日元，换算成人民币是 4 万元，这其中还不包括稻谷本身的收成和套种其他农作物的收入。

威廉斯堡是英国殖民者在北美最早的定居点，为北美最大、最富、人口最多的殖民地，曾为弗吉尼亚的首府。1780 年弗吉尼亚州议会外迁，威廉斯堡由于水路不便日渐萧条，遂沦为弹丸小镇。直到上世纪 20 年代，当地政府在大财团的支持下，对占地 173 英亩的小镇重新定位，恢复威廉斯堡殖民时代的原貌，保存美国早期的历史记忆：修旧如旧的各类建筑、铁匠铺的叮当打铁声、修理作坊里车床的撞击声、身着传统制服的短笛手鼓声，以及熏肉工场里火腿和山核桃木的混合芳香……无不散溢着18世纪的气息，使人如临其境。这个一万多人的小镇现在成为该州游客人数最多的文化体验圣地。

在考察体验诸上两个国家不同的旅游文化品牌之后，至少给笔者几点启示：

第一，区域文化建设大有可为。区域（尤其是县域）虽然不能像大都市那样具有地缘优势和集聚效应，但并非没有机会和出路。日本的宗像市和美国的威廉斯堡都是小城镇，它们独辟蹊径，前者是发现客观存在的城乡差异，利用农耕优势，大力推行体验经济；后者是尊重客观历史，珍惜历史遗存，发掘权威性、唯一性的历史资源，着力实施历史文化体验。在区域文化品牌建设中充分利用自己的区位优势，挖掘一系列的文化支撑体系，如名人资源、名宅资源、古镇资源、县治衙门文化、书院文化、宗教文化、农耕文化、手工业文化和后工业文化等，创造核心文化价值，培育独特的文化吸引力和市场感召力。

第二，区域文化的差异化建设。无论是宗像市的水稻种植体验园还是威廉斯堡古镇，其实在打造经营之前，与周边的城镇没有太大的区别，都不具备独特性和排他性；正是差异化的构建，才使它们拥有自己的无可替代的优势和文化品牌。在区域文化建设中，一是要形象定位的差异化。我们以浙江省桐乡市为例，此区域地处江南水乡、太湖流域，这个区域的文化具有相对的同构化和同质化，每个城市离沪杭大都市都很近、拥有自己的千年古镇、相似的粉墙黛瓦、相同的沟渠乌篷船、同样的小桥流水……那么，桐乡与周边城市的文化差异性在哪里？我们可以从桐乡的山川风水、民众生活方式、村镇的不同文化历史等构建自己的文化磁场。二是要规避大都市的“虹吸效应”。桐乡市地处沪杭大都市之间，在拥有大树底下好乘凉的同时，由于大都市的吸纳力强，优势资源不可避免地被吸纳和被攫取，桐乡可从实际角度，整合和挖掘旅游观光、休闲购物、文化工业等目标市场，开辟新的文化发展模式。

第三，创造文化生活方式。创造一种众生追求的生活方式是旅游文化建设的最高境界。宗像市最早是港口贸易为主，之后大兴宗社文化旅游；在此基础上，以稻作文化为切口，生发了水稻种植园，发展体验经济，这是旅游经济的创新，是旅游文化的创造。威廉斯堡本来就是殖民地的州府，历经“兴旺—落寞—再兴旺”的流变，这是旅游文化的守旧，更是历史文化的传承。旅游经济从无到旺，一般经历三个阶段：第一阶段是观光旅游，是旺丁发小财；第二阶段是休闲旅游，旅游演变为地方支柱产业；第三阶段是体验旅游，人文景观和自然景观等一切景观都是游客身心体验的空间，这是继农业经济、工业经济和服务经济之后的最高旅游经济形态，是知识经济时代旅游消费的必然需求。区域文化品牌建设，在经历观光旅游、休闲旅游大发展之后，可以发展体验经济为追求，推动游客对本土文化、历史及生活的全面参与度、融入度和体验度，让游客把桐乡生活视为一种新的生活方式，成为一座"来了就不想走，来过便不曾离开的城市"。

第二十二章

动漫产业:滋养国家文化品牌力

一　五大箱漫画书等着我

没到日本,晓得日本是漫画王国。到了日本,还知道漫画被民间列为茶道、歌舞伎、相扑之后的第四大国宝。

在国内认为日本是漫画王国,那只是听说;等到了日本,无所不在的漫画,却让我超过对樱花的体验。

我到日本是将近 4 月中旬,樱花的前线已经掠过九州地区,在春光明媚的大自然我只能感受樱花凋零于泥土的芬芳。到了新居的寮(大学安排访问学者或留学生居住的宿舍),在打扫房间的时候,累的不是灰尘,而是居住的前辈们留下的堆满房间旮旮旯旯的漫画书。这些厚得像电话黄页的漫画书,搬起来不甚重,有些像稻草杆压成的,看说明原来用的全是再生纸。整理完足足有 5 大箱,本想全部扔到垃圾箱,后来想有机会把它们赠送其他人或小学校也不错。

一位朋友见我持有这种想法,不屑一顾地说,谁还要你这些破东西,他们多得扔都扔不完。

"是吗?"我将信将疑。当然,我的这位朋友说,不听老人言,吃亏在眼前,你还是先把自己安顿好,日本房子小,不要叫这些旧书鹊巢鸠占。他不容我再想,啪啪啪地打好包,把 5 箱漫画书全都甩到了垃圾堆。看着那些可爱的漫画书将要与剩菜剩饭为伍,我心里冒出丝丝不快。但在后来的生活中,还真庆幸我的这位朋友的痛快,因为在日本漫画书真是无所不及、随手可触。

我就读的大学有一所叫 Book Market 的书店。这个书店,开始我以为像国内大学周围的书店一样,满是考研、托福、GRE、世界名著、学术等等书籍，载满了学子们的期待和梦想。进去一看，全不是这个样子。整个书店80%都是漫画书籍，其余的都是写真集、游戏卡和旧书。

这些漫画分三个等级：儿童漫画、少男少女漫画和成人漫画。初进书店，带着国内的那种严肃和严谨，心态怎么样也放不下，不肯翻阅和购买。有一次，心里感觉到一种离家的寂寞和乡愁，我不自然地又走到了这家离宿舍不到300米的书店，漫无目的拿起漫画书翻将起来。这一翻不打紧，一翻我竟渐渐地沉迷起来。我发现，日本的漫画书，完全是另外一种概念。臧克家的《村夜》有云：太阳刚落/大人用恐怖的故事/把孩子关进了被窝……小时候，我是一个小人书迷，《三国演义》、《西游记》、《红楼梦》、《井冈山的革命斗争》……2毛钱能叫我的童年在街头的小人书摊前，白天不知夜的黑，乐趣无极限。日本的漫画书与我小时候阅读的连环画，那简直是一种颠覆。

有一本叫《东京大学物语》的系列漫画，故事很简单，说的是男女大学生之间的友谊和爱情，女主角有着大大的眼睛和纤巧活泼的鼻子、纯情可爱，而男孩子则会被赋予雕塑般的完美体型。在没看故事情节，单看那些精美的画面就足以叫人赏心悦目了。

日本漫画的绘画手段与我们的连环画截然相异，这种新漫画其实就是电影画面语言的一种书版再现。在这本漫画里，它几乎运用了影视制作中的所有技法：正拍、变焦、俯拍、快镜头、慢镜头、长镜头、特写镜写，以及切换镜头的方式和蒙太奇手法等等，具体的表现手法主要是依靠对一页画纸的分格处理。

如大场景的长镜头，体现在画面中就是所占的面积较大，有时甚至使用整张画纸来表现一个场景；短镜头则以小面积的面画夹杂在整页画纸当中；快镜头使用速度线，它不仅可以制造动感效果，且随着宽窄、长短、密度以及方向的变化可渲染气氛、表现人物的心情；而慢镜头往往与特写镜头结合使用，例如一个转脸的慢镜头特写，可用3个定格画面来表示：全侧脸—半侧脸—半正脸，同时伴以眼睛的变化，充分体现了人物内心世界而不需要加以任何文字说明——绝对地用画面语言来诉说故事的心情起伏。

这些绘画技法，颠覆了我从前的阅读心理，画面的现场感和生活感使我恍惚又回到了秋风骏马的大学时代，竟教我不忍释手。

二 认识1000位漫画大师

怎样才能说明日本是漫画王国，有一组数字最能解释问题。

日本现有漫画周刊、半月刊80余种,月刊2246种,共2326种。每月出版漫画单行本约500种,占全部书刊总销量的45%。仅在去年,日本发行漫画杂志就达15.9475亿册,单行本7.835亿册,纯利润近6000亿日元,相当于360亿人民币,日本漫画及其相关产业的资产达到6000兆亿日元。日本1.26亿人,每一个人平均一年的漫画图书和漫画杂志的消费数量达到近13册。

从数字看成绩,真是"一花一世界,一沙一王国"呀。

在日本,漫画成为一种大众文化,比电影、小说有时甚至比电视或音乐更受欢迎。在日本的7-11等不同名称的24小时便利店里,都设有一排长长的杂志架,杂志架上的漫画眼花缭乱、堆积成山,只要新书一到,很快就会销售一空;在日本,可谓无漫画不成书、刊、报,日本发行量最大的报纸《每日新闻》上每天都可以看见老百姓针砭时事的漫画投稿;在文学界颇有名气的《文春周刊》,也每期必登形形色色的漫画;不管是经济、还是文化方面的书籍,也同样配以与文章相般配的漫画,漫画已经是渗透到日本人的灵魂和血脉。

我曾无数次乘坐电车和地铁,无论是从福冈到大阪的长途旅行,还是从折尾至小仓的短途观光,我都能看到乘车的日本人穿着得体,一丝不苟全神贯注捧着一本漫画,神情怡然自得。记得有一次晚上,我正乘电车从博多回家,电车在香椎站停靠,这时走进一个中年男人,摇摇晃晃的,一看就知道是下班喝酒回家的Salary Man(工薪族)。电车门刚刚关上,这位中年男人突然摔倒,手上的包也甩出老远,我连忙跑过去扶他起来,在帮他拾包的时候,我发现从包里滑出了几本书,我仔细一看,竟全是漫画。

随着电子网络阅读的迅猛发展,有人曾忧虑纸张媒质的阅读物会被冲垮,说这种话的人,也许没有考虑到一种民族心理的阅读指向。日本电子媒体异常发达,但日本的男女老幼竟是这样地喜好纸质的漫画。广泛的民众阅读基因,是日本漫画繁荣昌盛的土壤,但无数漫画大师的妙笔生花,是日本漫画枝繁叶茂的阳光和水分。说到漫画,必定要说到日本众多的漫画大师。据说现在日本的漫画大师就有1000多名,至于从事漫画创作的人该不计其数。提起现代漫画界,不得不说到3个人物:日本现代漫画的鼻祖——北泽乐天;漫画之神——手塚治虫,动漫之王——宫崎骏。

日本现代漫画的历史可追溯到明治时期,据说是法国画家乔治·比戈把现代漫画引进了日本。在此基础上确立日本现代漫画的是北泽乐天。1906年,北泽创办了日本第一份漫画刊物《东京小精灵》,以后又创办了《东天小精灵》、《家庭小精灵》，可算是开日本漫画之先风。

在少年时期，有一部《铁臂阿童木》的电视动画片，每天候得我心猿意马，看完今天巴不得明天就像书页一样一翻就到；还有这部动画片，也叫一些民族文化的守望者反思国内关于孩子电视剧的高低得失。

《铁臂阿童木》的父亲就是被日本人誉为漫画之神的手冢治虫。1928年11月3日出生于大阪府的手冢治虫，是家中的长男。由于是在一个开放的家庭中长大，从小就常接触漫画和卡通，充满机智和想象力。他本身也非常喜欢昆虫，他的笔名中带有一个“虫”字来看，就不难得知他对昆虫的喜好程度。一个爱自然的人，一定也爱人生社会。他年轻时的志向是学医，因为他经历过战争对生命造成的恐惧，后来他也成为一个医学博士，但最后还是选择了他最爱的职业，弃医从画了。

手冢对日本漫画的贡献在哪里？就是他掀起和开创了一场漫画及动画片革命并取得这场革命的胜利。他改变了日本对漫画原有的概念，以各种新的表现手法树立了内容丰富的漫画，将漫画变成一门充满魅力的艺术。不仅如此，他的作品对文学、电影以至各种领域，都带来了不小的影响。

他首创撰写并绘画了长达数百页甚至千页的叙事式漫画，并把小说及电影艺术的风格带进了漫画世界。使他奠定了日本首席漫画家地位的作品《森林大帝》，以及颇受中国青少年及美国人欢迎的《铁臂阿童木》，即是这种新型卡通连环漫画艺术的代表。

他一生绘画了近15万页漫画，创作了超过1000个极具个性的漫画角色，编绘了500多个不同故事。对于他的贡献，日本《朝日新闻》这样评论：“日本漫画所以普及的唯一解释是日本有个手冢治虫，别的国家是不会出现这种情况的。如果没有手冢，难以想象日本漫画会于战后大放异彩。”

正因为他的史无前例，1990年日本东京国立近代美术馆破天荒地为他举行了一场“手冢治虫漫画展”，标志着漫画已被确认了艺术地位；正因他无与伦比的贡献，1994年4月25日人们为手冢治虫建成了一座手冢治虫纪念馆；同时日本漫画界还以他的名字设立了漫画界的最高奖项——“手冢治虫文化奖”。

宫崎骏在日本漫画界可是一位集大成式的人物，他是把漫画和动画片结合得最为完美、最为精致、最有市场的高手，他在日本被称为“寂寞高手，动漫诗人”。

无论是打开电视看娱乐节目，还是逛书店，几乎都能听到一首“千与千寻的神隐し”（国内翻译为“千与千寻”）主题歌，这首歌非常优美、蓝色透明而且意味悠长。这部有他导演制作的《千与千寻的神隐し》是日本当年最为畅销的动漫片。他有一个工作室叫 Ghibli,该名原指撒哈拉沙漠季节热旋风,二战期间意大利空军飞行员将其侦察机命名为 Ghibli。

宫崎骏将自己的工作室如此命名,也有要为日本动画界带来新旋风的意思。Ghibli 工作室坚持使用质朴的动画语言,在日本动画史上不断创造"草根"奇迹,由于它从不以盈利为前题,而且痛恨当时风行的粗制滥造动画 TV 长剧。因此,Ghibli 几乎就是靠精工细做的剧场版活着。

他曾制作过一部《风之谷》的动漫,优美精致的画面、丰富多彩的人物、幽默诙谐的对话、积极向上的精神,特别是片中体现了因人类的愚昧战争和过度掠夺而反噬自然,巨大的菌类组成的腐海因为人类产生的毒素而散发着毒气,被环保主义者作为圣经宝典珍重不已,宫崎作为有被说捧为"环保主义"的教主。

除此以外,还有像被公认的当今日本漫画界首席代表的鸟山明和桂正和,鸟山明是继已故漫画大师手冢治虫之后日本漫画界最有影响力的人物,他的成名之作《Dr. Slump)》和代表作《Dragon Ball)》在全世界都极受欢迎,广受赞誉。《Dr. Slump》共售出 281 万份拷贝,而《Dragon Ball》更是创造了 1.09 亿拷贝的销售纪录。桂正和在日本漫画界也堪称大师级的人物,他的作品有《天使丽音》、《幻影女神》、《雷蒙之歌》、《电影少女》等。

三　无所不在的产业生态链

日本有句口号:"让 3 岁到 80 岁的人都有漫画看。"

日本经过五十多年的磨练和积累,从开始的同人志形式发展到今天的企业化规模,从技法和表现手法上形成了日本风格漫画体系,并对世界漫画业的发展起到了积极的推进作用。

漫画作品所涉及的范围包罗万象,从童话故事、科幻、冒险、爱情、体育、卫生、历史、科学、经济、宗教、娱乐到文艺小说、纪实文学、政府文献、学生课外辅导材料……无所不有。

派别上主要分为少女漫画、科幻漫画、体育漫画、历史漫画、商业漫画、色情漫画等。日本漫画作品的影响力,销售量之巨大,在世界都处于前列。

日本漫画作为一种产业,其市场规模达到了令人难以置信的程度。日本漫画能有今天的业绩,是因为一开始漫画就形成了一套立体的产业生态链。

上个世纪 80 年代初以来，日本各大出版社纷纷加入这个行列，日本的漫画出版物主要由漫画杂志和漫画图书构成。

漫画市场销售量的 70％被小学馆、集英社、讲谈社等 5 家先行出版漫画的大型出版社所垄断，其中集英社的《周刊少年 JUMP》年发行量超过 340 万册。至于小型出版社那就更是不计其数了，如今在各大出版社之中很难区分哪些是出版文字书，哪些是出版漫画书的。

日本漫画铺天盖地，专营漫画的书店很多，日本漫画缺少中国漫画“讽刺”和“歌颂”的内容，而多了讲故事的功能。

日本是个很注重历史的国家，也是一个喜欢改历史的国家，历史漫画在日本最有名的是改编自中国名著《三国志》、《封神演义》、《项羽与刘邦》、《西游妖猿传》等中国题材的作品，枯燥复杂的历史典章和难懂的古典文学一经漫画家的手笔就变得轻松易读起来，日本人对中国历史的谙熟，漫画的功劳不可小视。

就影响来说，日本漫画已经遍及全世界，尤其是亚洲。

台湾专营日本漫画的书店和图书馆据说不比卖槟榔的少；日语翻译在香港身价很高，最大的作用也是翻译漫画；泰国、印尼和马来西亚都大批量地将日本漫画翻译成本国语言。至于在习惯于通过动画来认识漫画的西方，日本漫画也已经被动画界主流所认同，美国、法国和意大利等国家都频繁举办相关的漫画展，发售“同人志”。

日本有家日本漫画学院，该学院成立于 1974 年，是专门培训漫画人才的，目前在韩国、台湾、北京等国家和地区合作成立了漫画学校。

有许多大学开设有漫画专业和学系，同时日本还有日本漫画家协会、日本漫画研究联盟和全日本漫画会等行会组织，这些行会和组织遍及全日本的都道府县和大、中、小学。

我所读的大学就有漫画研究俱乐部，参加的会员甚至超过练习柔道的学生，他们还拥有自己的网站。我多次到日本小学访问，小学生在自我介绍时，总忘不了说：“我的趣味是看漫画。”

《东京爱情故事》想必许多年轻人都熟悉，这部电视剧改编自漫画书，把漫画改编成影视剧，或把影视剧改编为漫画，是漫画产业化的另一条互动式的致富路径。德间书店出版的《千与千寻》是目前日本最畅销的漫画书，宫崎骏把它改编成动漫，该动漫在第 52 届柏林国际电影节上捧得了金熊奖；于是，男女老幼在奔向影院的同时，书店里的漫画集也是持续畅销。东京有条涩谷街，这条街是日本女孩流行样式的发源地，你可以见到许多穿着卡通的少女,就像漫画里的发型和服饰,漫画的力量真像一只看不见的大手在操纵人间万物。

作为漫画产业的另一种终端产品——漫画茶座,在日本如此之多之稠,恐怕在世界上也是罕见。所谓“漫画茶座”,有一点类似小型的综合图书馆,商家除了提供漫画,还供应茶、咖啡或饮料。

我去过许多大小不一的漫画茶座,里面的消费不高,每个小时一般在450日元左右,相当于一顿盒饭,所有的饮料可以“饮み放题”(无限量免费供应饮料)。漫画是每一个年龄段的日本人都必不可少的日常读物,由于日本人生活节奏都非常快,所以不管是上班族还是学生,几乎不太有时间去挑选漫画书,要收集所有自己希望阅读的漫画也是一件不切实际的事情,所以有很多的日本人都愿意在下班或者放学以后去漫画茶座一过漫画瘾。

日本人是经济动物,善于发现和创造商机,最近漫画茶座还吸收了许多其他的娱乐手段。譬如,游戏、按摩和上网,因此租看漫画的简单服务事情,因环境改变而变得格外享受,许多漫画茶座火爆到24小时开放营业。完全可以说,这样的漫画茶座已经成为“时尚基地”和“休闲方便店”。

作为创意产业的动漫,蕴藏着相对稳定的思想范式,通过特定的价值标准来设置议程。受众往往潜移默化地接受或者认同隐藏其后的价值观念和文化意识,进而产生预期的态度、观念或行为,从而达到体现文化的感染效应和传播效果,助力国家品牌力和国家形象。

第二十三章

斗牛:国粹立场,全球传播

提起“斗牛”,人们马上想到是西班牙的国粹。

说起西班牙,人们会以“斗牛士”和弗拉明戈舞来指代。

可见,西班牙的国家形象与这项充满激情与挑战的“斗牛”密不可分。西班牙《国家报》曾评论曰:“牛的世界介入了政治的沙场。”

一 本土斗牛,世界观赏

在拿到出访西班牙的整个行程安排,仔细阅读后我很纳闷,怎么没有斗牛比赛呢?斗牛不是西班牙的国粹吗?

在其他成员中,也相互产生过这个疑问。出访第二天,正是星期天,中午安排的是与西中基金会理事会成员的工作午餐,成员包括西班牙电信公司、英德拉高科技公司、著作权协会等西班牙一流的企业和文化机构的老总。基金会主席亚多的第一句话就解开了我们这个谜。他在致词中说“西班牙不仅仅有斗牛”,基金会就是要让中国和世界了解一个多样化的全面的西班牙,西班牙更有世界级的企业、世界级的博物馆、世界级的建筑艺术、世界级的文化创意。

尽管此次出访没有安排斗牛,但斗牛对于东方的我们来说,仍然充满无数的神秘和变数。由于当晚正值欧洲杯西班牙和意大利 1/4 决赛,在痛苦的权衡后,最后认为决赛可以重播,而斗牛不可复制。

于是还是决定自费观看一场期待已久的斗牛比赛。

西班牙斗牛季节是 3 至 10 月,开始于每年的 3 月 19 日巴伦西亚的火节,结束于 10 月 12 日的沙巴拉沙的比拉尔祭。每周四和周日举行两场,如逢节日和国家大典,则每天可以观赏。西班牙全国共有 400 多个斗牛场,马德里范塔斯斗牛场是西班牙最具规模的,也是一个永久性的斗牛场,兴建于

265年前的1743年。这座古罗马式的建筑，外观壮观堂皇，可容纳近3万人观看。斗牛活动最早只是宫廷贵族们的取乐游戏，后来逐渐演变成民间和民族性的娱乐活动。现在西班牙有400多处斗牛场，每年至少举办5000多场活动，吸引3000多万外国游客，为西班牙带来20亿欧元的旅游收入。

范塔斯斗牛场是露天式的，根据座位和阳光照射不同分三个等级，票价从2.15欧元到130欧元不等。即使是下午7点，马德里阳光还是相当的厉害，让我想起了拉萨的太阳，10分钟可以使你面部脱皮。于是，我们选择了偏阴处的中档票价的座位。

开幕仪式带着浓郁的传统色彩，当主席台上的主持人高举铜条敲出第一声清脆的锣声之后，左上侧的乐队立刻吹起了嘹亮的小号，我对面看台下一对腰门同时打开，三支队伍鱼贯而出。两边是斗牛士助手和人高马大的荷矛骑士，中间前三位是参加本次斗牛的斗牛士，他们披着桃红色的"穆莱塔"，带着黑色海螺帽，在铜管乐队演奏的《卡门》乐曲下，威武、潇洒绕场一周。整个阵容看上去显得强壮、帅气，衣着华丽，他们上身是金碧辉煌的紧身短衣，下穿镶着闪光亮片的斗牛裤，裤上绣有耀眼的花边，裤管很短、仅仅过膝、十分贴身，显现出男性的雄壮粗犷之美。

当又一次锣声敲响之后，马车和斗牛士们迅速闪回门内。这时，穿着蓝衣黑裤的高大男子举着一块写有519的牌子出现在场地中央。告诉观众，第一次出场的为519公斤的公牛。全场观众顿时把目光投向正面台下的奔牛门，忽然之间，一头威猛的彪悍黑毛公牛，气势汹汹地直奔沙场。与此同时，从5个小门走进斗牛助手，他们依次抖动着桃红色的"穆莱塔"挑逗它、挑衅它，只见那公牛见红就冲、见红就撞，当公牛冲过来时，助手们就飞快地躲进设计好的铁门中。

随着一声长长的粗厉的小号声，身穿紧身短衣长裤、头戴勇士帽、手执长矛的骑士跨着蒙着双眼的、有皮革保护的大马出场了。在斗牛助手的帮助下，全身武装的骑士端坐马上，选好时机，瞄定角度，然后果断地用丈余利矛直刺公牛前背，为了避免直接刺死公牛，在矛上5、6寸的地方装有横档。但见公牛背上出现碗口粗的洞口，鲜血汩汩外冒，公牛痛得四蹄腾跳，绕场狂窜。

这时号角又响，骑士飘然退下，短镖手上场了。他双手拿着两根倒钩的花镖接近公牛，趁机插入牛的肩部，然后在掌声中迅速避开牛的冲撞。在公牛的勇猛攻击下，短镖手每次插进两支，共插六支。插镖讲究快、准、狠，因花镖带钩，插入牛体后甩都甩不下来，疼痛难忍的公牛带着花镖，血淋淋全场狂奔。

公牛受到新的创伤后，在雷鸣般的掌声和尖锐的呼叫声中，斗牛士出场了。只见他手持红斗篷，在胸前划了个“十”字，朝观众做了一个优美的礼数后，展开红斗篷，以优雅的姿势，一蹭一蹭地逼近公牛，一场真正刺激、紧张、激情和仪式般的斗牛开始了。

当疯狂的公牛低头用锋利的牛角冲向斗牛士的时候，斗牛士不慌不忙提着斗篷，优美的一个躲闪，猛牛的利角擦着斗牛士的衣角而过，这生死之际的优美一闪，让全场的观众如醉如痴。

斗牛的过程，简直就是叫人窒息的过程。斗牛场上，斗牛士或侧身引牛扑空，或原地旋转引牛围着斗篷转圈；他还以抖动的方式，引得公牛跟着斗篷忽前忽后，忽左忽右地低头冲击。特别是斗牛士最后一击，简直匪夷所思，令人叫绝。

在公牛筋疲力尽的时候，看台上顿时响起了呼喊声和此起彼伏的掌声，原来斗牛士要做最后的拼杀了。只见斗牛士在公牛的几步开外，提着宝剑，瞄着牛肩，静神屏气，突然单腿弹跳，宝剑直刺公牛前肩，那一剑入心，公牛竟然轰然倒地。

公牛的鲜血顿时把黄沙染成了猩红一片。

此时号角在暴雨般的掌声中再次响起。一位助手快速跑到倒地的公牛前割下牛耳，马车也及时跑来把上千斤的死亡公牛急促地雄赳赳地绕场半圈，拖走了。

一场斗牛比赛分三个阶段，总约两个半小时，每个阶段有两头牛被刺杀。按照斗牛规则，最后出场的斗牛士如果在25分钟或三次入剑未能刺死公牛，主持人将通知斗牛士终止刺杀，但不幸的是此牛会再次赶进牛圈被其他人刺死。

出了斗牛场，太阳也已西斜。冒险而华丽的斗牛叫我感到有些胸闷。我非常理解三位同伴的行为：一位证券公司的投资总监由于无法忍受公牛被杀的血腥残忍，半途退场了。另两名女士虽然坚持看完整场比赛，但出了斗牛场闷得半天没有说话，难过得晚餐也无法下咽。

二　斗牛定位为国家符号

斗牛场对斗牛士来说，是生命的冒险；

对公牛来说，出场之日便是死亡之日。

于是，几百年来，斗牛引来了动物保护者们的非议和抨击。

就斗牛问题和个人感受，我专门讨教了当地的一些西班牙人。一位西班牙人告诉我，斗牛是西班牙人的天性，不能把人和动物混为一谈，只有人和人才存在道德问题。他说，最野蛮、残酷和不道德的不是斗牛，而应该是那些拳击运动，拳击手残忍击打对方头部，那可是人啊！而那些看客竟然鼓掌加油、喝彩助威，简直罪恶难赦。

听完解释，我理解他的观点，我又不赞同他的观点。

通过转播看斗牛和现场看斗牛，是两种不同的心境。

电视上是担心斗牛士被挑，现场是担心公牛被刺杀。

遵照规定，一场比赛总共要杀死 6 头牛。在两个半小时内要见到 6 头威猛的巨牛被戏杀，此时对斗牛士尊重和对公牛尊重的边界变得模糊，且相互交替。当公牛明显处于弱势时，人类本能的同情心勃然盼望公牛奋起反击，冲毁一切规则与障碍。当公牛顶倒高头大马，骑士慌乱逃逸的时候，观众会报以狂热的喝彩声；当公牛躲过投标手发射的花镖的时候，斗牛场会爆发尖锐的唿哨声；当公牛遭受利剑重创，仍然冲撞不屈的时候，对显示出非凡勇气和高贵气质的公牛，观众会报以热烈的欢呼与尊敬。

一个东方人在西方的斗牛游戏中产生如此奇妙和奇崛的心绪，那么西方的社会土壤究竟为什么生长出斗牛，而且还如此执迷和执着、痴迷和狂热？

据考证，斗牛运动最早起源于古希腊爱琴海的克利特岛。在希腊神话里，克里特迷宫——克诺索斯宫里住着国王诺斯牛头人身的儿子“米诺牛”。公元 2000 年前，克里特人在祭祀中流行用剑斗牛活动。克里特人对斗牛情有独钟，他们眼中的牛是财富和权力的象征，斗牛意味着占有财富、获取权力。随着克里特文明由强变衰，斗牛活动也随之消失，但斗牛文化的光彩并没有随之失去，属于地中海文化的伊比利亚文明的土壤同样埋藏着斗牛运动成长的基因。

世界上不仅仅西班牙有斗牛，几乎所有经历过农耕文明的国家都有不同样式的斗牛活动，包括中国南方葡萄牙、法国南部。至于西班牙斗牛是否源于克里特文明，史无记载。

最为令人迷思的是斗牛这个野蛮的“文明”，为什么独独在西班牙光大发扬，并独被世界所瞩目、接纳和承认？

根据个人的意趣和阅读，破解西班牙斗牛之所以存续和传承，之所以称为西班牙之国粹，之所以斗牛称为西班牙国家形象的主要元素，有四大主因。

其一，仪式性祭献。西班牙人普遍信仰天主教，比利牛斯半岛盛产牛羊，天主教在仪式中牛被作为特别的祭品。在西班牙的塞维利亚等地方，被刺杀的公牛有一半用于作为向圣母玛利亚表示敬意的祭献品物。现在西班牙的一些小地方，斗牛结束后，被刺杀的公牛的肉由当地人聚餐分享，或者分给各户带回家。在马德里和巴塞罗那各有一家餐馆，专门提供被刺杀公牛的肉烹制的菜肴。餐馆还向顾客中的斗牛迷提供牛的诨号、体重、斗牛士的名字，以及举办斗牛的地点和时间的卡片。法国著名学者皮特·里维斯认为，斗牛活动实际上是一种人们祈求福祉和人丁兴旺的繁育礼仪。

其二，象征意义。在西语中，Corrida detoros（斗牛）被译作 Iidia（利迪亚），意为“拼搏”。在古代的斗牛公告中，总会写上：“既然走入斗牛场，就应该是个出色的斗牛士。”

斗牛被赋予激情、勇猛、彪悍、华丽、高贵、荣誉等精神指向与文化语义。就像克劳曾说过：渗透在斗牛文化的价值就是西班牙人的荣誉、尊严、自豪和个人主义。西班牙人觉得自己生来不是为了实现任何社会目标，而是自我实现。如果斗牛士战死沙场，将会得到隆重的厚葬。死伤只是斗牛带来的副产品，勇敢豪迈的斗牛士精神才是西班牙民族最值得珍惜的。16 年前，塞维利亚的斗牛士蒙托里奥被公牛顶死后，从凌晨 3 点开始，他的棺木被“粉丝”抬着，从教堂到斗牛场绕场一周，接受观众的注目礼。当棺木被送回他的故乡巴伦西亚的时候，再次被粉丝们抬着绕走斗牛场，接受家乡父老的敬意和永别。

其三，社会功能。斗牛不是一场竞争性运动，因为斗牛场不存在输与赢；斗牛也不是一场戏剧表演，尽管斗牛场会出现惊心动魄的情景和戏剧性场面。有研究发现，西班牙斗牛活动有其独有的社会功能，斗牛活动一般安排在下午的领圣餐弥撒后。净化仪式结束后，通过观看激烈的、残酷的、奔腾的斗牛比赛，可以能使信徒们心情从过于神圣的氛围中解脱出来，从对上帝的自惭形秽的自卑感中重新振奋起来，从而感受到世俗生活的多次多彩，感受到日常生活的惨苦和严峻，就像被挑死的斗牛士，也会像被宰杀的公牛一样，永远地消失、难再重生、也永远不会重生。

其四，历史变故。在历史上，西班牙几度绽放美丽的花朵，为欧洲的文明增光添彩。同时，西班牙是世界上少有的大起大落的国家。哥伦布发现新大陆，西班牙占领墨西哥城、战胜印加帝国、建立布宜诺斯艾利斯城，西班牙俨然成为世界霸主。1588 年，西班牙的无敌舰队被英国摧毁，强大的帝国灰飞烟灭。之后，西班牙被拿破仑征服和瓜分、被美国抢占海外殖民地、爆发内战和40多年的独裁。历史不是个好东西，历史的变故让西班牙人变得脆弱、冲动、愤闷，以致易走极端和沮丧。斗牛便成为国民集体性的嗜好和迷恋。

西班牙的斗牛穿越两千多年历史时空，斗牛作为西班牙最具代表性的民族体育项目，代表着西班牙人粗犷豪爽的民族性格，已经化身为一种国家品牌、一种国家标识的记忆符号。

第二十四章

从“一村一品”到农民的11级跳

在日本期间，我最想考察的地方不是东京大城市，而是日本的乡村经济。

日本乡村对中国的最大影响是其“一村一品”。

1979年，平松守彦当选大分县知事，为了发展农村经济、提高农民收入，在全县倡导实施“一村一品”。

“一村一品”有三项基本原则：即立足本地、放眼全球；自主自立、锐意创新；坚持不懈、培养人才。早在1983年8月，上海市市长汪道涵曾专门邀请平松守彦知事来沪访问，并详细介绍开展“一村一品（产品）”运动的过程和现状。

平松所倡导的这一活动，在日本取得了巨大的成功而且已走向世界。

目前，除中国外，韩国、泰国、马来西亚、印度尼西亚、越南、老挝、柬埔寨、菲律宾、蒙古、斯里兰卡、马拉维、突尼斯、哥伦比亚、秘鲁、巴拉圭等许多国家都将“一村一品”作为脱贫致富的有效手段来积极推进与普及。

中国城乡二元结构，使乡村和城市的距离拖得很远，中国的乡村和城市相比较，城市是幅彩色画卷，而乡村给人的感觉就像一本黑白画册，很有韵味，但装帧得旧、破、散、乱。我在福冈的折尾公民馆认识的一位志愿者——田中和子，让我实现了第一次和日本农民接触的机会。

田中和子在家里开了一家私塾，6月中旬，她要带学生去乡下插秧体验农村生活，并邀我一起去，我爽快地答应了。第二天一大早，她就把车开到我的宿舍门前。田中和子活泼开朗，从她每天神采飞扬的神态和她驾驶汽车的灵巧上看，根本无法猜出她已过了60高龄。

我们来到位于福冈宗像市一个叫正助村的小乡村。说是一个村，其实也就只有五、六户人家。从村貌上看，房屋均为木质构架，结构和色彩颇具欧洲气息，精致而堂皇。在1000平米左右的广场上，停满了各式各款的小汽车。靠近稻田的一边，排着一列约70余人的队伍。

我问他们在干什么？田中说，交费。

交费？交什么费？

她告诉我，来这里体验插秧的父母和孩子每个人都要交纳5000日元的插秧费。来这里的人员，除了福冈县的，还有附近的譬如大分县的人都开车几个小时跑来参加，这个活动都延续快10年了。

哦?！帮人家插秧还要交费？我颇为好奇。

在所有人交完费用之后，有几位包着头巾的当地农民在约1亩的水田上乐哈哈地扯着一根绳子在打线。然后孩子和父母们像下河捉鱼似的涌到水田里，按照划定的方格依次插秧。说是插秧，其实每个人只有一垄的地方，大人5格，小孩3格。整块稻田插到一半就收工打烊，剩下的一半用来举行一场有村民组织的稻田田径运动会。

父母和孩子们撒野似地在水田里狂跑狂跳。在少儿组的赛跑中，一个3岁的小孩满身泥巴，在水田里足足蹒跚爬行了10分钟，父母并没有出手帮忙，而是在他的身旁不停的加油鼓劲。尽管爬在最后，周围的人还是给予热烈的掌声和赞赏。日本人培养小孩意志的行为，给了我一个真实的印象。

体验农村插秧生活后回市区的路上，我在心里暗自为这家农民算了一笔账：一亩稻田，70个顾客，1人5000日元，总计35万，扣除一人500日元的盒饭，纯收入31.5万；在稻谷收割期，又有相应的70位顾客，一年的纯收入为60余万日元，换算成人民币是4万块，这其中还不包括稻谷本身的收成和套种其他农作物的收入。

哇噻，不算不知道，一算吓一跳。日本农民真富，日本农民的体验经济做得真漂亮。

有了这样一次经历，我对日本村农产生了更大的探究兴趣。

后来，我又结识了另一位日本中年农民，他叫深谷秀么。他的脸上没有农民的那种沧桑和古铜色，白白净净，给人的感觉总是一种谦恭和微笑。

他家住乡村，太太是典型的家庭主妇。深谷的家在一片稻田的旁边，两层的独门小院，紧贴屋旁盖着一个车库，车库里停着丰田和凌志两部车。房屋的装修非常优雅，透过装饰可以感觉到房屋材质的高档。

深谷在市区开了一家小店，做代理手机的业务，每天9点开业，下午4点打烊，双休日照样休业。日子过得十分悠闲、富足和平静。他特别喜欢中国文化，喜欢我教他一些中文，当我们成为熟识的朋友的时候，他以一个农民后代的身份，向我详细地介绍了日本农民富裕之后的成长过程。

日本农民是怎样富裕的呢？二战后，由于日本经济的高速增长，在城市中出现了一大批富有阶层，拥有巨额财富后，这批财富拥有者开始大量地购买土地置办工厂和囤积居奇。日本是土地私有制的国家，土地大部分在农民手中，农民靠出卖祖传的山林和土地，一夜之间获得暴富的机会。

日本农民富裕之后如何消费呢？这就是日本农民消费品牌的十一级跳。

第一，改造厨房和浴室。厨房和浴室一直是江户时代产物，就像以前我们江南地区农民的老虎灶和茅坑，城市居民的冲水厕所是日本农民的热望，当祖传的山林和土地变卖成满满的一捧金钱时，追赶都市人的生活水平，就成为一种迫不及待的心情。

第二，对整个房屋的改造或翻修。农民从建材市场上购买色彩鲜艳的琉璃瓦，安装在屋顶上，并把大门装饰得富丽堂皇，远远望去活脱脱一个暴发的地主家的样子。日本农民几百年来一直被地主所压迫，过地主一样的生活成为每个农民的梦想。改造或翻修房屋，可以满足心理上的发泄和得到一种补偿。

第三，购买汽车。汽车工业的高速发展，衍生出一批满脸堆笑、唯利是图、巧舌如簧的推销员。农民本分，但天生不阔绰，先买了推销员手里的小型卡车，看看周围的人还有人买了小卧车，这时，攀比心理就起了作用。这种心理又被推销员们发觉，于是大家就又买了小型卧车，有了车就得有车库，就引导出了第四阶段的生活状态。

第四，修筑庭院。现在日本乡村的民居，就是保持农民刚富裕起来的时候经过修筑时的样子。日本式的庭院，说的就是它。从外围上看，像艺术品一样泛着藏青色的石块砌成的围墙，在围墙内植满了云冠状的灌木和春夏秋冬依次开花的叫不出名字的不同的花草。这种庭院的设计完全可以和任何高级宾馆相媲美。日本农民庭院的修筑完工，标志着日本农民的家庭形象得到根本的改变，甚至可以说是蜕变，这时的农民开始关注自身的文化素养了。

第五，营造客厅。日本人相当长时间叫喊的口号就是“脱亚入欧”。这当然也包括农民阶层。在客厅内，摆设着沙发，铺着地毯，墙角摆着冕形灯，在显眼处摆放着漆亮的钢琴，他们都以欧洲文化追随者来自居。日本的书商向来自发自觉，百科大词典、雨果全集等之类的大型词典和文学书刊刚下流水线就转到农民手中，然后被作为装饰品排满了农民们的书架。

第六，装饰品。就像一个收藏家一样，没有一件镇家之宝是说不过去的。日本农民不惜重金购买动物皮毛，譬如熊皮之类。据说有许多农民花费200万日元购买一张狮子皮，在卧室里一铺就是几张，这时财主的形象熠熠生辉，颇有当年座山雕的架势。由于这些珍贵的皮毛，追求的是他人的赞美和观赏，推销员不需要动用营销的脑子，直接打打电话就能取得不俗的业绩。

第七，旅行，尤其是海外旅行。去过欧洲旅行的人都会有一种发现：在旅游胜地的介绍或者指示牌上，一般除了英文就是日语了。对于这种做法，我们首先不要妄自菲薄，认为这些国家是对日本人特别的尊重，其实不是这样，而是日本人到欧洲旅游的太多了。顾客是上帝，欧洲人心里很明白这个道理。笔者在网上看到一篇文章说，托福成绩亚洲地区数日本人最差。这样我们似乎可以嘲笑日本人，其实日本人并不这么认为。一是日本自己国家就是发达国家，是其他国家向往的地方；二是，日本人去欧美国家，根本不像我们这样艰难，说去立马就能走人；三是日本人英文说不好，但英文翻译具备超一流水平；四是正因为农民的英文说不好，为他们提供了自我革新的机会，周游世界之后，促使他们进入第八个层次。

第八，收集字画、古董、刀剑文物等。收集古董字画，不是收集纸箱子和垃圾，它需要具备收藏家的艺术品质和极高的鉴赏能力。买到一件赝品，就有可能叫你体验壮士断腕的悲凉。农民们向书画投资，就得进行再一次的自我更新。

第九，对游艇、高尔夫、休闲、垂钓、盆景、狩猎、豢养动物等产生兴趣。高尔夫是英国的发明，游艇是美国人的生活方式，日本农民全盘拿下，不过玩这个高雅动作已是第二代农民了，第一代农民在完成了原始积累，享受了拥有财富的初级喜悦后，再也玩不起了。一是自己老了，知识老化了；二是儿辈们的胡子长起来了，肩膀比自己变得更加健康结实，眼界比自己更加宽广，所以进入这个层次的农民比较少。在日本的乡村，触目可及高尔夫球场和棒球场。一位日本朋友告诉我说，玩高尔夫球的是第二代的农民多，练习棒球的是第三、第四代的农民的子孙。这个时候，各种各样的培训班、俱乐部、入门书、专业杂志空前活跃和繁荣。我想到了当下国内的电脑和厨师培训班，不过前者是为了玩乐和心情，后者是为了职业和生存。目的不同，反映出人的生存状态的迥异。

第十，享受日常生活。在经历过暴风骤雨式的物质需求和享受之后，日本农民就变得温和多了，开始关注身边生活的细节体验。关注饮食、服装、寝具、家具、食具，以及对电视节目挑剔。生活是一种连绵的习惯，要一下子改变吃咸海带和话梅酱,对他们来说还需时日,但他们可以试着体会吃鱼子酱、咖啡、牛排和西式糕点。一直到现在,高档的西式糕点的销售,据说乡村都比东京等大城市卖得快、销路好。有一个生活细节,笔者到现在还记忆犹新:在一个很偏远的乡村,笔者发现,这个乡村的厕所和都市无任何区别,弥漫着淡淡的香气,卫生纸洁白地挂在抽水马桶旁边。

第十一,反哺城市,做体验经济的主持人。如果要问现在城市的人最想要的生活是什么?"满足城里人的需求。"农民在回答完之后,就做起了城里人体验乡村生活的主持人。

笔者在福冈县宗像市正助村付费 5000 日元去插秧是农民发展体验经济,创建乡村品牌的一个项目,譬如还有养果树摘苹果、种红薯挖地瓜、掏海沙做沙浴、开澡堂洗温泉等等,农民是市场经济的弄潮人,而不仅仅是城市生活的跟随者和仰慕者。

"城市太冷漠,望着灯火辉煌的城市,最让我怀念的还是故乡的小河,还有那瓦屋上的炊烟……"乡村成为城里人的一种乡愁,一种怀旧和心灵的归宿,而农民是它们的引路人、管理者和主持人。

第二十五章

儒商群:创建高校品牌的给力点

一　高校品牌步入建设期

随着高等教育跨越式发展,高校品牌开始进入品牌研究者的视野。

高校品牌作为组织品牌,既有组织品牌的一般性,但又有其独特性。

由于高校是非营利性的社会组织,与企业有几点不同:

首先,高校不存在明显的利润指标。高校的主要功能是人才培养、科学研究、社会服务和文化传承。而企业的主要目标是追求利润最大化。其次,高校是基础性、公益性的机构,它面对的公众除学生外,还有政府和社会,比企业复杂得多。第三,高校特别是公立学校的出资方主要是政府,在税收和法律上还享有诸多的优惠,因而它所承受的压力不是市场压力,而是政治和社会压力。

高校品牌内涵可以归纳为三个层次:

其一,学生品牌。按照高教法规定,人才培养是高校的首要职责,通过培养高素质的学生来体现高校的价值和影响力,校友成就是高校培养人才最直接的体现。

其二,学科品牌。学科是指一定科学领域或一门科学的分支。如自然科学中的化学、生物学、物理学,社会科学中的法学、社会学等。也有人认为学科是高校教学、科研等的功能单位,是对高校人才培养、教师教学、科研业务隶属范围的相对界定。学科品牌是通过社会对某个专业的学生素质上升到对某个学科的信任,由此形成高校某个学科品牌。最近几年教育部学位中心推出的全国高校学科评估,业内关注,众人瞩目。

其三,学校品牌。当学生品牌、学科品牌,加上著名师资、校史文化、文脉传承等形成了一定的影响力之后,学校品牌就水到渠成。此时,学校的声誉具有明显的品牌特征，最后形成学校品牌。

高校品牌的实施与塑造是个战略过程，诸多成功的案例给我们巨大的启发。

譬如香港科技大学，该校创建于 1991 年，在 20 几年的时间内创建了具有世界影响力的大学品牌。目前，该校在全球顶尖的 200 所高校中排名第 41 位(2010 年)，在全球顶尖的 50 所工程及科技高校中排名第 20 位(2010 年)。香港科技高校品牌战略的成功经验在于：品牌定位准确、目标清晰、品牌创建的给力点明确、行政领导强而有力。

那么，对老牌高校品牌而言，如何创造性进行开发？如何找到高校品牌的传播点？

笔者以华东师范大学为例。

华东师大是一所享誉海内外的著名高等学府。有花园式的迷人场景，素有“花园学府”的美誉；有悠久的历史传统、厚重的学术底蕴、齐备的学科结构、雄厚的师资力量和科研实力，已经为国家培养了数以十万计的优秀人才。

华东师大历史悠久，声誉卓著。其前身主要是 1924 年成立的大夏大学与 1925 年成立的光华大学。马君武、王伯群、欧元怀、张寿镛等知名人士曾先后出任两校校长，鲁迅、郭沫若、田汉、胡适、徐志摩、叶圣陶、陶行知、吕思勉、姚雪垠、潘光旦、林语堂、施蛰存、钱锺书等一大批学术大师和文化名人先后在两校任教。大夏、光华两校培养了姚依林、乔石、尉健行、荣毅仁、汪道涵、周而复等一大批著名政治活动家、实业家和文化大家。

清华大学前校长梅贻琦先生曾说过：“所谓大学者，非谓有大楼之谓也，有大师之谓也。”华东师大名师荟萃，英才辈出，一大批教育学家、心理学家、文学家、外国语言文学家、翻译家、哲学家、社会学家、经济学家、音乐家、生物学家、化学家、数学家、地理学家、物理学家、博物馆学专家等学术大师，开风气之先河，创建学科、著书立说、乐育桃李。

华东师大在很多人的认识里，就是一所培养教师的师范大学。

但其实远远不止于此。

香港科技大学选择了学术和教学作为品牌创建的给力点，在全球招揽顶尖的科学家加盟。那么，华东师大的给力点在哪里呢？

曾任大夏大学校长的欧元怀先生说过：一所大学的教育成功与否，完全取决于我们的毕业校友服务于国家社会的贡献。

华东师大的荣耀，在于所培育的在各行各业独领风骚的校友。除了培养了一大批基础教育界的领军人物和骨干力量,成为名师、名校长和教育家外,还涌现了许许多多政治家、院士、作家、出版家和企业家等。

尤其是,华东师大培养了一批企业家,被称之为“儒商群”。

“儒商群”的崛起,是华东师大品牌传播的新的爆发点。

随着“华东师大儒商群”的挖掘、打造和传播,华东师大以新的形象为社会接纳和传播,提升了华东师大作为新世纪的品牌形象。

二　华东师大“儒商群”浮出海面

沸腾的纳斯达克。2005 年 7 月 13 日,美国纽约,一位来自上海的青年江南春,在万众瞩目中掀开了纳斯达克中国第一支纯广告传媒股的神秘面纱。作为分众传媒创始人兼 CEO 的江南春,“一夜暴富”,身价接近 2 亿美元。仅仅不到 10 个月,2006 年的 5 月 19 日,分众总市值猛涨至 28.7 亿美元,一举超过张朝阳,赶超网易,夺得纳斯达克中国概念股第一“宝座”。改制后的江南春约持股 25%,按照市值,江南春身价“飙升”到 56 亿人民币。

江南春赫然成为中国新一代商人的代表,成为华东师大儒商群的标杆。

“儒商群”崛起。江南春的横空出世,与其说是他个人的传奇,不如说是华东师大儒商群的奇迹。随着财富新贵江南春的出现,人们的目光徐徐聚焦,瞭望到在中国大学群落中,一支署名华东师大“儒商群”,渐行渐近,慢慢浮出海面——

“地产界另类先锋”王征。北京荣丰房地产开发有限公司董事长、全国政协委员、全国青联常委、中国青年企业家协会副会长。

做一个“用智慧给社会创造财富的人”是王征的人生理念。1981 年,王征以上海总分第二名的成绩进入外语系。大学毕业被评为“上海市优秀大学生”。作为盛宣怀家族的第四代,他身上天生具备一种商业特质,攻读研究生中途,他弃学从商,凭着一种冒险精神,只身闯荡香港商界打工。两年之后,他从香港掘来“第一桶金”回到上海。28 岁的他响应上海市政府“实物批租”政策,1.7 亿元人民币换取了南京路黄金地段一块 8.7 万平方米的土地,王征从此“一夜成名”,成为中国房产风云人物。从事房地产行业十余年来,他在全国主持开发 30 余个名盘,被评为“中国房地产十大新锐人物”、“北京房地产十大创新人物”等。同时,他还兼任盛世达投资公司、北京东方之旅网络公司、北京智家通信息技术公司等多家公司董事长。王征历年来对公益事业多有捐赠,率先赞助东亚运动会;2001 年,与信息产业部等设立

“荣丰基金”，奖掖青年，鼓励科技创新。

“惠天然”程静。上海惠天然投资控股集团有限公司董事长。1989年考取华东师范大学生物系，毕业后分配到湖南包装集团总公司工作，一年后派往该公司驻上海办事处从事市场开发工作。1998年下海经商，在经济改革的浪潮正激荡的时期，他创办了上海盛湘贸易有限公司。次年创办了“上海惠天然投资有限公司”，主营国际贸易、企业投资、企业并购重组、房地产开发、医药生产、新能源开发与利用等项目，年产值达30亿。之后，先后成立湖南惠天然房地产开发公司和湖南惠天然化工公司。2013年，程静代表公司向母校捐赠300万元设立“惠天然专项教育基金”，主要用于奖励报考母校的优秀高中毕业生。

“奥盛”汤亮。上海奥盛投资控股(集团)有限公司总裁。毕业于华东师范大学世界经济专业，主要研究方向为国际金融及中国美术史。1997年，中国基础设施的大建设中亟需预应力钢材(PC)。汤亮带领一批科研人员，开始攻克技术难关，经过两年努力，实现了PC的国产化，打破了进口货一统天下的垄断局面，并且获得了该领域几乎所有的国际顶尖认证。奥盛拥有全球最完善的预应力材料制造产业链，也已然成为世界顶尖的桥梁缆索供应商。2009年，分布在各地的奥盛子公司共实现销售收入98.09亿元，创税8916万元。凭借一颗炽热的创业心与执着精神，汤亮“逢山开道，遇水架桥”，扎扎实实地构建跨国模式，进一步把事业拓展至欧美。这成就了奥盛的今天，也成就了他的精彩人生。汤亮曾捐资300万在母校设立奖学金。

“门窗大鳄”张立群。认识张立群，是在北京校友会相识。他看起来儒雅、随和，从外表无法猜出是位怀拥数亿资产的大老板。他做过教师、记者，1996年下海创业，一出手便气势不凡。作为北京美驰建筑材料公司的总裁，他坚持高标准、高起点、高品位，率先从德国引进门窗生产技术和设备，按照德国DIN标准为客户提供专业化的服务，公司在产品的设计、原材料的选购、工艺流程等各方面保持与国际同步发展。公司产品遍及北京、广州等中心、高档公寓和政府首脑机关，并出口美国、日本等发达国家。除北京总部外，同时在上海等地设立工厂。张立群在中国门窗发展史上创下一个又一个“第一”，在高档门窗市场上形成了独特的竞争优势，保持着稳固的引领者的地位，成为国内较有影响的门窗系统供应商，被中国地产界誉为“豪宅的标志性配置”企业。富则兼济天下，张立群捐资百余万元，帮助母校湖南平江一中建设了“美驰图书馆”，并以父亲的名义设立了“张西林奖学金”。在华东师大建校60周年期间，张立群捐资100万支持母校教育事业。

“齐家网”邓华金。上海齐家网信息科技股份有限公司董事长兼CEO。邓华金与笔者同届,同为92级校友。他是化学系,我是法政系。刚入校时,同住在华东师大9舍5楼,宿舍为斜对面。20世纪90年代学校的业余活动相对贫乏,除了周末上舞厅,就是打篮球。于是,打篮球成了我们那个年代的男孩成本最低的运动。1996年,上海正式对外地生源开放,那年我们都留在上海工作,我留校,邓华金在中学做老师。两年后,他离开学校开办家具厂、卖家具,并做过飞利浦灯具的区域负责人。在这段时期,他发现中国传统行业的渠道多杂乱,尤其是装修业。2005年3月,他决定创办集装修、建材、家居、婚庆等电子商务网站——齐家网(上海团购网),首创“B+B2C”体验模式。3年后,齐家网获得1500万美元的第二轮风投。到2011年4月齐家网在全国开设28个分支机构,核心会员超过300万,2009年平台交易额达到32亿元。齐家网成为中国最赚钱的电子商务公司之一。

“房产大腕”薛晓路。上海好世置业有限公司总经理。华东师大外语系毕业,良好的外语出身,让他有机缘远涉美国工作和生活。回国后,薛晓路先后创办了上海和华商业管理公司、上海中房置业股份公司、上海兴齐房地产开发等公司。在房地产打拼多年的经历,使他深得日本丸红株式会社的青睐,成为注册资本达1835万美元的上海好世置业总裁。日本丸红株式会社系日本五大综合商社之一,曾位居《财富》世界500强企业第23位。在房产市场,他坚持“人无我有,人有我特”的市场策略,早在1992年回国后,他就开始构想在上海建造联体别墅的念头。他发现在美国西部造联体别墅比较经济实惠,最初收入不高时,老百姓可以买这种联体别墅,到一定积累后再换购单体别墅,等到年老后再卖了别墅搬进公寓,中国房产市场也应该朝这个方向发展。于是,他先后投巨资开发“好世樱园”联体别墅、好世凤凰城和“好世麒麟园”独立别墅,由于其公司带动,莘庄已经成为现今上海Town House高尚住宅区的领头羊,并带动了莘庄整个区域经济建设的繁荣。他领导的公司曾获“上海市房地产开发企业50强”。

“驴妈妈”洪清华。驴妈妈旅游网董事长。华东师大体育系硕士毕业。1994年,洪清华刚入校门就表现出了与众不同的创业天赋。他人生中第一个具有市场化色彩的社会职务就是学校录像厅经理。研究生毕业后,他先在一家外企打工。一年不到,就向颇为器重自己的老板辞职,选择了充满荆棘、前途未卜的创业之路。他想到了旅游咨询,于是他只身来到北京,和校友刘锋共同创办了全国第一家民营旅游咨询企业。4年之后,他重回上海创办上海奇创旅游咨询机构,这是沪上第一家旅游咨询企业。2008年,充满创业激情的洪清华开始了人生的第三次创业,决意要创建"中国乃至世界最好的景区电子商务平台",驴妈妈旅游网横空出世。截止目前,驴妈妈有5000多家景区和5000多家特色酒店加盟,覆盖全国30多个省及直辖市,出境游覆盖5大洲、50多个国家。驴妈妈提供的产品不仅有景区门票,而且包含"景区+酒店"的自由行产品、旅游团购、国内游、出境游、精品酒店等多品类产品,并拥有海量的景区及目的地资料查询,逐渐成为以自助游产品为核心特色的旅游综合服务网站。这个梦想在4年后的今天,演绎成"年营业额超2亿元,日均万人预订,有约3000家景区加盟,拥有12000多种自助游产品订购"网站。洪清华告诉笔者:"第一次创业是为了生存;第二次是为了家庭;如今的第三次创业——驴妈妈旅游网则是为了实现我的梦想。"回首这三次创业,洪清华感慨,"驴妈妈"背负的梦想远远超过前两次创业的总和。

"和君咨询"王明夫。和君咨询集团董事长。本科毕业于华东师大政教系。中国著名的战略咨询专家和投资银行专家。1995—1998年,王明夫担任君安证券研究所所长,领导该所迅速崛起,成为中国思维最前卫、规模最大、影响力最强的专业证券研究机构,一直在中国投行界证券研究领域处居领导潮流的地位。他开创了中国一代券商的研究模式,被业界公认为打响中国证券研究品牌第一人。1999年,任中国人民大学金融与证券研究所执行所长。2000年开始,王明夫创建和君咨询有限公司,任公司董事长,开始进入管理咨询行业。这是中国本土规模最大的综合性咨询公司之一,荣获北京管理咨询公司综合实力排名第一、中国咨询业第一品牌等称号。和君咨询集团的基本业务结构是:和君咨询+和君资本+和君商学院。和君咨询目前管理咨询师和投资银行专业人才队伍奔向1000人,每年执行的管理咨询和投资银行类项目超过300个,在数十个行业里积累有丰富的案例和经验,已经成为本土咨询业界最具影响力的领导性品牌。

……

还有:亚商集团董事长、政教系77级校友陈琦伟,北京尚洋信德信息技术公司总裁沈习武,上海国际医学园区董事长黄俊,美的集团总裁方洪波,三九美源坊总裁程光伟,上海兆基实业有限公司董事长李国平,江苏可一出版物发行集团毛文凤、钱晓征,在校设立"中融"奖学金的香港世海国际有限公司董事长洪波,年出口创汇4.8亿的江西省针棉织品进出口公司总裁周应华,年营业额3亿的上海康鹏化学有限公司董事长杨建华,以及上海交运集团副总裁郭大成、上海友谊集团副董事长黄真诚……诸多校友凭着强烈的创业意识和自我发展的欲望,怀着深厚的经商意识和商品经济意识,坚持百折不挠、自强不息的创业精神,破茧化蝶,一跃成为百万富翁、千万富翁、亿万富翁,成为国内著名、世界知名的企业家。

三　"儒商群"为大学形象增光添彩

在中国的历史上,曾有这样一群人:他们凭借着地缘优势和敢于冒险、敢为天下先的勇气,异地创业致富;他们呼风唤雨,左右行业经济,操控国家财源;他们自创流派,成为中国商人精神的载体。这就是曾辉煌中国几百年的徽商、晋商、潮商等商帮。诸多商帮以其强烈的创业精神与杰出的经营能力,抒写了中国商业史上的辉煌。

过往百年,他们曾是国家商业的图腾。

在商帮中,有一类特殊的商人群体,那就是儒商。华东师大儒商群和"商帮"比较,它有特别意义的地方:一是华东师大儒商群不以地域、血缘和乡谊为基础,而是基于校园文化基因的培育,是毕业于华东师大的企业家群体,不以籍贯为定义,由许许多多企业家组成的、努力吸纳全世界优秀文化包括中国传统文化的商人群体。华东师大儒商群是具有现代人文道德、具有竞争能力、具有社会责任感、具有现代管理能力、具有开拓能力的企业家群体。

其二,华东师大儒商群是一种新经济时代下的新产物。师大儒商群发展大概分为三个阶段:萌芽期、发展期和快速增长期。萌芽期是指20世纪80年代中期至90年代中期的这段时间。在改革开放的大潮中,一批有能力有胆识的校友走出校园,怀着创业的激情成为最早接受市场考验的知识精英。这个时期以陈琦伟、薛晓路等为代表,个人掌控、管理和拥有资产数以亿计。发展期是指20世纪90年代初至21世纪初。这期间以王征、洪波、张立群等为代表,个人身价过十数亿。快速成长期是指21世纪初至今。这个时期以江南春、程静、汤亮、洪清华、邓华金、程光伟等为代表,譬如江南春个人身价已经达到近50个亿。

其三,华东师大儒商群从地域走向行业,从传统贸易走向新兴产业。徽商、晋商、潮商等商帮一般是通过"茶马交易"、"棉布征实"、"布马交易"等手段,经营盐、茶、布、烟、木、药、皮、杂等土产品,实际上大多数从事的是商业贸易,只有晋商的"汇通天下",是资本经营的雏形。以地域为条件的商帮是封闭性的东西,以行业为基础形成的儒商群才是未来发展的方向。华东师大儒商群植根于丽娃河畔共同的文化脉络和文化气质，超越地域特征，分布在教育、房地产、现代咨询业、高新技术等不同的行业和领域并发挥着引领作用。譬如"商界少帅"江南春掌控下的分众传媒，为中国最大的楼宇电视广告商，他所经营的户外视频联播网已经覆盖近100个城市、10万个终端场所，日覆盖超过1亿的都市主流消费人群。细细考量，可以从他们身上完全解读出财智时代的特征。

"儒商群"将改变人们对师大的印象，激活人们对师大的传统印记。一位社会学家这样评价师大的儒商群：华师大出教育家是必须的，因为学校教师教育引领全国；出作家是应该的，因为丽娃河流淌着深厚的文脉和文化；出政府官员也在情理之中，因为学校形成了举贤荐能的人文底蕴和氛围；而华东师大出大商人、大企业家，应归功于师大文化在新经济时代主动对接市场经济、谋求新生，突破诞生的一种求实创新精神的喷发和张扬，折射出儒商群对丽娃河蕴涵的文化因子的传承和发扬。

华东师大儒商群，这个善于学习、吸收和创新的优秀企业家群体，他们在全球经济一体化时代，无师自通地撞开市场经济的大门，用智慧的杠杆撬动知识经济；他们借虚拟经济之手把企业办得红红火火，在无数次的商战实践中学会和大象跳舞；他们奋发图强，饮水思源，知恩图报，回馈母校；随着市场经济不断推进和深入，我们相信、我们期待华东师大儒商群的舞台将更加宽广，企业家群体将会更加宏大、更加源远流长。

第二十六章

新闻主持人品牌延伸误区

一 从《舞林大会》说起

东方电视台热播一档《舞林大会》节目，媒体报道其收视率高达15%。

在《舞林大会》热播的同时，有学者赞美有加：认为跳舞是上海都市情结的延伸，观众喜欢《舞林大会》，是上海人对舞蹈有着一种情结，是上海都会文化和海派文化的标志，是上海人的一种娱乐精神。

《舞林大会》到底是一档什么类型的节目？

原来，《舞林大会》是SMG克隆美国ABC电视台的《与星共舞》节目。《与星共舞》节目每期邀请名人参与跳舞比赛，据说平均收视率在1700万人左右，成为美国多年来收视率最高的一档夏季节目。

靠名人吸引观众，是电视台的一大法宝。其实，《与星共舞》也是模仿英国BBC电视台的Strictly Come Dancing和澳大利亚Seven电视台的《Dancing With the Stars》的一档由专业舞蹈家搭配一位明星（电视、电影、体育、政客）共同参加的舞蹈比赛，然后由观众投票选出冠军的舞蹈比赛类真人秀。

就像湖南电视台《超级女生》拷贝美国的超级女生一样，好的节目加上中国本土化的策划和市场运作，无论是在收视率上还是商业营销上，确实能取得意想不到的成功。《舞林大会》是不是一档成功的节目？如果单从收视率上看，应该算是很成功。

不过，笔者认为，这个节目有一大败笔。

二 《舞林大会》为什么失调？

30多年间，中国的电视节目主持人经历从“职业人时代”到“名人时代”

的变迁过程。在此方面，香港凤凰卫视名牌主持人制给大陆电视台以启迪和借鉴。

在未来的电视事业发展中，节目主持人要想在竞争中占有一席之地，个体品牌化是必然趋势和选择。

随着媒体竞争进一步加剧，媒体已经由广告竞争、发行竞争、新闻竞争、人才竞争发展到了品牌竞争阶段，具有品牌价值的优秀主持人是电视台最鲜活、最具个性的品牌，不但对观众具有广泛的号召力，而且对观众的忠诚度具有重要的影响。

提升主持人的品牌价值，就是提高电视台本身的品牌价值。

一个具有品牌价值的主持人往往是这个栏目这个频道乃至这个电视台的符号和标志。譬如中央电视台的白岩松、敬一丹、水均益以及最近离开央视的崔永元，他们主持的节目和栏目皆因风格各异而为不同的观众群所喜爱和认可。

凤凰卫视擅于打造专业品牌主持人。譬如一提到陈玉佳就会想起天气资讯节目，一提到曾子墨就会想起财经类节目，一提到陈淑婉就会想起台湾资讯节目。

凤凰卫视之所以能够迅速成名，依靠的就是这种品牌延伸的策略。著名主持人杨澜加盟凤凰卫视之后，立即为她量身定做了《杨澜工作室》；随着窦文涛主持《锵锵三人行》的成功，电视台立即对其进行形象包装、宣传和出书，开办《明星三人行》、《文涛拍案》等一系列以窦文涛为核心的节目，成功实现品牌延伸战略。

主持人属于媒介的职业传播者，是受众获取信息的主要来源，肩负着准确地传递信息的责任，而此时受众能否正确地接受和理解信息，主要体现在主持人这一传播环节，因此主持人的一举一动很有可能左右信息的理解。

主持人明星化也会使主持人在社会中的自身定位产生错误，出现与传播者角色不相匹配的一些言行，将直接影响媒介品牌的社会形象。

为什么说《舞林大会》节目对新闻主持人来说，是失败的？

其一，主持人的品牌被过度开发。像曹可凡，是一个富有文化内涵的优秀节目主持人，他的电视形象温厚可亲、富有深厚的文化品位，按照节目策划人的初衷，是扩大曹的影响力。曹在上海滩本来就是个电视名人，如果要开发的话，也应该是从他的基本特点来挖掘，而不是把他推上“舞台”，让他胖胖的形象出现在不属于他的舞台上。跳舞是种文化，但曹可凡的品牌定位和形象定位根本不属于舞台，所以他的定位是品牌扩张的一种误区。主持人的品牌是种稀缺资源，越是稀缺的越要慎重，越不可随意扩张。

主持人个人品牌亦然。

美国管理学者彼得斯认为：21世纪的工作生存法则就是建立个人品牌。不只是企业、产品需要建立品牌，个人也需要建立个人品牌。个人品牌有四大功能：识别功能、信息浓缩功能、安全功能和价值功能。品牌是品质以及信赖和忠诚的永久指南，并能给予那些无信心于购买决策结果的顾客更多的信心。主持人品牌不像产品品牌，传播越广，品牌流传度越高，受众接受度就越高，品牌附加值就越高。

就是一个好品牌，开发也是有规律的，必须遵循一定的法则。譬如娃哈哈品牌，原是中国儿童奶的一个著名品牌，娃哈哈公司为了扩张品牌，竟生产"娃哈哈"酒，按照青少年保护法规定，未成年人是不可以饮酒的，由于品牌扩张超越了基本法则，曾使"娃哈哈"品牌遭遇致命伤害。

其二，在毁灭一些优秀的新闻主持人。电视节目泛娱乐化，这是符合富裕之后民众的欣赏需求。但"娱乐"二字，不能简单地把它与歌星、影星、明星联系起来。

《现代汉语词典》解释是：使人快乐；快乐有趣的活动。早有艺术产生于游戏一说，就算是比较严肃的节目，它能让你懂得人生哲理，为你点亮心中明灯，使你豁然开朗，难道你不是一样获得一种溢满内心的喜悦？

《舞林大会》如果纯粹是娱乐节目主持人参与，也就罢了。如果把新闻节目主持人推上"舞台"，让她们轻纱薄裳、袒胸露腹、浓妆艳抹晃动在万千观众面前，是SMG策划人对新闻节目类主持人的一种亵渎，是对新闻节目主持人的一种抹杀，甚至是种添污。

新闻节目主持人有一种特定的形象和职业定位，强调专业、权威、公正、正派、可靠、可信、有知识、真诚不做作。袁鸣、王津元、陶淳、夏磊等作为知名新闻节目主持人和法制节目主持人，如果像娱乐节目主持人一样，频繁出现在"舞林大会"上，这既是SMG策划人的失误和败笔，更是新闻节目主持人的一种自我形象的毁灭。

凤凰卫视的窦文涛因主持脱口秀"锵锵三人行"而扬名，按他自己的话说，日后如果他再主持新闻类节目，估计没几个观众相信他说的话是真的。

央视的白岩松和水均益曾参与过很多大型娱乐节目的活动，后来发现，这些活动简直就是对新闻主持人生命的一种浪费和损害。他们很明智，果断拒绝各种邀请，重新回归新闻节目主持人岗位。

主持人不是万能的，主持人的资源也不是无穷的。新闻可以娱乐化，但新闻节目主持人绝对不可以娱乐化。

收视率是万恶之源。

对,没错!对新闻节目主持人参与娱乐节目来说,一点没错!

三 品牌延伸的合理节奏

上文的新闻主持人娱乐化,本质上涉及的就是品牌延伸是否合理的问题。

品牌延伸,是指知名品牌或成功品牌扩展到与成名产品或原产品不尽相同的产品上,以凭借现有成功品牌推出新产品的过程。

品牌延伸并非只简单借用表面上已经存在的品牌名称,而是对整个品牌资产的策略性使用。

品牌延伸是企业品牌战略的重要策略和路径。

品牌延伸最早是由泰伯(Tauber)提出,其在《品牌授权延伸:新产品从已有的品牌中获益》一文中定义道:品牌授权延伸是将一个消费者熟悉的品牌,用到一个全新种类的产品上。

笔者认为,这只是一种狭义意义上的品牌延伸。

从广义上来说,品牌延伸还应当包括产品线延伸和产品种类延伸。

在品牌延伸中,被延伸的品牌称为母品牌,延伸的新产品称为延伸产品。产品线延伸指利用母品牌在同一产品线下推出新的产品项目,具有不同的成分、不同的口味、不同的形式和尺寸或不同的使用方式。产品种类延伸指利用母品牌推出属于不同种类的新产品。譬如丰田将其品牌从摩托车延伸到汽车、滑雪车、割草机、雪地车等产品上。

研究发现,在美国每年推出的1.6万余种新产品中,有95%是从现有品牌中延伸出来的,超市快速流通商品中,66%的年销售额1500万美元以上的成功品牌属于延伸品牌。

国内市场也是如此,三九集团从制药延伸到了食品业,推出了三九啤酒,又延伸到了药妆美源坊。

品牌延伸有三大类型:

一是专业化延伸。即品牌延伸的新领域与其原领域处于同一行业并有一定的关联性,从而节约新产品进入市场的成本。譬如"娃哈哈"从儿童营养口服液起家,逐步延伸到果奶、八宝粥、纯净水等。

二是一体化延伸。即现有市场的品牌向原有领域的上游或者下游延伸，以获得更大的市场覆盖面，拓展品牌成长的空间。譬如丰田在丰田轿车享有盛誉之后，向上游延伸推出雷克萨斯，作为更加高端的轿车品牌。

三是多样化延伸。即品牌延伸的新领域与原有领域完全不相关的品牌延伸行为。譬如海尔集团从冰箱延伸到了洗衣机、空调、电风扇、无绳电话机、微波炉、彩电、小家电、电脑、手机等在内的家电领域几乎所有产品，同时还涉足橱具、房地产、生物制药、餐饮等跟家电丝毫不沾边的领域。

根据品牌是否向同品类延伸，品牌延伸分为品种延伸和品类延伸。

品种延伸指母品牌针对新的细分市场，开发同一品类的不同品种的新产品。80%—90%的品牌延伸属于此类，譬如宝马 3 系的 320i 和 325i 属于档次的延伸。

品类延伸指母品牌被用来从原产品大类进入另一个不同的大类，通常不另外引入副品牌，而把品类名作为副品牌与主品牌复合。譬如万宝路从香烟延伸到牛仔服、牛仔裤、鸭舌帽、腰带。

根据延伸产品与原有品牌产品的相关性，品牌延伸有强关联延伸、弱关联延伸和无关联延伸三种。

强关联延伸指延伸产品与母品牌处于同一行业、满足同一市场需求，往往借助于技术上的共通性进行的品牌延伸。譬如英特尔先后开发出 Pentium Pro(1995 年)、Pentium Ⅱ(1997 年)、Pentium Ⅲ(1999 年)和 Pentium 4(2000 年)，这一代产品为加强 Pentium 的品牌资产作出了很大贡献。而 Pentium 4 的商标还以一种新设计出现，不仅展示了它的先进性，还强调了它的优秀品质。

弱关联延伸指延伸品牌下的产品处于同一行业，产品满足的是同一大类的需求，但不同产品满足的具体需求种类有差别。譬如索尼利用成像技术推出数码照相机、数码摄像机等。

无关联延伸指将母品牌延伸到与原产品并无技术关联的新产品类别上，涉猎其他行业与种类，满足多种市场需求。譬如，海尔既有电器，又有生物医药、金融、旅游、房地产、物流等不相关的产业。

根据延伸产品的品牌命名，品牌延伸有单一品牌延伸、主副品牌延伸和亲族品牌延伸。美国的“3M”和日本的“SONY”属于单一品牌延伸；别克凯越和别克君威属于主副品牌延伸；麦当劳的麦乐鸡、麦香鱼、麦辣鸡等都以“麦”(Mc)开头属于亲族品牌延伸。这种做法有效地将母品牌的优势转移到延伸产品上，同时又与母品牌保持距离，延伸产品不会对母品牌造成过多的负面影响，比如淡化、污损母品牌。

第二十七章

明星品牌代言的收益与风险

近年来，不少娱乐圈明星因为所代言产品出现质量问题，被卷入纷争或官司，成为媒体和民众关注的焦点。

曾作为具全球影响力的性感女星，莎朗·斯通对中国汶川地震的“报应”论调，招来了广大中国消费者，乃至遍及全球的严厉抨击。

莎朗·斯通形象一跌再跌，落尸深谷。

在关键时刻，迪奥品牌公关部门紧急启动危机公关，发表公开声明，强调“不支持任何伤害中国人情感的言论”、“对灾区重建予以鼎力支持”的姿态，将在华莎朗·斯通形象广告全部撤下。

迪奥之前之所以选择莎朗·斯通，是认为其在40岁的不惑之年仍然拥有美丽迷人的容颜，充满知性与独立。

随后，莎朗·斯通一度代言迪奥旗下香水、手表、护肤品等多样产品，护肤品广告口号为“成熟、智慧和美丽”。

而莎朗·斯通近日的言论，却完全颠覆了其“成熟、智慧和美丽”的形象。

毫无疑问，在灾难与真正的人道主义之下，人们才明白年龄≠成熟，智商≠智慧，性感≠美丽。

难扼愤怒的消费者、商业机构迅速撤下关于莎朗·斯通的所有宣传品。

应该说迪奥的态度值得肯定。

毫无疑问，中国人的感情需要被充分尊重，成了本次公关危机处理的最基本原则。

明星成龙和王菲也因为代言产品质量遭质疑，被带入舆论的风口浪尖。

著名相声演员郭德纲也曾有过官司。

河北某地方报纸连篇累牍编写、刊登宣传“藏秘排油茶”的广告：《郭德纲：我说藏秘排油好，因为我瘦了》、《老婆整日逼他减肚子，郭德纲狂喝藏秘排油》、《神！半个月郭德纲肚子平了》等。消费者王先生看到这些广告后，出于对名人的信任，购买并服用了这款减肥产品。但服用后并没有达到广告中宣传的效果，为此他将郭德纲、产品公司、保定晚报社告上法庭，要求三被告在北京市和保定市两地的报纸上公开道歉，同时双倍返还货款116元。

媒体报道还有：由影星成龙、王菲任代言人的中草药洗发水生产商霸王国际，其旗下洗发露含有被美国列为致癌物质的二恶烷，拖累股价大泻并于午后紧急停牌。尽管公司发表声明并召开投资者电话会议，指有关报道夸张失实，强调旗下产品的二恶烷含量轻微，绝不会影响人体，并符合内地、香港及国际标准，但还是损失惨重。

对企业而言，借助明星的知名度，提高企业声誉及信任度，对产品起到促销作用。对于明星而言，一方面增加了收入，另一方面也借代言广告不断提升自己的知名度。

明星与商家，在寻求"注意力经济"的时代，从来都是天然的合作伙伴。

明星的商业价值还在于广受知晓的个性气质。

商家不惜花重金用名人作广告代言，更深层次上看，是为了更好地提高品牌美誉度，在传播上强化品牌的个性形象。

明星品牌代言更被奉为营销之利刃。

品牌的成长，并不仅仅在于知名度的提升，更重要的是品牌核心价值的塑造与强化。

于代言而言，企业需要理性审视传播，基于品牌核心价值而制定品牌传播策略，使明星的商业价值有效嫁接到品牌成长上来。

当前的多数国内品牌还无法塑造其品牌的核心价值，仅仅靠名人支撑品牌，如果碰上了说话不上脑的明星，你就套牢。

但不论是文章劈腿，还是李代沫吸毒、韩寒代笔、刘翔退赛等事件，都给明星代言蒙上了越来越多的阴影。这种高投入运作的模式，在带来高关注度的同时，也带来了高风险。

重庆的黄正玉老人曾一纸诉状递到了重庆市渝中区人民法院，将三鹿和代言三鹿产品的邓婕和倪萍两位名人告上了法庭。

老人正是相信邓婕、倪萍在广告中说的话才去购买三鹿奶粉的，他们的言行误导了消费者。黄正玉要求三鹿、邓婕、倪萍以及出售奶粉的超市四方赔偿购买奶粉的65.1元，赔偿医药费131.27元，并赔偿精神损害抚慰金10000元。法院受理了此案，并向原告发出了受理通知书。

在"三鹿"丑闻爆发后，明星代言和代言明星饱受前所未有的质疑、讨伐和攻击。

为毒奶粉代言的明星不是叫屈，就是鸣冤。叫嚷自己是窦娥，是冤枉的，该死的不是她(他)们自己，而是那些该死的厂家。

那么，与之相涉的代言明星，真的冤枉吗?

目前国内广告法看似没有相应的处罚条款，但类比其他国家的法律，就知道自己的罪孽有多大、罪过有多深。

在美国，形象代言人广告必须“证言广告”和“明示担保”，意思即说，明星们必须是其所代言产品的直接受益者和使用者，否则会被重罚。美国摇滚巨星迈克尔・杰克逊曾为某可乐做广告，但有人发现他根本不喝汽水后，一时间他被公众列为知名度高却被普遍讨厌的人物，一个好莱坞演员也曾因做虚假广告被罚款 50 万美元。

在法国，明星们如果代言了虚假广告，除了身败名裂，还可能遭受牢狱之灾。一位叫吉尔贝的电视主持人，就曾因为做虚假广告而关入大牢，罪名是夸大产品的功效。

加拿大广告法明确规定，代言、推荐或证明者必须是该产品或服务的实际使用者，广告相关信息须有充分事实依据，绝不许欺骗或误导消费者，否则将承担相应的民事或刑事处罚。

在日本，如果明星代言的产品属于伪劣产品，明星本人不但要向社会公开道歉，还会在相当长的时间得不到任何工作。同时，若明星本人出了问题，那么广告商也会因为担心自己产品形象受到损害，而立即停止有关广告的张贴与播放。

在瑞典，名人代言产品就是将其名誉和代言的产品捆绑在一起。名人代言的产品一旦出现问题，将会成为公众抱怨和指责的对象，有的甚至连自己的正业也会受到影响。

代言明星也许会说，我是在中国，他们的法律管不到我。

是的，试问代言明星:

其一，你是谁? 你是公众人物，是公众成全了你，你做的每件公开的事情，都与公众相关联，除了享受公众人物带来的好处，你也必须承担公众责任。

其二，你是企业利益的分享者。企业邀请你做代言，企业获取利润，你同样分享消费者(公众)提供的利润，企业承担毒奶粉造成的灾难和损失，你们也必须承担代言广告造成的社会危害。

其三，你为了自己家庭幸福，挣到了奶粉钱，但成千上万的孩子因为爱你们，受你代言的广告影响得了肾结石、患了肾衰竭、甚至死亡，你的孩子在幸福生长，而这些可怜的孩子却躺在病床上哀哭受难，难道你就没有愧疚？就没有感受到良知和良心的谴责？

还有，明星代言真的管不到吗？

2009年国务院通过获准的《中华人民共和国食品安全法》，不仅对食品的安全问题作了详尽的规定及说明，而且对于明星的食品代言作了进一步规范。

《食品安全法》中明确规定，社会团体或者其他组织、个人在虚假广告中向消费者推荐食品，使消费者的合法权益受到损害的，与食品生产经营者承担连带责任。这就意味着，今后如明星代言问题产品就等于是为商家进行虚假宣传，代言人就须为该产品造成的后果承担相应的法律责任。

冯小刚导演说过，明星代言连带这事不靠谱，他举例说方便面可以试吃一两袋，不可能试吃一两年。冯导说得似乎有道理。但话说回来，动辄百万的代言费当前，如果您选择代言，别只说夸张的话，这样就能减少些赤裸裸的误导。

如果你是经常刷微博的人，就不会对"大V"时不时发布的"微推销"感到陌生。明星代言广告虽然舒心养眼，但如果代言产品出现问题，那"有麻烦"的就不仅仅是厂商了。新修订的《消法》2014年3月5日正式实施，明确提出明星代言广告如涉及虚假宣传，将与商家一起承担连带责任。

2014年3月15日施行的《中华人民共和国消费者权益保护法》第四十五条规定：消费者因经营者利用虚假广告或者其他虚假宣传方式提供商品或者服务，其合法权益受到损害的，可以向经营者要求赔偿。广告经营者、发布者发布虚假广告的，消费者可以请求行政主管部门予以惩处。广告经营者、发布者不能提供经营者的真实名称、地址和有效联系方式的，应当承担赔偿责任。广告经营者、发布者设计、制作、发布关系消费者生命健康商品或者服务的虚假广告，造成消费者损害的，应当与提供该商品或者服务的经营者承担连带责任。

社会团体或者其他组织、个人在关系消费者生命健康商品或者服务的虚假广告或者其他虚假宣传中向消费者推荐商品或者服务，造成消费者损害的，应当与提供该商品或者服务的经营者承担连带责任。

除了电视、平面和落地活动等传统的广告代言形式外，一种新的营销模式开始进入消费者视野，即"微博植入式"营销。对于这一类营销形式的运用，以化妆品和护肤品两类商品最为盛行。不少明星经纪公司透露，这一形式去年已达到巅峰，虽然经济利益远抵不上一个正式代言，但因为“零成本”、“易操作”以及“隐蔽性”等诸多优势，受到众多明星的青睐。“微代言”由于其特殊的平台及市场的操作手法，也让很多明星规避了传统代言中一些不必要的风险。

第二十八章

不动产品牌成长的奥妙

不管你是学生还是已经参加了工作，如果你没有住房，很简单你就得租房。在日本租房，完全靠你自己去找房东很难，也不太可能，因为在日本找住房，必须要经过房产中介，房产中介用日语来说就叫“不动产”。经过一位来自内蒙古的朋友王瑞刚先生的介绍，我认识了一位叫田中永的中介公司老板。

田中勇是本城不动产有限公司的总经理，从 1982 年创业到现在，从事房产代理业已整整 20 年了。这家位于福冈县北九州市的不动产公司，从外表看起来很不起眼：门面不大，店牌很小，每天 9 点才开始上班，但就是这样一家很不起眼的公司，却拥有 3 个多亿日元资产。

本城不动产公司是家家族企业，田中永不仅是这家公司的创始人，目前仍是这家公司的老板。虽是老板，由于年事已高，他现在慢慢地放手让他的女儿田中美奈子操刀主管。美奈子曾在复旦大学留过 4 年学，后来又跑到美国留学，在美国留学的时候，认识了现在的丈夫。她的丈夫是个新加坡人，说得一口流利的中文，开始认识他，以为他是日本人，为他能说一口标准流利的中文暗中赞叹，因为日本人说中文总是卷不起舌头、发音平平的，像我们南方人说话。当他介绍说他是新加坡人、祖籍广东时，我哦哦地点头，在心理上马上把他引为知己，咱们毕竟是龙的传人嘛。

本城不动产老板田中永除了拥有自己的一套价值近 1 亿日元的出租房产外，同时作为中介，还在医生ケ丘、大浦、力丸、折尾等 9 个地方有他代理的 40 多栋高级公寓和一般的出租公寓住宅。日本的不动产公司到底是做什么的呢？从田中永老板的营业执照上，我们可以了解他的业务范围，主要包括不动产买卖中介、高级公寓、一般公寓的租赁中介以及跟不动产相关的全部业务。

日本的不动产靠什么赢利？这是我最想知道的东西，据笔者了解，他们的利润来源于中介的手续费。譬如二手房屋中介，利润是靠第一个月的礼金。在日本租房，除了按月向房东交纳房租外，在住进去之前，还得交纳一份礼金，礼金的数目不定，主要是看住房的级别和月租金。一般来说，月租金越高，礼金越多。像留学生，在九州地区，一般找个月租金2万左右的就还可以了，像这种情况，一般的礼金至少需要1万日元。

那么他们的利润来源又靠什么来保证呢？一是法律的保障，日本制定过许多法律法规来保障不动产中介的利益。二是靠行业协会的力量。日本有家全日本不动产协会，这家协会可以说是不动产中介的老娘舅。说起这家协会，笔者很有些话要说。

全日本不动产协会是得到建设大臣的许可的公益法人，1952年6月10日，在借助于《宅地建筑交易法》公布之初，于同年的10月1日成立。该协会的成立，是日本成立最早的不动产从业者全国性组织，该协会认为不动产业即土地、物业等的流通是国民生活的重要组成部分。

协会在促进和确保消费者的安全和公正，为社会作贡献、为业界的发展方面而作出了不小的贡献。该协会成立的目的就是实施各种保证制度，推进更好地保护消费者的利益，通过研修业务，努力提高会员的从业资质。50多年来，有2万多家公司加入该协会成为协会会员。

全日本不动产协会的事业活动范围，包括与国内不动产关联团体的联系，进行情报等方面知识的交流；向国会、政府、政党及相关部门提供不动产方面的对策；对不动产进行研究、调查以及资料的收集和公开发表；对一般市民进行不动产方面知识的普及和启发；推进不动产的正当交易；进行不动产流动机构的整合，实行其现代化以及协同化；对从事不动产的人员进行讲习和培训；对会员进行各种事业的指导和联络；主办不动产行业的出版物的发行，讲习会以及研修会；与世界各国不动产业界的交流和合作等等。

全日本不动产协会为了扩大影响，更好地为会员服务，该协会经过几十年努力，于1997年1月，建成了属于自己的全日本不动产协会会馆，借"全日会馆"落成之机，该协会同时创设"全日纪尾井町论坛"。日本不动产协会理事长中林增美在致辞中说，该论坛就是要谋求协会会员在21世纪有更大的发展。

成立的"全日纪尾井町论坛"，直接关注日本不动产在许多方面经验不足的现状，为了确保国民的福利、地区繁荣、顾客和用户的利益及安全，在不动产领域里承担自己应该承担的职责。

为了实现这个目标，该协会围绕不动产业本身，进行关于对整个社会经济环境的综合知识和判断力等方面的研讨活动。“全日纪尾井町论坛”，就是让众多的会员济济一堂敞开思路进行研讨，通过研讨可以提炼各自的规划，大家一起互为学习，取长补短。

“全日纪尾井町论坛”为了达到自己设定的目标，组织会员共同讨论在面对新世纪的来临不动产和不动产业的发展方向，听取各方主要意见，在协会内、外倡导和发出自己的声音，鼓励会员非常有必要构思和描绘自己作为一个不动产从业者的形象和对未来的打算，同时以发布全体会员的心声为目的，开始研究计划，以会员为中心，推进各方面的事业的发展。

为了宏大的目标和具体详细的事业计划，从一开始，“全日纪尾井町论坛”就邀请东京大学、明海大学的著名教授稻本洋之助先生，以及爱知大学、中央大学等知名的专业教授来进行讲座和指导；同时还成立“全日纪尾井町论坛特别委员会”和“研究、研修专门委员会”，为会员提供最专业的服务。

为了配合全日本不动产协会的正常运作，同时还成立“社团法人不动产保证协会”，该保证协会是以全日本不动产协会为母体，得到建设大臣的许可指定，于 1973 年设立的公益法人。协会实施各种保证制度，推进消费者的保护，通过研修等业务，努力提高会员的从业资质。

该协会的事业内容包括：解决会员进行物业等方面交易的困难；解决交易负责人的研修和讲习的困难；保证解决会员在交易中出现的债权和债务的一般保证业务和手续费的保管业务；关于物业等方面的保证业务的调查研究；联络协调和政府及相关机构的意见沟通；等等。

加入保证协会，作为会员，可以获取许多优惠。加入该协会，可以获得丰富的情报和资讯，比如可以获取各个与之相关的省厅及关联业界的情报；能参加研修、讲习会等；关于事业发展有相关的窗口进行咨询；能利用不动产流动机构；还有资格可以参加会员之间的交流等等。最为重要的是，加入该协会，保证金方面，可以得到极大的优惠政策。如果加入了保证协会，入会手续的保证金只要 60 万就可以开业。如果没有加入，也可以去申请免许资格，那就需要到法务省交纳 1000 万日元供托金，才可以正式营业。

我们在了解了在日本租房的规矩之后，就可以正式要老板介绍看房了。在看中之后，搬进去之前，除了签下赁贷契约书外，还得要签一份满满一大张的“生活规则”协议书。当我看到这份协议书的时候，心灵被震撼了一下。让我感受到日本人的精细和知书达礼，笔者随手抄录几条，希望对从业者有所借鉴，对读者有所帮助。

垃圾的处理方法：生垃圾、空瓶等请按照市府指定的日期和地点拿出去，请不要私自放在公寓的楼道里和马路的拐弯角，烟头和空瓶请不要随手扔在马路上。

关于声音：考虑时间段，请注意控制音量，不要给周围的人带来麻烦；在房间里和大路上，请不要大声制造噪音。晚上10点以后，禁止打麻；在开门关门的时候，请保持安静。

请适时打扫厨房和浴室：为防止污垢和油垢，请要经常打开换气扇；入浴30分钟以上，请打开换气扇，注意安全！

安装有空调的房间，请一个月左右清扫一次，如果不打扫，可能是出现故障的原因。

禁止饲养狗、猫等宠物。

如果要退房，在搬出去之前，请把阳台、房间、厨房、浴室等打扫干净。

第二十九章

上海老品牌的“中国梦”

在时尚品牌发展史上，当时装遇见外交和政治，“第一夫人”着装品位会产生强大的示范效应，彰显时装背后工艺所代表的国家软实力，给国产品牌注入自信的力量，被誉为时尚第一推动力。

“第一夫人”彭丽媛身着国产服装品牌亮相国际舞台，不仅刮起了“本土品牌旋风”，提升人们对民族品牌的认可度，更勾起了一代人对民族老品牌深情的回忆。

一　上海老品牌的甜苦岁月

不久前，一条床单在网络上爆红。

起缘是有位上海网友发了条配图微博，抱怨自己的耳机线被猫咬断了，几天之内转发超过 3 万次。但走红的原因不是因为耳机，而是图中的“配角”——床单。原来这条印有牡丹花图案的、橘红色的“民光”老式床单曾经家家都有，被亲切地称为“国民床单”。

“百雀羚”作为国礼被追忆，“民光”床单引发怀旧，促使我们用灼热而急迫的思绪去寻找上海老品牌——“上海”手表、“永久”自行车、“蝴蝶”缝纫机、“英雄”钢笔、“上海”收录机、“佛手”味精、“红灯”收音机、“大白兔”奶糖、“老凤祥”珠宝等等——那曾经的光荣和败落、辉煌和陨落。

上个世纪七八十年代，“上海”手表、“永久”自行车、“蝴蝶”缝纫机被称为结婚必备的“三大件”，被寄托为家庭生活优渥富足的象征。

1955 年，当中国第一批细码机械表试制成功时，标志着风靡全国的“上海”牌手表的诞生。透过半个多世纪的路程，清晰发现其由小到强、从强至弱的悲欢轮回。品牌初创阶段，“上海”手表便万众瞩目，精彩纷呈地创造了中国手表年产量、产值第一、累计手表总量第一。全国每 4 个戴表者中就有

1个佩戴“上海”牌手表。“上海”牌手表还深得周恩来总理的青睐，一款“A581”手表曾陪伴周总理走完了一生的时光。后来，高端消费人群的手腕被洋品牌霸占，中低端消费的年轻人则更以手机等数码产品替代。44年后，上海手表厂宣布破产，随后股份改制。现在的人们以为“上海”牌手表从地球上销声匿迹了。

“永久”自行车是上海的骄傲。记得小时候，父亲为买一辆“永久”自行车，辗转了无数关系才求得一张票。“永久”自行车与共和国同岁，浦东开发开放前后的1991、1992年，销售额高达13亿元，在上海纳税榜上跻身季军。但就在次年，公司改制发行A、B股，从此自巅峰跌落，股票“上海永久”更名为“中路股份”，辉煌不再。

“蝴蝶”缝纫机为协昌缝纫机厂主打品牌，其质量过硬、信誉度高，在全国80多家缝纫机厂中脱颖而出。那个时代，上海市一名普通工人的月工资不过三四十元，一台缝纫机要150元，但只要能摊到一张票，人们会马上一掷重金买下那台印着金色蝴蝶花纹的黑色机器。“蝴蝶”难以为继是在成衣市场席卷沪上时，家用缝纫机的实用功能被替代，最终被生产工业缝纫机的上工股份收购，“蝴蝶”生产全部外迁浙江，上海再无一家缝纫机厂了。

三四十年前的计划经济时代，“上海”牌收录机以其款式新颖超前、品质优良而被全国广大城乡居民奉为家庭中的“尚品”。谁家要是买了台“上海”牌收录机，肯定要摆在厅堂最显眼、最保险的地方。但在市场经济的“惊涛拍岸”中，“上海”牌收录机日渐暗淡，曾被媒体质问：“上海”两个字，到底值多少钱？

作为家化旗下的一个重要品牌，百雀羚是国内屈指可数的历史悠久的著名化妆品，其独有的芳香伴随着阮玲玉、周璇、胡蝶等国际巨星，引领过一个时代的芳华，成为国人共同的记忆。近几年，百雀羚品牌持续发力，赚足了人气和财气。

老凤祥无疑是目前为止最成功的历经百年洗礼的品牌之一。165年前创办的老凤祥以制作金银首饰、中西器皿、徽章珠翠、珐琅镀金等闻名遐迩。作为中国企业500强，老凤祥遍及全国的连锁银楼达700多家、近2000个销售网点，市场覆盖率为98%，品牌价值达75.65亿元。

“冠生园”是以民族资本家冼冠生的名字命名，即使是在94年后的今天，这三个字依然响亮。冠生园在全国建立了20多个销售中心，形成1万余个销售网点，年销售收入60亿元，在50多个国家和地区注册了商标。其旗下“大白兔”奶糖畅销40多个国家和地区，成为几代人的甜蜜记忆。

创始于1920年的中国酿酒厂，是上海规模最大的专门从事酿制、发酵、蒸馏等多种工艺生产的综合性酿酒企业之一，“中国梅酒”是上海唯一获得中国名酒称号的品牌。

……

二 它们为何选择沉默？

在世纪的洗礼中，上海老品牌大浪淘沙跌扑前行。有的涅槃重生，有的沉沙折戟，有的青春再生，有的黄粱一梦，可谓悲喜交加、命数各异。据笔者研究剖析，上海老品牌沉默陨落的原因，有诸多因素——

从内部看：第一，老品牌企业多为国有大中型企业，政企不分，责权难明。譬如“英雄”钢笔一直存在市场之忧：在高端钢笔市场上，有美国派克和瑞士万宝龙垄断雄霸；在低端价格段位，被电子产品和中性笔冲击，“英雄”曾谋求自救转型，但由于体制和经营管理原因，最终无功而返。

第二，以销定产的计划经济，缺乏现代营销理念；企业和产品创新的宝典被尘封箱底，企业实践和理论盲从无主。

第三，品牌定位失控，品牌混淆泛化，品牌形象塑造无突破性的大手笔。譬如以“上海”商标为例，就有“上海”牙膏、“上海”手表、“上海”电视机、“上海”汽车等十几种。

从外部看：第一，商标被国外抢注，切断出口的渠道。20年前，抢注商标在国际上是残酷的商业游戏。据统计，在国内市场上流通的商品70%从未注册商标，中国的出口商品在国外被抢断商标的逾500家。“上海”收录机被马来西亚抢注，“蝴蝶”牌缝纫机被日本抢注，这一起起商标被抢注事件的背后，无不包含着一段段上海老品牌无法言说的悲情。

第二，外资品牌挤压。外资品牌以强大的资本和品牌优势，惯用“大鱼吃小鱼”技法，吞并和挤压上海品牌的生存空间。“美加净”与美国庄臣公司合资后，品牌被“冷宫”雪藏，这个著名品牌的市场声誉因此日渐销匿。

第三，外地品牌的加压竞争。上海历来是商战的必争之地，广货北上、鲁货南下、川货东进、洋货抢滩，国际国内精明而有远见的企业都把上海看作中国市场的制高点，上海又是一个鼓励竞争、不保护落后、对国内外企业敞开大门的开放城市。这样，就使上海老品牌面临前所未有的激烈挑战。

三　老品牌的中国梦

“第一夫人”品牌效应源自于“二战”后的美国，伴随着消费主义的肇始，民众渴望一个更加接地气的第一夫人。肯尼迪总统的妻子杰奎琳呼应了这个诉求，她的时尚穿着影响了整个20世纪60年代的风尚。法国前总统萨科齐的妻子布吕尼，其时尚衣着和装扮，受到业界的追捧。美国奥巴马总统夫人米歇尔，也为她穿过的服装品牌带来过数十亿美元的经济效益，无形中成为美国时装产业的幕后推动者。

其实，在”第一夫人”之外，政治领导人传播本土名牌在中国品牌史上也不乏其例。

众人皆知的“红旗”牌轿车与国家领导人密切相关。上世纪50年代，毛泽东钦点一机部部长黄敬主抓一汽，并亲自为新车命名“解放”，亲自乘坐“红旗”轿车，最大限度地推动了民族品牌和汽车制造的蓬勃发展。

周恩来是茅台酒的免费代言人。他不遗余力地推介茅台、宣传茅台，把茅台称为“国酒”。在60年代初，有一次周恩来问外联部副部长汪道涵喜欢喝什么酒，汪回答说“五粮液”。周说，这个话只能对内讲，茅台酒是国酒。从此，汪道涵在迎接外宾时就改喝“茅台”、送“茅台”。

邓小平也说过:“我们应该拥有自己的拳头产品，创造我们的中国名牌，否则就要受人欺负。”在特殊计划经济年代，国家领导人亲自出任民族品牌的“形象大使”或“宣传大使”，为民族品牌和民族工业的发展起到了无与伦比的推动作用。

但是，随着社会政治文明发展、产权经济推进和世界经济的一体化，政治人物代言品牌尽管会起到传播学意义上的巨大效用，但实际上是一把双刃剑。从政治人物自身考量，要与企业家相敬如宾，注意避嫌；从品牌成长看，政治人物也有一定的不确定性，由政商暧昧关系带来种种非议的案例比比皆是。

品牌和企业要赢得消费者、要赢得市场、要走向国际，最终“打铁还得自身硬”。笔者认为，有几条路径值得借鉴。

其一，培植品牌的核心竞争优势。品牌如果没有自己的核心技术、核心品质、核心服务，就很难形成自己的独特价值。在日前上海轻工新品名品展示会上，“上海”牌手表、“蝴蝶”牌缝纫机推出新一代产品，充分显示了上海老品牌着力创新，重视品牌价值提升之道，满足消费者超预期需求。

其二，提升品牌形象力。“上海制造”曾是“中国制造”的优质代表。上海品牌借助上海城市的知名度和美誉度，像上海家化一样，尊重品牌规律，打造“时尚产业”，力促品牌向更高品质、更高档次方向迈进，由“中国制造”向“中国创造”和“品牌创造”转型。

其三，着力保护知识产权。在商标、专利、商业秘密等知识产权方面加强保护，对假冒伪劣产品，形成“过街老鼠，人人喊打”的监管格局。

其四，保护为社会创造价值的企业家。无论是政府还是社会，要把那些致力于发展民族品牌的企业家当成国宝来珍惜，尊敬企业家，服务企业家，让他们心无旁骛地工作，让企业家始终心怀安全感。

最后，上海品牌应借势营销。“第一夫人”的“榜样”示范，重燃民众对国产品牌的激情，促使他们改变观念，传播国货、热爱国货、购买国货。这种示范效应，除了在服装和化妆品领域，汽车、装备、文化创意和现代服务业等可能是下一个热点，上海老品牌应借势营销，力促腾飞。

当下，中国有1.5万个老品牌，1/10仍在存活，1%活得滋润，但只有千分之一活得阔气。上海作为中国近代轻工业的主要发祥地，是全国品牌和老字号的荟萃之城：拥有37个中国驰名商标、156个上海市著名商标和262个上海名牌产品；拥有286家商业老字号及278家工业老字号，其中有51家入选国家首批“中华老字号”。截至去年底，仅上海轻工行业主营业务收入就达4600余亿元。这些经济成就昭示着上海老品牌在新的历史时代的创新和发展。

最近，李克强总理在上海考察时强调：引进来要放宽领域特别是服务业领域，走出去要注重形成研发、品牌、营销相结合的综合优势，在扩大开放中拓展发展空间，用倒逼机制推动转型升级。

新一届政府领导人高屋建瓴，对品牌创新和产业转型提出新的要求和冀望，同时亦以自身做法为国产品牌的崛起起着标杆式意义。

由此，上海老品牌的中国梦，指日可待。

第四部分

理念·价值观

第三十章

你的品牌理念是否坚韧如初

世界上最大的单一产业是什么?

网络信息业?

不是。

生物制造业?

不是。

世界上最大的单一产业是宗教。

全球约有80%的人口有宗教信仰。而在其中,基督教、伊斯兰教和佛教等前三大宗教的占有率高达70%以上。

为什么这三大宗教可以吸引如此众多的人群?为什么宗教在世界上能让无数信徒虔诚如一?为什么宗教能让信徒不分贫穷富贵、不分殿堂庙宇都能慷慨相助、视如兄弟?原因无他,就是宗教不是商品,宗教一直在创造心灵的共鸣。当信徒认同宗教的教义和主张时,其效能和力量几乎无坚不摧、无处不达。

多年前,我曾专程到日本丰田汽车九州株式会社参观。丰田汽车公司坐落在福冈县鞍手郡宫田町一座山丘上,远远眺望,丰田公司就像一栋栋别墅群,静卧在山头的一块平地上。环境整洁犹如一座公园,感觉不到任何污染。

等领队告诉我们这就是丰田公司时,几乎所有的参观者都"哦——!"了一声,因为在门口我们没有见到像国内那样大得吓人的红红绿绿的公司招牌。只是在要进门参观的时候,我才发现在上楼梯的右上角贴着一块小小的木牌,上书"欢迎您参观丰田汽车九州株式会社",让同行想拍照都找不到好地方作背景。

丰田公司整个是封闭式的,在进门之前,导游小姐一再叮嘱我们,一旦进入厂房请不要拍照,因为这是工厂的规矩。为了方便参观,丰田公司特意在厂房的半空中，架起了一道空中走廊。行走在空中走廊上，我们几乎可以见到丰田汽车整个的装备过程，但只有一个地方我们没法直接见到，那就是丰田汽车发动机的装备和设计。据说这是丰田公司的机密，外人无法得知，所以我们只能通过大型的电子屏幕看看。

工厂里的工作是无人操作，全是由机器人来完成整个制作过程。站在走廊上，我们见到在不同流水线的工人，也像机器人一样，起承转合有条不紊，腾挪推拿娴熟自如。据领队介绍说，在这里工作的技术工人，可能是世界上汽车装备技术最精熟技术工人之一，他们的待遇也是非常高的，按照日本的法律规定，外国人是不能进入这个领域里工作的。

在丰田公司参观，给我印象最为深刻的是在参观完整个流水线后，丰田公司专门开辟一间偌大的汽车展示厅，在这个展示厅展示了丰田公司不同历史时期具有转折意义的汽车实物模型，专供参观者拍照留念。大厅门口，还专门摆设了一架印戳机，参观者可以在自己喜欢的信封或纸上盖上"丰田汽车九州株式会社参观纪念"的印戳。

也许这就是世界著名公司在贯彻企业形象、推行企业品牌的英明之处、尽管只是细节。

说起企业形象(CI)，其实 CI 的最早应用是德国的 AEG 电器公司。上世纪 70 年代，日本才引进了欧美的 CI 战略并运用于企业经营之中，日本企业在引进和消化美国的 CI 系统过程中，从日本的东方文化传统出发，强调和偏重于深层次的企业理念和企业文化的塑造，通过 CI 系统来认识自我，改造自我和超越自我，形成一种具有东方文化特色的日本 CI 模式。

我们同样从下列简表可以窥视端倪——

1968 年，中西元男创建了日本首家专业 CI 设计公司中 PAOS 公司。

1971 年，第一劝业银行开日本导入企业识别系统之先河。

1973 年，味之素公司聘请美国著名设计师索尔·巴斯(Saul Bass)进行企业识别策划，重点是企业行为的重整。山阳广播协会实施企业识别策划。

1975 年，伊势丹百货公司和西武百货公司导入企业识别系统。

1976 年，马自达汽车公司委托 PAOS 进行企业识别策划。

1982 年，健伍公司委托索尔·巴斯进行企业识别策划。

1986 年，麒麟啤酒公司导入企业识别系统。

1990 年，Omron(欧姆龙)公司、三菱物产公司导入企业识别系统。

1992 年，伊藤忠商社、日本电气(NEC)公司以及横滨本牧神社导入企业识别系统。

日本的企业设计，尤其是企业理念有这样几大看点。

其一，家族制作为本位。日本企业虽然像西方现代企业那样实行了所有权和经营权的分离，但这种分离仍是藕断丝连，表现之一是在公司股份的占有比例上，特定家族占有的股份额比重仍高于其他股东。

日本的企业用日语表达是“会社”，凡是入社的职工都被当作是一个“家族”成员，经理好比“父亲”，干部好比是长辈，社员与员工之间相互了解和支持。在日本最能体现家族意识的就是会社制定的“社训”。

日本有家叫出光的公司，公司的管理有点像人民公社的味道。公司拥有5万名员工，没有工会，但没有发生过一次罢工和怠工等劳资纠纷。我们来看看这家公司的管理特征，颇有意思：没有解雇之说；没有退休年龄、没有出勤簿、公司一次也没有让职工担心家庭生活，全体员工子女称公司为“爷”；公司无所谓加班不加班，员工把加班当成自己的“家务事”。

在企业的运转方式上，许多日本企业仍沿袭传统的家族观点和旧的人际关系处理模式来推动企业的运转，去弥补制度运转中的某些缺陷，这是表现之二。

表现之三，共存共荣的精诚团结，日本企业不突出个人而是更强调企业员工的整体团结与奋斗。在许多日本人看来，个人的生存与发展必须以企业的整体和团结向上为前提，没有企业整体的存在与发展，个人也就谈不上其他的。在企业的人员组合上，我们常常看到日本的集团主义给企业带来的活力。许多公司在开发新产品时都有组织小组的办法，集中各方面的优秀人才共同攻关，在同一个小组里一个人干完活也不能单独休息，必须帮助他人一起干完、一起休息。日本人不太计较工作分工，也不太计较职工与工作能力、工作多少的关系。一项工作任务，总是全体成员协同完成，能者多劳。强烈的团队精神，加强了企业内向力，为企业的发展提供了一种特殊的精神力量。

其二，化我为用。日本借于称霸世界商品市场的许多东西，如家用电器和汽车，全部不是日本首创，但他们硬是以卓越的改良精神，将这些东西变成自己的囊中之物。战后，日本用了四十多年的时间，不仅弥补了同欧美国家约二十年的技术差距，并且成为后来居上的技术大国。

战后日本工业技术发展的轨迹是，50年代以引进为主，60年代以官民联合加强自主开发能力，70年代民间企业成为工业技术的主体，80年代大力加强基础技术开发，90年代成为技术王国。日本既没有在世界哲学领域内占有一席之地的哲学，也缺乏创新精神，但日本善于“拿来主义”。

日本人的模仿力和加工力异常突出，凡是能引进的产品或技术，在日本企业的手里一捣弄，就能达到精致化的水平。如：日本从西方引进的电子产品或技术，经过日本改造之后，就会凭着产品的精美打回西方，占领国际市场。

其三，唯才是举。日本人与美国的这种"此人能力强，说不定什么时候被挖走"的想法正好相反，他们是怀着"因为此人优秀，所以不能脱离部门"的想法来考虑对优秀人才的合理使用，日本企业所制作的CI手册，能够很快吸引和发现人才。

在日本企业家看来，"人者，企业之本也"。由于日本地多人少，形成日本更加重视人才的企业作风，把人脑看作是催生创造无尽财富可再生的矿藏。只有充分发掘人的主动性和创造性，才能使企业产生强大的活力。企业家十分推崇孙子"上下同欲"、"吴越同舟"和孟子的"人和"思想，在实践中融儒家的"仁、义、礼、智、信"于一炉，创造了颇富人情味的日本方式，将劳资关系结成了劳动崇高、全员管理的命运共同体。

其四，人性化管理。日本的企业虽然强调企业制度的构建，但更重视对日本社会传统的人际关系的利用，以此增强企业的内聚力，最大限度地调动起广大员工的积极性，调动劳动者的潜能，使每个人都能发自内心地拼命工作，而不单把工作视为单纯的谋生手段。

在我们身边，曾流行过这样一句话："美国人给钱就干，中国人给钱也不干，日本人不给钱也干"，它从一个侧面反映了日本人的劳动观。

有这样一段对话，有人问一个犹太商人：人生的目的是什么？

"人生的目的就是在于尽情享受生活。"这个犹太人回答。

"那么，人为什么而工作？"

"你还不是为了随心所欲地吃到美味可口的食物而工作的呀！并不是为了工作而吃的呀。"

人生的目的就是为了享受，而享受的方式就是吃，这就是犹太人的人生目的。

倘若你拿同样的问题向日本人提问，你得到的答案肯定是相反的。日本人的人生目的就是工作，在工作面前，人生的吃、喝、玩、乐都是次要的。他们的吃是为了工作，不是为了吃而工作。

日本人的这种企业理念熏陶下的敬业精神，并非个人强加，而是融入血液之中的文化沉淀与国民生活氛围共同作用的结果。

在日本二千多年创造的文明积淀中，日本文化潮流中风行着自己独特的民族精神与文化意识。中国传统文化的仁、义、礼、智、信和忍的传统理念一度成为日本社会的最高信条。忠诚、信用、信仰及道义至上的行为观念成为日本人的生活准则。日本民族精神与文化传统中渗透了自强、无私、无畏、武士道等气息，形成了东方民族性格的典型特征。

宗教不是产品，更不是商品，宗教在创造精神的迷恋和心灵的共鸣。企业的理念不是产品，但是产品的化身，怎样把品牌营造得像宗教一样，化有形为无形、化产品为共鸣、润物无声、深入人心，植入消费者的心灵底处，发挥其无处不达的效能和力量。

第三十一章

文案:给消费者提供利益点

一　文案标题让眼睛着迷

优秀文案的标志之一,就是要有一个好的标题。

我们在书店选购一本书,如果是《麦迪逊的桥》,这样的书名也许很容易地从你的眼前滑过,如果是《廊桥遗梦》,就非常的惹眼。"这肯定是一本缠绵悱恻的好小说吧。"这时你会抽出《廊桥遗梦》而不是《麦迪逊的桥》,尽管它是同一本内容的书。

有家隆胸医院,门前挂条布幔:"只要您肯来,没什么大不了的。"多含蓄,多么不动声色,但又是多么的直接有效。"做女人挺好!"这是一家丰乳霜的广告,真是"于无声处听雷声"。

文案标题要像一个光彩照人的女人,无论是在喧嚣拥挤的街道上,还是在金碧辉煌的大庭广众,都会令人眼热心跳,引诱众目睽睽。走在大街上,叫路人碰上电线杆,让汽车堵道;来到酒会,让别人碰翻酒杯,叫别人甩掉身边的舞伴。

现在的报纸都在整合、扩版,面对着厚厚几十页的报纸,广告就像田野里的油菜花,每朵都在闪烁自身的光芒。消费者完全可以这朵望着那朵好,抑或哪朵都瞧不上眼,这时要是你的文案标题不是花中仙子,不是花中魁,想获得消费者的眼中的"电",就别去幻想了。消费者放不放电给你的广告,关键在乎接触文案主标题的一刹那间。

所以说,标题是广告的灵魂,是广告的魂魄,是广告的眼睛。

苏联解体后,Stolichnaya 伏特加酒就在报纸上刊登整版广告,主标题是:"我们比以往更加以身为俄国人为荣!"

全版的报纸广告使人屏息驻足的力量十分惊人。

“闻闻睡觉的味道。”这是舒眠乐的广告文案主标题。

睡觉是什么味道？

闻闻舒眠乐就知道，它的纯中药植物气味，有镇定安神和让人自然入睡的效果，这个平常人难得一闻的味道，就被称为“睡觉的味道”，如果你经常有失眠、睡不好的困扰，睡前闻一闻舒眠乐，好好睡一觉吧！

闻一闻，自然入睡

舒眠乐很特别，它并非口服药，而是“鼻吸剂”，只要在睡前将舒眠乐靠近鼻孔自然呼吸，当气味开始发挥效用，你的精神就会渐渐安定，从而平静自然地入睡、熟睡。

纯中药，松根提取物

舒眠乐的成分是“松根提取物”，从天然药材里提炼精致而成。它特殊的气味，能自然发挥催眠效果。由于是“鼻吸剂”，还能避免刺激肠胃，纯中药的天然属性，不易引起副作用。

迎接明天有信心

睡得好，才有一个精神饱满的早晨，舒眠乐关心你的睡眠——把握明天，从今晚开始。

一个强有力的标题能吸纳所有人的力量，使眼睛着迷、心灵震动，触动无数人的思想。有个故事，生物教授问一位女学生：人在激动或兴奋时，身体的哪个部位会膨胀10倍？女学生满脸通红，不知所措。其他女生听到后都觉得很尴尬。其实问题不是人想象得那样无聊，正确的答案应该是“瞳孔”。如果一个标题，能让读者的“瞳孔”膨胀10倍，那就叫OK。

这些由文字组成的标题，是与消费者沟通的工具。

平均而论，标题比正文多5倍的阅读力，如在标题里未能畅所欲言，就等于浪费了80%的广告费。借助于“出众”、“出位”、“出挑”的标题，能传播强有力且吸引力的伟大创意，然后将消费者的注意力聚集在你的品牌上，这种属于品牌的创意，有助于建立领导品牌形象，以及随之而来的知名度。而这种传达出惊人创意的标题，也可以给予宣传品牌的生命活力和新生，并在广告结束后依然绵延不绝。

好的标题,它有一个核心,即在标题中提供一个利益点。美国 Readre's digest 杂志,有 3 项拟定标题的指导原则:

1. 提供利益点给读者;

2. 使利益点显而明见;

3. 让标题一目了然。

标题要精炼清晰,能吸纳消费者的眼角余光。精炼不是简单,一小抹风油精叫人醒目清神,而白开水就不会有这样的功能。精炼指措辞造句千锤百炼,清晰指语意表达准确到位。古代有则笑话,一位客人长期赖在朋友家不走,某日突然下起了大雨,主人心想何不趁机撵走他呢? 于是在门上题写:"下雨天留客天天留我不留。"岂料客人看了之后,在句中加了逗号,成为"下雨天,留客天,天留我不? 留!"客人心安理得地又住了下来。

看看,这个故事告诉我们,语意表达准确到位何等重要。

"有形世界,无限风光",中央电视台的这个广告标题,既突出了电视的有形有影,又标示了电视节目的无限可能性。最好的标题能针对人们自身的兴趣诉求,或者提供消息给读者,文案的标题肩负着张扬产品的重任,它健壮、结实、彰显、炫目,它可以凭令人难以置信的承诺拴住读者的眼神视线。

用最少的字表达最完整的意思,是文案标题的道路之一。精炼清晰的标题,让人觉得"增一分则太肥,减一分则太瘦"。但标题不是不能长,有时言之有物的标题比不知所云的短标题更能吸引读者的注意。

二　图片比标题更迷人

在平常的社交生活中,我们经常碰到这种状况,一个人在眯着眼面带微笑朝你打招呼,你搜肠刮肚想了半天,就是不知道朝你打招呼的人贵姓、叫什么名字,但相貌就是很熟悉。真是急死人! 但这时你还得尴尬地若无其事地给予回礼。

急也没用,这不能怪你,形象比抽象名字好记是符合人的记忆习惯的。

在平面广告中同样是存在这个道理:图片通常比标题更迷人。

这里面特别表现在汽车、时装、电器、食品,以及其他产品广告。

比如,东南汽车在推出得利卡新品时,几乎占据整幅广告面积的是一部新推出的 4WD 东南得利卡公务面包车。在广告的左下角,还推出来两幅小画面,一幅是强调四轮驱动操纵杆,另一幅是强调越野专用轮胎。汽车是耐久用消费品，消费者在购买前，从外形、性能、特征、专用用途、价格等都要有个清楚明白的打探，特别在没有面对面的了解之前，对平面广告就显得尤其依赖，这时汽车外形的诉求就表现得更加珍贵。

图片在这时比标题尤其迷人。“在没有路的地方，走出自己的路”，东南得利卡的企业理念放在整幅图片外的一个角落里，就不足为怪。“鸟窝里的蛋”是奥迪轿车的创意广告，四个鸟窝相连而成一字排开，每个鸟窝都存着一个蛋。蛋在鸟窝里既温暖又舒适，这正是一部好车必备的优良性能。谁能做到这一点？四个相连环的鸟窝告诉消费者：认明奥迪品牌的标志。

1979 年，“Absolut”沃特加只是一个新产品，广告公司抓住消费者还没有熟悉和不知道“Absolut”沃特加品牌名，以及消费者所忽视的“看不见的瓶子”而大做广告，整幅广告以沃特加的瓶子做主角，背景是与沃特加瓶子齐高的山峰，广告文案只有一句话：Absolut peak(绝对的山峰)，沃特加就是一直主打这种广告：从加州的游泳池到纽约的中央公园。

到了 1987 年，沃特加的销量增加了 1750%，所以沃特加没有理由不继续这一主题，并让他的瓶子无处不在。近期上海的啤酒市场上，三得利啤酒也在打酒瓶的广告，效果非同一般。

时装广告中，大多数广告都舍去文案，仅仅让一张令人目眩眼热的图片传递所要表达的信息，只在一个适当的地方嵌上品牌名就足够了。

李维斯打过一幅广告，一辆高级豪华的敞篷车上，李维斯牛仔服覆盖车身，广告只有一句话：Levi's Vintage(李维斯时代)。这样的广告简直帅呆了。杰出的广告应有个可以让人容易记忆的视觉印象，即一种有助于记忆的图像，如果你的广告创造了视觉及语言的意想，那将会有一加一等于三的效果，同时强有力的意想能历经数十年仍然鲜活。

图片分图画和照片两类，图画和照片给读者的记忆效果各不一样。据调查显示，照片比图片平均增加人们的 26%的记忆度。例如在食品广告中，很难想象，一幅画着鲜美水果或美味面包的素描能比一幅色彩艳丽的照片更能勾起消费者食欲。在食品广告的呈现上，照片比图画更令消费者喜爱和拥戴，这正如一道美味佳肴会比一堆原始作料更加具有食欲的诉求效果。

照片在色彩效果上比图片更胜一筹，这里有一个例子。红通通的小樱桃，新鲜的橘子瓤、西瓜瓤，还有逼真的豌豆，冰清玉洁的冰块，好喜食品公司的这幅 MD，真是叫人垂涎欲滴。照片它能提供令人注目的视觉证据、视觉勾引和视觉向往，因为照片它在拍摄前，可以修饰、可以装扮、可以制造效果。就像好喜力的食品广告，樱桃可以涂上一层色拉油，冰块可以用冰糖代替。在食品广告上，再好的文字，也没有照片更能有效地切入重点、切入实际。

采用故事性诉求的图片（或CF），非常能拨人心弦，让人遐思。

平时人声鼎沸的股票交易市场，此时空无一人，遍地都是丢弃的纸屑，许多交易员的钢笔、西服、公文包、没有关闭的电脑、一边搁着没有打完的电话……看完这幅广告，如果不读文字说明，我们还以为交易市场遭遇战争或者其他不测之事。待我们读完标题，禁不住会心一笑，原来是咖啡广告。整幅图片下面，有这样一排文字：

毫无疑问，是在供应哥伦比亚咖啡。

多好的一个故事性诉求的图片广告！我们完全可以想象，整个交易大厅的工作人员捧着哥伦比亚咖啡的那种惬意和悠闲。

我们所接触的关于鞋的广告中，一般选用运动、旅游的题材较多。富贵鸟是这样，双星也是这样。但锐步运动鞋却选择一个独特的故事题材——狼追羊。一大群羊围着一只猛狼，悠然自在，甚至还有些暗暗得意。中间的狼显得黯然失色，低头落眉。哈哈！狼追不上羊，是羊们穿上了锐步运动鞋，而狼脚却是光秃秃的。“饿死我啦！”狼在一大群羊中哀叹。

耐克鞋近日在上海的电视上投放一则广告：一群想与人类决一雄雌的外星人将与正义的人类星球作一番足球决战，这些外星人个个钢筋铁骨，手段残忍，欲置球星们于死地，球星们此时处于极其危险的境地。这时镜头一转，切换到球星们的耐克鞋上，球星们似乎从鞋上获得了力量和勇气，奋力一击，球花作一团烈火攻破了球门，外星人终于被击溃，人类星球激动地拥抱而庆贺他们的胜利。

这则广告故事跌宕起伏，转折点是耐克鞋的介入，它扮演了救世主的角色，正是它使危险化为平安，苦难变成幸福。

这就是故事性诉求的乐趣。

三　优秀文案不怕长

这种说法太偏执了吧？看到这样的标题，读者肯定会有这样的想法：

广告文案讲究的是真、善、美、短、快、准、畅、精，或雅，或俗，或幽，或烈，或扬，或诚，或抑；

广告文案别期待消费者会阅读令人心烦的散文；

广告文案别叙述商品以外的事情，事实即事实；

广告文案拒绝令人心烦的文句；

一般情况下，只有少数消费者会花长时间把广告从头到尾读完，所以你别倚赖长文案能赢取人心；

广告大师George·路易斯以“我要我的MTV”的精简文案，让华纳名震全美；

还有，上海牌VCD凭“2.0——只有真正的2.0版本的VCD才敢这样大声说话”的一句话文案，开创上海市场；

……

对对，读者说得句句在理。广告文案该精炼，读者列举的它们都是精炼文案的佼佼者。但事情总有它的另外一面，在中学上作文课的时候，记得语文老师曾说过“文无定法”，后来上大学做记者，笔者采访过许多著名作家，询问怎样写小说才算好的小说时，几乎每个作家都说了同样的话“文无定法”。所以我想，广告文案亦然。

广告大师奥格威说过一句类似的话，广告的根本在于销售商品，否则免谈。只要目的达到，手段可以不论招数，霍元甲的迷宗拳还能打遍天下无敌手。

文案不怕长，它有一个先决条件，就是向受众推销，需要消费者花费大量时间或大块金钱的才能决定购买的产品或服务。比如，汽车、旅游、电器、招商，等等。这时候的长文案，就是再长，消费者还会嫌你提供得不够。日本电器的广告文案，它能不厌其烦地喋喋不休向消费者推介它拥有的款式、技术、功能，比如Canon的EOS300时尚·智能的单反相机，仅小标题就有5个：7点自动对焦，35区评价测光系统，景深预视功能，包围曝光功能，模式转盘。小标题下面还有密密麻麻的注释，真是不可胜数。日本电器广告的长文案的执着，叫人拍案，也叫人深思。

笔者在为万家乐热水器设计广告时，用的也是长文案，同时也制造了一点悬念。万家乐上海区经理审阅后，颔首称好。

长文案不是万金油，涂在哪里都会有一针见血的效果，长文案有点像拔火罐，确诊是内伤时，使用起来疗效就特别过瘾。检验一个长文案是不是好的长文案，它有几个小标准：

1. 强调产品的真正优点，说你必须说的。

2. 对陈词滥调说“不”。

3. 勾引读者，让读者找不到任何放弃阅读的借口。

4. 文案语言明快、自然、亲切、个人化，不可夸夸奇谈。

5. 如果确实需要 1000 字，就绝不用 1001 个字。

6. 表达单一意念，不要像狗熊，总想得到很多，其实它只能得到一只玉米棒。

7. 读者一看就懂，而且读者看后，能与你创作时的狂热一起跳舞。

第三十二章

广告新主张:性感也疯狂

在一次与广告朋友的聚会中,一个同行神秘兮兮地问我:读过韦应物的诗没有?

韦应物?读过,什么《淮上喜会梁州故人》,什么《登楼寄王卿》,什么《赋得暮雨送李曹》。

还有吗?同行问我。

有。什么《幽居》……

等等。同行打断我的话,问:《滁州西涧》读过吗?

这首诗太熟悉了,是韦氏的代表作之一,也是一首著名的山水诗。

能说出来吗?同行继续问我。

小意思。我脱口而出:

独怜幽草涧边生,上有黄鹂深树鸣。
春潮带雨晚来急,野渡无人舟自横。

待我背完,同行深不可测地对我说:你不觉得这首诗性感或者有其他的意思吗?

性感?!

当我再次体会这首韦氏的《滁州西涧》,突然被电了一下。

一 性感广告为什么?

在广告的广阔天地里,摸打滚爬的这些年,一直想搞明白的一个问题就是:

怎样的广告最易深入人心?

哪种类型的广告最有冲击力？

哪种类型的广告传递信息力度最强？

就如广告教父 George·路易斯所说，把 3 万元的广告费，做成 100 万的效果。

性感。

不管你承认还是反对，性感广告在一定的广告层面和方式上，确实有其独到的杀伤力和摧毁力。

性感广告为什么？

“食色，性也。”这是老祖宗的话。

老祖宗的这句话是从人性上观察出来的。中国的性文化几千年来一直藏之深山、秘而不宣，知而不言、言而模糊，成为一种不可触摸的雷区。就是在 15 年前，如果你碰到一个女孩，说她的穿着很性感，她肯定厌恶地瞪你一眼：流氓！随着外来文化的渗透和国人意识，特别是年青人对流行文化的放开和吸收，人们对性感就不再那样防贼似的。今天，如果你遇上一个女孩，说：哇！您今天穿着好性感咯。这时女孩会甜甜地打量自己一番，然后甜甜地朝你一笑：亲，谢谢！

老祖宗为什么会说出“食色，性也”这样的话？按照现代心理学的说法，人的心理活动的一个重要方面就是人的情绪和情感。

情绪是与生理的需要满足与否相联系的心理活动。就是说，情绪是与生理的需要相联系的，人类最基本的或最原始的情绪是快乐、愤怒、恐惧和悲哀这四种。情感是与社会的需要满足与否相联系的心理活动，情感是人所独有的。

产生情绪和情感的触发原因是外来客观事物的本身，而非主观需要，人从来没有无缘无故的爱，也没有无缘无故的恨。比如愉快感，可能是由爱抚或亲吻所引起的，也可能是由来自身体的运动器官的感受或者由外界事物的结构、颜色和形象、声音、味道、气味等所引起的。

用一个最直观的比喻：情绪是摇曳多姿的藤叶，情感是深埋地下的藤根。情绪的藤叶容易受风或阳光的影响，带有即时情境的性质，是比较形象的东西。情感的藤根不像藤叶，它较为稳定，是比较本质的东西。情绪依赖于情感，情绪千姿百态的变化，一般都受制于已经形成的情感。另一方面，情感也依存着情绪，人的情感总是在千姿百态变化着的情绪中得到自己的表演。

在生活中，人们总想希望获得快乐和快活。所谓快乐，是指盼望的目的达到后继之而来的紧张解除时的情绪体验。性感广告的目的就是要通过性感的表达，让受众的情绪快活起来，然后影响受众的情感，引导受众对宣传产品的情感忠诚，最后达到受众与产品之间的良好交流和沟通。

巴西的扬 & 罗必凯广告公司，曾为达能食品公司做过一系列的保健品广告。扬 & 罗必凯广告公司出其不意，以“性感”作为着眼点，让受众大大地饱了一顿眼福。

达能广告系列之一是：“达能，智慧的产品。”几乎占据全画面的是用核桃仁精心制作的一幅人脑的图像。这幅图像乍一看，就像女人的生殖器，非常性感诱人，叫人遐思万千。系列之二：画面是幅加工好的土豆，一头插了个小嘟，看起来就如女性的乳房。广告语是：“达能，滋补的产品。”系列之三是一个硕大的桃子的局部，中间有一条深壑，初看起来很像一个躺着的女人的臀部，性感、丰腴而且健康。对了，广告语就叫：“达能，健康的产品。”达能这一系列保健品的广告，搭上性感这条船，一是告诉人们达能产品来自浪漫的法国；二是告诉人们达能产品吃哪补哪。产品功能一目了然，智慧中蕴涵着情不自禁的幽默。

英国巨蛙珠宝店要做广告，于是找到盛世广告公司，该广告公司说，要做可以，但必须要性感。珠宝店老板问为什么？广告公司说，因为贵店的消费群体是年轻人。那好吧，珠宝店认可了广告公司的创意。盛世广告公司为该家珠宝店做的广告，真可谓把性感广告发扬光大，运用到了极致。我们仅取其中的三幅来欣赏。

“为何不来看看我们美妙的戒指，总有一款适合你。你要不来，你是×××。”广告语上的图片，是位穿着黑色紧身衣的女郎，妖艳、妩媚，她竖起戴着铂金戒指的白嫩中指，说着上述的话。

另一副广告是一位穿着时髦性感、袒露着丰满胸脯的女郎，这个女郎面露一分挑逗的神色，摆出拳头，竖起一根戴着骷髅戒指的颀长中指，说：“我们的营业时间从早上 10 点到下午 6 点钟，每周 6 天，你要觉得这时间不方便，那就滚你的蛋吧。”

还有一幅是穿着超短吊带贴身迷你裙女郎，大腿颀长，臀部结实而性感。女郎面向一隅，突然把上身扭转过来，伸出拳头，竖起嵌着一颗大宝石戒指的中指，说：“春季款式上市，敬请光临。如不能来，也无妨，那你很可能就是个××。”

读者不要以为笔者在渲染某种东西，这个广告发布后，为巨蛙带来了不可估量的生意，同时该则广告由于其定位准确、创意超群、制作另类，获得

1994年欧洲最主要的创意大奖——Epica(欧比佳)作品奖。

二 性感广告是把双刃剑

性感广告应该说是个雷区,不同的国度有不一样的敏感度。

"食色,性也。"我们老祖宗的话具有世界性,人类对"性"问题,特别有兴趣,很多广告人非常愿意以女性暴露的肢体来表现广告产品内容,当然这种做法是否恰当,得依据暴露程度和一个国家的风俗习惯来定。

据调查,日本杂志内容有55%描写"性",可见在日本对性感广告的钳制力度比较小。

美国先前也不行,在人们公开饮酒30年之后,广告大师David·奥格威才最先把女人饮酒的画面写在广告上。

信奉伊斯兰教的国家,对广告性感的表现比防窃国者还厉害。在沙特阿拉伯,曾有一个软性饮料广告,出现一个意犹未尽的小女孩舔嘴的镜头,就被有关部门认定为淫秽广告而遭遇"下岗"。

国际广告要顾及当地的文化习俗和价值观念,德国人极为严谨,性感广告不太会有市场,而在法国、英国、意大利、巴西这些国家,以性感为主题的广告,人们较易接受。

休·格兰特主演过一部《钥匙孔里的爱情》,巴黎街道的公共汽车上就张贴着一家应召女郎公司的大型海报。

瑞典的"哈根达斯"冰淇淋的性感广告在英国火过一把,一般英国人惯于购买当地制造的冰淇淋,瑞典的名牌冰淇淋哈根达斯以性感为诉求点:广告布局以穿着性感的美女喂俊男,引人注目,令人悸动;广告文案以Intense(热情)和Fresh(新鲜)两个大字,作为注目点。

这则性感广告将产品升格为男女调情的高尚圣品,摆脱了冰淇淋为日常消遣的低层次概念。

性感广告是把双刃剑,它首先具有爆发力,在网络时代风行世界的今天,有个名叫安娜诺娃的虚拟主持人,她就是由于性感,使得世界为之疯狂。后来又出现的劳娜、Icy、寺井有纪、Lusia等网络虚拟主持人,她们无不以性感扎根于网民的心田,赢取网民的芳心。

所以说,如果运用得妙,就如上文例举的性感广告,得仙得道;另一方面,性感具有致命的弱点——即它具有自主的意识,不容易融入广告活动中,性感是没有明确方向的暧昧情绪炮弹,具有分散注意力的高昂激情。

那么怎样才能驾驭性感广告这匹烈马？

幽默。幽默是性感广告的激活剂，只要加入幽默这个激活剂，性感广告就能发挥出最佳的效果。

Wolfschmidtd（渥夫史密特）的伏特加酒在没有搭上性感广告之前，只是美国百千个酒品牌中的一个平凡的品牌酒。

后来，一个广告人想到了性感，也想到了幽默。

他把一瓶直立的 Wolfschmidtd 酒瓶，对着一颗甜美的红番茄说："嗨，好正点的红番茄，如果我们在一起的话可以搞出漂亮的血腥玛利，我可是和别的家伙完全不同喔！"

这颗甜美的红番茄说："我喜欢你，Wolfschmidtd，你的确好有品位哟。"

这则广告至少传达了三项信息：Wolfschmidtd 伏加特具有一种"性"的暗喻；它是有品位的酒，你如果买了它，就等于是个有品位的人；同时只有 Wolfschmidtd 伏加特才最适合调酒。

接着，这个广告人又幽默了一下：一个平放着的酒瓶，对着一颗成熟的橘子说："我是个有品位的人，我要挖掘你的'内在美'，使你名满天下，还不快过来亲我一下。"

橘子说："那上个礼拜我看到跟你在一起的那个骚货，她又是谁？"

是吧，幽默使性感广告能被消费者愉快地接受，并喜欢上 Wolfschmidtd 的伏特加酒。

Expressen 报纸在推广自己的一则广告里，也玩了一把性感：两个瑞典男人在桑那浴室里，其中一个人看上去好像对另外一个人的私处感兴趣。在镜头拉出时，观众才发现，他极感兴趣的只不过是那个人私处的一张 Expressen 报纸而已。哈哈，看了这么多的性感广告，读者肯定跟我一样，体会到一个道理：广告中的性感应该跟广告里的幽默一样，必须与创意密切相关才具功效。

在国内，尽管广告的历史不长，但因为性感广告具有一种独特的杀伤力功效，所以许多产品特别包括网站，性感广告几乎屡试不爽。比如康师傅新面霸，在广告结尾，出现一位纯情的少女，定定地看着观众，说："我等你来！"

潘婷洗发水，一位着装性感的女模特，边走边扭过身，朝观众抛了一个媚眼后，接着抛出一句话："等你来体验！"

网站是个注意力经济，吸纳网民眼球的关注是网站广告最需要的目的。对于性感广告，网民（特别是男人）的眼球无疑是性感广告的忠实对象。

亿唐网站说："上我一次，终生难忘。"Sirchina. com 张扬："做一个正版的男人。”温柔网的口号则是：“好好学，天天上。”Chinaren. com 动情地唠叨：“这个伊妹儿不寻常。”

还有一家网站干脆明目张胆地蛊惑：“是男人就上！”“是女人就上！”这些网站的广告，其实是司马昭之心，不言自明。

性感广告除了幽默之外，还得应该有根线，如果超过了这根线的半步，就会陷入色情的泥淖。

美国算是个性开放的国度，但当卡文·克来牛仔服动用 15 岁男孩和女孩做广告时，由于在“性感”和“色情”上把握不周，马上遭遇到美国民众的谴责。

性感广告讲究“合乎情理，出人意料”。

在我国，性感广告可以，但绝对不能超过广告法的底线。我国的广告法约有这么些规定：

1. 下列广告不得发布：有淫秽、荒诞、丑恶内容及其他有悖社会善良习俗和公共道德标准的。

2. 广告中使用的画面、形象应当优美、高雅、文明，不得有下列问题：过分感官刺激，有性挑逗或性诱惑。

3. 妇女模特的使用，不得有损于妇女形象和健康。

4. 妇女模特不得裸露肩以下、膝以上 15 公分的部位（泳装模特不在此限）。

5. 广告中不得使用下列语言、文字：低级趣味、诲淫意识或渲染色情的描写。

呵呵，性感广告的运用之妙，其实全在存乎一心之间。

第三十三章

名牌要善于“扳倒自己”

一　名牌的威力

611 年前的 1403 年，一位名叫郑和的宦官，统率一支船队远涉西洋，在浩浩荡荡的船舱里，装载着一种江南小镇——昌南生产的精美瓷器。船队停在哪国，瓷器就流行到哪国，哪国的皇宫贵族就簇拥着把瓷器对着太阳赞口不绝，把瓷器拥抱入怀当作身份的象征。

瓷器在西方叫 CHINA，据说是昌南的译音。在西方，CHINA 即中国，中国即 CHINA，两者密不可分、互为一体，昌南镇就是现在的江南名镇——景德镇。

一个瓷器，使名不见经传的昌南小镇享誉世界，甚至一个国家也以其命名，这在世界贸易史上是一个奇迹。

其实这个奇迹，就是一个名牌的威力。

因为在当时，瓷器代表着当时的中国经济、文化、科技和国家的整体形象，凡注有 MADE IN CHINA 的产品都在世界贸易中辉煌一时。

16 至 19 世纪，欧洲最时尚的生活就是：穿着丝绸服饰，喝着红茶，把玩“克拉克瓷”。其中红茶是从江西浮梁等地进口的，瓷器是江西景德镇制造的。在 18 世纪，瓷器出口达 6000 万件以上；在 1890 年，中国茶占世界贸易总量的 50%份额。笔者曾受西班牙西中理事基金会邀请出访，在马德里皇宫有一间最显赫的房间，装饰物全部是中国景德镇制造的瓷砖和瓷器。

消费者何以如此关注品牌，特别是关注名牌，把“名牌”当热门话题来说，把名牌工作当作战略问题来抓，以致邓小平也说：“我们应该拥有自己的拳头产品，创造我们的中国名牌，否则就要受人欺负。”

名牌是企业的财神爷。国产名牌产品的市场占有率出现了逐步提高的喜人局面，其中国产名牌空调达93.43%，彩电达63.36%，洗衣机达83.15%；出口能力与1995年相比，冰箱增长73.2%，空调增长73.5%，洗衣机增长28.4%，所有这些数字告诉我们，名牌能给企业带来效益。

名牌能促进地区经济的发展。名牌，是由名牌商标、名牌产品、名牌企业三者相互渗透而成的一个抽象概念，它既是企业竞争力的综合体现，也是一个国家或地区经济实力与社会发展水平的标志，对经济社会发展起着重要的带动作用。常言道，小河无水大河干，小河有水大河满。上海、广东、江浙等地区经济发展的速度历久不衰，与名牌的占有量息息相关。譬如"海尔"为青岛增辉，"雅戈尔"为宁波添彩；温州被命名为"中国鞋都"后，温州的鞋产品都有溢价优势；青岛有73种山东名牌产品、23种中国名牌产品、6个中国驰名商标，带动了环渤海地区的经济发展。还譬如江西省，先后有23个产品荣获"中国名牌产品"称号，有253个产品被评为"江西名牌产品"，50个产品获"国家免检产品"称号，8类16个产品获得国家地理标志产品保护，中国名牌产品总数居中西部地区前列。近年来，江西名牌产品生产企业年市场销售额以33%以上的速度增长，中国名牌产品生产企业年市场销售额以45%以上的速度增长，远远高于一般企业的发展速度。名牌产品生产企业的销售收入占全省规模以上企业销售总收入的三分之一以上。

名牌是质量的投影。质量是人类社会进步的原动力，质量也是一种财富的生产力，同时质量也是名牌的基础。

外资企业的建立，使我国企业增强了创名牌的紧迫感。从工业产出总量上看，虽然"三资"企业产品营销只占全国的19.1%，其中三分之一以上又是出口，在国内市场上不占支配地位，但从结构上分析，"三资"企业正在我国新兴产业、高技术领域和市场前景广阔的产品市场中逐步占据优势地位，比如全国医药市场70%的利润被外国名牌瓜分，许多在国内市场享有一定声誉的名牌逐渐招架不住，企业家们在竞争中求生存的紧迫感推动了创名牌的热点问题。

世界经济一体化进程加快推动了名牌热。

2013年7月，《财富》杂志公布了"2013年世界500强排行榜"。榜单显示，美国依然是全球大型企业最多的国家，上榜公司132家，中国公司上榜数量再创新高，前十名中有3家中国公司。中国内地和香港公司进入500强的企业由2012年的73家增至89家，加上台湾企业，达95家。其中，荷兰壳牌石油以年营业额4817亿美元排名第一，沃尔玛和埃克森美孚排名第二、三位。

我们无需多言，从排行榜中我们可以看出名牌企业的多少，是这个国家经济发展状况的“晴雨表”，当今国际名牌的竞争，实质上是民族精神和实力的较量。

随着世界经济一体化进程的加快，国内市场已成为世界市场的一个组成部分，大家都在争夺市场、争夺消费者，而消费者又总是把热情投向名牌，此种联动效益就带来了世界各国名牌热。

二　反拨品牌

在我们的视野里，稍加观察就会发现，我们有相当的部分品牌是短命的，譬如曾在上海的街道大竖广告牌的“康巴丝”石英钟，“停摆”了；曾风靡全国的“三株”口服液，“倒下”了；上海“红灯”电器，“不亮”了……

名牌为什么会短命？

有没有药方可以拯救？

回答是有。

药方一，要勇于和善于“打倒自己”。名牌要不断地“打倒自己”，勇于创新，善于再造新优势，保持“高门槛”，使名牌与时俱进，远离竞争对手的射程之外。

药方二，要把名牌当“命根子”。企业要像培育自己的孩子那样，精心培育名牌产品，要自始至终把名牌产品的质量摆在首位，不能为了提高产量而不讲信誉。

药方三，不要轻易“变卖名牌”。名牌的商标具有惊人的“含金量”，是企业的一笔巨大的无形资产。为合资而“卖名牌”等于拱手让给外商一片价值难以估量的市场份额，而得到的仅仅是一笔数量有限的资金而已。

药方四，要擅长扬名。创名牌离不开做广告，然而有一种现象值得注意，就是有些企业在创名牌之初，舍得花钱做广告，一旦“功成名就”，便高枕无忧起来。其实，一种名牌要在受众心里形象不灭，就需要持续不断地对受众进行“感情投资”，增强“名牌忠诚度”。可口可乐是这么做的，耐克也是这么做的。世界名牌许多的国际经验，我们完全可以实行“拿来主义”。

如果有人要问，是不是所有产品，都要有一个好品牌。

笔者回答：也未必。

譬如日用五金产品，只要你稍做一个调查就会发现，几乎90%以上的消费者难以说出他们正在使用的品牌名称，在购买这类产品时一般不关心品牌。还有是购买手帕，消费者也一样不太关心品牌。

为什么？其实这与消费者品牌关注度有关。

对于不同的产品消费者的品牌关注度是不一样的，买空调关注品牌，买把螺丝刀为什么就不关注品牌？因为空调价值大而螺丝刀价值小；买饮料关注品牌，买个手帕为什么就不关注品牌？因为饮料虽然价值低但经常消费，饮料质量关系到健康但不容易鉴别，而手帕则较耐用而且质量较易鉴别。

一个企业要不要做品牌，怎么做品牌，研究消费者的品牌关注度很重要。企业打品牌要做得有理有利有节，该做就做，不该做就别做。就拿当年的呼啦圈来说，当时几乎全民皆“呼”，但消费者记得品牌吗？没有。这塑料圈谁都能做，买谁的都一样。当时要是谁做一个品牌出来，难免要做冤大头，因为产品寿命周期就摆在那儿。

消费者的品牌意识，城市高于农村，但在城市超市里大量的普通日用消费品厂家品牌在淡化。原因何在？一是这些消费品在同质化；二是品牌是有成本的，而且成本很高，不仅企业要为此付出高昂成本，而且消费者关注品牌也要为此付出成本、时间和精力。

品牌从本质上来说是生产厂商对消费者做出的产品质量承诺的契约，当产品本身价值较低，质量较易鉴别，或者细微的质量差异对产品使用价值并无大碍，也就是说消费者对品牌关注所付出的成本大于这种关注所带来的收益时，消费者就会放弃交易时对品牌的关注。

当然，对于那些品牌关注度不高的行业不是不要做品牌，而是品牌的投入数额、传播方式应有所不同。这些行业往往产品本身就是最主要的品牌载体，因此，设计一个好的标志、基本颜色、外观质感、产品包装、终端展示非常重要，而这些正是品牌的基本元素。

衡量品牌成功与否的最终标准应是品牌给企业带来的利润，而不是品牌维持的时间长短，品牌是攥在企业手里的工具，企业千万不要为了做品牌而做品牌。

第三十四章

品牌定位的东成西就

品牌定位的目的就是将产品转化为品牌，以利于潜在消费者的长久的正确的认知与记忆。

品牌定位的根本之目的是创造品牌核心价值，与消费者建立长期的、稳固的关系和为企业的产品开发和行销规划提供导向。

品牌必须将产品定位于满足顾客需求的立场上，最终借助传播让品牌在消费者心中获得一个有利的地位。

谈到品牌定位，必须说到CI。

CI是两种英文词的缩写，一种是Corporate Identity，在词组后面加上system更容易让人理解，意译为企业识别系统；另一种是Corporate Image意译为企业形象。

自诩“公司的历史就是日本CI历史”的PAOS公司创始人中西元男在他的《CI入门》中为Corporate Identity下过这样的定义：“企业、行政等组织，在全新时代的价值观念环境中，将自己固有的自立哲学加以明确化，在信息化社会中通过各种传播活动将个性鲜明地表现出来；通过改进组织内外有关人员的集团意识和组织体制，从而建立起良好的市场环境与活动环境的文化革命战略。”

读定义常常让人很累，笔者还是把企业形象识别化抽象为具象化、繁杂为轻简吧。

CIS是一种经营战略，即运用视觉设计和艺术再现方法，将企业经营理念、管理思想以及生产经营策略等传播给企业职工和社会公众，以塑造良好的企业形象，使公众对企业产生一致的认同感，从而赢得社会公众对企业的肯定和依赖，提高企业市场竞争能力。

换句话说，CI是一种通过对企业的“整体包装”技术，以实现与社会沟通和其他企业相区别，从而战胜对手的基本策略。

企业识别系统包含三个要素：理念识别（Mind Identity）、行为识别（Behavior Identity）和视觉识别（Visual Identity）。

视觉识别（VI）是企业识别策划中的传统部分，其传播要素包括企业名称、企业标志、标准字、商标、办公用品、产品包装、厂旗厂徽、交通工具、建筑外观、广告等等。行为识别（BI）是企业的具体活动，其对内包括进行干部教育、职工培训、生活福利、工作效率、工作环境与气氛、研究开发等问题，对外包括公共关系、公益文化活动、促销宣传等。譬如麦当劳公司以“与其背靠墙休息，不如起身打扫”来教育全体员工，麦当劳员工的这种精神，成为本公司迅速发展的一个重要因素。理念识别（MI）是指一个企业经营宗旨的定位，企业形成独特的经营理念，一方面树立起了企业的精神支柱，提高内部工程；一方面区别于企业，从而确立企业在市场上的形象。

企业识别系统是源，企业形象是流；企业识别系统是刀，企业形象是刃。即它们之间的关系在严格意识上说是源与流、刀与刃的关系。企业形象是公众对于企业的总体评价，是企业的表现与特征在社会公众心目中的反映。

企业形象具备几个重要特征：

抽象性。英国公关大师弗兰克林·杰弗金斯说，企业形象是属于精神的东西，从根本上说，企业形象是一种看不见、摸不着的东西。“上海”牌收录机在上个世纪90年代以前，品牌极好，谁拥有一台足以傲群。但90年代以后，就被消费者逐渐淡忘。谁能说出其具象在哪里？抽象性是企业形象的重要特征。

相对性。企业形象是相对一定参照物而显现的。“长虹”、“康佳”、“创维”名气都很大，在电视行业中都是佼佼者，“长虹”在国产电视行业居龙头老大，是相当于“康佳”、“创维”、“金星”等等而言。

客观性。企业形象的客观性包括两个方面：一是企业形象无论企业大小，都有自身的形象，或者是好形象或者是坏形象。亚细亚在王力策划以后是好形象，“中原之行哪里去，郑州亚细亚”。后来其分公司相继在深圳、上海、北京开业，并纷纷倒闭，就成了坏形象。二是指它在公众心目中的企业形象是根据企业的客观事实而逐步形成的，公众对企业形象的看法是客观、真实的评价，并非臆造。人们不会无故败坏华联，而对仟村百货却心存微词。

稳定性。一个企业形象一旦在公众的头脑形成，就具有一定的稳定性。如果好的形象，企业会因此受惠无穷，“佛手”味精是吴蕴初抵制日货、发展中国味精工业的产品，尽管日后企业也存在一定困境，产品营销市场受到冲击，但人们对“佛手”味精仍然“好忆犹新”。如果坏的形象，企业很难得到公众的信赖，而且纠正这种不良形象常常要付出数倍的甚至数十倍造成坏形象的努力。企业形象有四个要素最为重要，这就是形象定位、知名度、美誉度及忠诚度。

美誉度。企业知名度高，但其美誉度不一定也高；同样美誉度高的企业，知名度不一定同步。秦池酒花了3个亿在中央电视台打广告，应该说名播全国，但美誉度就低得多，人们对秦池“开进一部奥迪进央视，开出一部桑车出央视”的广告策略产生一种怀疑和不置可否。

忠诚度。企业忠诚度是消费者对企业产生的感情的度量，它反映了一个消费者偏好由这个企业（品牌）转向另家企业（品牌）的可能程度，忠诚是企业最宝贵的财富，一份研究报告指出：每次光顾的顾客比初次登门者，可为企业多带来70％—85％的利润，固定客户数目每增长5％，企业的利润将增加25％。

笔者与万家乐上海公司的黄经理联手策划时，策划主题就是“扩大品牌形象力，重建用户忠诚度”。万家乐产品在上海市场占有率仅有0.88％，这对中国最大生产热水器的“万家乐”来说，不能不说是很危险的事。为防止万家乐品牌发生“情变”，促使竞争品牌消费者的转移，改变其忠诚度，以巩固和发展万家乐在沪上的品牌地位，就必须张扬品牌形象，重建用户对万家乐的忠诚度。

形象定位。指企业确定自己在社会分工体系中所扮演的角色，然后再将这一角色内容广泛地让社会公众了解。九洲商厦是笔者最早涉及的策划企业之一。九洲商厦地处长宁区居民集中地，形象定位于中、低档层次，该地居民均为工薪阶层、收入居中，所以旺场旺人又旺市；相反，一街之隔的九洲集团的九洲名品商厦，形象定位中高档，与当地居民收入产生距离，所以旺地旺人但不旺市。

形象定位必需根据自身实力与特点、市场与目标公众的情况来实施。知名度与美誉度高的企业，由于定位形象不佳，有场无市屡见不鲜。

西部百货作为新世界集团的一家子公司，以极其豪华的装修矗立于60万人口的曹杨居民区，并定位于中高档，与街对面的曹杨商场互为竞雄互为争市。

曹杨新村为五、六十年代上海第一代工人新村，中高档的定位必定让驻地消费者望而却步。开业两年之后的97年市场仍无起色，该商场沈老板告诉笔者，集团公司在繁华的南京路拥有多家控股公司，抢滩上海西部是要把上海商业最发达的黄浦区在上百年的岁月中积淀起来的经营特色和名店引进西部,在西部重现中华第一街的光荣与梦想,企业经营的战略构架是正确的,但形象定位与经营定位却过于偏高。日常中的人们可以随意跨过低膝的门槛,但不会随意去爬高过肩头的墙。

第三十五章

亲，用情感提升品牌魅力

有这样一则故事：

很久以前，一位盲人坐在大雪纷飞的街头行乞，他的胸前挂着一块牌，上书：自幼失明，乞讨为生。然而，路人见之，虽有同情者，但掏口袋者却寥寥无几。

忽然有一日，街头路过一位长发披肩、风流倜傥的诗人，他凝视盲人片刻，把手伸进口袋——诗人不是掏钱，而是掏出一支笔，走到盲人面前，把盲人的牌子翻转过来，端端正正地写上："春天就要来了，我多想看看她……"

从此以后，凡路过盲人跟前的路人，莫不掏钱资助。

如果把这个故事中诗人的题词，说成是现代情感广告的雏形，那情感广告的魅力该有多大！

亲，是网络上广为流行的淘宝体。"亲"，本为"亲爱的"简称，一个"亲"一下子拉近了商户与消费者的距离。

据笔者的观察统计，最近电视台播放的广告，"情"字当头，以情感为导向的广告片总播放量达35%。

譬如，"龟鳖丸"胶囊：画面上父母节衣缩食，为了儿子的生日，买来鸡蛋和面条，望着儿子喜形于色大口地啃着鸡蛋的模样，父母心满意足。随着岁月的增长，儿子日益长大，父母日见衰老；儿子忙于事业，父母却孤独地坐待岁月。最后，画面出现几行白底黑字：世界上的父母都知道儿子的生日，有几个儿子知道自己父母的生日？

这个广告片几乎让笔者潸然泪下。

人心比人心，可怜天下父母心。那么，父母养育之恩，何以回报，唯有"龟鳖丸"。

譬如威力洗衣机：电视画面一位老大娘与几位村姑在山村的小溪旁洗衣服，老大娘边洗衣服，一边停下来捶打酸痛的腰背。这时画外音放出轻柔、清新而深情的女声："妈妈，我又梦见了您；妈妈，我送给您一件礼物！"紧接着，画外音是深情饱含磁性的男中音："威力洗衣机，献给母亲的爱。"画面切换成另组镜头：老大娘见到洗衣机，欢喜地挪动了迈不开的双脚……

一条大象领着小象儿子，穿越戈壁、跋涉森林、攀越峭壁，大象母亲用宽阔的胸膛为小象儿子抵挡戈壁的风沙，用强健的双脚踏平征途中树枝的障碍，用温和的长鼻阿护小象爬过陡坡，好一幅母子情深意重图！这是"必理通"的广告画面。

笔者写到这里，抑制不住自己想到了"南大集团"在"父亲节"上做的一则广告。

"那是一只有力的手"，广告画面是一支竖直的毛笔，顶端是父亲的大手，中间是儿子稚嫩的小手很标准地握住毛笔，旁白是："父亲，影响我最深的人——小时候，当我头一回拿起毛笔，这只手教我如何写字，写端正整齐的字；长大后，当我第一次踏进社会，这只手教我怎样做人，做正直诚实的人"。

世界很大，广告情感只有唯一。

在第四届中国广告节被评为"金奖"的"孔府家酒"，"千万里，千万里，我一定要回到我的家，我的家呀，永生永世不能忘记"。电视画面热烈、欢快、堂皇、思家心切的王姬风尘仆仆，投入正等着她的家人的怀抱，然后举家欢聚、饮酒庆贺，这时画外音及时跟上：孔府家酒，让人想家。酒香与乡情合奏一曲，让人听得绕梁三日而不绝。

既然情感广告这等厉害，还是让我们在"情"场上继续畅走一番吧。

美国人本主义心理学家马斯洛先生曾提出过"人类需要层次论"。

从低级向高级依次为：生理的需要→安全的需要→爱的需要→尊重的需要→自我实现的需要。

从这个需要层次理论上，我们可以看到一个重要的层次就是"爱的需要"，这个需要承上启下。"爱的需要"，即人有爱，有情感和归宿的精神需求。

在商品经济不发达的时代，广告词只须提"功能齐全，质量可靠，实行三包"就可以满足消费者的"生理需要"和"安全需要"，但在商品经济日益发达，人们由穿的确凉走向穿真丝衣服、由黑白电视走向大屏幕彩电的今天，仅靠硬邦邦的几句空口号肯定是找不到市场的北。

拒绝孤独和渴望被关怀是现代人的情感需求，情感广告正好打中人类的一个软档。

所以,“威力”洗衣机从“够威够力”的吼声中弯下腰,温柔走一回,以亲情打动消费者,开拓了该产品以农村为主的目标市场。所以,“必理通”即使征程万里,有母亲的鼎力呵护,终点必达,“必理通”的广告也就自然“理”必“通”了。所以,“孔府家酒”虽然从品质上来讲,也许比不过五粮液、茅台这些经典名酒,但它突出了“家”这个中国人共同的概念,勾起了千万旅居海外游子的无限乡思,从而使得“孔府家酒”达到“全国出口量”第一的销售业绩。

从目前国外广告发展的现状来看,以体现交流、激发消费者情感为中心来创作的广告已成趋势,就连素来偏重于理性诉求的欧美广告也不例外。

奥美广告公司在它的 32 条简短的具有启示性的理论中,第 18 条便规定:“富于情感。”

美国百事可乐公司把“情感纽带”列入市场推销的六大要素之一,“友善可亲”曾一度成为百事可乐广告的重要主题。

日本则更是注重“情感广告”,而且还讲究情感表现的巧妙含蓄,日本在上海市场上所做的广告,在文字上常巧用中国人熟知的诗词、俗语、乃至政治性术语,让消费者感受到他们一种竭诚亲善的感情,什么“愿同中国人一道共创明天”,他们坚信对充满情感的广告,消费者将以忠诚回报。

霍尔马克贺卡制作公司在母亲节提出的促销广告,整个广告是在抒情的氛围中展开的:一位孤独的老妇人盼望信箱里能出现亲人的问候,可信箱里总是空空如也,可怜的她只好强忍失望的泪水。这一切被住在对面的年轻女士注意到了,于是,她把一张写满真诚问候的霍尔马克贺卡放进了老人的信箱。影片尾声,她与老妇人在屋前的草坪相见,伴着深情的乐曲,两个邻居紧紧地拥抱在一起。

在短短 60 秒中,观众为老人寂寞而惆怅,为老人孤独而难过,更为老人的笑容而欣慰。观众的情感获得净化和升华。

一般人在购物时,往往受头脑中累积的品牌印象所影响。

一个年轻的丈夫受妻子嘱咐,去上海出差要帮她买些洗发露。当丈夫面对货架上琳琅满目的不同品牌的洗发露时,他一定会进行比较,待他看到“奥尼”洗发露时,他可能会马上想到周润发在广告上给他的“妻子”捋发洗头的亲昵场面,“人生百年,重庆奥尼”。

夫妻之间不就是这种相濡以沫、白头偕老、百年之好吗?

于是,这种感觉决定了年轻的丈夫选择“奥尼”,而不是其他。

消费者在许多时候,买的就是感觉,这种感觉的产生,是情感广告的终极目标。

美国著名的创造学家爱得华·德·博诺说："感觉价值是所有价值中最重要的，因为它是价值的主要驱动因素。"事实上大多数广告都是关于感觉价值的。

营造氛围，制造情调，情感广告就像雾，弥漫在消费者心中的每个地方。雾里看花，月也朦胧，鸟也朦胧，广告主的钱袋越来越饱满，心里快乐得泪眼朦胧。

情感广告与小说、影视里的情感根本不同在于，情感广告带有明显的广告宣传色彩，或提高商品的知名度，或弘扬企业形象，或传达商品信息，以唤起或增强消费者的注意和信任，目标非常直接。

而小说、影视里的情感渲染，是依据故事情节本身发展，来引起读者或观众的同情和共鸣，没有为销售产品而特定制作的功利性质。

情感广告以15'或30'定江山，就必需使商品、画面、人物、音乐、旁白达到高度完美的结合，时时不忘宣传商品是其中的纲。它不能像小说、影视那样，经过长时期的叙事积累，才达到感情的爆发点。

情感广告如果像小说、影视那样长篇大论的话，媒体当然是笑眯眯，而广告主可就得要欲哭无泪了。

笔者坚信一流的感情，才能组成一流的广告。

所以我们每次都刻意在广告作品中注入强烈的感情，让消费者看后忘不了丢不开。美国广告设计师罗宾斯基揭示情感是广告主流的真理。

广告的情感力直接关系到商品销售的实际效果，情感广告绝不能在黑夜里朝情人抛媚眼那样毫无意义。

首先要研究消费者的心理，抓住商品本身所代表的感情进行直接抒情，许多商品是感情的象征，"酸"与"甜"几乎可以说是青年爱情的别名，一家酸梅厂别出心裁以"小别意酸酸，欢聚心甜甜"的广告来激发消费者的情感和购买欲望。

其次，要挖掘蕴藏于商品之中的感情，进行间接抒情。笔者在给上海录音器材厂做"上海"牌VCD产品策划时，设计一位中年人回忆20年前在北大荒时，因为有了一部"上海"牌收音机，才使他度过了最困难岁月时光的广告词。

一位女知青读者在读到这段描写时，感情深切、激动不已地把电话打到该厂销售部，她说她也有过这段经历，她也永远忘不了"上海牌"收音机给她带来的温暖岁月，她说如果要买VCD准买"上海牌"的。作为广告创意者就应擅于挖掘这些商品或企业内在蕴涵的感情，有选择有意识地强化抒情，使消费者产生认同心理。

关于广告的抒情艺术，有它的注意点：

1. 抒情作为一种艺术手段，须以推销商品和树立企业形象为目的；

2. 抒情真挚自然，情感的广告效果以"随风潜入夜，润物细无声"为最高境界。

3. 抒情崇尚健康，不庸俗颓废。如果把"发嗲"当崇高，把"卖乖"当真理，那是害人的、要不得的。

4. 抒情讲究个性的独特和魅力的独特。洗衣机送给母亲，龟鳖丸送给父亲，洗发露送给妻子，合情合理。如果把洗衣机送给上级，龟鳖丸送给敌人，洗发露送给情妇，那就乱套了。

优秀的抒情广告总能激发人们的美好记忆和想象。文章写到这里，笔者想起了曾为广东"万家乐"产品设计策划的"故乡人情"系列广告的一段广告词，在这里就先用一用，希望您喜欢。

尽管岁月嬗变、沧海桑田，然而人间友谊真情如日月青天，亘古不泯。逝去的时光磨灭不了您我相互的牵挂与祝福，每当重返故里，我们总在外滩的霓虹灯下，共叙世间万事，互报家人祥和，各道乐业与成功，那种推心置腹下的轻松与随意畅快淋漓，令人经年不忘。如今朋友重返繁华如梦的上海，谨嘱托一句，望大家告诉大家，有台为您准备已久的热水器，就要到达上海了……

第三十六章

品牌危机的五张面孔

危机源于长期的骄傲、冷漠、自大、封闭、不求上进、得过且过。从前一说到中国的光荣，开口就是造纸术、印刷术、指南针、火药四大发明在中国，其实外国人早已把我们的四大发明发扬光大。

你的宣纸没有日本人的好，人家的 Word 击溃你的 wps，美国人的导弹防御系统独一无二，你的指南针还在宫庭内斗家家，人家的航海仪已经在浩瀚无际的洋面上耀武扬威。

我们有过光荣，但我们在光荣的层面上躺得太久了，以致麻木不仁、画地为牢、固步不前。中国名牌的危机，屈指算来，略有数项。

一　经济发展水平和经济体制的双重制约

打开历史书，我们可以看到 19 世纪中晚叶以降，西方各国相继进入工业革命时期：蒸汽机在国家的土地上喷着粗烟狂啸来往；挖煤工人在矿井为资本家流淌着汗水；石油勘探机在旷野里预告着一场场井喷的消息；纺织女工夜以继日地为社会提供着花色多样的布匹；载满货物的船在河海之间穿梭不息……在社会化大生产的推动下，经济飞速发展，特别是在二战结束后的近半个世纪，在新技术革命的推动下，各种世界性的名牌风起云涌、占山为王，名牌产品成为一个国家的高科技水平、综合国力的重要标志。

而在这一段时期，中国正在内忧外患的双重折磨之下苦苦挣扎，经济发展相对缓慢。对工业革命信息的号角，中国仍是显得极其迟钝。

清末李鸿章曾力主“洋技救国”，为说服慈禧特在北京郊区修建二公里长的迷你铁路，慈禧太后逛了一圈，觉得蒸汽机的噪音太重，仍然拒绝这种洋玩艺。当政者的这种麻木自闭，使实业救国不知延长了多少年，使中国离世界越来越远。

新中国成立以后的近30年，中国经济由于受公式化、条框化、板块化的计划体制的束缚，企业乃至整个社会的市场经济意识十分淡漠，有福同享，有难共当，没有商标意识，更谈不上名牌的创造。

直到总设计师邓小平“对外开放，对内搞活”的方针政策一出笼，创造中国名牌，走向国际市场，才逐步成为中国经济界、企业界乃至高层决策者的共识和一致呼声。“海尔”中国造、“创中国名牌，走世界之路”等口号道出了中国企业向世界市场憋了一个世纪的豪言壮语。

二　创新的宝典被尘封箱底

市场经济规律告诉我们：任何产品，无论有多久的历史、多么显赫的业绩、多么响亮的名气、多么雄厚的资本，对市场的变化和顾客只是抱无动于衷的态度，失败一定是必然的。

对于创新，至今还只是停留在以产品推出的层面上，还有许多企业还未进入以品牌推出的阶段。我们熟知的爱多、太阳神、小霸王等品牌的失败，都说明了创新力不够也是一方面，这样的例子不胜枚举。

江泽民题写的“创新，是一个民族进步的灵魂”，可见创新对一个民族是何等重要。

“名牌”说到底是“民牌”，只有真正让消费者承认了，那才是真正的名牌。一个好的名牌总是要经过多次反复要经过几代人的努力，几十年甚至上百年的时间才能创造出来，真正的名牌产品是经久不衰的产品。

西方企业管理者有句至理名言：“没有什么东西可比过时的产品更能损害一个公司。”因此国外许多企业都是从一个名牌发展成一系列名牌，从而获得更多的企业信誉和市场回率。与此相比，我们的企业长期以来守着一个牌子，在一种产品上打转，缺乏名牌创新意识，致使名牌的效应难以有效地发挥出来。

日本是一个善于创新的民族，石英手表是它的创新，省油、体积适中的轿车是它的创新；电视机由黑白变成彩电，由彩电变成宽屏幕是它的创新。

创新决定了日本在手表、电子、汽车这三个行业的腾飞，而仅仅这三个行业就足以奠定它作为世界经济强国的地位。

日本策略家大前研一说过：“不创新就是失败。”TCL总裁李东生有个比喻：卖电视如卖萝卜，卖电脑如卖鲜花。

电脑的技术创新日新月异，据调查，在美国一项电脑新技术的诞生，获得超过40%边际利润的时间周期已经不可能超过半年。

所以他们就拼命投入对新技术的研究，加强科技储备从而确保企业始终处于良好的利润状态。有报道说IBM的技术储备已经足够到2010年前使用。

创新是企业生命的源泉。从企业创新来说，它包含组织创新、产品创新和市场创新。组织创新是企业经营的基础，产品创新是企业生命的体现，而市场创新是企业竞争的策略，没有创新的企业是愚蠢的企业，愚蠢的企业是没有资格参与竞争的。

在这个世界上，任何一家企业都不可能毫无革新就可以平平安安地过日子，企业必须持续创造新的产品、新的市场、新的服务以及新的游戏规则，不断打破旧有的形制，这样才能创造出不饱和的市场。

康佳老总陈伟荣讲述过这样一个故事：有两个猎人在森林打猎，突然遇到一只熊。一个猎人赶紧弯下腰，换上运动鞋。另一个猎人奇怪地问他："你在干嘛？你跑不过那头熊的？"

"你说得对，"第一个猎人说，"但我不必跑过那头熊的，那只需跑过你就行。"

明眼人一看便知，陈伟荣讲这个故事背后的真正用意是什么。在当今市场竞争残酷而激烈的自下而上环境中，谁的创新能力强，谁的产品技术含量高，谁的产品在高新技术领先一步，谁就能搏得市场的青睐，谁就能赢得生存空间。

三 企业实践和理论的盲从主义

生产不等于经营，生产投资不等于经营投资，好产品不等于好商品，开发市场不等于繁荣市场。

这对于企业经营者来说，不是个难理解的问题。

然而，由于中国现行体制的局限，企业经营者创造的巨大价值得不到合理的认定，企业内部经营目标、经营策略、管理手段上出现错位。

企业决策层的短期行为，缺乏主人翁感。这就造成从"产品→商品→名牌"上的断层。此种状况不仅反映在国有企业中，同样也反映在民营企业中。

经营目标错位。经营目标上的错位，会出现两种情况：一是一些企业承包人不以培育名牌为己任而是拼命追求短期利润，只顾眼前利益，杀鸡取卵，加速致富；另一种是由于企业行政干预太大，经营者的地位得不到应有的保证，因而出现一批经营者，他们不是以搞好企业、发展名牌为最终目标，而是将企业作为一个跳板，认定做官从政是个人的最终出路。

只要有利可图，有些企业经营者以次充好，兜售假冒伪劣产品也无所谓，损害别人产品形象也在所不惜。

经营价值上的偏差。企业经营者通过苦心经营所得的巨大经营成果，不能用合适的方式给经营者以应有的回报。红塔集团的"褚时健事件"给了我们极大的启示，褚时健把一个很小规模的卷烟厂发展成一个巨型企业，然而他的结局不是我们要看到的。当然笔者不是肯定其犯罪行为，但我们应该科学地对待这种现实问题的存在。

四　品牌定位失控

我们时常看到类似品牌的定位失控的例子，一会儿借势于体育运动，推出一段大肆煽情话语；过段时间以后，又重新定位，盲目地扩大自己的诉求对象；更有甚者，将名称、包装、商标、色彩等克隆成风，让人难以辨别。

这些品牌定位的失控，最终只能让消费者产生抵触的情绪，对于品牌的成长造成巨大损失。

好的品牌定位是成功的一半，其定位的目的就是创造鲜明的个性和树立独特的市场形象，企业要想拥有很高的市场占有率，就必须将"定位"把控好。诸如，"七喜"定位非可乐即是成功的一例；反面的也不乏其例，娃哈哈钙奶定位深入人心，在消费者心目中娃哈哈就是小孩爱喝的奶，这是品牌定位成功的高境界，而将"娃哈哈"扩展至酒上，就难免让人不知所以然，这是定位上的失控。

我国还有许多品牌在定位上纷纷走入"创造名牌就要定位于高档"、"定位不足"等误区，我们必须将定位理论充分掌握和运用得当，品牌才会发挥强大的竞争力。

五　坏车市场模型

美国经济学家阿克罗夫提出过"坏车市场模型"之说。

他认为市场上有好车和坏车，坏车进入市场以后，人们对车的价格预期下降，愿意付出的价格降低。好车成本高价格也高，但由于坏车不断进入，导致好车也卖不了高价，最终使好车反而卖不出去。

这一现象是由两方面原因决定的：一是坏车市场对好车市场具有外部性。坏车影响对好车的评价，影响对产品愿意付出的价格；二是信息不对称，买车的人不知道好车坏车的整体信息，只有当使用后才知道好坏。由此造成相信真品的人少了，愿意为真品付出高价的人少了，最终导致市场失败。

“创造名牌，发展名牌，宣传名牌，保护名牌”是推动我国名牌事业的重要内容。

但是，由于相当长的时期，我们对名牌的宣传和呵护措施不力，导致了名牌成长的环境很差。在经济生活领域中泛滥成灾的假冒伪劣的黑潮为什么屡禁不止？国家和企业投入了大量的经费去打假，可为什么会越打越假？

其实，道破天机，原来有个“地方保护主义”在作怪。黑龙江某市为保护本地名牌啤酒，竟动用武警阻止和拦截其他品牌的啤酒进入该市，实行地方保护主义。

策划人王志刚在他的《中国走势采访录》里有段精彩的描述：“一些蚕茧产地的政府，为了防止蚕茧流到外地，请武警，调民兵，用县、乡、村三级联防的办法，实行严格的出境检查。南方某省的一些地方，以每天五至六元的高价，雇农民巡导500多公里的省界线……虽然四川省各级政府严令生丝外流，但广东省一些单位却用高额回扣，甚至使用军车押运等方式，有效地瓦解了四川省的防线。”

经过多年的孕育和发展，我国也拥有了一批广受欢迎的名牌，遗憾的是，它们不断受到假冒伪劣商品的侵害和骚扰。

“发如韭，割复生；头如鸡，割复鸣。”用这句古诗来形容当今中国的假冒伪劣和地下工厂再为贴切不过了。

中国年均假冒伪劣产品产值达13亿元人民币，约占国民生产总值的百分之二，每年由假冒伪劣产品造成的直接经济损失达2000亿元左右，国家因此年均损失仅税收就达250多亿元。

1999年10月24日凌晨4点，福建省云霄县绒绥阳路随着一声“轰”的巨响，炸出了一出令国人触目惊心的假烟制造案。房屋被炸的是刚御任10天的云霄县原打假办主任、技监局局长方镇山的住宅。

舆论普遍认为，方宅被炸与其打假有关。据有关材料显示，云霄的假烟制售已经形成横跨省市、覆盖全国的网络：凭借不正当渠道谋取的证明和证据，从湖南、云南、贵阳等地运进烟叶；从广西、陕西、上海等地运进过滤嘴样、水松纸、香精、胶水等等。据统计，被假冒的中外名烟就已超过100种。

几年来到底有多少云霄制造的假烟，没有人统计过，也无法统计。据称，全中国有30%以上的假烟都是从这里生产的，以致有人认为“云烟”就是云霄生产的假烟。

据国家工商局估计，我国每年生产的假冒伪劣产品的市场流通额约为3000亿元，其中流入市场的假茅台不少于1200吨，价值4亿元；假卷烟每年100万件，价值近10亿元。

在假冒伪劣产品的重重包围下，有的企业不得不自己出资打假。1998年玉溪卷烟厂的打假费用就高达5亿元。

“振华851”自诞生之日起就陷入了漫长的侵权诉讼的纠纷之中。

企业创出的名牌没有被激烈的市场竞争淘汰，却被假冒伪劣产品打翻在地，这不能不说是中国名牌的一大悲剧。

第三十七章

品牌传播的核心价值

一　品牌传播的媒介选择

笔者有一次装修房子，在此之前买过一只三人布艺沙发，搬家时不小心划破了一个口子，由于太太十分喜爱这种式样的沙发，于是我们再去买了一只。仅在去年，这种三人布艺沙发没有2000元沙发厂商绝对不肯出售；而仅仅过了一年，我们再去谈价时，沙发厂商1000元就答应卖给我们，而且去年的布艺料是国产的，1000元的布料是进口的。

沙发厂商向我们叹苦经，说今年的生意太难做了，开口就是"杀根"价，消费者都还嫌贵，现在做生意别说赚钱，就是能垫上场地租借费，就已经是"拜托拜托"了。

老百姓捂紧口袋不肯花钱，市场就像不被激怒的熊，打都打不醒。

尽管中国经济状况地处熊势，企业不肯投资，百姓不肯消费，但作为反映经济现状与走势之"晴雨表"的中央电视台2011年的广告招标，仍然有120亿元的中标总额，写进自己的光荣簿上，企业仍然把央视作为广告投标主体。

笔者说这个话的意思是，尽管当今经济是拍打不醒的熊，但媒体广告仍然是企业广告宣传追逐的美女，媒体是企业或品牌声名传播的尖刀利器。

在市场上具有知名度、美誉度的品牌，从古至今皆由传播促成。这其中无非存在口口相传的原始方式与光电相传的现代方式等差别，今天的传播方式将原本为企业和团体的孤立行为，发展成为普遍的竞争方式和全民关心的政治经济活动。

中国本就有一批知名度高、市场覆盖面大的商品，无论它们是世代相传的品种和品牌，还是近年来企业自创的品种和品牌，都处于一种自然状态，并没有一批人来专门研究这种现象，从中总结出一些带有规律性的道理加以普及和推广，形成市场竞争的有力手段和一种新的经济增长方式。只是从1992年起，以大众传播媒介牵头、一些社会经济团体参与、政府作为后备支持的“中国质量万里行”的活动震动了全国上下。

如何保护名牌、发展名牌的问题，经过传媒引起了全国的重视。中国13亿多人口中，每天有8亿人看电视、4亿人听广播、6亿多人上网；全国人均拥有5.3册图书，2.06册杂志，每人每天拥有报纸6份，这就是大众传播媒介影响舆论的基础。

企业从创名牌开始到广泛实施名牌战略，大众传媒起到了明显的作用。

市场畅销的“维维”豆奶问世才2年多就成了全国名牌。生产厂家原是江苏徐州铜山县碾米厂，50个工人靠碾米每年收入25万元。

1993年创立“维维”品牌做豆奶，导入了CI，大胆投资电视等媒介，大做广告，结果平均每天收到的订货款就达30万元。现在这家公司年产值达10亿元，上缴利税两亿元，成为全国最大的豆奶生产基地。

究其缘由，“维维”这块名牌也是靠媒体广告狂轰滥炸出道的，特别是连续两年在中央电视台黄金时段亮相，使品牌占到最佳位置。1996年，它在中央电视台投了1亿多，每天连续在黄金时段三次亮相；2000年，维维投资4210万元冲入中央电视台，维维尝到了广告的甜头，认为往广告里投放绝对不会亏。其负责人说：“我们需要这样的广告力度；我们又开发了一系列新产品，必须保持食品饮料第一的品牌的形象；此外，我们房地产已初具规模，更需要良好的企业形象。”

看来，在中国即使做食品如豆奶之类，只要牢牢依托传播媒介，靠“造名”起家，也能跨越名牌成长的漫长时段。

所谓品牌传播，就是企业围绕品牌的核心价值，通过广告、公关、销售和人际等单一或混合的传播方式，将品牌推广出去，建立品牌形象，提升顾客忠诚度，促进市场销售，为企业创造利润。

狂轰滥炸能创名牌，但是“有利、合理、有节”的广告投放，也同样能在短期内创出名气，广东的“绿丹兰”就是用了不到两年的时间，在中国创出一块大名牌，“绿丹兰”的广告做得非常成功，取得1∶4的收益：两年内投入5000万元，创利税2亿元，更重要的成果，是在强手如林的化妆品行业硬是挤出一块名牌。

“绿丹兰”公司用广告创名牌的过人之处有三大特点：企业成功地导入CI战略；注重广告宣传的整体配合；奉行人无我有，人有我奇的传播策略。

“绿丹兰”注重通过传播，在社会公众中塑造良好的企业形象，其手法主要是运用大众传播媒介，将企业的经营理念、管理哲学、社会使命感、产品的风格、营销策略等传播给社会公众，吸引公众向她靠拢。

“绿丹兰”为何能在短短三四年内，在全国建起庞大的营销网络呢？外部的一点秘密是：传播网络到达哪里，营销网络也就到达哪里；内部的一点秘密是：织起利益关系网络——公司集团为大老板，合伙人为中老板，关系人为小老板，绿丹兰公司即使在产品推销中，传播术也在暗中影响产品的命运，从“推销本体”、“象征符号”，到“传播媒介”、“接收群体”，每一个环节都与传播密切相关。

二　从传统媒体到新媒体

与传统媒体广告以及户外广告相比，网络广告的营销具有较强的针对性、开放性、可控性等得天独厚的优势，是企业实施现代营销媒体战略的重要一部分。优衣库品牌的网络广告富有新意、整合性强，将广告与艺术完美地结合，它的成功让人们看到了网络广告营销的强大魅力。

当今市场，掌握传播渠道就是霸主，直接沟通消费者心灵就是赢家，企业特别重视名牌传播的文化品味，这不仅因为名牌自身具有多种文化的蕴涵，还因为名牌传播的文化韵味越是浓郁，就越容易让人接受。名牌的文化内涵越丰富、越恒久、越与人的活动和思想、情感相关联，就越有令人挥之不去的魅力。

权、术、势是企业创名牌的三大因素。

权：指品牌所运载的产品要符合国家产业发展的方向，得到行业和地方政府的支持，尤其要得到政府主管领导的直接首肯和关心，让社会成员能够感觉到它深厚的官方背景。

术：一指企业生产经营手段在产品质量上的体现；二指企业经营理念和整体形象在品牌上的体现；三指善于运用传媒将前两项内容成功地融化到民众心里。

势：则指掌握社会风向、消费心理和文化趋向，适时营造相应的品牌，通过传媒顺势广泛传播。

当今世界上公认的广告载体为五个：新闻媒体、户外广告、影视、样本和互联网。人们越来越注重将以上手段进行整合，即整合市场传播。在香港整合市场传播被称为盛典促销，以多样化的传媒媒介向消费者传播同一诉求。

其好处在于：对于消费者而言，由于所见所闻都是相同的形、色、声，因而能够更有效地接受企业所传播的信息，对于企业来说，有助于实现传播资源的合理配置，以相对低的投入产生较高的效益。此种传播方式，是一种全新有效的宣传概念和策略，对企业的发展具有重大的现实意义。

公共关系的核心是建立和维系关系，构成的三大要素是：组织、传播和公众，有助于吸引公众注意力，加强品牌认知，巩固品牌形象，强化品牌传播的影响力。

其形式有新闻报道与媒体软文、新闻发布会、研讨会、年度报告、公益服务活动、慈善捐款、出版物、演讲、游说、事件、赞助等。

阿尔·里斯指出，广告缺乏创建品牌的关键要素——可信度，而只有公共关系才能提供这种可信度。他主张公共关系负责打造品牌，广告负责提醒消费者；广告方式是爆炸式的，而公共关系则是潜移默化的。广告业倾向于火箭飞船式推出，品牌像火箭一样发射获得关注，进入轨道；公共关系则采用的是飞机式起飞，品牌在跑道上缓慢滑行数千英尺后，在巨大推力下飞离跑道，在空中飞行了一段时间后，开始加速进入巡航高度。

我们以新闻报道与媒体软文为例。

新闻报道与媒体软文以一种新闻的形式，传播企业品牌信息。它具有可信度高、传播面广、传播费用低的特点。它读上去像记者的新闻报道，实际上利用了新闻立场的中立性和新闻媒体的权威性，增强了产品和企业信息的可信度。这种公关手段很适合用于新品上市，譬如云南白药牙膏上市的时候，在报纸上推出了《云南白药里的国家机密》、《谁在买20多块的云南白药牙膏》等系列软文报道，引起了消费者的广泛关注。亨氏在推出其新的EZ Squirt儿童调味品之前，就出现了4000多则新闻报道，增加了5%的市场份额。

企业在其发展过程中产生的一系列理念、事件、产品、服务本身具有媒体价值，在公关传播出现以前，这些与生俱来的“隐性价值”未被主动利用，形成无形的价值浪费，公关传播通过挖掘企业的这些“隐性价值”提供给媒体，并通过这种隐性交换获得企业所需的媒体资源——电视与广播报道时段、版面与网页。企业公关部门应及时主动地向媒体提供有价值的新闻素材，既可以是与本企业品牌相关的各种信息，也可以是涉及公益与慈善的信息，如环保、减排、节能、健康、教育等。因前者具有明显的利己目的，常常不如具有利他目的的后者更容易受到媒体的欢迎。

笔者对广东“健力宝”的整合市场传播进行过一段时间的追踪和研究，发现“健力宝”借助传媒的威力，使品牌力得到不断的扩张和提升。

健力宝实现现代化的营销方式，归纳即为“六个一”工程。

一种脸面。从产品名称企业名称都冠以“健力宝”，统一品牌和商标，采用相同的包装图案、标志和色彩，制作一样的广告宣传画册、广告词及广告歌。这样的话，减少设计制造费用，又扩大企业的声势，使广大消费者印象深刻、易于辨认。

一支队伍。“健力宝”依托体育，赞助体育，通过组建“健力宝足球队”、赞助重大体育比赛，让体育明星饮用“健力宝”，经媒体传播出去，从而引起人们的广泛关注。

一杆枪。西方有位哲学家说过，世界上最厉害的东西都是管制的，比如枪和笔。“健力宝”先后与中央电视台、珠江电影公司电视部等进行合作，形成从中央到地方三级电视宣传网，及时地传播“健力宝”的有关信息，并在全国 90 多个电视台的《体育世界》、《旅游航班》等专栏中建立自己的电视形象。

一支笔。“健力宝”分别在《南方日报》、《广州日报》、《人民日报》、《新民晚报》、《半月谈》以及美国《中报》、新加坡《星洲日报》、香港《大公报》、《文汇报》等中外百家报刊先后发表有关健力宝的文章 1000 多篇和大量图片，并自办《健力宝报》。

一张嘴。“健力宝”与各级电台建立友好关系，在国际电台开辟专栏，与电台联办各种竞赛、联欢活动，推广企业形象。

一大奖。“健力宝”自 1991 年以来，连续数年搞有奖大酬宾。“健力宝”采取有奖营销，一方面是为了报答消费者的厚爱，另一方面是以此巩固和扩大自己的领地，形成轰动效应，通过“六个一”工程的整合营销，“健力宝”终于成为国人皆知的“魔水”，企业效益和企业形象如日中天。

随着网络技术的发展，网络广告风起云涌。

网络广告就是通过网络媒介所发布的广告。按照广告在网页中的页面位置的不同，可以划分为首页广告、内页广告和弹出广告等；如果按照广告在网页上所占据的面积与呈现形式，可以划分为条幅、旗帜、橱窗、文字链接、按钮、插页、墙纸等；按照网络广告所依托载体的不同，还可以划分为网页广告、流媒体广告（即视频广告）和即时聊天工具广告等。

笔者以二维码品牌传播为例。

英国威尔士的小镇蒙默斯因以亨利五世出生地而著称于世。现在，这座小镇又成为世界上第一座“维基城”，再次创造历史。2012年5月19日，蒙默斯的游客可以使用智能手机扫描他们感兴趣的地标的二维码，而后立即跳转到维基百科的相关页面，获取这个地标的详细信息。

负责实施这一项目的英国维基媒体基金会表示，游客可以通过扫描二维码的方式访问使用包括印地语和匈牙利语在内的26种语言书写的数百篇文章，了解蒙默斯的历史和居民的日常生活。这种二维码的数量在1000个左右，有些以匾额的形式，有些则以贴纸的形式，悬挂或者粘贴在学校、博物馆、历史遗址和酒馆。英国维基媒体基金会为维基媒体基金会的项目提供支持并帮助推广。

这项计划被称之为“蒙默斯百科”，共筹备了6个月，当地委员会帮助安装了覆盖整个蒙默斯的免费Wi-Fi网络。当地居民和企业撰写和编辑有关蒙默斯的文章，文章与二维码连接在一起，而后由志愿者翻译成不同的语言，让讲不同语言的游客了解蒙默斯堡、蒙默斯板球俱乐部、卫理公会教派教堂以及Kings Head酒店，同时也帮助世界语、拉丁语等小语种的学者了解蒙默斯的文化与历史。

“蒙默斯百科”计划涵盖蒙默斯的所有著名场所、人物、文化和动植物，游客只需用智能手机扫描二维码便能了解面包店、酒馆等店铺的历史。

第三十八章

公关广告助推品牌蝶变

广告和公关是品牌传播的重要手段。尤其是公关，是塑造品牌美誉度和忠诚度的主要法宝。

公关广告是公共关系主要组成内容，其说到底，不外乎承诺广告、致歉广告、响应广告、祝贺广告、活动广告等等。

企业广告主要是介绍企业各方面的状况，这方面我们在报纸杂志看得特别多，文学类、生活类、娱乐类的封二封三封底，图文并茂满眼都是，经济类的就不用说，而且绝大多数搭配厂长经理的标准照。

杂志上的文字用来介绍企业生产经营的情况，譬如历史、规模、政策、销售业绩、技术水平、扩建设计等。现在的报纸一般开辟广告之星、CIS 等专栏，宣传企业的价值理念、创业流程，宣传公司如何不断开发系列产品、改进技术、严把质量关，从而让公众看到公司的牌子，就相信它的质量过硬、服务一流。

精通管理艺术的企业家和公关人员，总是十分重视培养和形成本企业的价值观念，并且善于用广告的形式创造性提出一些口号，使它成为一个基本的信念，对内产生凝聚力，对外产生号召力、识别力、冲击力和震撼力。

譬如当我们看到"让我们做得更好"，就知道是菲利浦；"真诚到永远"就晓得是海尔电器；"全心全意小天鹅"、"杉杉西服，不要太潇洒"就更不用提了。每个理念都是一面催人奋进的旗帜，引导着消费者的目光和步伐。

这正如可口可乐公司总裁说的："许多制造商只热衷于为消费者提供产品，而大多数消费者所需要的则是产品的牌子。朋友们，请记住，可口可乐并不只是产品，它还是一位朋友。"

承诺广告的前提是必须承担一种责任，或者说一种义务。这更表现为一种人情味。向公众靠拢，与公众心贴心。

我们想通过一个案例来达到我们的目的。

上海华联超市公司曾向社会承诺：凡顾客当场发现本公司各直营连锁店经销的食品超过规定保质期，投诉核实无误，以一奖十；凡顾客在购物过程中发现本公司各直营连锁店工作人员的服务态度、服务质量差，顾客不满意、有违职业道德、书面投诉核实无误，赠购物奖券50元。

一年以后的春节期间，浦东的一位裴先生，奔波于各超市之间，对食品保质期逐个查看，共在7个门店发现13种40件过期食品。消息传出，人们便开始关注华联超市的动静。

华联超市公司没有食言，根据调查核实，确认裴先生反映情况准确，华联超市承诺当场奖励给裴先生4771元的商品，总经理华洲还亲手执笔，给裴先生写了封感谢信。

华洲说：裴先生，春节期间，你放弃休息，在我公司7个门店中查出了13种过期食品。对此，我向你表示诚挚的谢意。

华联超市自成立以来，本着"便民、利民"的办店宗旨，始终以严谨的管理和过硬的商品质量、服务质量取信于消费者，从未连续发现商品过期现象。节日超市客流量增加十几倍，少数门店忙中出错，出现了漏洞。公司员工为此十分震惊，总经理室针对此事作出几点决定：

1. 全体员工人均扣奖100元(按公司食品保鲜的有关规定)；

2. 发现过期食品的门店另外酌情扣奖；

3. 公司上下层层检查反省，并制定落实更为周密的管理制度、奖惩条例。

企业发展，离不开社会各界的关心支持。最后，我代表公司向你再次表示感谢，并热忱欢迎消费者能继续给予华联超市帮助和监督，促进企业不断完善，更上一层楼。

一个企业在公关活动过程中，会受主客观因素的干扰，估计或者决策难免有所误差或失误，就像智者经过千虑还难免一失呢，但这一失却往往给企业的声誉涂上了一些坏影响，为了剥离这种坏影响，除了采取停业整顿等措施外，还应及时登上致歉广告。

致歉广告必须有一种诚实诚恳的姿态，就像一个小孩打破了花瓶，敢于承认错误。美国强生公司给我们提供了危机公关最为生动和最有说服力的一课。

1982年9月底，一条爆炸性的消息震惊了美国，美国强生公司的拳头产品止痛药"泰莱诺尔"出现不安全信号，有7人因服用该药而中毒死亡。

当时该药占美国止痛药市场近4成的份额，年销售额高达4.5亿美元，只有强生公司利润的15%。“泰莱诺尔”药片中毒一事一下子成了全国性的事件。

此事件发生后，在执行首席官 Jimburke 的领导下，强生高层经过紧急磋商，认为这件事非常严重，不仅影响着强生公司公众和消费者中的信誉问题，更为严重的是消费者的生命安全受到了威胁。

强生公司立即抽调大批人马对所有药片进行检验。经过公司各部门的联合调查，在全部800万片药剂的检验中，发现所有受污染的药片只源于一批药，总计不过75片。最终死亡人数也确定为7人，并且全部在芝加哥地区，不会对全美其他地区有丝毫影响。但强生公司高层仍认为不应对公众隐瞒这件事情的真相，应该在全美公布这件不幸的事情。

于是迅速启动公司的最高危机方案，即“做最坏打算的危机管理方案”，把预警消息通过媒介发向全国。随后的调查表明，全国94%的消费者知道了有关情况，在这件中毒事件发生后，强生为了维护公司的信誉，在很短的时间内就收回了数百万瓶这种药，同时花了50万美元向那些有可能与此事有关的内科医生、医院和经销商发出警报。

“泰莱诺尔”案例成功的关键是因为强生公司有一个“做最坏打算的危机管理方案”。特别有意思的是，这危机管理方案的原则正是该公司的信条，即“公司首先考虑公众和消费者的利益”。

这一信条在危机管理中发挥了很好的作用。

在这事件发生前后，当时美国政府对芝加哥地方政府及其他地方政府正在制定新的药品安全法，而身处逆境的强生公司看中了这个营销好机会，立即采取行动，结果在价值12亿美元的止痛药片市场上挤走了它的竞争对手。它也是美国医药行业对政府要求采取“防污染包装”以及美国食品和医药管理局制定的新规定做出积极反应的第一家企业。

强生公司对“泰莱诺尔”药品的全部收回，是一个深谋远虑的营销决策。纸是包不住火的，特别像这种吃药死人的事件。

中国有句俗语：人命关天。装聋作哑，只能使事态更为扩大，现代营销的铁律是把利润与消费者利益紧紧相连，而不是像一些奸商，仅仅把利润看作是销售的唯一结果。

强生公司旗下的女性卫生棉条 O. B. Tampons 于2011年无故下架，消费者在各分销商店遍寻不获。J&J 公布是由于生产商的问题造成缺货，可是已经造成很多消费者的不满，不少媒体更怀疑 J&J 是不是想砍掉这个品牌。由于不满之声甚嚣尘上，为了平息风波，J&J 于2012年宣布恢复

O. B. Tampons，可是只恢复Regular、Super和Super Plus的系列，而Ultra系列却被砍掉。当然，这又造成很多消费者的不满。毕竟，女性消费者对卫生棉条的品牌忠诚度是相对较高的。

此时，J&J如何表达他们的歉意？

笔者现录以下，让我们一起做个裁判。

J&J制作了一段题为《再三道歉》（O. B. ® Triple Sorry）的互动视频，放在O. B. Tampons的网站上。

消费者只要将自己的名字打进去，一首个性化的道歉歌由一名帅哥主唱，有情歌、钢琴、羽毛、海边、夕阳、鸽子……玫瑰花瓣、天空的白云、爱的文身和悬崖峭壁上会反复出现输入者的名字，让消费者感觉这首道歉之歌只为你而唱！这种互动式视频定制了对消费者的道歉，极具个性。

不只是唱唱就算了，唱完以后还有实际的回馈。

一曲听罢，消费者可以将折扣卷打印出来使用，也可以将这首个性化的《再三道歉》分享给朋友。

强生不仅积极行动消除负面口碑传播，而且针对目标消费者全是女性的特点，定制了善于打动女性心房的道歉视频，艺术化地容纳了所有令女性客户喜闻乐见的元素，被打动的女性消费者在网上纷纷表示，“在输入名字后，一位帅哥会弹琴唱歌表达歉意。第一次听到有人唱着我的英文名，感觉太有爱了！

因为企业善用网站，花费不高的成本，却传递了品牌的真诚，化解了客户的愤懑，不失为一个经典的利用企业网站进行道歉式的危机处理的案例。

致歉广告是一种胸怀，也是一种坦荡，当然这种坦荡是以获得公众信任感为重，行动的目的掩盖在行动的背后。

致歉广告最忌讳的是得了好处去卖乖，这样会让人们讨厌，甚至厌恶，最终让人家唾弃。西方有句俗语：太阳的温暖要比大风更容易脱去人的大衣。

这是不是公关广告的一种救国之道？

不管你承认不承认，至少它的效果不一般。

你说，对吧？！

第三十九章

项目管理是万能的吗

对于公司的项目管理人员，我们常常可以看到他们出现这样一些状况：每天事无巨细皆亲力亲为，忙得滴溜溜转，但是月终年终一总结，却发现计划和目标总是无法得到充分的贯彻执行。

面对这种窘境，如何使他们从工作中超脱出来？有没有一种管理模式，使管理人员既有效地实施了管理，顺利地完成了项目，又不为具体的项目细节所拖累？

有，这就是“超越管理”模式。

在公司的宏观战略下，项目管理人的作用可谓多种多样。所谓棋理无定数，条条大路通罗马，某一既定的管理模式不可能适合所有公司，许多因素都在影响着公司的方针。譬如，管理能力的成熟度、员工规模、公司预算、技术组织的深度与广度、公司项目管理的经验和与客户的关系等等。

对于大多数公司而言，一位管理者的观念和偏好决定了管理工作的性质，它随着公司的成熟而发展。在这里笔者推介日本 6 家公司的高科技部门，以它们各不相同的组织模式为样本，试图揭示它们的项目管理人所发挥的作用。

“山叶”公司的主营业务是为用户开发和提供即时高效的解决方法。在这里，我们关注一下这家公司的项目管理任务是如何适用于市场环境的。上个世纪 90 年代末，网络浪潮对这家公司的管理模式造成了一些冲击，那时熟练的工程师很抢手，“山叶”公司流失了一些技术关键人物。造成的结果是公司的工程师不得不承担双重职能，即项目管理人和技术带头人。

“山叶”公司的项目工程管理人说，该公司采用了界定明确的三个导向性的管理队伍，即负责资源开发的功能性管理人员、负责开发纵向市场的工程或业务管理人员、项目指定的管理团队。

指导初级工程师的项目管理人使“山叶”公司的工程能力提升到了一个

恰当的水平。此外，项目管理人可以敏锐地觉察到最底层任务的完成进展，项目管理人通过直接观察即可获知一项任务的进展情况，而无需经过任何人的主观描述，这有效地避免了对任务进展情况的模糊认知和误解。

当工程师兼任项目管理人时，有些人会自然而然地更多地关注工程和开发部分，较少地注意项目本身的管理，这对整个项目而言是不利的；另一方面，项目管理人的工程技术有可能过时，从而妨碍他们对项目进展进行正确的管理和指导。目前，“山叶”公司正在致力于使项目管理人把注意力更多地放在项目的管理上，弱化技术作用和对初级工程师的直接指导。

“安机”公司的主营业务是为办公室、生产和外部采购提供整套的商业途径。

我们在此要着重讨论的项目管理任务是预期管理。

“安机”公司将内部管理和外部团队相结合来运作项目，该公司拥有一群熟悉其开发任务的自我管理的签约人。由于没有一个具体的团队进行管理，项目管理人的主要工作集中在客户关系上和管理第三方。项目管理人的作用被划分为两部分，即管理项目和开发业务。

项目管理人掌握客户关系，同时要设计和发布解决方案。项目管理人必须在第一次项目中巩固客户关系，接着当机会出现时，做进一步的巩固工作。“安机”公司 10 年来一直支持这种既是项目管理人又是商务经理人的双重角色。其成功之处在于，发展了外部资源。“安机”公司使用自我管理的签约人，使第三方签约人的管理最小化，降低了插手项目管理的需要。

“光速”公司的主营业务是开发高效的数据中心多路转换器，这种设备可以使企业和运送者在获得成本效益的基础上，在数据中心之间跨大范围区域的网络上延伸商业持续应用软件与服务。它的项目管理集中在解决落实项目责任。

跟大多数的起步公司一样，一个相对较小规模的团队必须身兼多重功能，仅有 2 年历史的“光速”公司的雇员常常不得不身兼数职。本田整既是产品开发的项目管理人，又负责企业资源规划的项目小组。在一个安装项目中，本田整既是业务经理人、开发人、培训者，又是项目管理人。

在项目层面上，本田整的主要作用是项目管理。在任务层面上，职能管理人指导并监控工程队伍。本田整与职能管理人互动，并从更高层面上监控该项目。尽管本田整在需要时会与项目小组发生直接关系，但是在一般情况下，她并不与项目小组进行直接接触。她的主要项目管理责任是风险管理和在最高层面上跟踪工作的分类框架。本田整在工程方面的经验有限，因此，她对技术和市场推广没有什么贡献。

这种情形使本田整得以成为一个不偏不倚的观察者。因为她立足于工程和市场推广队伍之外，她不会受到任何一方的严重影响。但是，本田整也感觉到，身为外行，在建立关系方面较为艰难。

该模式之所以适合本田整和“光速”公司，主要缘于本田整的“软能力”。本田整性格外向，擅于与各种人打交道，她能与项目小组建立良好的关系。此外，因为“光速”公司的全体员工不足100人，化解矛盾的讨论很容易开展。

“激光”公司是一家电子商务服务公司，主营业务是从事配置网络安全和管理的IT项目。项目管理的重点是成功地进行项目发送。

“激光”公司执行的外部项目主要是发展客户关系、进行预算和规划，看起来比内部项目更关键。该公司采用了一种规范模式，项目管理人集中精力管理项目和向客户发送项目成果。技术队伍则是涉及各专业领域的专家。

项目管理人与项目小组和客户项目管理人发生关系。管理项目的唯一作用就是需要在项目监控和项目管理之间实现平衡。该模式的好处是实现了始终如一且可重复的过程。

“激光”公司需要灵活的项目管理人，他能在采用不同技术内容的多种项目中有效工作。在服务领域和外部项目中，各个项目的主题内容各不相同，而技术经验和项目管理技巧的恰当结合保证了项目实施的成功。

项目管理人对技术内容必须具备足够高水准的理解力，才能提早指出错误所在。在技术队伍内部有一个有力的技术带头人，而在技术带头人和项目管理人之间具备良好的沟通。项目管理人是最后负责人，他必须对整个项目的方方面面了然于心。

“地基”公司的主营业务是提供咨询、系统整合、商务管理和IT业务。项目管理的职能是将签约类项目控制和日常项目控制加以分离。

“地基”公司是九州地区在IT项目管理框架方面获得ISO9001认证的IT服务公司，它的主要任务是大型系统整合和向外发包。项目管理的角色被一分为二。

项目主任负责客户关系和合同管理，可以被看作是项目负责人。项目经理负责日常活动。大多数项目小组还有主要专家，使项目经理得以集中精力处理日常事务。

这种项目主任(负责与合同相关的事务)和项目经理(负责日常活动)的划分明晰了沟通渠道,为处理问题明确地界定了一个更广阔的渠道,客户心里很清楚应该找谁。在项目实施的过程中,项目主任和项目经理必须彼此配合、共同努力。在每一个项目开始之际,各人的责任都在项目计划书中作了明确规定。

同样的,客户对项目主任和项目经理的补充作用也作了明确界定。"地基"公司发现,做好其间的平衡对于减少因责任分工而带来的风险很重要。对于这些角色的作用和任务作明确界定,可以减少某些工作可能会被忽视的发生几率。

"折尾"公司开发和生产下一代的波长分割多路光学电讯零件,项目管理的重点是专业技术。

在竞争激烈的光学市场,"折尾"公司非常注重风险问题。技术总监要考虑技术风险、项目策划风险、市场转向和竞争转变直到货运和发送的问题。一时的优势可能造就也可能摧毁竞争优势。他说道:"项目管理人必须了解技术,才能确定总市场中的风险所在。"

高节奏的环境要求 70%的技术知识和 30%的项目管理经验。相比较之下,两种角色所付出的努力大约为:技术付出为 40%、项目管理为 60%。技术专家和项目管理人的双重角色使项目管理人能够敏锐地察觉风险,理解公司的商业模式、客户和竞争伙伴。

在该模式中,项目管理人可能有些超负荷。如果项目管理领先,技术方面的作用会受影响,风险评估的更新不够频繁。为了减轻以上负荷,公司要求所有的工程师为其产品的终端对终端研发各司其责。这就把属于项目管理人的项目管理活动转移到了工程师手中。

在这 6 家公司中,有 3 家第一代工程公司希望项目管理人发挥多重作用。在 3 家服务性公司中,有 2 家完全聚焦在项目管理上,最后一家把项目管理的大部分责任转移到第三方身上,允许项目管理人发挥商业管理的作用。

在确定一个模式之前,一个组织应该对项目管理人的能力、公司需求与预算、外部影响加以评估。该模式是否适合您的公司取决于很多因素。例如:

"安机"公司的模式依靠自我管理,它不适合一家拥有项目管理人必须加以控制的大型项目队伍的公司。

"光速"公司的模式之所以成功,在于项目管理人外向的个性。

“地基”公司的模式依靠项目主任处理专门的项目递送责任，这是一项增值的花费。这一项开销一般不由客户支付。CGI 将项目管理职责进行分割的模式并不适合不能合理平衡预算中多出来的这部分的公司。

第五部分

文化·明道

第四十章

口碑厉害，还是广告结棍

如果我们从面上理解伊曼纽尔·罗森的“营销全凭一张嘴”这句话，就认为营销嘛，无非就是游说和劝说，你能说成水可以点灯，能把晾干的鱼说成会游泳，你能叫爱斯基摩人买你的冰箱，那营销就算成功。

如果这样的话，我们可能就只理解了他的半边意思。

伊曼纽尔·罗森说的“一张嘴”的意思，是“口碑”。

一　口碑对我们有多重要

张艺谋的《金陵十三钗》还没有杀青的时候，人们就在口口相传，这部影片如何绝顶，影片一出台几乎果然轰动全国。

韩国电视剧《来自星星的你》，刚刚在中国大陆开播的时候，人们口口相传，且在微博上或微信上，众口皆赞。

这就是“口碑”的力量。

有调查，购买手提电脑的顾客中，有65%的顾客对该产品的销售商说，他们是从别人那里听说该产品的，所以才来购买。

这就是“口碑”的力量。

关于去哪儿旅游或租赁汽车等信息，首要的来源渠道是周边的朋友或亲友。在旅游协会的一组调查中，有43%的人说，是听朋友和家人介绍的。

这就是“口碑”的力量。

如何界说“口碑”?

在《辞海》中，口碑的释义为“比喻众人口头上的称颂”。传统意义上的口碑主要是指非商业的相关个人间关于产品和公司的面对面的交流，由于多发生于亲戚朋友等强关系人群中而具备了很大的影响力，因此“口碑传播”被广泛应用于现代营销推广中。

从新闻性的角度认为，口碑是传播性闲聊，是关于某个新热点人物、地方或事物的真实的社区层次的热谈。

从市场营销层面来说，口碑是关于某品牌的所有评述，是在任何给定时间里关于某个特定产品、服务或公司的人与人之间所有交流的总和。

口碑的传播，是通过一种网络，一种看不见的无形网络。

那么，对于市场研究人员和市场营销人员，窥视一下口碑对我们企业、产品或营销人员有多重要呢?

口碑对于不同行业影响迥异，它在市场营销中主要取决于这样一些因素。

1. 产品的性质

在日常生活中，有些产品并不引起我们的兴趣。譬如，装订机、毛线针或曲别针，这些产品都不会引发我们对它的多少议论或评论。原因就是：一是它们很便宜；二是没有什么新意。

那么究竟哪些类型的产品会引起人们关注热点呢?

是那些需要顾客本人介入较多的产品：

令人激动的产品——譬如图书、录音、录像和电影；

创造性发明性产品——譬如日本最近发明的宠物机器人；

个人体验型产品——当需要个人体验才能接触到某产品或服务时，口碑是预料之中的事情。旅游点、饭店、飞机航班、火车路线、图书等都属这一类；

复杂的产品——譬如杀毒软件或治疗"非典"的医疗设备。在这里，口碑的动力源自降低风险的需求。当人们不了解产品时，就需要通过谈论来获得感知。

价格昂贵的产品——譬如电脑或家用电器。这里的主要动力也是风险。

可观察型产品——譬如服装、汽车和手机。人们倾向于谈论自己亲眼看见的东西。如果你的产品对于他们而言是无形的，他们就不大可能进行讨论。

2. 你试图接近哪些人

确定口碑对于市场研究人员或市场营销人员之重要性的第二个因素是你的受众。不同的受众谈论产品的习性各不相同。

笔者曾和法国的达能公司接触过，达能公司在推出某个产品之前，要做无数的市场调查。而对于日本人来说，日本公司在寻找类似广告、金融和财会方面的服务时，比法国公司更多地使用他人的推荐。

年龄对口碑也有影响力。年轻人社交活动较多，研究表明，在18—24岁的人当中，有58%的人在选择购买新车的时候，在一定程度上会依赖他人的意见，而在50岁以上的人，这个比例只有50%。

即便是像科学家在购买产品时也非常依赖口碑。科学家们是通过期刊、会议、讲座和非正式谈话发表他们收集的信息的。信息交流的渠道是他们提高研究水平的途径，而在购买行为中，他们也经常应用这种思路。

移民的情况也是一样。笔者记得刚到日留学时，处处表现得像是一个问号："哪里的住房便宜？""天麸罗是什么食品？""到东京坐什么最快？"买任何东西或坐什么车，都要询问留学前辈或日本人。口碑存在于人群之中，各个群体之间的唯一区别是人们对事物的议论和反响程度。

3. 顾客相互关系是否紧密

顾客之间的相互联系越紧密，未来业务对顾客的口碑依赖性也就越大。譬如美国的思科公司，它们一直服务于紧密相连的顾客群，即专门销售网络的硬件设备，该公司负责市场营销的老板说：我们公司没有做过广告，靠的是口碑。

顾客联系紧密性对于思科公司意义十分重大。同时，口碑的需求因市场营销战略而不同，市场营销战略或者竞争对手的战略，可能会影响你对口碑的依赖程度。譬如说，集中购买可能会或多或少地影响你对口碑的依赖性。

二　谁是口碑传播人？

有人做过调查：当顾客购物感到满意的时候，他会告诉3个人，当顾客购物体验不高兴的时候，他会告诉7个人。顾客对于产品的感情投入是一种很好的检测器。

好事不出门，坏事传千里，是口碑的一种民间语文。

作为研究品牌传播者和市场研究人员，我们要找寻和发现，谁是口碑的传播者？

有六类人我们值得关注，我们姑且称为"六类分子"。

一类是最早接受新鲜事物的人。记得小时候，有人从香港回来，带回了一副墨镜，那种神气活现的样子，到现在笔者还记忆犹新。他夸夸其谈，唯恐天下不知他买了一副太阳眼镜。这类人是口碑传播的积极分子。美国罗珀·斯塔奇国际公司是设在纽约的一家市场营销调研公司，该公司曾跟踪

“有影响力的美国人”的一项调查发现，这些被称为有影响力的美国人，在许多方面都是领袖型的前沿消费者，同时在许多事情上都是率先而为。在1995年，有影响力的美国人当中拥有个人电脑达53%，而大众中拥有个人电脑的人数比例只有24%。

二类是经常旅行人。见识多广是这类人的特征。北京最近在流行花格裙子呢！深圳福田区的房价在飚升，成都开始在爱吃山野菜，上海女性的松糕鞋卖得不错，还有SK-Ⅱ化妆品刚刚摆上了柜台啦。我们经常可以从这些人的口里，获知全国各地的流行信息和最新商品信息。

三类是人际关系较为密切的人。这类人的联系方式多种多样，日本著名的学者松下公人说过，日本家庭主妇购买何种新出品的商品或物品的时候，大多数都是在去商场的路上，听其他家庭主妇的介绍或和邻居聊天才决定购买。现在的人，如要申请某个信箱，你会发现一个有趣的现象，在志趣相投的朋友圈子里，一般使用的都是同一个网站的信箱。

四类是善谈的人。善谈有两种：一种是善于说话的人；一种是话不是很多，但不怕发表自己的观点，而且一般提供的信息比较准确的人。日本有一个推销大王，叫平一原，他非常善谈，他的善谈几乎叫他的客户不买都想买他的推荐的东西。还有，我们身边有些人买了好东西，腼腆地认为自己知道就算了，但善谈人就会告知他所有的朋友。在善谈的人的周围，我们可以见到他们的身边经常会围着一大堆人在倾听。

五类是酷爱信息的人。这些人以专家为主。他们对信息有着一种职业的敏感和执着。

六类是接触媒体比较多的人。人类最初是身体语言，后来是语言，后来是文字语言，后来是报纸、广播、电视，再后来是网络。有人作过对比，现在一张报纸提供的信息相当于中世纪欧洲人一辈子掌握的信息。在古代战争中，敌情是靠烽火来传递。而在当下，万里之外的伊拉克战争，从网上不需一秒钟就可以获得你想要的信息。

三　口碑不是无往不胜

要创造口碑并有效地运用口碑，那么我们就要弯下腰来，细细打量口碑，既不要粉饰，也不要装饰。良好的口碑有助于产品的销售，但不要过分地依赖口碑，以为只要具备良好的口碑，就可以躺在口碑上面睡大觉，什么营销呀，见鬼去吧。

如果这样的话，那你就大错特错了。

对于口碑，我们不小心就会掉进三种误区。

误区一："口碑的传播就像长江水一泻千里。"

其实这样的情况极为罕见。重大新闻的传播可能很迅捷，譬如最近关于"MH370"的传说。但对于产品来说，大多数新闻都不是惊天动地的那种，因此传播起来可能缓慢得让你感觉异常痛苦。

降低口碑传播速度的因素有几个：首先，总会有人想"贪污"你的产品信息而不去传播。口碑是关于新事物的，而新事物总会对某些人构成威胁。第二，在巨大的信息世界里，信息总是过剩的，因此虽然顾客还能够接受来自朋友们的信息，但他们不会记得所有这些信息，当然也不会对所有信息采取行动。能让口碑传播速度慢下来的另一个因素是，人们都生活在各自的群体里。口碑可能在某一个群体里循环传播，但要跳跃出这些网络就会很慢。此外，每个群体中的人在向自己的朋友推荐什么东西的时候会十分挑剔。他们的作用不仅仅是信息点，同时还是过滤器，就像人们在阅读电子邮件时，不会自动地按下"转寄给你的朋友"按钮。尽管这个动作很轻松，也很简单，但大多数人不太愿意这么做。

误区二："口碑是真理。"

对有些人来说，口碑是唯一真实的东西。事实上是，在无形网络中流传的有些评论是真实的，有些则未必。在此仅举两例：几年前，有传言说美乐啤酒公司正在给网络用户免费赠送6罐一包的啤酒。上个世纪的90年代，美国的"热带梦幻"的生产商们不得不应付一则谣传——他们的软饮料是三K党秘密研制的，正在让美籍非洲男人丧失生育能力。这两则消息都是谣言，表明在网络中流传的评论未必都是真实的。另一个极端的情况是，你会发现有些人认为，耳听为虚，眼见为实。根据这种观点，口碑就有了天生的缺陷。当然，这是同一种错误认识的另一种表现，事实是，口碑就是议论，就是谈论，在无形网络中传播的议论，有些是真的，有些是假的。

误区三："你只需要做出好的产品。"

要让口碑传播，你需要两样东西：传染型产品，即那种具有某些先天性价值，能够让人们谈论的产品；后面有人加速自然传播过程。的确，在有些时候，拥有了了不起的产品或服务，口碑就会自然流传，但是这种情况通常出现在容量非常有限的时候。只有10张餐桌的湘菜餐馆，如果人们的谈论足以保证高朋满座，就可以完全依赖口碑的传播。但是，通常情况下，并非这样。譬如技术市场几乎就像总统大选，亚军是没有奖品的，而冠军将囊括所有战利品。在这些市场上，口碑的自然传播必须加速，仅仅拥有好产品是不够的，酒香也怕巷子深呀。

四　广告与口碑的互搏

创造口碑是市场营销的一种强有力手段，可以将产品的信息传播开来，可以勾起人们对该产品的兴趣，但我们必须认识到，仅仅靠口碑是危险的。

这时，我们还是要想到广告。

好的广告能够刺激人们对产品的议论，既可以启动口碑，让顾客放心，还可以起到澄清事实的作用。

口碑和广告具备几条游戏规则。

1. 说明新意。华丽的辞藻在网络中不会传播得很好。一般来说，客户不会因为“他们提供卓越的传统，为你的金钱提供最大的价值，功能强大完善”而推荐一家公司。要让你的广告信息得以传播，其内容必须具有相关性，必须具有新意。谁也不会在午饭回来后说，“猜猜我在麦当劳吃了什么？一个汉堡包!”但是，我听到过人们谈论在麦当劳尝试的新组合品种。考虑到他们提供的极其烦人的核心产品，麦当劳的一班人在给自己的信息增添新意方面具有惊人的才能。当然，其中的一大部分原因是，他们没有把自己的产品看成只是汉堡包。麦当劳围绕着自己的产品创造了新意，你只要走进店铺，总能发现什么新的东西；无论是迪斯尼最新影片中的新玩意，还是炸薯条的新规格。

这个道理不仅适用于广告，而且适用于你公司的所有信息交流。人们有能力区别哪些信息空洞无物，哪些信息意味深长。谁也不会传播某个银行副总裁嘴里关于银行真诚关心客户的话。相反，像“某银行的分行将在星期六上午开张”的有用信息在人们中间流传的可能性就大得多。

2. 简单通俗。信息必须简单，以便人们传递。符合现行信仰体系的简短而直接的信息更有机会在网络中自我流传。用词要简单，这样听起来通俗易懂。但是各公司常常使用术语和缩略语，结果阻碍了口碑以其应有的速度传播。无论是古代的城堡，还是现代的社区大门，人们总是用围墙和其他障碍物圈着自己，抵御外来者，并将自己与他人区别开来。各个网络都有其自己的围墙、围栏，但人们通过方言、术语和缩略语，而不是铁丝网或者砖头，将陌生人挡在外面。这么做好像没有什么大错，事实上，这是网络内部使用效率最高的一种语言。但是，在跨越不同群体进行交流的时候，消息会因为无法理解而“卡壳”。当你的广告试图取悦于数个网络的数个区域时，要确保所有的区域都能理解你的信息。

3. 不要空口许白愿。除非你说的的确是心里话，并能够持续提供卓越的客户服务，否则不要对客户说你很在乎他们。我们经常会碰到这样尴尬的场合，当我们给一家在产品广告上狂叫为顾客提供“优质服务”的公司订购货物时，吹嘘三天可以到货的，结果等到13天都没有结果。事实上，他们在客户服务方面所吹的牛皮，常常让人心生愤慨，这种状况会对该公司产生负面的口碑。

4. 仔细聆听口碑。聆听人们对产品的评论有助于公司设计更好的广告。通过聆听人们的口碑，营销人员能够回答类似这样的问题：产品在外面的使用情况如何？用户遇到过什么问题？人们在讨论产品的哪些性能？当然，这一点如今在很大程度上可以通过大量的在线交流获取。但是，要记住，在线讨论有可能能够，也许有可能不能够代表你的所有客户的观点，与客户进行传统型面对面的交流也许更为重要。

你的顾客描述你的产品或服务的特点，你或许对你的产品的质量或者你提供的服务的水平非常自豪，但是，你的骄傲无助于口碑的传播。要知道顾客是否有这样的感觉，一个非常简单的方法就是跟他们交谈。如果他们不能告诉你产品有什么独到之处，他们就无法向他们的朋友解释。“一口价”汽车经销商视之为一种优势，并期望客户会把自己的印象告诉他人。但是，对“一口价”经销商的调查发现，在从这类经销商那里买了车的人们当中，30％—35％的人没有意识到自己是在“一口价”经销商那里购车的。

5. 开始衡量口碑。在评价广告的时候，可以提出两个非常有用的问题：广告是否能够帮助口碑传播人回答来自其他人的问题？广告是否能够刺激起其他人从口碑传播者那里获取信息？也许唯一关注口碑衡量的是电影行业。如今，在每个重大影片推出之前，制片厂都会进行试映，以便预测观众的反应。调查的问题可能因为影片的类型以及制片人希望了解的内容不同而不同，但是，头两个问题几乎总是一样：你怎么评价这部影片？你是否会向某个朋友推荐这部影片？在影片公演后的专题研讨会上，与会者常常被要求就自己打算向朋友们介绍的影片内容作详细论述。

要开始让你的公司意识到口碑的无形网络的力量，一个好办法就是衡量口碑。在你开展客户满意度调查的时候，要问你的客户最近是否推荐了产品。如果推荐了，要了解推荐给了多少人。一旦你获得了一个时期的数据，你就能够得知你的哪些策略产生了具有积极意义的口碑。

第四十一章

智者居侧的诊断士

日本的“策划人”，不像我们现在的提法这般没有章法，祖国大地东西南北各有自己的说法，有叫策划人的，也有叫企划人的。

在日本，关于“策划人”有统一称呼，这就是“中小企业诊断士”。这个称呼不仅是一种资格，而且还是一种法定的名称。

小松雅一就是一位年轻的“中小企业诊断士”。他成为一个“策划人”，完全是一种偶然。

小松雅一在一家敷岛制锅利根工场工作了 3 年，一次在他家附近的书店偶然看到一本叫《企业诊断》的杂志，在该杂志的最后几页，登载了中小企业诊断士第一次考试的试题，他突然觉得这就是他一直想要的东西。于是，按照考题的要求，他开始了自学。

一年半之后，他终于如愿以偿拿到了中小企业诊断士资格证书，成为一个年轻的诊断士。

那么，在日本怎样才能成为一个“策划人”呢？有一条路，那就是像小松雅一一样，需要通过资格考试。

中小企业诊断士的考试，是具有法律意义的国家资格考试。

这种考试是由中小企业诊断协会来主办和实施。考试分第 1 次考试、第 2 次考试以及实务补习三部分。

第一次考试为基础考试，主要是考查“策划人”的必要的基础知识，内容包括经济学、财务会计、企业经济理论、经营法务、运营管理、中小企业经营等课程；在第一次考试合格者才有资格参加第二次考试。

第二次考试分笔试和口试，主要是考查“策划人”的应用力、判断力和思考力。

两次考试通过了，这时还不能成为一个拥有国家资格的策划人。

在考试通过的 3 年以内，若要从事策划活动，之前还得进行至少两周以上的实务补习。实务补习学校可以到指定法人譬如中小企业协会举行的实务补习班；可以到中小企业综合事业团中小企业大学校的养成课程班进行综合实习；也可以到都道府县等中小企业支援中心举行的研修班，或者到与上述具有同等内容的而且被承认的课程班进行实务补习。

所有的关卡通过后，这样你就拥有了一张中小企业诊断士资格证书了。

中小企业诊断士是在遵循中小企业支援法基础上，取得经济产业大臣许可的一种资格。

中小企业诊断士就是为了针对中小企业经营课题而对其进行诊断和出谋划策的专家。为了确保中小企业者的经营资源而进行业务的从业者，他的业务就是对企业的经营进行诊断和出谋划策。

拥有这张资格证书，至少拥有了这样一些基本的知识、能力和思考方法：对中小企业经营知识的全面把握，掌握促进企业创业、经营革新的即时知识，获得出谋划策的功夫。

为了保障中小企业诊断士各种利益，早在1954年日本就成立了财团法人中小企业诊断协会(J-SMECA)，该家协会是日本唯一的全国性的商业顾问团体。总部设在东京，在全国47个都道府县都有其分部，目前的会员超过8500名。

关于中小企业诊断士协会，它从事的事业具体包括五个方面：

1. 调查研究事业：关于中小企业的经营问题、经营战略的调查研究；关于诊断、出谋划策的技法、业种业态开发的调查研究；

2. 对外协调事业：对国、都道府县、中小企业地域情报中心、中小企综合事业等各种公共机关的事业进行协力；对中小企业经营者进行经营支援；国际协力事业；

3. 人才情报提供事业：对中小企业诊断士的履历进行登录；对诊断士的诊断、出谋划策、演讲等的协调；

4. 能力开发事业：主持中小企业经营诊断专题讨论会；支部研修、支部调查研究的实施；

5. 出版情报事业：出版会报《企业诊断消息》，发行《企业诊断》月刊；发行《中小企业的经营指标·原价指标》，以及发行与经营相关的图书。

中小企业诊断士协会的内部有一个由中小企业诊断士和专家组成的智囊团，这个智囊团成立一个经营战略工学研究中心，创立的目的就是为了进行多样化的经营顾问活动，进行种种调查研究。

人员都是由从事经营顾问以及活跃在各个产业界的会员组成，调查研究的范围很广，主要是接受政府、与政府关联机关——中小企业综合事业团、中小企业关系团体以及民间等委托进行调查研究工作。

该中心进行各种的诊断指导和调查研究主要包括：关于经营战略的调查研究和诊断指导；关于CI的调查研究及开发；关于新商业业态的调查研究和诊断指导；关于融合化和异业种交流的调查研究和诊断指导；关于地域产业集散调查研究和诊断指导；关于商业集散的调查研究和诊断指导；关于国际经营的调查研究和诊断指导；关于诊断指导技法的调查研究和开发；关于其他企业活动的调查研究和诊断指导。

经营战略工学研究中心成立近半个世纪以来，主要调查研究的实绩有四个方面。

1. 经营战略：经营战略和组织的适合性；经营计划的机能和课题；中小商店经营的业态战略。

2. 国际化：美国中小企业白皮书分析；海外投资志向的企业调查；国际化经营诊断手册。

3. 产业构造：产业构造及其雇佣人才；中小企业的现状和课题；业种财务分析特征。

4. 物流研究：共同物流近代化事例研究，共同物流运营管理系统；物流成本分析。

成为中小企业诊断士，并非说像国内的策划人一样，动不动包治百病，感冒也看，心血管病也治，骨折也去对付，就是妇科病也不管三七二十一下几服药。

中小企业诊断士是个统称，它就像一家医院，分设许多科，在它的下面细分为几个部门。先前仅有工矿业、商业和情报三个部门，两年前随着时代的发展，日本中小企业政策审议会对中小企业诊断士制度进行了改革，又扩充了企业经营业际化、经营情报体系等部门。

像本文开头提到的策划人小松雅一，他加入的是中小企业诊断士工矿业部门，因为他的工作出身是技术工人，他在这方面具有资源和知识上的独特优势。专业化和细分化是日本的策划人从事企业诊断的主要特点。

在日本，企业咨询分为政府和民间两种渠道。

民间渠道代表性的组织即日本经营士会和生产性本部。经营咨询士、咨询专家的作用体现在几个方面：(1)教育、研修：为企业提供专门的知识和技术；(2)诊断：从第三者的角度提出问题；(3)出主意：问题怎么解决，对策及改善内容；(4)制定方案：制定切实可行的实施方案；(5)实施：根据方案，进行具体的实施。

日本咨询项目成功率比较高，关键是咨询专家解决问题的方式和职业道德。日本咨询业务有关的团体有100多个，全国的指导机构为全日本能率联盟。咨询士、咨询专家总数有1000人左右。像和田一夫在八佰伴经营失败后，70高龄时在九州设立经营顾问公司，并开办国际经营塾，将自己的经营经验和教训传授给年轻的经营者们，被NHK电视台等日本传媒称为“不屈之人”。

在日语里，有“企画”这个词，按照字典的解释，即计划、规划的意思。无论是在重大活动，譬如一场大型的商业促销活动或者一部电视剧，总是会出现“企画：××人或××单位”的字样；还是小活动，譬如一场朋友间的PARTY，也要写上“企画：××人或××单位”。

企画这个词，很像我们“策划”或“企划”这个词的意思。我们有“策划人”、“企划人”这种说法，但在日本没有“企画人”这样的名称。

在日本，对中小企业的诊断和策划，需要一种国家法定的资格，而我们不存在资格这个问题，只要你是一家广告公司或跟大众传媒关系密切的其他什么公司，谁都可以给企业策划策划，没有一种约定俗成的规矩，也没有一种行业规范，全凭双方的对接和感受；成则英雄，哈哈大笑，举杯共饮；败则为敌，相互推诿，反目成仇。

日本的中小企业诊断士制度，是一种企业成长和经济发展的必然产物，而我们的企业和经济的成长，还处在孩童时期，乱世出英雄。

是英雄创造历史，还是人民群众推动历史的发展？这个问题放在当今的中国策划界来类比，笔者私自认为，这是我们每个关注中国策划业和中国企业发展的人，迫切而且必须要思考的问题。

第四十二章

细节定胜败

读文学书，记得一个外国作家写过一篇文学评论，题目就叫《细节是天堂》，说一部好的文学作品，最动人之处是它的细节。从此以后，对细节的关注，贯穿于我对市场最鲜活的细节的观察和发现。

在现在的新住宅区，如果你晚上去拜访亲戚朋友，楼道里的节能灯会让你觉得非常方便。在黑暗的楼道上，只要你拍拍手，节能灯会自然亮起来，或者你轻轻地碰一下开关，节能灯就会亮到你走过这层楼，然后自然关闭。多方便！

然而有一种开关让你在黑暗中觉得非常麻烦，这个开关就是电视遥控器。男人都有看足球的嗜好，而偏偏世界杯足球赛和欧锦赛是在晚上，特别是夜深人静的时候，每当家人熟睡，自己偷偷地摸到电视机前，这时最痛苦的是找不到遥控器；就是找到遥控器，该死的开关钮又不易找到，频道钮更是一摸黑。唉！我们的电视机生产厂家怎么就丢了这个“利润”的细节。

手机一打开，按钮底座会发出一种淡淡的蓝光，给你在黑暗中拨号提供照明，并发出一种好听的声音。可我们电视机遥控器却在这个关键细节上吃了一个败仗。手机在接收信息的时候，根据用户的选择可以发出几种不同的声音。电视机遥控器完全可以根据男人、女人、儿童的不同心理，设计不同的拨号声音。如果儿童在选择“芝麻开门”或者是“欢乐蹦蹦跳”的电视节目时，遥控器发出一种快乐的拨号声，儿童还不高兴得蹦上沙发。

彩电行业的竞争你死我活，价格同盟、最低限价都是一种低级的竞争手段；寻找市场空间，挖掘技术本身的细节，站在用户的身边，替用户着想，是为上上策。

这个细节，同样适用于空调生产厂家进行反思。

好的细节的诞生，能让消费者在使用时得到一种溢满内心的喜悦。笔者在为某食品公司做策划时，调查过国内外十数种品牌的奶粉。调查结果发现国产奶粉除在产品本身技术上(例如好多国产奶粉对水温的要求特别高)与国外有差距,同时在细节上存在差距。以罐装900克奶粉为例,国产奶粉普遍存在三大细节的缺失:营养成分说明过于简单。比如上海××高钙奶粉,只简单地列出100克蛋白质、脂肪和水分三种含量;而国外产品如新西兰的安满奶粉,列出有20几种营养成分,日本明治奶粉竟达36种。

没有配备量匙。国产奶粉和国外奶粉在饮用建议上都没什么区别,但打开罐盖以后,细节就出现了——国外奶粉与饮用建议相一致,罐内配有标准量匙,饮多少、用多少明明白白,而国产罐装奶粉100%都没配量匙,表里不一,消费者还得另找调羹,叫人好生痛苦。

封口设计上的缺憾。仍以上述品牌为例,国产奶粉买回家后,你要吃到奶粉,你得拿把尖刀,把铁盖撬开,然后再把密封层像开糖梨罐头盖一样用刀剁开。这时得要小心,免得划破你的手指。国外的"明治"和"安满"在这点细节上,就设计得非常人性,它在密封层上多出一小块,就像可乐拉环,稍微用力一撕,就能吃到奶粉,周边不留任何倒口,不用担心以后会划破你的手指。

我们还做了一次有趣的调查,就是让不同的人开国产奶粉和进口奶粉。开过之后,问他们内心里有什么感觉。99%的人说,开进口奶粉的感觉,直觉得这种奶粉就像自己家里养的,亲切,顺当。开国产奶粉,感觉特别生疏,像欠人家什么东西似的。

笔者把调查报告呈给食品公司的老总,并告诉他说:产品质量我们就不操心了,但人家好的包装,我们要实行"拿来主义"。老总几乎全盘接受了我们的建议。只是在产品出来后,密封盖的拉环有些紧。老总连忙解释说,他们的技术仍在不断地改进之中。

一幅俊美完善的车厢广告,常常会叫路人增添10分的记忆,倘若一幅设计俊美完善的广告,只因为广告里的人物身首异处,或者广告的商品有下半身缺上半身,这样的广告结果是叫路人给你的车身广告减去10分的记忆。你别说,不可能存在这样的广告。

其实,我们稍微到上海的大街上去观察观察,就会发现不少这种残缺不全的车身广告。譬如×碗牌味精的车身广告,那位端庄贤淑的家庭主妇,常常落得一个身首异处的下场,让人不可思议。这不是广告人故意的,他们不会也不敢这样对待广告主的产品,那么这种支离破碎的广告产生的原因又在哪里呢?

问题出在细节上。

广告人在设计车身广告时，往往注重大气魄，把产品或人物做满车身，这时却忽视一个小的细节——乘客坐车时，经常会觉得车里闷（特别在夏天），为了通风透气，总喜欢把窗玻璃推向一边，这时广告里人物的头像或产品的上半部分就会肢解，一幅精心设计制作的广告大作，就因为一个意想不到的细节，莫名其妙地给毁了。多冤啊！

看过《陈云》这部电视剧的观众，对这样一个细节大概不会忘记：一个跟随陈云到上海的警卫员，从来没有见过抽水马桶，他于是躲在盥洗间，看抽水马桶蓄水和放水。这时陈云走了进来，对警卫员说：你这是在浪费水，你知道吗？你这样一蓄一放，每次要浪费 10 公斤水。

笔者不知道出品抽水马桶的生产厂家是不是听得懂陈云同志这句话的意思，或者就是听得懂，也装作没听到。

现在全世界都在叫缺水，我国北部和西部更甚。如何省水节水，是一个大课题，我们的抽水马桶设计家，为什么到现在还不去解决这个课题：小便时，小冲水，大便时正常冲水。

这样的话，每个家庭加起来，可以节水省水多少呵，如果设计出这种新的产品，那么做广告时，产品的诉求点又有多么威猛和坚挺呵。

细节就像一个支点，如果有足够长的杠杆，它就可以翘起你品牌传播的终极意义。

第四十三章

孔子论个人品牌建设

这是一个最好的时代，这是一个最糟的时代；

这是一个趣味的时代，这是一个抓狂的时代。

在于丹鸡汤、韩寒代笔、武媚娘剪胸等文化现象风起云涌、雾都茫茫的一个下午，笔者远赴千里之遥的曲阜采访了孔夫子，请他就当下这些社会文化现象发表感想和心得。在熟睡2493年之后的深秋里，孔老先生面相看起来有些疲惫，但当听到采访的来意时，调皮地朝我眯了下左眼，精神矍铄指着沙发说：坐，请坐！泡茶，不，给你冲杯俺的咖啡。

随着"孔氏"咖啡的袅袅清香，孔老先生面对笔者的提问，时而激情澎湃，时而娓娓浩叹。

一　"郭德纲成名比我早"

我也算是个草根出身。孔老先生说，我老爸娶我妈的那年是60岁，第三婚，妈妈刚20岁，典型的老夫少妻，我老爸是不是像皇帝一样很有艳福的？不过现在还有比我老爸更"老牛嫩草"配，听说几年前一位82岁的物理学家迎娶了一个28的女孩，女孩已经怀上身孕了，根据老子英雄儿好汉的遗传基因，他们的后代如果是儿子的话，肯定比我更聪明、更有成就。我老爸在我3岁就过世了，妈妈为了养育我，把我移民到一个叫阙里的小地方。上不起学，妈妈就把我关在家里，自我教育。

穷人的孩子早当家呀，15岁那年我就立志从事学术研究，做一个大学问家。迫于生计，像现在许多外出打工的农村孩子一样，我先后做过仓库员，还像孙悟空一样管过畜生。悟空做的是弼马温，我做的是"乘田"，其实就是放牛赶羊的放羊娃。

20几岁时，我想做官，做大官。别笑话我，我们那时市场经济不发达，做官是唯一的出路，大家都说，只要做了官就什么都有。现在的大学生还不是跟我一样，削尖脑袋考公务员。

我关心国家大事，也关注天下大势。我是30而立，在当地已是个小名人。当然啰，人比人，气死人，如果和同样70年代生人郭德纲相比，我差远了。郭德纲30几岁不仅是德云社公司的老总，还在960万平方公里的面积上爆得大名；而我呢，仅仅在阙里这个百十平方的面积上小有名气而已。他跟我有个共同的特点，就是好学，而且很虚心。老聃、苌弘、师襄都是我的老师。我跟他不同的是，我很尊敬老师，不会跟老师打官司。

我天生好为人师，出于这个爱好，我创办私塾，并广收门徒。现在办私塾在中国是禁止的，上海的“孟母堂”曾被依法取缔。据说日本私塾仍在流行，很多人靠这个发了大财。如果那个时候有知识产权的话，日本把一年50％的GDP赔偿给我都不过分哟。

二 “我是周游列国的海归”

我的成长是一部苦难史。

苟全性命于乱世，曾求闻达于诸侯。我的祖国——鲁国常犯内乱，为了避难，我跨过国界线，偷渡齐国。为了接近齐景公，我从做家臣开始。当下很多人都想一夜暴富、一夜成名，其实别呀，小事决定大事，细节决定成败。学学我吧，年轻人进了单位，扫地、推销、复印都是应该的，而且必须的，一屋不扫何以扫天下？这不，第二年我的机会就来了。齐景公跑来向我咨询政事，我神色严肃地告诉他，治理国家最简单的游戏规则就是16个字：“君要像君，臣要像臣，父要像父，子要像子。”

哈哈，齐景公被我点穴了，兴奋得几个晚上睡不着觉，准备马上重用我。后来冒出个叫晏婴的小人。告诉你呵，他虽然官拜齐相，但我仍然认为他就是个小人，怕我夺他的权、占他的位。他暗中使绊，从中百般阻挠。小人真是害人，怪不得余秋雨洋洋万言，辛辣、讽刺、挖苦、厌恶过小人。不过回想起来，我还得感谢他，要不我还成不了大教育家，可能变成100％的职业政治家了。

罢罢罢，此处不留爷，自有留爷处；处处不留爷，干我个体户。说起个体户，我可能是中国最早的始作俑者，2000多年前我就干上了。我开私塾，招门徒，自给自足。闲暇时光，青灯黄卷，红袖添香，搞搞学术研究。

“现在40岁、50岁就是省部级干部，你不羡慕?”老夫子指指我问道。

我连连点头。

嘿！跟你说吧，我还真不羡慕。我 52 岁那年，就被提升为鲁国的司空和大司寇，相当于现在的工业部长和司法部长，享受国务院副总理的待遇呢。我是个不爱贪图享受的人，但我不贪图享受，不等于其他人不贪图享受。为官几年，我发现鲁国上至国君、下至群臣，个个贪污受贿，生活作风腐化。隔壁的齐国为了腐蚀我官员，赠美女，这帮政客整天声色犬马，我看不惯这所有的一切，大失所望呀。

一个国家，官员没救了，政府也就没救了；政府没救了，人民就灾难临头了；人民感觉没救，只有推翻政府；政府崩溃了，官员也如草芥；官员不尽职责，国家更没救了。国家没救了，我这个官员呆着有什么意思呢？

我于是弃官挂印，逃离政界，率领一帮弟子，浩浩荡荡周游列国、云游四方去了。有人说，伯乐常有，千里马难求。呸呸呸，世有千里马比如我等，而是伯乐难遇。摸着良心说，我前后从政 4 年多，出了不少政绩，但绝不是靠形象工程、靠开发房地产、靠官商勾结，也不是靠破坏环境的 DGP，我靠的是“有文事者必有武备，有武事者必有文备”、“足兵足食民信之矣”等诸如此类的咨政理念和管理才干。

我一直在中原和山东等地的卫国、齐国等国家颠沛流离。十几年后，我 68 岁那年，当我再次回到祖国的时候，被家乡的粉丝们尊为“国老”。不谦虚地说，我心安理得，我毕竟也是游荡过好些国家的知识分子了，不是野鸡大学毕业，更不是克莱登出身。你看看身边，当下不是很多人挤破脑袋要出国镀金吗？什么经济学家、网络新贵、学术领军人物，哪个不是头顶留洋的光环招摇过市。不过我们出国是历经磨难，孜孜以求，身怀真学。不像某些教授，打着国际学者的旗号，请几个民工磨磨芯片就能捞个上亿的科研经费，对我来说简直是天方夜谭。

三　“这个世界还要知识分子干吗？”

像我这种曾拜为国务院副总理级别的人，历史上多如繁星，无以记数，但为什么大家记住了我，而不是别人。我想，大概还是跟我的潜心学术研究和培养人才有关。一个人要立德、立言、立功，要流芳百世，要对得起历史。为了对得起你的采访，对得起读者，本着知无不言，言无不尽的做人原则，我把自己人生经验中的“四个着力”与大家分享，希望诸君批评指正。

着力整出一套概念。“因材施教、学思并重、举一反三、启发诱导”等，这就是我独创的教育新理念、新概念；“知之为知之，不知为不知”，做人要脚踏实地，不像庄子，动不动就逍遥游，梦想化蝶什么的；不像王朔，动不动就千岁寒，扬言只供高级知识分子看，一看就是缺少专业的理论训练，做流行文学勉强，搞学问大大的不行。

着力整出一套著作。倪萍出版《日子》扬名天下、于丹靠《于丹〈论语〉心得》挣了不少稿费，连那个宋丹丹暴露隐私都风光一阵。看看出书利好吧。不过呢，对他们之流，我是看不惯，不是靠自己的真本事，这些家伙是有幕后操纵，是口水文章，经不起时间风干。不像我，我是看不惯以前的东西，于是修订出版了《诗》、《书》，《礼》、《乐》、《春秋》等，对前世文献进行了全面颠覆和整合。要达到“韦编三绝”境界，要达到让历史考验，可不容易。在我后来的司马迁做到了，鲁迅做到了，梁漱溟做到了，冯契做到了。做学问屁股要坐得住，外面的诱惑要抵得住，绝不能像现在某些学者，拼拼凑凑，把洋人的人类学知识生吞活剥、占为己有。那是剽窃，是学术腐败，我不做这等蠢事。

着力去贫穷化。“不义而富且贵，于我如浮云。”我一直认为，行义是人生的最高价值，在贫富与道义发生冲突时，我选择道义。但规劝知识分子不要学我，其实在生活上我还是蛮富足的，生计不愁。特别是晚年回国后，鲁国给我的待遇还是很高的——年标准俸粟是 6 万石哟。吃不完，用不完，花不完。而且在我贫穷落难的时候，我的学生端木赐给了我很多援助。端木赐是个商业天才，能聚集大量财富。就像高校接受校友的捐赠一样，我乐于受之，也受之无愧。知识分子不能穷，雨果穷吗？托尔斯泰穷吗？张维迎穷吗？李敖穷吗？通通富得流油。穷则气短，穷就授人以柄，不能说真心话，马未都不穷，所以他在收藏界不说假话。

穷不应该是知识分子的代名词，知识就是力量，知识更是财富，这是我人生的切肤体会。我生性正直，刀子嘴豆腐心。老子曾批评过我这个毛病，说我是“聪明深察而近于死者，好议人者也。博辩广大危其身者，发人之恶者也”。但作为一个知识分子，不能仅仅做个知道分子。知识分子看问题就是要深刻，说话就是要尖锐，尽管会伤害到一些事，伤害到一些掌权的人。不唯上，不唯书，只唯实，这是知识分子的命运和定数。要不，这个世界上还要知识分子干吗？魏徵就很典型，马寅初棒极了。

着力培育忠诚型学生。这是最重要的一条，2500 多年了，我之所以流传既久，全靠我的这批学生。学生把我一生零零碎碎、啰啰嗦嗦的日常话语、上课时的灵光乍现，随时随地笔录整理，并编撰出《论语》一书。革命的学习很重要，学习的革命更重要。

方苞的文学开始谈不上什么大成就，"桐城派"之所以成为流派，靠的是他的学生在200多年间不断的传承与传播。蒋介石的统治事业一度繁盛，都是部下喊他校长，把他哄抬出来的。战略策划家王志纲深谙这个真髓，他在中国策划界英名远播，也是靠他的部下，实际上就是他的学生随时随地记录，并恰当的宣扬出来……这些事例说明，学生的功劳不可磨灭。不过，我对现在做学问有些想法。只靠师承，单亲繁殖，会出大问题。中国的学术在国际上地位不高，跟学界固守师承有很大关系。学术可以流派，但绝不可圈子化。流派是开放式的、互动的、进化的，而圈子是封闭的、静止的、固步自封的。

四　"这是个娱乐至死的时代"

我该正式回答你的问题了，要不太偏题了。孔老先生睿智的脸上，浅露一丝歉意。鲁国的有些政客可以坐在台上漫无际涯地口吐莲花，那是他们目中无人惯了。作为被谬封"万世之师"的我，偏题是最大失职。

这是个伟大的时代，我要感谢这个时代。在这个娱乐至死的时代，首先我要感谢一个人，她叫于丹。她的《论语心得》，使我在"打倒孔家店"的风波之后，把我的声名再次推上了历史的巅峰。

我是被利用惯了。历朝历代的君王打着我的旗号统治黎民百姓，无数的人以我的话语为楷模，挣脱不了我的话语圈。客观地讲，要说智慧，于丹还真比不上我的任何一个学生，更比不过易中天。易老头跟我一样，在花甲之年回光返照，男人嘛，应该越老越值钱、越老越有品位。

老徐、于丹、姚晨、杨幂为什么会红透天呢。奇怪吗？当然不用奇怪，毛主席说，妇女能顶半边天。说句实话，于丹的优势不在于她把心得演绎得如何了得，前提是中国有句古训：女子无才便是德。还有，记得央视的小白说过，就是一只狗在镜头前呆上一个礼拜也会成为一只名狗。

在东方国家，政界是男人的天下，学术界同样是男人的天下。于丹之所以出人头地，乃天时、地利、人谋也。天时人谋是什么？正如老徐所说：在演艺圈，会写作；在写作圈，会演戏；在演员，会导演。很简单嘛，差异化生存。汤唯、于丹、老徐等找到自己突破的蓝海，能不红吗？地利是什么？这帮人生活在善首之区，尤其站在号令天下、影响世界的央视讲台。我3000学生，72贤弟子，2000多年的传播，才成就了现在的功名。信息时代就是好呀，人多未必力量大，一个央视的频道胜过千万人的影响力，一个网络微博赛过千万人的口舌。在我那个时代，要讲明一个道理，传播一个理论，驮着沉重的竹简，口干舌燥，影响才多大呀，粉丝还没有几个。汤唯凭借一部电影，于丹凭一个频道，老徐凭借一个博客，姚晨凭借一个微博，中国大地就凭空蹦出无数个孙悟空。时代变化咯，世道不同了。

全面来看，于丹的《论语心得》，感性的小道理多，理性的声音少；女人的小聪明多，大道宏义少。虽说存在就是合理，但我必须指出来，教授于丹在时事政治的理解上完全是个小学生。我曾说过："节用而爱人，使民以时。"这句话翻译过来的大意是："国家管理财政，要先预算，后拨款，开源节流；要重视农业，关心农民，建设农村，爱护农民工。"于丹从我的文章里，没有传递出"八荣八辱"信息来，也没有读出建设社会主义新农村的宏大叙事来，更没有阐发出党的群众路线教育实践活动宗旨来，这是她作为教授的最大硬伤。一个知识分子怎能可以不关心时政呢。

这是文化繁盛的时代，托的是信息时代的福，鄙人真是生不逢时，郁闷呀郁闷！在网络时代，不要说一天不学习，赶不上刘少奇，就是半个小时不学习，就别指望赶上他们了。

采访补记：

访谈结束，我问了孔老先生一个题外话：你以前不是喜欢喝喝小酒，怎么现在品尝起咖啡来？

孔夫子再次眨了眨透视千年风尘的眼睛，狡黠而温和地说：看来你观察问题很仔细，说明你这个记者做得很合格。1955年，毛主席号召建设农业合作社，专门下按语，批示说：曲阜的孔子除了会教书，种田不在行，搞粮食不行，搞经济不擅长，2000多年了我的家乡还是那样贫困，社会主义比起我的"经书"来，不知要好多少倍。作为一个道德家、教育家深感内疚和不安。闻过则改嘛。不久，我叫樊迟成立了一家孔氏公司，他曾问过一些农业问题，当时被我批评，斥为小人，其实他是个懂经济、善管理的干才。我们结合山东经济，整合曲阜资源，推出了系列产品，不仅有酒还有饮料。你看看，"孔氏咖啡"就是我们最新投放市场的新产品。采访结束，你带几箱回去，顺便帮我们做做宣传广告。

我连忙推辞，说："报社有规定，不能随便拿红包。孔先生不收我十万快钱的采访费就感激不尽了。"

"耶，什么呀，我才不搞痞子王那一套"，孔老先生长袖一挥，不屑地说，"小王同志浪得很，也虚得过分，憋了几年，说话越来越糨糊。单位如果辞掉你，崔永元同志就是榜样，是好榜样，你看他现在不仅做教授了，还靠做广告赚得钵满碟满的。要有与时俱进的精神，不要在一个树上吊死嘛。"

第四十四章

文化是品牌的沉香

毛泽东说，没有文化的军队是愚蠢的军队，是不能战胜敌人的。同样道理，没有文化的品牌传播是平庸的策划，平庸的策划是短命的。

品牌策划人不仅仅是策略家，也是文化专家。

文化包括社区（社会）文化和企业文化。

经济之树常青，是植根于文化的土壤，是文化的阳光雨露与文化的肥沃灌溉。美国可口可乐、百事可乐在全世界的市场生长、开花、结果，可以说是美国文化无所不能的输灌和渗透，表现着美国文化有无穷的耐寒耐旱的生命力，尽管这种生命不是谁都喜欢的，当然，除美国自己之外。

美国克鲁伯和克罗孔在《关于文化的概念和定义的检讨》中说："在这个世界上，是没有别的东西比文化更难于捉摸。我们不能不分析它，因为它没有固定形状。我们想用字来范围它的意义，这正如要把空气抓在手里似的：当我们在寻找文化时，它除了不在我们手里以外，它无所不在。"

文化是一个多义词，常常因其多义而令人多惑，文化也是个模糊词，常常因其模糊而被拒绝。

经济现象是一种深层的文化现象。

经济竞争的最高层次是文化，这种文化既是凝结在产品上人类智慧的精华，又渗透各企业运行全过程、全方位的观念、意志、行为规范和群体风格。

笔者比较欣赏近现代中国学者对文化的释义。

梁启超在《中国文化史》上说："文化者，人类心能所开掘出来之有价值的共业也。易言之，凡人类心所能开创，历代积累起来，有助于正德、利用、厚生之物质的和精神的一切共同业绩，都叫做文化。"

胡适《我们对于西洋近代文明的态度》中讲："文明是一个民族应对他的环境的总战绩，文化是一种文明所形成的生活方式。"

"文化即人生。文化是我们大群集体人生一总和体，也可以说是此大群人生一精神的共业。此一大集体人生是多方面的。如政治、经济、军事，如文学、艺术，如宗教、教育与道德等皆是。综合多方面始称文化。”这是国学大师钱穆先生在《中国文化十二讲》中给文化定的义。

策划人王志纲是个文化追寻的执迷者，他在策划时非常注重客户所在地区的文化底蕴。由于他注重文化在策划活动的地位，使他在策划界得心应手。其实，中国商业和经济竞争又何尝不是文化的竞争。

一　岭南文化板块

岭南商人以开拓性、冒险性、敢为天下先、敢冒天下之不大韪、善于竞争、善于“揾钱”著称大陆。由于受地理环境和生存环境的影响，同时又面向海洋，经常与海打交道，所以岭南一带历来重商不重农，有着商业发展的得天独厚的条件。因此，有人说，他们是商人的后代，具有天赋“商”才。

我们就拿近代广东商人为例。

广东人素以开风气之先而闻名：从梁启超“公车上书”、“维新变法”震动中华，到孙中山提出“中国传统，西洋精华，自己创见”的主张从而推翻帝制；从20世纪初的“南洋兄弟”威风上海滩，到20世纪90年代无孔不入的“广货北战”，广东人以“勤奋＋时间＝财富”的算式开拓了属于自己区域的商业精神和商业格言。

譬如：商品必须全面转手，非经商不能昌业；于商逾入为约平，于商歉出而为之取足。从商经商的观念已渗透入广东人的血脉，他们可以弃吏职而经商，弃儒而经商，弃农而经商，当官退休而经商。

通权达变是广东人独特的行为方式。改革开放之初，广东省委书记任仲夷为广东人打起了一把保护伞：“如果事情没有明文禁止，就可以干；如果事情是允许的，就应该充分利用。”只要是有利的事情，可以“先斩后奏，边斩边奏，斩而不奏”。

所以广东人说，改革开放十几年来，广东的发展是靠用活用足中央的政策，是“见了绿灯赶快走，见了红灯绕着走，没有灯摸着走”。广东人强调，除了不能干的什么都可以干。

二　吴越文化板块

近代以降，江、浙一带处于中西文化碰撞和交融之处，商业活动带有西化和传统的双重角色，他们受西方经营思想的熏陶，具有西方商人的手腕和现代技术专长，对新事物极为敏感，能不失时机地开拓新领域，不失时机地适应市场的瞬息万变。

从近代意义上讲，他们是中国真正的商人，具有商人的现代商质和经营思想，他们精明、灵活、注重市场、注重实利，同时又较有文化涵养和品位。

我们以上海商人为例。

追求财富是上海人意识中最有吸引力的价值取向，商业化、商品化成为上海城市最基本的特性，商业始终成为上海最传统、最发达、最深入人心的行业。

经过近百年欧风美雨商业精神的沐浴，造就了上海商人精明理性、法制观念强，虽斤斤计较、锱铢必较，但执行合同的理念一言九鼎，决不含糊。

在对国家的经济政策上，上海人则是“亮了绿灯悠着走，见了红灯不敢走，还要指责别人绕着走”。

商人性格特征孕育企业家的性格，企业家的性格特征决定企业的性格。在计划经济时代，上海经济以自己雄厚的实力立足全国前列。然而，市场经济一旦烈马奔腾，上海发展的速度就相去甚远了，幸亏后面有个浦东的开发开放，才使一个经济学家胆敢这样预言：世界中心每50年将轮换一个城市，1900年是伦敦，1950是纽约，2000年是东京，2050年轮到上海。

三　齐鲁文化板块

相对于江浙商人，北方商人受传统文化影响颇深。

他们是某种意义上的传统商人：重义轻利，吃苦耐劳，经商往往是被动的，有着非经济因素制约之背景；在他们的观念里，商业是政治的附属物，今天可能做生意，明天可能买田盖房子，或从政为官，缺乏大商业头脑和现代意义的商人素质；在中国传统商人眼里，官商一体，始终难舍难分。

就如有人论述政商关系时说，广东的政商关系是“蒸水蛋”，蛋清、蛋黄浑然一体，难分难解；内地不少地方，政商关系却是“荷包蛋”，蛋清、蛋黄泾渭分明。

我们以山东商人为例。

民谚在某种程度上概括出该地经济发展普遍意义。

“广东发展靠南洋，东北发展靠毛泽东思想，山东发展靠老乡。”据说，北京繁华市区街道上跑的外地车数山东的最多，在一些中国国家机关、新闻单位的内部招待所的停车场里，常常一排好几辆是山东牌照的车。这些来京的车辆的使命，主要是跑“部”“钱”进。

山东人的吃苦精神为人所称道：山东人以顽健的体格见长，务实耐劳有先天优势。

德国人利希霍芬曾经说：就吃苦而言，没有比山东人更优秀的铁路工、矿工了，作为单个人来说，欧洲人也不会超出其上。

笔者在上海十六铺水果批发市场做过调查，上海滩的水果商最闻名的属“山东派”。

翻开山东企业家明星册，他们共有一个相同的特征：吃苦实干。全国十佳农民企业家、牟平宁海镇新牟里村支书记常宗琳、浪潮计算机公司等负责人，他们都是勤勤恳恳、刻苦工作，这已成为山东企业家的作风。

资本是船，品牌为帆，人才是本，文化为魂。企业文化是一个企业心灵的窗户，透过它你可以知道这个企业在想什么、怎么想、想做什么。

企业文化得之于民族传统文化的精髓，任何一个文化体系的产生都离不开特定的历史环境、地理环境和人为环境。

处在不同区域的企业群，在颇具特色的区域文化的熏陶滋养下，已形成具有丰富文化个性的企业流派，比如以科龙、TCL 为代表的岭南派企业的棉里藏针；以海尔为代表的齐鲁派企业的博大精深；以联想为代表的企业的高瞻远瞩；以长虹为代表的企业的咄咄逼人。

岭南是古代海上“丝绸之路”的重要起点，加上近代“欧风美雨”的浸润，形成了岭南文化融会贯通注重实际的开放性、前卫性和市场性，科龙、TCL 地处珠江三角洲，其棉里藏针的企业文化个性恰恰是岭南文化最好的现代注释。

齐鲁派之地是中国传统文化的重要发祥地，齐鲁也是孔子的故乡，几千年儒家文化的渗透与传播雕琢成齐鲁文化的系统性和深刻性，当代齐鲁派企业的文化个性的博大精深正是对其的吸纳与超越。海尔有一个管理模式：日本管理（团体意识和吃苦精神）＋美国管理（个性舒展和创新竞争）＋中国传统文化的管理脊髓＝海尔管理模式。海尔有一个理念：“海尔是海”，“海纳百川，有容乃大”。张瑞敏曾说，对他影响最大的有三本书，一是《老子》，二是《论语》，三是《孙子兵法》。

高瞻远瞩、深明大义是燕赵派企业的优秀企业文化个性，联想和方正正是其代表。

联想的高瞻远瞩集中表现在其战略思想上，联想一直在“贸—工—科”

的战略框架下稳步迈进，在多数企业为房地产的巨额利润动心而转变投资方向时，联想却处变不惊，专心做电脑；在众多企业在产权“瓶颈”上遇到发展障碍时，联想早已按战略安排一步一步实现了员工持股；联想的高瞻远瞩还体现在其人才储备方面，在其他企业正在跨世纪接班人发愁时，联想已较为成功地推出了郭为、杨元庆等少帅。

偏居西蜀之地的西蜀派既没有岭南派地处改革前沿的地理优势，也无燕赵派居于政治文化中心的心理优势，更无齐鲁派源远流长的文化优势，但这没有使西蜀派代表长虹产生丝毫属于“化外之地”的自卑。

长虹咄咄逼人的个性在多次的价格战上表现得最为淋漓尽致，而一次次的价格战又将长虹咄咄逼人的气势渲染到了极致。一次次的咄咄逼人不仅使长虹为中国彩电业逼退洋货，也为自己赌得半壁江山。

企业文化是空气，你喜欢香气也好，喜欢臭气也好，它就在你周边，你如果去净化它，你就和你周边的人都会受益；你如果去污染它，大家都会受到伤害，真正的策划人是会去关心企业的“空气质量”的。

策划人王志刚在《芜湖长江大桥经济联动开发策划报告》中，提出要做好“桥”文化和“江”文化这个设计理念。微商素有“商而好仕，贾而好儒”的特质，所以要这个联动工程以长江大桥为杆杠，以芜湖为支点，用市场经济的方式，撬起安徽文化板块，并采文化之光华反哺自身，极大地提高芜湖市乃至安徽省在国内外的知名度。

清、奇、古、鬼、怪，是湘西文化板块的根本特征。

湘西虽不能如江浙大面积地出产人才，但人才一出，便属“鬼才”，诸如沈从文、黄永玉、黄苗子，他们在文坛和画坛上清奇唯一、特立独行。

策划人马本立在为“老爹”定位时，高扬湘西文化的旗帜。在酒器具上，他没有用通俗的玻璃制品，而是用名贵的紫砂陶，别出心裁地采用了土家族老爹们珍爱的竹根烟袋的造型，同时配制兽牙、兽角、玉环、铜钱等饰物，酒器看上去摩登里显现原始，粗拙中透出精致，使“老爹”酒浑身散发出深重的历史的文化气息。

范晔在《后汉书》载：公元三世纪，土家族先民板盾蛮首领老拔铺老爹高举着酒杯，与秦昭襄王刻石为盟誓，盟曰：“秦犯夷，输黄龙一双；夷犯秦，辅清酒一盅。”秦国价值连城的黄龙玉璧一双，仅能换取板盾蛮清酒一盅。

挖掘酒文化背后的故事，是马本立为“老爹”酒定位之二。消费者在喝“老爹”酒时，不是喝酒，而是品尝湘西“清、奇、古、怪、鬼”的几千年文化，体悟“老爹”酒清净无尘的高远意境。1997 年“老爹”被指定为长江三峡庆功酒,就是因为它具有独立的文化定位和文化品位。

企业文化从来就不是那种高深莫测的理论,而是每个人心中的那一份对理想生存状态的追求,企业文化也不是宣传广告之类的矫情作态,而是切实影响人们思维和行为方式的一种精神力量,企业文化是用心去感受的那一份人文关怀。

在日本,企业理念已经被赋予宗教般的地位,美国英特尔公司的文化有六项准则:结果导向、遵守纪律、尝试风险、质量至上、客户服务以及员工满意。

香港亿万富翁何善衡设立慈善基金,每年捐赠给慈善机构。早在1937年就在广州家乡、河南石溪兴办小学;1986年捐资2000万港币,建立中山大学管理学院。

日立化成公司总经理横山亮次先生认为自己的经营思想是以儒教的"礼"和佛教的"持戒"为基础的,所谓礼即是对他人的爱护。同时,他又主张需要严格要求,这正如禅语中所说"石中有火,不打不发,人身亦如此"。

所谓敬人就是要注意做到除密切同上司、同事和部下的关系外,也不能给顾客麻烦。王力的恩波公司策划和催发了"亚细亚现象",并不是恩波建立和营造了亚细亚,在诸多商业行为和市场行为中,"亚西亚现象"的主旨概念是依托和发挥了"商业文化"。

马克思深刻指出,以生产工具为标志的生产力发展是社会存在的根本基石。泰勒的《科学管理原理》提升体力工作者生产力,推动第一次生产力革命。德克鲁的管理学提升组织的生产力,促进了第二次生产力革命,而特劳特提出的品牌就是生产力,催生了第三次生产力革命。

昨天的文化是今天的经济,今天的文化是明天的经济。

海尔集团总裁张瑞敏作为中国第一个企业家登上美国哈佛大学讲坛,他没有谈企业如何运作,而是结结实实地给美国学生上了一堂海尔的企业文化课,也就不足为怪了。

第四十五章

品牌的执行力主义

一　一个人物

说到执行力，笔者先聊一个人物。

他叫张金福，曾经是个木匠，现在是一位拥有过亿身价的上海广丰家具厂的老板。在一次饭局之后，笔者问张老板发家史的基点在哪里？张老板回答说："靠实干，我是个实干家，我的事业是靠双手干起来的、靠双脚走出来的。"

20 几岁那年，张金福从江西广丰的山沟沟只身来到上海县（现属徐汇区），借用农家的养猪圈，先从做小板凳开始。为了推销自制产品，他的足迹跑遍了上海滩——骑破了 5 部自行车，坐遍了上海的公交车。他还很得意地告诉笔者，他可以说是上海的活地图。尽管现在的上海市政建设发展变化快，但他开起车来仍然是得心应手，很少涉入歧途。

根据张老板的奋斗史，笔者写过一篇他的小专访。

在上海众多拥有上千万资产的民营企业家中，我们认为上海广丰厂的总经理张金福是个典型。

十年前，从遥远的南方只身来到上海的张金福，凭借着"实干+信誉"的敬业精神，白手起家，创办了上海广丰家具厂。一个人，一把锯，一间陋房。工厂从小方凳做起，发展到现在拥有 140 余名员工，25000 平方厂房的规模。其生产能力逐步由低档向中档、高档家具、办公用具提升，从而形成了 40 个系列 200 多个品种的家具产品和办公用具的专业生产厂家。由背着家具跑上海滩的小型经营发展到目前进驻徐家汇家具世界、香江家具城、曹家渡家具城等上海著名商城开设直销店和展示厅的规模型经营,企业经济效益逐年增长,特别是自1987年起,其资产增长速度以翻番形势迅猛递增。现在企业每年上缴国家利税达100余万元。

信誉就是质量。张金福经理把人才开发放在首位,从而使企业的内部管理规范化。产品从进料、出品到售后服务都有专职人员逐级负责,使"紧把进货验收关,狠抓生产工艺品质关,售后服务满意关"能落到实处。对客户的不满意产品100%的无理由退货,根据客户的要求,按时按质送货上门。信誉,就是不断创造和追求现代生活潮流。上海广丰最新引进西德全进口防火板,依靠自身的木制品雕刻专长,按照客户的要求设计制作各类高级办公系列、具有意大利风格的高级聚脂系列、会议桌与屏风系列、民族风格系列,制造出符合现代潮流的各类木制品。该厂并承接各类会场、商店、酒楼、宾馆、家庭等配套装潢及为客户提供各种设计方案。通过十年的发展,上海广丰已拥有了自己的注册品牌"申丰",并荣获全国消费者协会授予的"消费者信得过产品"的称号。这无疑为广丰的不断提升奠定了坚实的基础。

面对这样一家颇具规模的家具企业,上海广丰张总经理道出了他的企业发展与成功的秘诀,他说:"我靠的是'实干+信誉'。"这就是一个民营企业家走过的一条辉煌路。

二　他们的执行力

笔者对当代中国策划人的行动力进行过追踪搜集。孔繁任在他的著作《一个企划人的独白》,对行动力有过刻骨铭心的抒情:

"上帝啊,善于行动正是我的骄傲。您知道,我从来就反对'坐而论道',我是崇尚行动的。对于自己做的企划,我总是很快地付诸行动。这么多年来,为了实现自己的企划,我做了数不清的事。

不怕您笑话,我已经成了行动的"杂家":拍电视吧,编、导、摄、剪,我什么不晓?编报办杂志吧,采访、组稿、校对、摄影,我哪种不会?搞企业吧,管理、营销、人事、财务,我何样不能?

每一次做企划的时候,我总是掐着手指,按着计算机将可操作性盘算得滴水不漏。对于我卖不出的每一个企划案,我都是瞎子吃馄饨——心中有数。没有不能付诸行动的。

"前次,一家外地内联企业前来定购'企划',我为他们做了一个请新闻记者实地观察、体验、采访的'一周公关'大活动。眼看要大功告成,可一个告急电话打来，我立马撂下手中的活连夜赶去，终于凭着三寸不烂之舌化解了双方的误解与猜忌，并亲自拟定了一份让各方皆大欢喜的新闻素材稿。上帝啊，别怪我吹牛，现在客户都信赖我卓越的行动力。”

李光斗的策划之路，几乎就是行动之路。他曾把五粮液、万家乐、小霸王等广告做到了千里迢迢的澳星发射架上。

李光斗在他自传体著作《仅次于总统的职业》描写了他涉足“神秘峡谷”的过程：

“一路风尘，我终于在澳星发射前赶到了西昌——被外国人称为‘神秘峡谷’的卫星发射基地。一下火车，我便马不停蹄地赶往‘澳星’发射现场。

我站立的地方离火箭发射的机位只有300米，可以清楚地看到火箭加注燃料的士兵在紧张地工作……只有此时，我才意识到自己身处危险地带：如果火箭发生爆炸，它的威力辐射能同一颗原子弹相差无几，以发射台为中心直径3公里的区域将变成一片火海。

我收起相机，在烟雾中搭乘解放军报的摄影车回指挥大厅。坐到车上，我才感到一阵阵晕眩。长征二号捆绑式火箭的推进剂燃料分别是燃烧剂偏二甲肼和氧化剂四氧化二氮。偏二甲肼是一种易燃、易爆、剧毒的液体，遇上静电产生摩擦就会自动燃烧。人如果呼吸过多，会感到胸胀，严重时会肝腹水。四氧化二氮是一种强氧化剂，通过呼吸道进入人体，与人体部的水分一接触就形成强硝酸，严重的将使人窒息。”

三 执行力就是绩效

上海街头的商场经常可以见到这样一句广告语：“心动不如行动。”

行动是检验策划的至上标准。品牌策划人行动是有目的的行动，不是无目的的盲动。策划人行动力的高低强弱，直通策划方案的心脏部位，行动力是策划方案的实现者和直接体现者。

品牌策划人接案策划之前，都关注老板本身的操作力，善操作的老板，可以至高完美地实行预计方案；不善执行者，会让一份绝妙的策划变成令人哭笑不得的夹生饭甚至馊饭。策划人王志纲对珠三角某镇“农民山庄”的策划，本是可以起死回生的策划案，却被老板束之高阁，没有付诸实施，常常感到难以释怀。

策划人行动力的力源，来自于对策划业绩的终极关怀。然而作为策划人，在付诸行动前，还有一些普遍意义上的镜鉴，值得有空照一照自己。

瞭望大环境

全新的观察角度可以帮助你做出不被旧习惯影响的评估。在搞清整个策划之前,你先得沉住气,稳住脚跟,按兵不动。

铆住核心

策划是一项系统工程,每个任务都是系统的一部分,相互关联、互相制约,通常表面的现象会掩盖住真正的症结所在,策划人应该花时间去找到症结所在以及解决的方法,来解决潜在的问题,即主要矛盾,而非只是"头疼医脚"。

尊重差异

每个策划都有其特殊的文化背景,与众不同的组织方式以及不同的工作思维方式。策划人在执行策划时,要了解、尊重并重视这些差异,只要尊重差异,才能提出解放问题的不同方法。

把自己当靠山

依附他人的虽可搭乘一时,却不能搭乘一世。优秀的策划人都专心做自己的主人,只有来自你内心的光芒,才是别人无法磨灭的。

立即解决问题

处理意外事件,解决疑难问题是策划人必不可少的能力之一。逃避问题会使问题更严重。所以,策划人解决问题还得一个"快"字。

没有永恒的决策

执行策划战略要关注事物的随时变化,因为很多决策、政策、程序的参考资讯只是在一个特定的时期内取得,在你获得新的资讯后,对原先的决策还需要重新评估。

你永远难以"无往不利"

谋事在人,成事在天。绝大多数的时候,你的策划很优秀,但还是不能获得想要的结果。决定一个结果的因素太多,很多外部环境因素是无法控制或无法预料的,所以不要希望事事如愿。只要全力而力,成功不必在我。

敢于说“不”

日本在80年代流行一本书，叫做《日本人可以说“不”》；90年代，中国大陆也流行一本《中国人说“不”》；可见说“不”，对一个国家多么重要。做策划人也是如此。客户是主，但不是“主子”，策划人也不是“小安子”，策划人与客户是肩并肩的朋友，坚持正确的主见，敢于对客户不合理的要求说“不”。

善始善终

“打一枪换一个地方”，对游击队很通用，但不适应于策划人。有始无终是很多人的缺点，但不应该是策划人的缺点。“今日事，今日毕”，策划人扛起善始善终的旗，才可赢得客户的仰视。

四 策划案≠终极业绩

一份精妙的策划方案，必须是符合策划人的目标和赢得客户的赞许，才能成为真正有用的指南或工具。这正如你盘山绕岭，测量地质地貌，然后绘制出了一张地图。这对于绘图者而言，意义都是特别不一般。

同样的道理，有一个优秀的策划方案，如果缺乏强烈的行动力，就等于手里拿了一份地图，尽管地图准确无误，但地图毕竟只是具备导向功能。

笔者在这里再推出一个人物，他像张金福老板一样，也是位企业家，不过企业性质和国籍不一样，他叫萨姆·沃尔顿，是美国零售业的排头兵，沃尔玛连锁店的董事长。

让我们一起去认识这位美国人的行动力。

沃尔顿曾经夸下海口，他每年至少要把所有的商店巡视一遍，然后，面对已经开设的1650家分店、200家俱乐部和平均每年150家新开张的商店，他买了一架专机，在各商店飞来飞去。

没有人确切知道沃尔顿会在什么时候巡视哪一家商店。一天上午7点左右，沃尔顿先生来到孟菲斯附近的第950家商店，见店门还上着锁。

他叫看门的店员打开店门，查看了盈亏账，审查了商店30天、60天和90天的工作安排，询问了商品的性能、价格和销售情况，并随时按下微型录音机的录音键，发出指令。他把所有的店员都叫来席地而坐，在谈话的同时，也检查了地板的干净程度。

沃尔顿经常头戴棒球帽，身着普通的工作服，出没于银行、商店和加油站，甚至上街兜售棉袜；他亲自驾驶飞机，没有驾驶员，不带秘书、助手，也不带小汽车。有时带上两名顾客，那是为让他们看一看商店的服务，征求他们的意见。

一天，沃尔顿走进别人公司的一家食品店，看到店里的食品便宜得令人难以置信。牛奶每加仑 99 美分，香蕉每磅 19 美分，面包每只 15 美分。经判断，原来当地的食品业企图把沃尔顿挤走，从而展开一场价格战。

看了这种情况，沃尔顿眼睛倒是一亮，他觉得一个商机给他抓到了。第二天，沃氏公司打出了一份广告：牛奶每加仑 69 美分。

沃尔顿认为，他是老板，身体力行巡视商店是他最重要的事情。

他说："当我走出商店时，我知道我帮助了我的店员，同时我也了解了情况，什么事情需要拍板，我清清楚楚。"

"纳米管理"下的行动力

无论是在上海、北京，或是深圳、济南，还是咸阳的街头机场，我们常常看到在建筑物的显要位置上悬挂着一位和善、微笑、憨厚的大胡子男子的头像广告牌，上书"山木培训"。这个经常被误认为日本人的大胡子，就是山木教育集团曾经的企标。

从一般的消费者来看，山木培训给社会两个印象：一是低层次培训；二是培训的核心业务不明确。培训档次是不能提高还是不想提高？培训内容是通吃还是占山为王？

其实在心里，对山木还有许多疑问，只是没有问出来：山木很少宣传名师，难道缺少名师？山木也不见宣传优秀学员，19 年了，难道没出一个著名学员？山木的教学方法也少见推广，山木给人的感觉是只见森林、不见树木，只见树王（山木）、不见树丛。

我对山木教育培训企业有过关注，也深谙山木培训做广告的诸多趣事。20 多年前深圳创业的山木培训负责人手头很窘迫，为了给自己的企业打免费广告，经常跑到各大影院故意说有员工失踪了请代为寻找。那个时候的深圳的每个影院放映前，都会出现寻找山木公司员工的消息，以致观众忘记了电影名，却记住了山木公司。不知道后来电影院插播广告是不是受此启发。

更有趣的是，在各大城市的机场的接客厅，有美女经年不断地出现举着牌子，上书“山木培训公司迎接××客人”，无数过往的旅人记下了山木公司的接客姿势。一般人哪里知道，这是山木公司在机场做免费广告的伟大创意。

山木培训于是便爆得大名。

企业像人一样，有生老病死。美国《财富》杂志报道，美国大约26%的企业寿命不超过5年，只有2%的企业存活到50年，中小企业平均寿命不到7年，大企业的平均寿命不足40年；中国的中小企业的寿命是3到4年。我看到过太多的个人英雄主义企业如流星划过。十余年前，我曾给上海滩上一家如日中天的商业企业做策划，老板也是当时上海滩商界的一颗耀眼明星，然而就在恍惚之间，轰动一时的明星企业轰然倒塌。在老板失败后，企业一夜之间销声匿迹，在喧哗的商业世界里了无痕迹。

山木培训有个著名的管理方法，即“纳米管理”，掰开来说其实就是超精细节化管理，有些像丰田公司的管理。纳米管理有几个非常关键的方法，譬如“及时复命制”、“米”字型管理、“责任一对一”、“复命制”、“倒金字塔管理模式”和“火炉原则“等。

“纳米管理”像一个行动的号角，鼓舞着山木培训日增日进。

管理其实没有什么高明不高明，管理只有适合不适合。世界上的企业管理纷繁复杂，微软的“扁平化管理”、丰田的“干毛巾拧水法”等，各具特点。小企业管人，大企业管制度。何种管理才是效率最高的？只有适合的管理才是最好的。

山木培训的“走动管理”和“倒金字塔管理模式”颇为触动我。这也应了老板动嘴、经理动脚、员工动手之说，应了老板解决大困境、经理解决大麻烦、员工创造大环境、顾客创造大利润之理。

纳米管理的威力确实不一般，使得山木品牌达到空前的品牌统一化、标准化和国际化。

第四十六章

骇人的品牌战略

我们在观看日本电器在大陆做的广告时，常常会对日本广告采用儿童声音和女孩子声音，或采用儿歌形式的现象熟视无睹，很少有人去深究其使用这种形式的背后用意，就是一些善于刨根问底的人，往往对于深层次的原因也难得其解。

日本电器公司没有生产儿童专用的产品，为什么要用儿童声音做广告呢？有一个真实的故事，读完这则故事，对我们理解中国的策划人必备战略头脑是多么的重要。

中国电器工业的一个企业家赴日本访问，在参观完日本诸多先进企业的一个偶然机会，这位企业家见到了日本电器行业协会的一则对市场占有的策划报告，上面赫然写着：

> 现在中日电器在水平上有差距，但 20 年后将基本上处于一个并驾齐驱的阶段，那时谁的无形资产大、谁的牌子亮，谁就是胜者。用儿童做了广告，就是为了叫中国的孩子从会听的第一天起就开始收听日本广告。等他长到 20 岁时，正好是我们日本电器的消费者。

看到这份日本电器行业协会的底牌，我们企业家当时就产生了毛骨悚然的感觉。

对日本企业界的品牌战略感到可怕。更可怕的数据还在后面。

新浪财经日本站站长蔡成平撰文介绍，截至 2010 年 8 月，日本的百年企业共 22219 家，创业超过 1000 年历史的企业有 7 家，超过 500 年的有 39 家，超过 300 年的有 605 家。尤其是日本的寺庙建筑公司“金刚组”是世界现存的最古老企业，创办于公元 578 年，衣钵相传至今已四十余代。

尽管如此，日本研究专家们仍普遍认为，这个调查都未能完整反映日本百年企业的实情。“日本还有大量的百年企业不为外界所知，若全部统计，估计总数至少近10万家，”日本东方通信社社长古川猛如是说道。“长寿企业”研究专家横泽利昌教授也推定认为，日本百年企业的实际数量恐怕超过10万家。

此外，韩国央行2008年曾发布过一份调查报告《日本企业长寿的秘密及启示》。报告称，全世界创业200年以上的企业共5586家，日本多达3146家、占了近60%，远多于排第二位的德国(837家)。而日本经济大学教授后藤俊夫的调查则显示，创业超过200年的企业，日本实际上多达3937家。

可怕吗？可怕！可这就叫品牌战略的头脑啊！

毛泽东老人家说过：《水浒传》这本书好，好就好在它是一本反面教材，让我们看清了投降派的真面目。

笔者说，日本电器对华市场占有的策划报告是一份好报告，好就好在它是一份让我们既感到可怕，但又刺激我们反思的品牌战略策划。

笔者是毛泽东战略思想的执迷者。毛泽东有句名言：在战略上要藐视敌人，在战术上要重视敌人。《论持久战》是这句战略思想的具体要义。

中国抗战为什么是持久的？毛泽东分析说：日本的长处是其战争力量之强，而其短处则在其战争本质的退步性、野蛮性，在其人力、物力之不足，在其国际形势之寡助。而中国反然，军力、经济力和政治组织力是比较弱的，然而正处于进步的时代，其战争是进步的和正义的，又有大国这个条件足以支持持久战，世界的多数国家是会帮助中国的。

中国八年抗战的胜利，可说是毛泽东战略头脑的胜利。

作为品牌传播策划人，面对企业的纷繁复杂，在制定实施策划方案的时候，低头拉车或者摸石头过河，都是一种不负责任的率性而为。

古时智者云：“不谋万世者，不足谋一时；不谋全局者，不足谋一域。”策划人是一种高瞻远瞩，这山看到那山高的长远人物。就如著名策划人王志纲所说：策划人在做策划时必须预留“管线”。张瑞敏说：我在海尔就扮演两个角色，一是牧师，传播海尔的思想理念；二是建筑师，搭建海尔的组织架构。他们其实干的都是战略的活。

品牌策划人的战略思想或战略头脑，具体落实到“战略”和“战术”两方面。我们以制定战略的内容为例来说明。

战略方案的内容包括：

战略环境的分析与评价；战略思想或战略哲学；战略目标；战略重点；战略阶段；战略措施。

作为不同层次的战略，必须突出其主要内容，上述四个层次中各层次的战略计划突出以下各自的侧重点：

企业综合战略的侧重点：

企业使命的确定；

战略事业单位的划分及战略事业拓宽和收缩；

最主要的关键是战略事业单位的战略目标。

事业战略的侧重点：

如何贯彻企业使命；

事业发展的机会与威胁分析；

事业发展的内在条件分析；

事业发展的总体目标与职能目标；

确定事业发展战略的战略重点、战略阶段和主要战略措施。

次战略的侧重点：

如何贯彻事业发展的总体目标。

职能目标的论证及其细分化。企业主要目标有：发展目标（规模生产能力等）主导产品与品种目标，质量目标，技术进步目标，市场目标（市场占有率与市场开拓方向），职工素质目标，管理现代化目标，效益目标（企业效益与社会效益）；

确定次战略的战略重点、战略阶段和主要战略措施；

战略实施中的风险分析和应变能力分析。

战术的侧重点：

战略阶段的细分，一个大战略一般可分为准备阶段、发展阶段、完善阶段；

以上三阶段的具体战术制定及其论证，包括风险分析和应变分析等。

具体实施措施的制定，包括硬措施和软措施的确定。

如果读者觉得这样条条框框的话，香港财东霍英东先生的投资策划战略读起来就显得有肉有血。

霍英东先生在大陆的投资和捐资很多，他个人和基金会有条原则，没有经济效益基金会难以维持，但没有社会效益则坚持不做投资。

在这之中不只是简单的投资意愿，而是含有深刻的生财、理财之道和战略之道。霍英东开发南沙一没有国家贷款，二没有用社会的耕地，而是在荒滩上围海造田。

开发南沙的第一个项目是虎门轮渡，已于1992年建成通航。现在从南沙到香港每天六进六出，客流量几千人，只需70分种就可到达。

霍英东先生说："全世界经济最重要的城市都是河海连接的地方，纽约、东京、鹿特丹和上海都是这样。珠江水最深的地方就在番禺的南沙镇。近年来，全世界发展最快的地方就是珠江三角洲和长江三角洲。1997年香港回归后，中国的改革开放还要再上一个台阶。"企业家的大胸襟、大手笔跃然纸上。

有人说，美国兰德总是站在理性、科学、战略的高度对整个世界运筹帷幄。作为全能的智囊团，兰德为商界企业界提供广泛的决策咨询服务，以"商业诊断"的准确性、权威性、战略性而享誉全球。

我们中国的企业，特别是民营企业，由于决策人战略决策的失误，有过由极盛至极衰的惨痛教训：史玉柱"巨人集团"的土崩瓦解，造成姜伟"沈阳飞龙"的二十大失误，以及"百龙"矿泉壶主孙寅贵的"十大检讨"，都是战略思想的短缺和短视。

在1999年，中国由于一个话题而被新闻媒体持续报道的事件，除了"千年虫"和"法轮功"，恐怕就是昆明世界园艺博览会。

关于世博会，云南省委省政府开始只是把它作为提高云南省知名度的活动来看待，但当云南把承办报告呈给江泽民总书记和李鹏总理时才知道，此届"世博会"是本世纪末中国最后一项承办也是自新中国建立以来，前所未有的最高级别的国际性活动，中央政府给予高度重视，云南省政府这才专门组建了"世界园艺博览局"。

笔者在写作此稿时，正值暑假，周围朋友见面的第一句话就是："世博会去看了没有?”

知微见著,可见,王志纲的“万绿之宗,彩云之南”——关于世博会的策划报告的非常成功。“高瞻远瞩”、“纲举目张”的战略意图,是王志纲作为策划人进行策划的精髓。

由“仅仅作为提高云南省知名度的活动来看待”到“以世博会的筹备为契机,把全省动员起来,在整个云南开展塑造形象工程的活动”,是一个多大的跨越和战略构想。

正如王志纲所说:中国99昆明园艺博览会的意义,在于把世博会作为一个超级支点,来撬动云南经济发展的杠杆,为中国中西部地区社会经济的发展闯出一条令人耳目一新的超常规发展道路来。

史蒂夫·乔布斯是世界科技史上最伟大的创新者,他领导缔造了Mac、iPad、iPod、iTunes Store、iPhone等诸多知名数字产品,令世界疯狂。但更令人疯狂的是其“饥饿营销”战略法,让苹果变得神明化。

我在美国的时候,一位朋友举着苹果手机在我眼前闪闪晃晃,得意地说:为了搞到这个劳什子,我可在专卖店排队整整等候了一天。

我问:是免费赠送还是降价促销?

是真金白银,199刀,还必须使用指定网络,刀刀见血!

确实刀刀见血。199刀对一般美国民众也不是小数目。

我怀着好奇不解之心,专程去檀香山购物中心寻访苹果专营店,并密切关注苹果在美国及中国的动向。

我发现,苹果最近在上海浦东开了家旗舰店。

这家新的专卖店采用全玻璃设计,据说与苹果的曼哈顿旗舰店形神兼似。

消费者像发现了诺亚方舟:苹果! 苹果! 苹果!

于是,蜂拥而至,上海某电视台还挺身帮闲,报道说有顾客在专卖店广场上夜搭帐篷,等候第二天开门抢购。

其实勿需激动,苹果就是一般的高科技产品,像微软、或金山、或联想之产品。只是在产品外形上,稍微艺术一把,把技术艺术化而已。

苹果如此丰满诱人,无他,只是使用了一个行销方法——限量营销,故意制造缺货现象,诱引顾客紧张心里,达到销售产品、传播品牌之目的。

限量营销不是奇谋,而是旧谋。

远的不说,单说上海的海派清口周立波,在票务营销上,也是通过限制个人购票,制造万众争购的紧张局面。

内行的都能看破，入剧院的戏票很宽裕，周立波只是动了一个小脑筋：一个普通营销的切口而已——限量营销，营造紧张。人一紧张，就无主张；没了主张，心里就慌；心中惊慌，感性冲动。

美国作家威廉·房龙在《美国人史纲》说过类似的这样一句话——回顾一下历史的发展过程，你就会发现：一个共和国的兴起，一个家庭"突然"之间获得巨大财富，一个一直默默无闻的小提琴手"突然"才华毕现，其实那是暗中谋划的结果，而这种谋划又是在很长一段时间里悄悄地、非常细致地拟定的。

在生活中，其实大家都非常清楚，没有一件事情是"突然"的——人的去世、王朝的倾覆，包括最近"打工皇帝"唐骏假文凭事件、汪晖论文抄袭风波……看起来是在一瞬间发生的，是一件偶然的突发事件，实则藏在背后的是见不得人的、上不了桌面的诸多勾当。

最近外媒报道，微软首席运营官凯文·特纳借微软自己的不堪往事挖苦苹果。他说，iPhone 4 之于苹果就好比 Vista 之于微软。Vista 是什么？是微软上一代 Windows 操作系统，介于 XP 和 Windows 7 之间，但是由于存在诸多问题，被消费者唾之为"很烂很鸡肋"。

凯文·特纳的意思说白了就是讲咱们 Vista 很烂很鸡肋，苹果也一样很烂很鸡肋，一个很烂很鸡肋产品不值得消费者如此期待、如此热捧。

凯文的话也许只能相信一半，毕竟两者是竞争对手，但美国权威杂志《消费者报告》值得重视。该杂志称，经多番测试，证实 iPhone 4 产品设计存在缺陷，用户接触左下角的天线就会导致接收能力显著减弱，甚至信号中断。杂志罕见地向公众就 iPhone 4 发出"不推荐购买"建议。

苹果正陷入"丰田式"品质公关灾难，回收 iPhone 4 恐无可避免。

不过，在发展中国家的中国，资本主义的苹果知道自己在卖什么，更知道自己怎么卖。

但盲从的消费者无法知道苹果是怎么卖的，更不知道自己就是商家营销下的那个笨蛋。

第四十七章

品牌的资讯属性

在策划界流行一句名言:“品牌策划畅销,是因为资讯收集;品牌策划滞销,是因为资讯收集。”

一个优秀的策划人是收集资讯的行家。

资讯制胜是知识经济时代策划人立于不败之地的护身法宝.

资讯是一个策划人的视觉、听觉、触觉和嗅觉,是策划人的生产资源和从事决策的依据。

上海广客隆仅凭三家小超市名扬上海滩,并敢于提出“产品原价集散是中小企业产品走向市场的一条最有效的途经”的营销策略,开创了上海滩上第一家中国特色的仓储式超市,绝非凭空想象。

在立项之前,公司花了相当长的时间、人力和精力,访问、研究和调查全国,特别是上海市场的特点、中小型生产企业产品销售的困境以及组建商品集散中心,使产品“原价集散”的课题成立的可能性与可行性。

在充分、全面、深入掌握资讯和调查研究之后,我们归纳出上海市场存在七大基本特点:

1. 上海拥有1305万人口,而且居住集中,一个居民新村的人口可能超过内地一个县城,对商品销售十分有利。比如闸北区的天目西路街道,1.94平方公里的土地上有19个居委会、近20000户家庭、73000位居民;北站街道,有35个居委会、49580户家庭、130000人口,聚居于1.74平方公里土地上。

2. 上海人对外来文化的融会能力和对商品的鉴赏能力非常强,美国的可乐、日本的SONY、广东的家宝、河北的露露、江西的宁红、内蒙古的牛鞭酒、广西的黑八珍、黑龙江的五行针……只要有胆量的产品,上海都能接纳,不怕上海人不识货,就怕企业没好货。

3. 上海是我国工商业最发达的特大城市，商品流量最大，商业网络最全，辐射地域最广。以上海为桥头堡的华东市场是国内市场的制高点，因而历来是商家的必争之地。

4. 上海的分销商一般都没有买断商品的习惯(三年之后的1998年华联超市才开始实行商品买断制)，外地企业开拓上海市场时要有足够的思想准备和应对措施。可以这样说，在市场经济下，不一定惧怕上海商品，但决不能轻视上海商家。

5. 上海的商业网点多而且组织有序，如果说广东市场讲究个性，那么可以说，上海市场讲究整体性。因此，外地中小型企业开拓上海市场孤军奋战很难掀起波浪。"组建联合舰队"也许能在上海登陆。

6. 上海人购物比较慎重，但很能起"蓬头"(认同感)，因此，广告宣传的效果非常明显。

7. 依据一些发达国家，诸如法国、美国、德国等平均每个超市服务人口、超市门店平均营业面积参考，根据上海人均国民收入，城市人口比例情况，从每个超市服务人口方面考虑，上海500平方米左右的超市总平均服务居民可在12000至14000人左右，按此计算，上海超市门店数可高达1000家左右。

关于生产企业。在由计划经济向市场经济转变，市场规则存在混乱的境况下，生产企业在产品流通渠道上主要存在六大误区和症结。

1. 生产企业给商家打工

生产企业在注意与同行竞争时，却忽视了同销售商之间的公平竞争。市场经济是以竞争为特征，以买方市场为主的经济，有些销售商利用地利优势引厂进店，挑肥拣瘦，坐收渔利。以致生产企业在孤军作战时很容易化整为零，年终财务结算扣除柜台租费、人工费等等，生产企业分文未赢，最终成为商家的打工仔。

2. 企业法人行为变成业务员之间的个人行为

生产企业的主管都比较注重项目、融资，增加生产量，却没有充分认识到产品销售环节是企业的生死结，大量聘用社会人员负责销售工作，只注意防"客商"而忽视"君子"。对业务员的管理只注意激励措施，而缺少实质性的制约机制，企业和企业法人为业务员打工的现象屡见不鲜，生产产品的企业就像广告公司和保险公司那样使用和管理业务人员，结果是后患无穷。

3. 上计划经济的当

生产企业由于不熟悉市场商品流通的特点和变革，对批发公司执迷不悟，不少企业为了敲开批发公司的门，托熟人拉关系，宴“宾客”送厚礼，殊不知原有的批发公司在某种意义上仍是计划经济的产物，在市场经济下依然玩弄老一套游戏规则，使不少企业“赔了夫人又折兵”。

4. 单线联系遗留后患

生产企业在产品打进商场时，销售网点和渠道都是业务员建立起来的，并通过业务员搞“特务式”的单线联系。这样以为业务员或经理搞定了，生意就落实了。然而由于社会上皮包公司的“空麻袋背米”专做无本生意的为数不少，业务员或代理商在要求大批商品铺底后，马上把企业产品先垄之而然后“断”之，有的甚至以“跳楼价”抛销商品套取现金，以至生产商和销售商的负责人只好以官司见面，结果“经手人”一走，万事皆空，亏损的仍是生产商。

5. 无形资产等于“零”现象

生产企业的产品不占领产地以外的市场，显然难有大发展。在异地设分公司、经营部费用庞大；本厂职工长期在外出差有困难，聘用外地人员料理业务又不可靠。就是经过周折，产品进了柜上了市，赚了一点钱，但总感到年年都很辛苦。几年下来，销售费花了几十万甚至几百万、上千万，但市场和消费者并没有记住企业的形象和品牌，无形资产等于“零”。

6. 预付款的陷阱

生产企业挡不住“预付款”的诱惑，“饥不择商”，贸然发货，结果被人无情推下楼；销售商以各种招式拖欠货款，对大笔货款认账而不付账，小笔货款随便找个借口能拖则拖，生产商讨回一点货款却不够差旅费，这样人为有意造成的经济纠纷把企业纠缠得死去活来。

品牌策划人在进行企业立项、新产品上市(产品营销)、广告创意等策划过程中，掌握最新、最准、最全、最利的信息，是策划人推出畅销策划不可或缺的前提。

有例为证：哈雷眼明耳聪识慧星；牛顿从落地的苹果看出背后的万有引力；松下幸之助从街头两兄弟的争吵发明了双向插头；马本立阅读到湘西的生活指数后，决定把“老大哥”烟从 2.50 元降为 1.70 元；王志刚听到佛山一个富翁的儿子被绑架的故事，设计出“钱财身外物，儿女千秋业”的超级创意；笔者从助动车“突突”冲出的黑烟，预想到对环境关怀备至的上海，必定会对助动车加强管制的先兆……

但是，这么多好的信息会在哪里呢？这么多的信息源，存在于身边的现实生活中，躲藏于信息浩繁的舆论里，流行在大街上，散落于与人沟通的过程里，隐藏在阅读的报刊杂志或书本中。

日常生活中的人们，都会关心与自己相关的人或事，在信息系统的社会中，作为策划人，更应该像狼一样具备灵敏的嗅觉；如鹰隼一样的犀利的眼神，见到信息的兔，能让它们产生心灵的悸动。那么，哪样一些信息能让策划人产生强烈的心灵悸动呢？在确定策划项目前，除拥有的现有的资料信息外，还有：

从前没有见过的新信息或新现象；

与从前不一样的信息或现象；

从前没有发生过的有趣或快乐的信息或现象。

以上三类信息，要发现它们，亦难亦易。难，需要洞察力；易，是因为它们在生活中永生。

在笔者寓所的后门，有家上海著名的金沙江搬场公司，员工几百人，老板为军人出身，整个公司实行军事管理。我与该公司有过一次接触，公司信用守时、纪律严明、服务体贴周到，免去了笔者许多烦恼。记得几年前的第一次搬家，那时搬家公司少，找不到搬运的公司，只得叫街头的出租车以及各种一面之交的朋友。那种繁琐，至今想来都有些害怕。

上海的搬家公司大约10年前开始出现，特别是随着上海市政动迁的增加，生意越做越大。现在上海有“公兴”、“快捷”、“外滩”等50余家搬场公司。要是现在谁家要搬场，一个电话打到“搬场”公司，马上就能解决，省心、省钱又省人情。

但搬家公司的创意，谁是始作俑者呢？搬家公司的出现，与日本一个叫寺田千代的女子有关。20世纪70年代，寺田千代与丈夫一起经营一家一般的货物运送业。当时正值日本闹经济危机，工作量急骤减降，寺田太太在一次闲聊中，听说有几个县市正在迁移大阪，而且还有人扳指算过，总迁址费用合计约需150亿日圆。

150亿日圆?!

这是一笔庞大的金钱数目吧，寺田太太想：身边周围都没有专门的搬家公司，那么那些动迁户谁帮他们搬呢？他们又是怎样搬家呢？对呀，还不如我们成立搬家公司，由我们去帮他们搬家。寺田太太还想：现在的货运业，账款无法从客户那里取得现金，为客户搬家时肯定还是现金交易。

寺田太太说到做到，经过数度交涉，寺田太太成立了她自己都不知道的世界上第一家搬家公司。上海的搬家公司，生意做得红红火火，是将寺田太太作为榜样？还是受到上海世纪大动迁现象的启发？这个问题留给策划人去想象吧，现实生活确实存在着太多丰富的启迪、太多丰富的商机。

在信息浩繁的世界里，纵有弱水三千，只取一瓢。

“二战”英雄邱吉尔最喜欢直接的原始信息，重视信息对邱吉尔来说，至少有三个方面的作用：能将下属对当前最重要的情况的看法集中起来；为商讨问题作准备；减少官僚主义。

1983 年，工作人员把一份详细报告放在时任中国光大实业公司董事长王光英的办公室桌上。这个信息的具体细节如下：

车辆所在国度：智利；

企业：倒闭铜矿；

车辆情况：二手车(倒闭之前由矿主预先订购的一批车辆按时间估计应为新车；矿主为了加大工程进度，采购的均为名牌车，有德国“奔驰”、美国“道齐”，总数为 1500 辆)；

企业态度：急于还债，可能会以令人满意的价格成交。

就是这样一份报告，让董事长王光英在仅仅 86 天的时间里，为国家净赚 2500 万美元。

这份报告是工作人员从浩繁的信息舆论中捕捉出来的。

王光英董事长看完这份报告，脑中迅速闪出判断：在信息如此发达的世界上，该信息肯定也被其他公司、企业或他们首脑所掌握，所以兵贵神速。

光大实业公司马上组成专家和工作人员派遣队抢先一步赶到智利，火速与矿主老板进行了接触。专家发现，这位矿主虽说已破产，可他对即将出手的 1500 辆车保护得令人感动。这些卡车载重 7 吨到 30 吨不等，矿主包租了一个体育场，将这些车整整齐齐地摆放在这里，而且他让工人将所有的车都细心地涂抹了防锈油。

专家组人员看到这些车时，不禁齐声赞叹。他们一丝不苟地验车，各项指标确实令人满意。

在紧张地讨价还价之后，矿主与光大实业公司专家达成了以原价三折的价格成交。就在专家组与矿主达成协议，1500 辆车属于光大实业公司时，有一段小插曲：这时一位美国企业家也到达了智利，这位女企业家对专家组负责人说：请把这些车转卖给我吧，我给你们 300 万美元报酬。

王光英当然没有接受美国佬的小恩小惠，他要对得起祖国人民的利益和这份来之不易的报告。

一个人一生中，能创造一个名牌已属不易，但倘若创造出两个名牌来，那简直就是人精。

广东就有两个人精：一个是创造出“小霸王”和“步步高”的段永平，另一个是创造“乐百氏奶”和“生命核能”的何伯权。

段永平在 1989 年以“一文不名”的书生身份自江西南下广东打工。七年之后，他凭“小霸王”学习机占有全国市场 80%的份额，成为“打工皇帝”。就在公司发展如日中天之际，他辞掉了总经理的位置，跑到与中山一江之隔的东莞，开创出了属于自己的第二个名牌“步步高”。段永平做企业有个著名的“焦点法则”——“一个企业应将 80%的精力放在 20%的事情上，那么这 20%的事情会给你 80%的效益。”笔者在写作本书时，段永平被《Asiaweek》(亚洲周刊)评选为商业与金融业“千禧年领袖”。这是个崇高的荣誉。整个中国内地只有 2 人，段永平作为其中之一，是多么的光荣而自豪。——就是因为看到这则消息，笔者才多说了几句，我们还是言归正传吧。

何伯权首先创造的名牌“乐百氏奶”，然后才是“生命核能”。“生命核能”的成功推出，是由报刊上的一篇新闻引爆的。

12 月的一个晚上，何伯权临睡前浏览报刊杂志时，突然一篇报道——《神奇的马家军》，引起了他的兴趣。报道中一段段精彩的叙述令他瞠目结舌：

“9 月结束的全国七运会上，辽宁省的‘马家军’连破世界纪录，共获 22 块金牌，等于一个运动强省获得的金牌总数。”

“马俊仁还有一整套让运动员恢复体力的绝招，昨天全程跑马拉松，今天身体就会恢复正常。他一面为运动员按摩、针灸，一面用滋补品给运动员增加营养。他领着弟子们一天跑一个马拉松，一个训练冬季，跑 114 个马拉松。在全世界运动史上，绝无仅有。”

“每天半夜，马俊仁悄悄爬起床，一个人在厨房里捣腾半天，熬好一锅汤。清晨 6 时半，姑娘们准时来到马教头家，一人一缸将热汤咕咚咕咚喝下去，转身跑到操场上，不知疲倦地一圈接一圈跑下去……”

在此之前，何伯权只隐隐约约听说过“马家军”，但弄不清究竟是些什么事。但是在此之前，何伯权对“营养与人体能量发挥的关系”是十分了解的。他知道：最能表现人的生命活力的运动是长跑，在长跑中供给运动能量的源泉是营养；长跑运动可以反映一个人的营养富集水平。如果一个人的心肺功能很强，负氧能力很强，再加上血液里有充足的养分，那么此人消除疲劳的能力便很强，他就能长时间、高速度地奔跑……

看完有关“马家军”的报道，何伯权浮想联翩、兴奋不已。这位研制和推销“乳酸奶”的工商巨子，激动地告诉妻子：马俊仁秘密熬的“汤”，是一种保护和促进人类健康有重大价值的营养秘方，如果能把这个秘方买过来，把它变为产品，巨大的市场将使今日集团发达起来。

“今日”集团的特点是任何事不待明日，说干就干。何伯权立即拨通了沈阳的电话，向“今日集团辽宁省市场部”的经理李振勇下达了指示：“想办法与马俊仁联系，过两天我来东北……”

何伯权用1000万元买下了马俊仁“生命核能”秘方。为了让产品尽快上市，今日集团投资两亿元引进意大利设备，建成全封闭的自动化生产线。产品生产成功后，美国、日本、荷兰、香港等10多个国家和地区的企业，国内30多家企业竞相争夺经销权。

何伯权从“马家军”的报道掌握了“生命核能”，笔者也关注过“马家军”，但就是没有发现任何“能”，至今说来真是惭愧惭愧。一则新闻，何伯权能掀起一场商海波涛，确实让策划人不得不竖起大拇指。

日本策划大师伊吹卓说：策划有两种思维方式：一种是失败的思维方式（输出型思维方式）——点子→自以为是→实行→失败。

（注）不努力收集信息，凭主观臆断。所谓点子大师往往点子乱发，违背常识，易于失败。所谓聪明人往往把自己所知当作点子，犯主观主义毛病，与现实脱节易于失败。

一种是易于成功的思维方式（输入型思维方式）——收集信息→分析→尝试→实行→成功。充分地调查事实→许多点子→选择→怀疑、修正。

（注）哪怕多一条也好，尽可能收集信息。努力做到完全准确地掌握事实，把握实际情况的前提上提出点子，与实际相符易于成功。

第四十八章

课堂外的自我修炼

创新思维是指对事物间的联系进行前所未有的思考,从而创造出新事物的思维方法,是一切具有崭新内容的思维形式的总和。

一切需要创新的活动都离不开思考,离不开创新思维,一切创新活动肇始于创新思维。创新思维是思维的高级形态,因此既有一般思维的基本性质,又具备其自身特征。

与常规思维相比,创新思维的最大特点在于它的原创性,而这个特性的产生在于巧妙地发挥了人脑思维的潜能,特别是与右半脑的功能密切相关。

凡是能创造出新事物、想出新点子、发现新路子的思维都属于创新思维。

古希腊著名哲学家阿那克西米尼生于中亚的莱普沙克斯,他思维灵活、想象力丰富。有一次,阿那克西米尼随亚历山大远征波斯,在军队将要占领莱普沙克斯时,他为使故乡免受兵燹,前往拜见国王。

亚历山大早就知道阿那克西米尼的来意,未等他开口便说道:“我对天发誓,决不同意你请求。”

“陛下,我请求您下令毁掉莱普沙克斯?”哲学家大声说道。

在这里,阿那克西米尼运用的就是创新思维。创新思维帮助阿那克西米尼解决了难题。

在人类历史上,创新思维所起的作用远不止此,它能决定一种生活方式,造就一个成功的神话,甚至改变整个世界。

那么,创新思维如何能习得?品牌传播人的“第二课堂”——功夫在诗外式的自我修炼是重要的途径。

观察市场

一楼化妆品,二楼女装,三楼男装,为什么上海区域性的商场大都是这种格局？稍有区别的，一百地下底楼销售家电，西部百货的地下底楼为超市。

观察连锁商店、超级市场、百货公司后，你真的会发现许多有趣的现象：进巴黎春天、百盛等高级商场的白领多，进联华、农工商超市的中年人多，进24小时营业的罗森连锁小商店少男少女多，进街头小杂店穿着睡衣买东西的人多。

有场未必有市，如果你的商店开在下坡的地段；旺地不一定旺市，到了寒暑假，高校附近的饮食店都得挂免战牌；

有场无市，让你急死；有市没场，让你憋死。

有家商场经过调查，发现某居住区居民不下40万，于是在居住区旁开了家颇为豪华的中型商场。半年之后，商场经理十分吃惊，因为他发现生意并不像他们想象的那样好，是消费力不够，还是货物不充足？

笔者经过观察，然后告诉这家经理说："居民有40万不错，但你没有发现，这里的高尚住宅区，居民70%以上都是有车族，他们可以去2公里处的麦德龙大卖场，一次能把一个礼拜甚至半个月的东西买齐，你商场的东西不比麦德龙便宜，消费者自然有自己的选择。"

涨价又如何

现在的大街上到处都是采取降价的策略来吸引消费者的购买欲望。降价是万能的吗？否。

笔者每天都到公寓附近的小吃店吃早点，这家的包子一向不大而且铁紧。一天，一个本来5毛钱的包子涨到6毛，我观察了一下周围，发现顾客都没有生气，而且都吃得吧吧响，原来包子变大了、变白了、变得松软了，肉馅也增量了。

过了一个半月之后，我再观察到，包子稍有缩水，但价格仍卖6毛，大多顾客因为吃习惯了，对包子些微的"缩水"没有发觉，所以觉得6毛钱还是很划算。

这是商人的精明。

新店面开张，或是店面结束营业、清仓、转卖等时候，多数商场采用"N折大优惠"这类宣传。唉，看多了就觉得太老套了。

简直叫人漠然处之。在降价被当成是万能的时候，涨价才真是有为的开始。

谁是真正的老板

看到这个标题，马上会有人站起来说：这不是明摆着的吗？企业家就是老板，总裁就是老板，CEO 就是老板，经理就是老板……还有管理人的就是老板。

这种说法对吗？

错！

消费者才是真正的老板。

很早以前笔者帮一家食品公司推销一种甜酱，食品公司经理说，这种甜酱价格合理、口味鲜美，一定受消费者喜爱。我们兴冲冲拿到消费者面前去兜售。

然而，消费者并不买我们的账，说：你的甜酱太甜，冲脑；你的甜酱看起来像豆浆，太稀；你的甜酱价格比某某甜酱贵 4 毛 5 分钱，太贵；你的甜酱包装太花，像护肤品；你的甜酱有个英文字母拼错了……消费者不像消费者，简直是个法官。

那次我们落荒而逃。

我们把市场上的遭遇告诉经理。经理莫名其妙，说：不会吧，我的甜酱可是最好的甜酱；走，明天再去推销。接着经理说了一大堆销售秘诀和雄心壮志的话。

几番几次，我们仍然败兴而归。

甚至还带来消费者的另一句话：你的甜酱甜得有些苦。我们几乎失去了信心，不得已我们对经理说，如果产品不改进的话，我们要抬腿走人了，这件事实在没法做下去。

最后经理按照我们从市场上反馈的信息，做了系列修改。

消费者是这个时代真正的老板，他们眼光敏锐，要求层出不穷，他们忠诚无比，他们是市场的国王，他们的嗜好和渴望主宰着产品的生死存亡，谁怠慢他们，谁就要得到惩罚。

这次老板们对他们只有一个问题：明天你打算让我做什么？

改写故事

笔者在读大学的时候，专门为《新民晚报》“文学角”的一个栏目改写过一段故事来赚取稿费，要把苏童几万字的《妻妾成群》或莫言的几十万字的《丰乳肥臀》改成 800 字以内的小文章，确实花了我一番功夫。

这种改写还算好，基本故事不变。

还有一种改写，把故事或结果写成另一种格局，那就花脑筋。比如《皇帝的新装》中，可以说皇帝没穿衣服的小孩是受某位宰相的引诱，让他故意大声说皇帝没穿衣服，以致皇帝大怒，下令把小孩杀了，从而引起一场民愤，宰相趁机篡位，两骗子原来是宰相的同谋，够刺激吧。

《罗密欧与朱丽叶》有后现代版的故事，猪八戒在高老庄娶亲的故事也应该有现代版，在改写时你可以塑造多个“现代猪八戒”的形象，“猪八戒”可以是大款、可以是打工仔、可以是落魄的官员，他一心一意“为老板”着想，或意在他途，他装作勤劳，骗取信任。

同时，您也可以假想出不同的“高小姐”的形象和“猪八戒”的形象组合在一起，这样做，故事就可以五花八门，这时您的想象力会得到无限大的培养。

探寻公司名称的由来

探寻自己的公司名称或觉得奇怪的公司名称的由来。

笔者曾申请过一个“思库”公司，因为是信息公司，遂名取“四库”，后工商局说这个名字已有人取过，遂改名“思库”，原来“四库”的一套含义全废了。

可一想，“思库”也不错，既是思想的宝库，信息的宝库，英文名还可译为“SCHOOL”。我们的“思库”公司还是一座学校，一座提供最新、最快、最准、最鲜信息的学校。

公司的目的就是“为繁荣中国经济的企业家和决策者提供智谋读物”；公司的态度是“做事先做人，实事再求是”；公司的追求为“客户是我们的第一时间”；公司的口号是“为客户不懈努力”。

“SONY”公司取名的故事我们读得多，但农工商集团下面的“心族”公司，我们可能就深究得少。

“心族”这个名字，取得很有意思。把两个毫不相干的字放在一起，名字就有这么漂亮，几乎达到与“SONY”异曲同工之妙，真不简单。

还有“KODAK”，取名最简单，没有任何的浮想联翩。“咔嚓”，这是照相机拍摄时的声音，“KODAK”胶卷就地取名，就像相声《超生游击队》里说的，在海南岛出生的孩子就叫“海南”，在哈密出生的就取名“哈密”一样，不做作也不扭曲，落地生根，奇妙无穷。

记住上班途中的风物

从家里到公司，坐公交车要20分钟，从公司走回家要花1个小时。以前总是匆匆忙忙，心中只是想到业务业务，顾不得一路的景物。

当心静下来的时候，发现身边的路上，真是一路好风光。

春天的玉兰花晶莹剔透，夏天的夹竹桃幽幽吐馨；秋天的晴空下，看见一个人在半空中自由落体，原来街旁又添了家蹦极；冬天的傍晚枣阳路炊烟袅袅，忙碌的大排档迎迓着下班不肯回家吃饭的年轻人。

突然有一天，华联超市的空地上拥聚着一批人，正认真地倾听一个年青流浪艺人激动而卖力地唱着摇滚，在他的脚前竖着一行字：生活之路。

这时你会浮想联翩，作为策划人，生活之路，不就是每个人靠自己一步一步踏出来的吗？

策划朋友们，你可曾发现有如此众多的美景风物，在日常生活中被我们无端地忽视了。

将消费分为Needs和Wants

Needs和Wants在意义上很相近，如果硬要区别，则Need 5是需求而Wants是欲求。Needs是客观需要的，Wants是主观想要的。

如果将汽车、麦乳精、电话卡、太阳帽、家用电脑加以分类，可以知道很难决定。

改变观点，将家居贷款、交际费、休闲费、服饰费、教育费等支出项分为Needs和Wants。这么一来，会得出Needs——住宅贷款、交际费、教育费——中老年人，Wants——休闲费、服饰费——年轻人的两类。

在这里，想一想畅销商品这种东西，放在何种支出项目，然后再强行将这些畅销商品分为Needs和Wants。另外，我认为大众论者过于偏向Needs，而个体论者过于偏向Wants。

试一试自己的策划能力

许多刚出道的策划人或多或少都会碰到这种事情：当自己再三认为相当有把握的策划方案，有时候却不被公司采用。

特别是拼了命的自信作品，遭到公司或其他主管的冷遇，这时往往会产生埋怨或愤怒：“干什么干，这种鸟公司，真是不识货，老子辞职不干了！”有创意的策划人都比较感性，撩起一脚，就要走人的样子。

其实，你应该等一等。那件策划方案也许真的不行，或是公司没有先见之明，在发脾气前最好试一试，为了了解自己现在的分量，应该给自己一个机会。

有时忍耐和等待是策划能力的另外一种表现。

练习谬论

先锋派作家格非曾问下海从商的作家马原在海南挣钱的感受，马原说："在写作界，我一直觉得自己是老子；而在商界，我觉得自己像孙子。"

我们可以假设自己站在有利的反面，来磨练谬论。

一位文学大师在被问到如何成为富翁时说："抬起一只脚小便看看，像条狗吧。如果像人的话，就不可能成为富翁了。"萧伯纳在被记者问到受哪一本书的影响最大时，回答说："银行的账簿。"

谬论不一定是真的谬论，它可以拐弯抹角，尽显你的智慧。

操练"说谎"

《中国青年报》在几年前的 4 月 1 日，曾用大半个版面说了许多谎话，很多读者信以为真，结果该版面编辑被下了岗，这种谎话实在开得太大。

说有趣的谎话当作开玩笑，范围不宜太大，如果超出范围，那就像美国总统克林顿面对司法官仍说他与莱温斯基没有关系一样，这就有些让人生厌。

"本商场实行统一价。2 元一件。"笔者在街头的小商场经常看到这样的广告牌，其实走进去远不是这么回事：有的货架上的商品统一价是 2 元，有的货架上的商品统一价是 15 元，还有的是 18 元。折回身再看门牌广告，原来在"2 元一件"之前，还有个句号。

小商人绞尽脑汁，说了一个善意的谎话。这个谎话让他拉住了许多顾客的脚。

说一句谎话很难，说一句引人发笑的谎话更难。

医生和家属瞒着患绝症的病人，内心也感不安。策划人操练谎话，大大可以不去行动，但由于挖空心思去构想，这样就会使想法变得越来越有弹性。

失败之中有启示

不要将失败看成是单纯的失败。

经过精确的测算和实验，克罗克发现“可口可乐”在4℃时的味道最为甜美。于是全世界“麦当劳”的“可口可乐”温度都保持在4℃。

1925年，在日本新泻县的一家制饼店，公司与三货郎在制饼时，不小心将大箱子摔落在地上，糕饼全部压得扁扁的，批发商看到以后说：“这种开发很有趣。”于是有了现在日本十分流行的小点心——“柿子饼”。

采取他人想象的行动

想一想结婚前的事，男女一心为了获得对方的喜欢，都努力成为对方所想象的、所希望的对象。

自己所想象的性格和对方所想象的性格，大多有差距。如果对方认为你是“容易动气的人”、“顽固的人”，则在行动上故意强调这种态度，对方必会认为自己的判断没错。

然后立即采取相反的行动，使对方如坠迷雾中。差距越大越有效果，可以掌握人的固定观念。

跳出来看问题

有个脑筋急转弯：有艘船可以承载50名乘客，在上到49人时，这时走上了一名孕妇，孕妇刚上船，船却沉下去了。

为什么？

答案有无数种：因为孕妇肚子里有个孩子是一种；孕妇是个双胞胎是第二种；没有包括船夫在内是第三种；突然一阵台风刮来是第四种；遇上海啸袭来是第五种；船漏水是第六种；一只鸟栖落船头是第七种……

船是条潜水艇。这个答案是不是更有噱头，是不是更有趣味？是不是叫人恍然大悟，哈哈哈！

宝马汽车的广告推出“防范至上”的理念——难道主动进攻就是最佳的防卫？驾车犹如武术，反应灵敏，进退自如，宝马具有极为先进的制动性能。“看家本领”是某房产商倡导的营销策略。“寻找高人”，为三鸣养生王的成功鸣了锣开了道。“悬赏捉拿”，开辟了招聘人才的另一法则。

跳出来看问题，往往能为你的策划洞开一方仙境。

不信，这里还有一道急转弯：在一道山涧，一个人要去对山，但他必须经过一座独木桥，当他走到半路的时候，突然对面穷凶极恶地蹲着一只老虎。然而，这个人还是过去了。

这个人是怎么“过去”的？

答案是——他“晕”过去的。

当一次侦探

乘电车、公共汽车或走路时，有一些看起来可疑的人物。

那时，立刻尾随看看，可以在日常生活中体验一下惊险的滋味。

笔者有过一次经验，那是一个夏天，在上公交车时，笔者老是看见一个中年人怎么样都进不了车厢；待车运行时，车厢里突然有人说钱包丢了；天热，还有谁藏得下钱包，乘客都面面相觑；这时，我悄悄地对售票员说，那个戴太阳帽子的中年人可以问问。

后来在巡警的帮助下，那个中年人果然从帽子底下交出了钱包。

一个警察朋友告诉过笔者，做侦探要掌握一些基本功：尾随基本上要与对方保持 15 米的距离，混杂的地方则 10 米。对方消失时，将视线移到 15 米的地方，然后转回自己的方向，往往可以找到。继续尾随时，可以在 30 秒前预测对方下一个行动。

据说，优秀的侦探可以从一张照片说中这个人的身高、体重和职业，神吧。

拥有自己的进化论

在生物课本里，我们学习到达尔文的“物竞天择，适者生存”的进化论。

但也有生物学家认为：“生物并非经由淘汰产生最适于环境的个性，而是自发地找出环境的微差后各自生息。‘重’在应该改变的时候来临时，一齐飞跃进化。”同时其他还有各种不同的进化论。

这也就是说，现在没有所谓肯定的进化论，因为没有人目击过生物的进化。因此，任何人都可能任意地推想进化论。

想一想您自己的进化论，同时以自己的进化论去打碎人类最伟大的常识看看。自人类诞生约 500 万年，恐龙虽然已经灭绝，但活了 2 亿年。

读佛书念佛经

支撑近代的科学的物质世界观，逐渐地使人们地日常生活变得缺少韵味。

天地在我心，日月在我胸。像和尚晨钟暮鼓、合掌求缘、读读佛书、悟悟佛诗，其时会天地长悠悠、日月耀光华。

佛是菩提树，心是明镜台，常常勤拂拭，切勿惹尘埃。

嫌这首诗不够，再来一首：

菩提本无树，明镜也非台，本来无一物，何处惹尘埃。

大和尚神秀悟到的是第一首诗的境界，慧能和尚读到的是第二首诗的境界，您读到的是哪一种境界？慧能和尚不识字，但他的境界高，能悟到佛的真谛。

为了工作我们每天都在消耗自己的头脑和身体。《华严经》、《般若心经》或其他的佛书都可以拿来翻翻。光是这样，就可以使你的心态沉潜，或许一个超级创意就要诞生。

去喝矿泉水

街市上销售的矿泉水平均一瓶要 2.5 元钱，但农夫山泉和乐百事的价格就不一样。水本来是解渴的东西，笔者去张家界的时候，口渴时只需用手掬一捧，就可以解决问题。

矿泉水本质上是水，无色无味。但如果我们只从产品的味道和外观上看，各类产品看不出什么差别，其实在市场上不同的品牌，比如获得满、正广和和农夫山泉的销售状况就大不一样，想想其中的道理，对您或许有启发。

捡漂流物

成龙和舒淇拍过一部《玻璃樽》的电影，舒淇在海边偶拾一个漂流瓶，瓶中有张纸条，条上说：我在某地等您！舒淇信以为真，从乡下独自跑到香港寻找心中的白马王子。

故事曲折离奇，看过的人都受感动，觉得爱情真是个奇妙无穷的东西。

现实中漂流物大多是瓶子、果核、流木等，偶尔也有放在塑胶容器的逃亡信、SOS 的救生标志。QQ 也有漂流瓶，交友、爱情、寄语等，你可以想想，到底是哪里来的东西？什么人放流的东西呢？是真是假？在你进行各种推理时，可以知道所有的漂流物都含有特别的故事或启示。

播花的种子

中国被称为花鸟风月之国。

出生在四季分明的国家，实在值得庆幸，但现代社会已经逐渐失去了四季的风情，人们往往不注意季节的更替，忙碌于一些世间俗务，所以不妨在身边制造简单的四季的生活情趣。

不要购买开花的盆景而是买当季的花的种子种在庭院。

住在公寓、大厦的人，买较大的花盆，发芽、伸茎、长叶子，最后终于含苞、开花。虽然是这么一点小事，会令人感动。

突然跳上公共汽车

平常坐出租车去上班的话，改坐公共汽车去看看。

体验一下普通百姓的生活，听听他在谈些什么。或者是策划案出不来时，不管方向如何，跳上电车。最好是快车或特快车，因为停车次数少，比较不会分心。

如果坐公共汽车上班的话，不妨走走看。至于走柏油路，还是林荫小巷，配合心情和天气、时间加以选择。

打开地图看看

读名人传记时，发现许多名人都爱看地图。

毛毛在《我的父亲邓小平》中说，我的父亲无论走到哪里，都喜欢看地图。

打开世界地图或中国地图看看，定可扩大视野。

如果喜欢韩国，调查一下那里的经济、文化和人物，你会发现在这个像兔子形象的国家，竟然产生了李昌镐这样年轻的世界围棋天才。

你会发现山东的酿酒原料为什么从四川贩运；湘西为云贵高原边缘，它不太产粮食，湘泉酒凭什么在这个地方；广东人不太爱喝白酒，原来与该地气候有关；同是西欧，德国以啤酒闻名，而法国凭葡萄酒傲世，美国因为禁酒，才让可口可乐大出风头。

打开地图，就是打开一部人类的方方面面，即使和自己的行业无关，也调查看看。

想想看，佛罗里达是美国死亡率最高的一个州，中国延缓衰老的保健品在该地是不是特别有市场？如果你去那里推销保健品，首先要做的工作是什么？唔？

自己的书加以分类

只有商业书籍的人另当别论，因当时的兴趣或迫于需要而买的书，按照购买顺序放入书架，谈到分类管理，需要很大的决心。

不整理也无妨，但请你一边看以前所买的书籍，一边回顾自己的读书经历。

如果偏向商业书籍，则应着重考虑今后的读书方向。

我到初次访问的人家去时，尽管有点失礼，但一定要求看一看书架。

看书架可以推测那个人的头脑的构想，这可以断言不会看错。

所以，我不让其他人看自己的书架。

给初次见面的人取个绰号

记住初次见面的人的姓名、特征，不但是商业的基本要求，也是辨认人的前提。

人都有某些地方不同，在最短的时间内找出不同的地方，取个绰号。

如果不取绰号，则将特征写在名片上。

公司内最亲近的人、性格不合的人也取个绰号，自己的周围看起来必定和以前不同。

给每个人都能取一个形神兼备的绰号，说明你瞬间把握问题实质的能力很强。

剪下喜欢的广告

这个爱好浪漫而实用。

有人收集火花，有人收集邮票，还有人收集易拉罐。收集喜欢的广告，就可以发现，典雅而精致的香烟月份牌，说明了什么；画面上缺半边的呼机，说明了什么；一只枕头加睡眠药——闻闻睡觉的味道，说明了什么；干净冬至邋遢年，买双套鞋过新年——这个广告词道明了什么；如果有喜欢的文字和图片，不妨剪下来，因为它是最能敏感地反映时代潮流的广告。

思考一下，为什么他要这么创作广告，揣摩广告人的心理，定会有所收获。

客轮的空座位

不到 1 个小时，从上海到青岛的客轮就要起锚，但显示屏上显示该趟客轮还有 20 个空座位。这时，一位顾客走到售票窗口，“我要买张去青岛的船票。”顾客悠闲地说，“不过我只想出 100 元钱，去青岛玩一玩，你们不买，我可以不去。”

“对不起，先生，”售票小姐微笑道，“一是公司有规定，不得随意降价；二是如果大家都像你，我们还不够成本，不就亏本了吗？”

客轮公司真的亏本了吗？客轮公司在边际成本满足以后，20 个空位空着也就空着，如果拒绝这个 100 块钱的顾客，公司就少 100 块钱的收入，该年的国民经济总产值就少了 100 元。

那么，长途汽车客运怎么就可以讨价还价呢？

我国的航空公司都在没命地打折，如果在公务旅行和要求时间保障的顾客那里赚回了成本，应该说剩下的空位是卖一张赚一张。如果不打折，剩下的空位让顾客自己标价，消费者出多少，航空公司不就赚多少吗？如果一家觉得势单力薄，那就联合整个航空公司，搞一个大网络、组一个网站、专门出售空座位，不赚才怪呢。

美国就有一家这样的网站：priceline. com，该网站推出"随您出价的网上订票服务"——顾客上网订票，票价由顾客自己定。他们这样的经济基础是因为空座位的边际成本几乎为零。

客轮公司为什么放弃那 100 元钱呢？

多学哲学

很早以前在《文汇报》读过一篇文章，标题是《哲学的黄昏》。

哲学真的穷途末路了吗？

要推翻这种假说，你得建立一种自己的真说。大道理人家不要听，那有没有能叫人信服的小道理。

有。

请您听好。

2500 年前，在古希腊有一位叫泰勒斯的哲学家，他学富五车、才高八斗。但他专事哲学以致一文不名，受到当地人的耻笑："嘿嘿，哲学有什么用呢，又不能当饭吃？"泰勒斯不服气，他决心找个好机会，证明哲学、智慧、知识是值钱的。

有一年冬天，精通天文和气象的泰勒斯观察星空，发现星座有些微妙的变化，他从中推断出第二年风调雨顺，橄榄一定会大丰收。

怎么利用这个信息呢？

他把所有的钱和房产作抵押，租下了第二年将使用的所有的橄榄榨油机。由于当时无人竞争，他只花了很少的钱。

第二年果然橄榄大丰收，很多人需要许多榨油机。人们只得花高价从泰勒斯手中去转租，泰勒斯对那些嘲笑过他的人抬高价钱，他在很短的时间里发了一笔大财。

哲学有用吗？

品牌人，有空还是学学哲学吧。

远离大众传播

远离报纸、杂志、电视、微博、微信，即使一个星期，周围亦没有变化。

一个月过后，也没有任何变化，和以前一样，那是因为你每天和其他人接触。

由于人是媒体的一种，不会感到消息不足，但是事后阅读那个星期的每一份报纸和杂志时，上面刊载的消息与从接触的人听来的消息并无两样。

这时你会了解，每天得到消息，等于没有拥有自己的意见。大众传播的消息，都是真的吗？吸取信息时应该保持批判的观点，审慎地作为自己的意见。

拍摄路上的东西

以黑白底片拍摄路上的东西，可以成为路上观察学。这是一种观察与原来的用途和实际特性、制作意图不同的学问。

例如，从道路上的圆洞里冒出来的植物、下水道盖子的模样、漂浮在河面的瓶子和商店橱窗里的洋娃娃等。

由于这些东西有的机能已被剥夺，有时看起来反而像是正在流行的东西。走在路上，拍摄离谱的东西，写下融入自己思考的标题。这是一本视觉的都市空间户外笔记。

考虑一下辞掉工作后的自己

当然是假设。

如果明天辞掉工作会如何呢？可以换个工作吗？或是自行独立？想一想目前自己的力量和人际关系，任何人都会不安。

内心不安时，探讨其中原因，可以清楚地发现到自己不足的地方。

上澡堂

即使是在上班，如果路过澡堂，顺便进去看看。下午三、四点时客人较少，即使有也大多是老人，自然地和他们闲聊。

即使家里有浴室，亦偶尔去附近的澡堂看看。

日常生活中人们总是衣冠楚楚、仪表堂堂，看到浴室中人们原本的形态，你定会有所感悟。

关注乘客的言行

各个年龄、职业的人被包装在一个箱子内移动。两三位朋友在一起乘车的人们一边谈论一边发牢骚,也有部分人在争吵。

谈话内容视年龄、职业而不同,注意听他们讲话,有一看社会新闻的乐趣,激发生活的气息。

窥视谈话者的脸部表情和服装,如果内容有趣,不妨事后记录。另外,独自坐车的人,偶尔会看报纸和杂志、书。瞄一下他们在看什么报纸、杂志,注意他们在看哪一部分。

看电影和小说

可以研究一位电影导演、小说家的风格。

而电影则针对其情节展开、剪接、摄影角度、风格;小说则针对其第一人称或第二人称(这点电影也一样)、一段的长度、章节构成、修辞、风格等加以研究。

用这种方法分析说故事者——导演、小说家——的作品,可以知道一般大众所欢迎的要点。

尝试回答新闻媒体的问题

报纸、杂志或网站经常开辟专栏来回答读者或用户的问题,这些问题不外乎恋爱、友情、家庭、事业、人际关系。

回答者各式各样,但大多数只是作表面上的解答。如果有家媒体来访问你,你怎么回答、怎样回答才属于你自己的答案?想没想过与众不同的方法或切入点。

想一想高度信息化的社会

艾文·杜勒认为,在高度信息化的社会里,由于电子住宅装设很多方便的终端机,可以在家里上班;由于办公室设置电视会议室,可以和远方的同行的当事者讨论,不必出差浪费时间和金钱;人们可以自由埋头于创作的乐趣,增加运动和散步的愉快。

然而,想一想可能实现吗?例如,清代的人从北京到上海单程要花费一个月的时间。如果那个时代有飞机,则单程只要一小时,哪用整整三十天,其余时间还不知道做什么。于是,以现代的例子来说,社会要求和人类的欲望随着文明的进步而增加，这是历史的事实。

错开目标，射中目标

所有的商人，必须提高脑力劳动，磨练表演能力。

何谓表演，用棒球来比喻的话，就是使用球棒打球的击球术。

可以说是“错开目标・射中目标”，也就是表演。

台湾有一个电视节目叫“百人问答”，开播于九六年前。

初次听说这个节目时，对该项企划很是佩服。因为和以前的益智节目完全不同，问题者和回答者之间隔一块垫子。

回答者必须推测一百位不认识的人如何回答、什么样的回答比率较高。“不知道别人在想什么。”忍不住要这样说。猜中答案前，必须先将自己客体化，如果是你自己，怎么回答？

关掉电视的声音

电视声音关掉，则变成环境电视。看电视时，根据演员的动作表情，推测故事情节的发展，然后与他们验证一下，看看自己的感知力和推理力如何。

由于关掉声音，在看清内容的同时，也可以享受到自己推理的乐趣。保持玩乐的心境看窗外的东西，也有同样的效果。

致 谢

美国著名的传播学学者沃尔特·李普曼曾经说过:“唯有进步,才是使世界变得更加人道与合乎理性。这是我们唯一可以衡量世界的标尺。”而现代广告教皇大卫·奥格威则说:“品牌意味着一切,所有各种产品和服务,都在考虑如何穿越自己狭小的范围,成为大受欢迎的品牌。”

呈现在读者面前的这本《品牌传播新论》,正是笔者站在品牌和进步之间,着力通过品牌传播的管理、实践和建构,促进品牌的成长和成熟,进而企望促进社会经济作出一点微薄的力量。

本书的诸多思考,是笔者对国内外品牌的考察、研究和实践的一种结果。尤其是在对美国、俄罗斯、日本、西班牙等地考察和访学,通过跨文化的比较研究,对品牌传播与品牌策划有了浸润式的国际化的感性体验和理性观照。

本书得以结集并出版,得到许多人帮助。我首先要致谢上海现代管理研究中心马湘临副研究员,作为拥有美国 MBA 的双硕士,在公司治理和商业管理方面具有深厚的专业背景。本书中的《蒂芙尼与斯沃琪:品牌联盟的馅饼变陷阱》、《苹果与安卓:操作系统品牌的攻坚战》《阿波罗:教育品牌赢利新模式》等就是双方合作的成果。

我要致谢我服务过的那些企业和企业家,正是由于与他们的精诚合作,以及他们不遗余力的支持,笔者才有机会沉淀下来,记录这个时代品牌传播历程中的思考和得失。

我要致谢上海三联书店的钱震华先生,正是由于他的热心和慧眼,本书才得以顺利出版。

我最后要致谢全国工商业联合会副秘书长王中明先生,感谢他在百忙之中为本书作序。

“超值的品牌最好能给消费者带来一些特别的东西,否则,它将不会做成任何交易。”笔者以沃伦·巴菲特的这句话，送给亲爱的读者，也转送给自己，以及为品牌传播事业不懈奋斗的同仁。

汤　涛

2014 年夏于丽娃河畔

图书在版编目(CIP)数据

品牌传播新论/汤涛著.—上海:上海三联书店,2015.

ISBN 978-7-5426-5215-7

Ⅰ.①品… Ⅱ.①汤… Ⅲ.①品牌—传播—研究

Ⅳ.①F273.2

中国版本图书馆CIP数据核字(2015)第129863号

品牌传播新论

著　　者　汤　涛

责任编辑　钱震华
特约编辑　徐　伟
装帧设计　孙豫苏
责任校对　童蒙志

出版发行　上海三联书店
(201199)中国上海市都市路4855号
http://www.sjpc1932.com
E-mail:shsanlian@yahoo.com.cn
印　　刷　江苏常熟市东张印刷有限公司

版　　次　2015年6月第1版
印　　次　2015年6月第1次印刷
开　　本　787×1092　1/16
字　　数　390千字
印　　张　23
书　　号　ISBN 978-7-5426-5215-7/F·712
定　　价　48.00元